会通文丛

范瑞平 著

当代儒家生命伦理学

Contemporary
Confucian Bioethics

北京大学出版社
PEKING UNIVERSITY PRESS

图书在版编目(CIP)数据

当代儒家生命伦理学/范瑞平著. —北京:北京大学出版社,2011.1
(会通文丛)
ISBN 978-7-301-18073-0

Ⅰ.①当… Ⅱ.①范… Ⅲ.①中国哲学-儒家-生命科学:医学伦理学-研究 Ⅳ.①B222.05 ②R-052

中国版本图书馆 CIP 数据核字(2010)第 220835 号

书　　　　名:	当代儒家生命伦理学
著作责任者:	范瑞平　著
责　任　编　辑:	王立刚
标　准　书　号:	ISBN 978-7-301-18073-0/B·0940
出　版　发　行:	北京大学出版社
地　　　　址:	北京市海淀区成府路 205 号　100871
网　　　　址:	http://www.pup.cn　电子邮箱:pkuphilo@163.com
电　　　　话:	邮购部 62752015　发行部 62750672
	出版部 62754962　编辑部 62755217
印　　刷　　者:	北京大学印刷厂
经　　销　　者:	新华书店
	690 毫米×980 毫米　16 开本　28.25 印张　434 千字
	2011 年 1 月第 1 版　　2011 年 1 月第 1 次印刷
定　　　　价:	45.00 元

未经许可,不得以任何方式复制或抄袭本书之部分或全部内容。
版权所有,侵权必究
举报电话:010-62752024　电子邮箱:fd@pup.pku.edu.cn

目 录

前言 …………………………………………………………………… 1

第一部分 儒家家庭主义：在西方个人主义的彼岸

一 儒家家庭主义的生命伦理意蕴 ………………………………… 3
二 儒医伦理史论 …………………………………………………… 18
三 自我决定还是家庭决定：两种自主性原则 …………………… 29
四 医疗讲真话问题 ………………………………………………… 40
五 代理同意的再思考：亲人与朋友 ……………………………… 53
六 儒家家庭主义必然导致腐败吗？ ……………………………… 74
七 自由个人主义还是儒家家庭主义？一则辩论对话 …………… 82

第二部分 有德的生活方式：社会正义的儒家探索

八 权利还是德性？儒家道德的重构 ……………………………… 113
九 社会责任的根源：罗尔斯的正义论与儒家的社会公平观 …… 127
十 善的生活与医疗正义 …………………………………………… 153
十一 医疗资源配置的儒家之道 …………………………………… 176
十二 何种关怀？谁之责任？家庭何为？ ………………………… 196

第三部分 市场、利益与仁政：医疗保健政策的儒家基础

十三 平均主义是如何导致中国医疗腐败的？ …………………… 219

十四　中国医疗卫生改革与儒家生命伦理四原则 …………… 233
十五　市场仁政与医疗保健 …………………………………… 256
十六　重建儒家医学专业伦理 ………………………………… 269

第四部分　高技术社会的儒家关怀

十七　儒家视野下的胚胎干细胞研究 ………………………… 287
十八　儒家伦理对于制定基因政策的意义 …………………… 310
十九　基因增强的儒家反思 …………………………………… 324
二十　我们应该如何对待动物：儒家的视角 ………………… 340
二十一　从《易传》看儒家环境伦理学的进路 ……………… 358

第五部分　人、仁、礼：走向国际生命伦理学

二十二　人与礼：人的概念问题 ……………………………… 375
二十三　礼是人类文明的基础：我们应当如何解决道德分歧？…… 391

参考文献 ………………………………………………………… 421

前 言

> 知我者,谓我心忧;不知我者,谓我何求?
> 悠悠苍天,此何人哉!
>
> (《诗经·黍离》)

生命伦理学(bioethics)已成为当代西方的显学。她张开一把夺目的阳伞,把传统的医学道德罩在里面,留下一点苟延残喘的气息,从而给出充分的空间,让日新月异的生命科技先声夺人,供自由主义、个人主义的道德价值独领风骚。在经济全球化的今天,西方生命伦理学不但已经取得了先拔头筹的斩获,而且展现了赢者通吃的趋势。然而,无可避免的是,西方生命伦理学所揭示的问题、给出的答案、提供的论证,都在不断敲击我们的良心,震撼我们的情感,挑战我们的理性。当代中国学界无法不对生命伦理学问题给出自己的回应。不同只是在于,是继续跟在西方的理论、学说和原则的后面做一些应声虫式的研究,还是开始依据中国传统,参考西方思想,进行具有中国文化特色的探索?

本书所尝试的正是后一种工作。1995 年 10 月,我在美国莱士大学(Rice University)翻译完了导师恩格尔哈特(H. T. Engelhardt, Jr.)先生的名著《生命伦理学基础》(*The Foundations of Bioethics*)的最后一章,决定收拾精神、从此集中精力从事儒家生命伦理学的研究。15 年过去了,一路走来,经历了博士论文撰写和答辩、寻找和变换工作、到香港城市大学任教、和妻子一起养育三个孩子的生活。坎坷谈不上,各种磕磕碰碰倒也不少。翻开简历一看,竟然也在儒家生命伦理学方面发表了 30 来篇英文论文。这些论文都是从儒家的基本义理、价值和思想出发,来探讨跟当今中国社会有关的生物医学研究、医疗卫生保健以及公共政策问题的。同时，在这一过程中，我逐渐认识到，随着中国成为一个经济强大的国家，中国人必须开始展现自己的文化自觉，应当诉诸中国传统的伦理资源来应对面前的挑战，提升道德实力，明确发展方向，不但要为世界文明做出经济贡献，而且还要做出文化贡献。无疑，儒学具有内容最丰富、影响最深远的中国传统文化资源，应当成为我们探索的基点。为此，我提出了"重构主义儒学"(Reconstructionist Confucianism)这一术语来概括这一事业。

重构主义儒学包含至少三层意思。首先，我们需要摒弃妖魔化的儒学。从20世纪初的五四运动(1919)到"文化大革命"(1966)，激进知识分子把儒家的仁义道德描绘成"吃人的礼教"，要把中国书统统扔进茅厕中去，全盘否定，以便"破旧立新"。近些年来，中国人终于认识到，这种自掘祖坟的做法给国人带来的只是一点自虐性的快感。德性、人伦、亲情，可不是医疗器械，不能一厢情愿地期望新好于旧；相反，喜新厌旧所换来的往往是杂乱无章、乌七八糟的东西，不但在西方人面前难以保住面子，还会在自己的生活中丢掉里子，徒增浅薄、无聊和痛苦而已。

其次，我们需要告别殖民化的儒学。20世纪中叶以来，港台新儒家在极其困难的情况下，坚守儒家的名号，发挥儒家的思想，表现出令人敬佩的非凡气度。遗憾的是，出于种种原故，他们大体上是用现代西方的自由主义价值(诸如个人自由、平等、人权、民主)置换了儒学的中心理念，使传统儒学在很大程度上被现代西方思想所殖民化了。这绝不是说当代儒学不应该借鉴西方学术资源(诸如西方的理论和概念)来展开自己的论述，但借鉴不能不以儒学的根本信念、义理和目的为基础，也不能替换儒学的关键词。例如，硬把儒家家庭主义、精英主义打扮成西方个人主义、平等主义，那就不只是自欺欺人，而且是对儒学阳奉阴违了。

最后，我们需要构建本真的当代儒学。儒学的本真性在于儒学最基本的义理、价值和思想，而当代儒学不能只是那种同人们的现实生活不大沾边的象牙塔中的研究，更不能是博物馆式的展示。因而，本真的当代儒学只能通过重构的方法来完成：面对当代社会的政治、经济和人生现实，综合地领会和把握儒学的核心主张，通过分析和比较的方法找到适宜的当代语言来把这些核心主张表述出来，以为当今的人伦日用、公共政策和制度改革提供直接的、具体的儒学资源。这就是"重构主义儒学"的中心意思。这就是说，我们并不认为传统儒学是全真的或十全十美的，而是要论证和坚持其最基本的性格、最关键的承诺以及它们同当代社会的相关性。因而,我们不能只用传统的诠释方法,把某一部经典从头到尾再来解释一遍,以期待读者能够自行从中得出解决当下问题的答案。我不否认这种研究依然是重要的儒学基本研究,但它不可能是重构主义儒学的主要内容。重构主义儒学必须同现实领域直接搭界,形成可以应用于当代社会的重构主义政治儒学、重构主义经济儒学、重构主义法律儒学、重构主义教育儒学等等。当代儒家生命伦理学不过是重构主义儒学的一部分,但这是一项使儒学从"游魂"转向"归魂"的长远事业的一部分。简言之,如果说传统儒学是耕读之家的灵魂,那么当代重构主义儒学就必须要在城市生活中找到位置,立住脚跟。

显然,重构主义儒学涉及当代儒学研究的复杂的方法论问题。近两三年来,一些儒学哲学家富有见地地批评了儒学研究中不适当地过多应用西方理论、学说和概念的做法。尽管这里无法详述这一问题,但我想强调的一点是,重构主义儒家生命伦理学研究决不能回避价值冲突问题,既不能采取"西方文化普适主义"的态度,也不能采取"中国文化本土主义"的态度。后一态度是前一态度的另一个极端,它似乎要求当代儒学教学和研究不要借用任何西方的理论和概念,而是要用儒学"自身的语言"来说话:我只管背诵经典、解释经典,而不管它们同诸如"自由、平等、民主"甚至"科学"等西方概念有什么关系,也不要受它们的"污染"。我觉得这种态度有几个问题。其一,它是没有好处的:诉诸一些合适的西方理论和概念,可以对儒学思想作出更清楚、甚至更深刻的解说,这方面的例子很多,关键在于用得是否合适、贴切、有没有改变或歪曲儒家的核心思想。其二,这是一种学术逃避主义。当代生活已经同一些西方概念——诸如"自由、平等、民主"——纠缠在了一起,想要井水不犯河水不过是掩耳盗铃而已。最后,这是大原则主义、抽象主义,违背儒学研究注重具体境遇、具体问题的基本性格。对于当今儒家思想的理论建构与发展,是否有些研究不需要利用或涉及西方理论和概念就能做好——我不知道,不敢断言;但我认为当代儒家生命伦理学研究是必然需要的。

当然,我们确实担心借助西方理论和概念来篡改、歪曲儒家核心思想的问题,这就是"西方文化普适主义"的问题。毋庸讳言,儒学研究没有办法离开价值判断来进行。二十世纪的儒学研究,是在西方现代自由主义文化价值的强势影响下进行的，多数有影响的研究都带有明显的"西方文化普适主义"特征。抛开社会达尔文主义思想不说，研究者已经或明或暗地认定"自由、平等、民主"等现代西方自由主义价值乃是普适的真理，成为儒学研究的最终规范或标准。这在批判性的儒学研究与肯定性的儒学研究两端，都有异曲同工之妙。批判者要"打倒孔家店"，是因为判定它与"自由、平等、民主"背道而驰；肯定者要弘扬儒学，是因为他们认为儒学也可以开出"自由、平等、民主"。这在新儒家的一些主要人物那里，把自己的"精妙"学说解释成社会主义或者自由主义，甚至把传统的家族制度说成"万恶之源"，可见一斑。直到今天，儒学研究在几乎各类关乎人伦日用、社会伦理、公共政策以及制度建设的问题上集体失声，不敢、不愿或不想去碰这些价值冲突问题，一厢情愿地以为自己可以笼统地躲在"自由、平等、民主"的大旗下继续阐发儒学的人生价值，确实使"精妙"的儒学研究变成了"游魂"。事实上，儒家价值同西方自由主义价值之间存在一些根本的分歧和冲突，是彰彰明甚的。因而，儒学研究者不能把自由主义的"自由、平等、民主"作为评判儒学的先定标准。相反，儒学研究者更应该去探讨儒学不能接受哪些方面的"自由、平等、民主"并且论证理由何在。这就需要具体的、同自由主义进行诚实的、正面交锋的儒学研究。生命伦理学正是这样一个研究领域。

　　两年前，在北京大学医学部丛亚丽教授和复旦大学哲学系汪堂家教授的热情鼓励下，我开始着手本书的准备工作。总结我这些年的研究，以下几个方面反映了当代重构主义儒家生命伦理学探索的一个初步概况，因而构成了本书的五个部分。第一部分是关于临床决策问题的，包括个人与家庭的地位和作用、自主原则、讲真话、代理同意等问题。在这些方面，儒家家庭主义的承诺同西方个人主义的主张之间正在激烈争辩、"战意犹酣"。第二部分关于社会正义，关键议题是儒家是否应该接受自由主义（特别是罗尔斯的）正义论，包括保健制度的建立和医疗资源的分配问题。我论证儒家的公平观点同自由主义的正义论背道而驰。这部分还包括一个在当今老年化社会中日益棘手的问题：儒家应当如何养老、如何对待自己的老人？第三部分分析市场经济下的医疗政策：平均主义如何导致中国医疗腐败、如何构建儒家生命伦理原则来指导中国医疗卫生改革、如何建立市场仁政以及重建儒家医学专业伦理。这些讨论当然同儒家传统的义利之辨相关,但我更乐意把它们放在"德"与"利"的范畴之下进行讨论,因为义利之辨受到孟子"何必曰利"的表面意思的太多影响,不符合儒家追求"德"与"利"协调统一的德性主义和精英主义的整体思路。第四部分探讨儒家对于尖端生物医学技术的适当反应,包括人类胚胎干细胞研究、基因增强、基因政策、以及当代儒家应当如何对待动物和环境的问题。我在这一部分论证儒家的主张为什么既不同于现代自由主义、也不同于西方传统宗教。最后一部分用来思考儒家生命伦理学对于国际生命伦理学的意义:不同于当代西方的原则主义生命伦理学,儒家以"礼"为基础的生命伦理学更强调礼仪实践的作用,为提出适宜的人的概念、并为解决跨文化的道德分歧提供丰富的思想资源。

针对这五个部分,我挑选出20来篇英文论文,作为它们的初始内容。丛亚丽教授的研究生李红文、张海洪、周萌萌、赵占居、李雪阳和汪堂家教授的研究生王卓娅、孙宁、张奇峰、郭西安令我感激地帮助我把这些论文翻译成中文。在此基础上,我花了很多时间来进行修改、重组、补充和更新的工作,以使它们成为相互关联、协调一致的不同章节,形成一部主旨明确的当代儒家生命伦理学专著。具体说来,我主要做了以下三个方面的工作。其一,理论的统一。重构主义儒家生命伦理学不可避免地需要一个理论框架。我认为儒家伦理学可以在德性伦理学(virtue ethics)[而不是功利主义(utilitarianism)或义务论(deontology)]的框架内,得到较好的理论表征。就儒家生命伦理学而言,需要探索和重构几个方面的理论问题,例如,天与人的分际,德、仁、礼之间的关系,个人与家庭的地位,以民为本与精英主义,一般的德性原则与具体的礼仪规则的不同作用,等等。其中,儒家家庭主义与西方个人主义之间的分野贯穿我所探讨的许多生命伦理问题。尽管本书不同的部分和章节侧重讨论生命伦理学不同的具体问题,但需要在各部分、各章节中对相关的理论问题作出适当的部署、分工、协调和统一。其二,资料的增减和更新。论文是在不同时间写的,尽管基本观点和论证大都无需改变,但有些部分所涉及的事实和数据已赶不上国内日新月异的变化,一番新的寻找和查证自是不可免的。其三,表述的准确、流畅。有些从英文转换过来的表达总是难以脱掉"洋泾浜"的味道。在这方面着实花了不少工夫,但还是不能完全消除痕迹,这是要求读者原谅的地方。

这里我需要特别提出感谢的是华中科技大学哲学系的王珏和比利时鲁汶天主教大学的李俊,他们在以上三个方面帮助我做了大量的文字编辑工作。同出于北京大学哲学系的他们具有难得的深厚的儒家情怀,并对儒家经典有相当的掌握。他们对于英文文献的理解和熟悉程度,加上优异的中文表达能力,的确为本书增色不少。没有他们的慷慨协助,本书的完成至少还得推迟一年。此外,我在香港城市大学的研究生余恺贤、研究助理柳向忠、中山大学的岳经纶教授及其研究生温卓毅以及延安大学的姬可周,也帮助我做了个别章节的编辑工作,在此一并致谢。当然,对于本书可能存在的任何缺点和毛病,均由我本人负责。

我要衷心感谢我的妻子李红多年来对我学术上的勉力支持、生活上的尽心关怀和家庭中的倾心操持。《诗经》说,"妻子好合,如鼓琴瑟"。作为一位儒家学者,我很幸运地拥有一个仁爱和谐的小家庭,这首先应归功于我的妻子。我还需要感谢香港城市大学公共及社会行政学系的主任陈汉宣及其他同事,他们为我的重构主义儒家生命伦理学研究提供了一个宽松、友好的环境。我还应该感谢亚洲管治研究中心的同事陶黎宝华和陈浩文,我们一起完成了香港政府优配研究金(GRF)资助的两个生命伦理学国际研究课题,一个是关于知情同意,另一个是关于当代社会养老问题。这些研究对于我的重构主义儒家生命伦理学的思考具有很大的促进作用。我还需要特别感谢香港浸会大学应用伦理研究中心的罗秉祥和陈强立。自从秉祥和我于1998年创立《中外医学哲学》期刊以来,我们几个人一起致力于推动建构中国生命伦理学的工作,我从秉祥和强立那里得到了很多很多。我的美国导师恩格尔哈特先生在我毕业以后仍然一如既往地给我以积极的鼓励和切实的帮助。尽管他并不完全认同我所坚持的儒家生命伦理学,但却以宽广的文化胸怀,宽容地支持我的研究。我从他那里学到的东西难以尽数。此外,许多美国朋友给过我各种各样的学术帮助,我希望在更适合的地方表达对他们的谢意。但我应该特别提到圣母大学(University of Notre Dame)伦理与文化研究中心的所罗门(David Solomon)教授和麦金太尔(Alasdair MacIntyre)教授,当我于2008年在该所从事富布莱特(Fulbright)研究时,他们在德性伦理学方面给了我有益的学术指教,促进了本书的完成。

在同内地的生命伦理学、医学伦理学学者的交流、合作中,本人受益匪浅。我肯定难以提到所有的人,但需要特别感谢以下这些老师和同道:我的硕士学位导师、中国社会科学院哲学所的邱仁宗先生、伦理学室的王延光;北大哲学系的吴国盛;北大医学部的李本富先生、丛亚丽、张大庆、胡林英、尹秀云;协和医大的翟晓梅;政法大学的卓小勤;北师大的李建会;北京医专的王占鳌先生;肿瘤医院的何铁强;山东大学医学院的陈晓阳、曹永福、杨同卫、王云岭、沈秀琴、郑林娟;大连医大的杜治政先生、赵明杰以及《医学与哲学》编辑部的同事;西安交大的王明旭、李恩昌以及《中国医学伦理学》编辑部的同事;上海复旦的汪堂家、上海社科院的沈铭贤、上海世纪出版集团的王一方;上海中医药大学的樊民胜;华中科大的雷瑞鹏;南京东南大学的孙慕义等。

两岸三地的一些儒家学者以及同情儒家的学者、朋友教给我很多东西:其中有内地的蒋庆、张祥龙、贝淡宁(Daniel Bell)、洪修平、王庆新、盛洪、康晓光、陈明、唐文明;香港的艾文贺(Philip J. Ivanhoe)、何立仁(Ian Holliday)、郑宇硕、陈祖为、陈弘毅、慈继伟、王小林、张颖、叶敬德、李翰林、王庆节、刘笑敢、郑宇健、杨国荣、余锦波;台湾的李瑞全、钮则诚等。

1987年,邱仁宗先生的《生命伦理学》在内地出版,向国人介绍了西方生命伦理学的问题和论证。1999年,李瑞全先生的《儒家生命伦理学》在台湾问世,揭示了港台新儒家对一些生命伦理学问题的回应。十年后的今天,本书的付梓期望能够带来重构主义儒家生命伦理学研究的反响。为此,我对责任编辑王立刚为本书的出版所做的切实努力表示感谢。

最后,我想把本书敬献给我的父亲范文华先生和母亲李玉梅女士。父母均读书不多,"文化"不高,但他们以自己的身体力行把儒家的孝慈仁义渗透到子女的血液、骨髓之中。父亲于1998年68岁离世,没曾过上几天舒服日子。每念及此,心痛难已。正所谓"树欲静而风不止,子欲养而亲不待"。人生憾事,莫此为甚。谨以此书给父亲的在天之灵带去一缕孝敬之情!

范瑞平

2010年5月于香港城市大学

附:本书利用了如下论文中的主要资料和论证

"Confucian Familism and Its Implications for Bioethics," in *The Family, Medical Decision-Making and Biotechnology: Critical Reflections on Asian Moral Perspectives*, edited by Shui Chuen Lee, Springer, New York, 2007, pp. 15—26;

"The Discourses of Confucian Medical Ethics," in *A History of Medical Ethics*, edited by Robert Baker and Laurence McCullough, Cambridge University Press, Cambridge, 2008;

"Self-Determination vs. Family-Determination: Two Incommensurable Principles of Autonomy", *Bioethics* 11:3&4 (July 1997): 309—322;

"Truth Telling in Medicine: The Confucian View," with Benfu Li, *Journal of Medicine and Philosophy* 29: 2 (April 2004): 179—193;

"Reconsidering Surrogate Decision-Making: Aristotelianism and Confucianism on Ideal Human Relations", *Philosophy East & West* 52: 3 (July 2002): 346—372;

"Consanguinism, Corruption, and Humane Love: Remembering Why Confucian Morality is Not Modern Western Morality," *Dao* 7.2 (2008): 21—26;

"Autonomy and Interdependency: A Dialogue between Liberalism and Confucianism," with Andrew Brennan, *Journal of Social Philosophy* 38: 4 (Winter 2007): 511—535;

"Rights or Virtues? Toward a Reconstructionist Confucian Bioethics," in *Bioethics: Asian Perspectives*, ed. Renzong Qiu, Kluwer Academic Publishers, Dordrecht, 2003, pp. 57—68;

"Social Justice: Rawlsian or Confucian?" in *Comparative Approaches to Chinese Philosophy*, ed. Bo Mou, Ashgate Publishing Ltd., UK, 2003, pp. 144—168;

"Just Health Care, the Good Life, and Confucianism", in *Confucian Bioethics*, ed. Ruiping Fan, Kluwer Academic Publishers, Dordrecht, 1999, pp. 257—284;

"Health Care Allocation and the Confucian Tradition", in *The Examined Life—Chinese Perspectives*, ed. Xinyan Jiang, the first volume of the Association of Chinese Philosophers in America (ACPA) series of "Chinese and Comparative Philosophy", Global Publications, Binghamton, New York, 2002, pp. 211—233;

"Which Care? Whose Responsibility? And Why Family? A Confucian Account of Long Term Care for the Elderly," *Journal of Medicine and Philosophy* 32.5 (October 2007): 495—517;

"Corrupt Practices in Chinese Medical Care: The Root in Social Policy and a Call for Confucian-Market Approach," *Kennedy Institute of Ethics Journal* 17: 2 (June 2007): 111—131;

"A Reconstructionist Confucian Approach to Chinese Health Care: The Ethical Principles, the Market, and Policy Reforms," in *China: Bioethics, Trust and the Challenge of the Market*, edited by Julia Tao, New York: Springer, 2008, pp. 117—133;

"Rethinking Medical Morality in Transitional China: Towards a Directed Benevolent Market Polity," *Cambridge Quarterly of Healthcare Ethics* 17: 3 (June 2008): 280—292;

"Towards a Confucian Virtue Bioethics: Reframing Chinese Medical Ethics in a Market Economy," *Theoretical Medicine and Bioethics* 27.6 (December 2006): 541—566;

"The Ethics of Human Embryonic Stem Cell Research and the Interests of the Family," in *The Family, Medical Decision-Making and Biotechnology: Critical Reflections on Asian Moral Perspectives*, edited by Shui Chuen Lee, Springer, New York, 2007, pp. 127—148;

"Medical Biotechnologies: Are There Effective Ethical Arguments for Policy Making?" with Erika Yu, in *The Bioethics of Regenerative Medicine*, edited by King-tak Ip, Springer, New York, 2008, pp. 119—134;

"A Confucian Reflection on Genetic Enhancement," *The American Journal of Bioethics* 10: 4 (2010): 62—70;

"How Should We Treat Animals? A Confucian Perspective," *Dao* 9.1 (2010): 79—96;

"A Reconstructionist Confucian Account of Environmentalism: Toward a Human Sagely Dominion over Nature," *Journal of Chinese Philosophy* 32: 1 (March 2005): 105—122;

"Can We Have a General Conception of Personhood in Bioethics?" in *The Moral Status of Persons: Perspectives on Bioethics*, ed. Gerhold K. Becker, Editions Rodopi B. V., Amsterdam, 2000, pp. 15—27;

"Bioethics: Globalization, Communization, or Localization?" in *Global vs. Regional Bioethics: An Exploration of the Possibility for Moral Diversity in Health Care*, edited by H. T. Engelhardt, Jr., M&M Scrivener Press, Salem, MA, 2006, pp. 271—299.

此外,第 7 章的主要内容曾以"个人自主与相互依赖"为题刊于《复旦哲学评论》3.1(2006):324—347;第 12 章的主要内容曾以"养老的方式、责任以及家庭的角色"为题刊于《中国公共政策评论》3(2009):89—107。

第一部分
儒家家庭主义：在西方个人主义的彼岸

"物有本末，事有终始，知所先后，则近道矣。"

(《大学》)

"君子务本，本立而道生。孝弟也者，其为仁之本與。"

(《论语·学而》)

"昔三代明王之政，必敬其妻子也，有道。妻也者，亲之主也，敢不敬與？子也者，亲之后也，敢不敬與？"

(《礼记·哀公问》)

一 儒家家庭主义的生命伦理意蕴

一、儒家生命伦理学的特征

与当代占支配地位的欧美生命伦理学模式截然不同,儒家生命伦理学自有一套特点。前者把人看作是理想原子式的个体,强调个人应当按照自己的欲求或向往、在完全不受他人的操纵或劝说之下来决定自己的事情。有些西方人甚至想在不受任何历史、文化和社会制约的状态下得到他们自己的道德观和幸福观。结果之一是,医生被教导要帮助病人不受其家庭成员的影响来做出医疗选择。例如,配偶和子女被要求离开诊室,然后医生询问病人是否希望他们之间的讨论在亲属不在场的情况下进行,并对亲属保密。简言之,当代处于支配地位的西方生命伦理学的流行观点把自主、自由和自我负责的个人作为其标准的理论出发点。

这种观点可谓困难重重。首先,这种理想原子式个体并不存在。人们总是在特定的社会历史背景下做出选择,他们的选择势必受到具体的意识形态、权力结构和道德理解的深刻影响。[①] 儒家的道德和形而上学思想完全承认这些影响,甚至走得更远。儒家认识到,人——至少大多数人——是在家庭中成长的。几乎所有人都会把关于他们自己的社会历史境况的一些假定看作理所当然的东西。儒家认为,无论是一般人还是病

---

① 读者应该认识到,肇始于20世纪70年代北美社会的生命伦理学(bioethics)就具有当时社会剧变的鲜明特征。由于种种原因,人们试图在传统社会结构的权威和影响之外来找到真正的自我。当时的时代精神是反文化和后传统的,由此而产生的生命伦理学也是反文化和后传统的。然而,所有的人,包括生命伦理学家及其生命伦理学,都是置身于具体的社会历史处境之中的。

人,都应该被看作是其家庭中的一员;这是因为,儒家思想认识到社会实在具有以家庭为中心的深刻特征。这不仅仅是说个人只有在家庭之中才能如鱼得水,更重要的是,家庭具有其本身的社会和本体论的实在性;除非在其家庭之中,否则很难恰当地理解作为家庭成员的个人以及评估和实现其价值。因而,某种当代西方不再能体会的真理构成了儒家传统的核心:家庭是社会实在的中心。

因此,儒家生命伦理学与自由主义、社会民主主义(social-democratic)和个人主义的生命伦理学具有根本分歧。要想充分领会这种分歧我们必须认识到,儒家道德及其生命伦理信念在很大程度上孕育于一个深厚的形而上学和价值论的信念体系之中,而这一信念体系常被西方所忽略。本文将论述这些信念的关联。我将主要集中于所谓的家庭主义(familism),并将之与个人主义(individualism)进行对比。首先,跟西方的道德个人主义不同,儒家的道德和形而上学观念认为,不是个人而是家庭具有本体论上的优先性。这并不仅仅是说个人只有在家庭中才能活得自在,而且是说家庭才是我们赖以理解个人的基础性实在。在《易经》中可以看到儒家家庭主义的最基本的符号系统(详见第二节)。而且,维系儒家家庭主义的终极力量是德性而不是权利。儒家思想预设了个人自由选择和德性之力量之间的结合(详见第三节)。家庭的中心地位集中表现在医疗决策方面以及其他一些具体方面,例如,病人最初不被告知不利的诊断结果,他们的治疗信息由家庭掌握(详见第四节)。加之,家庭的实在地位不仅在微观层面得到承认,而且在宏观层面也受到尊重,比如新加坡实行的儒家医疗保健政策(详见第五节)。最后,儒家诉诸一种复杂的、二维的道德策略(即既考虑个人的、也考虑家庭的利益)来对待生物技术。这种策略也同自由主义、个人主义的道德策略形成对比(详见第六节)。简言之,本文试图概述儒家家庭主义的基本特征、文化底蕴、生命伦理的信念以及一些重要的现实关注。

二、儒家家庭主义的特征

儒家家庭主义的根基在于对人类的家庭实在与宇宙的深层实在之间共生共鸣关系的体认。这不仅典型地体现在儒家的基本概念中,还体现在一些基本的象征符号和礼仪之中。必须强调的是,儒家所使用的最重要的象征符号以神秘的方式揭示出实在的深层特征。也就是说,在实在的特征和符号的特征之间存在着深层的形而上学同构性。这种儒家的形而上学和认识论的主旨通过儒家家庭主义的符号体系得到阐发,体现在由古代圣贤编撰而成的儒家经典《易经》之中。《易经》采用8卦、64卦和384爻来显示宇宙——同时包含自然和社会——的本质要素和结构。①家庭就是这些本质要素和结构之一:《易经》中代表家庭的符号体系表明,正当的家庭关系和行为体现了一种特定的人类生活方式,这种方式携带着一种人类的德性——一种共同生活的力量。具体说来,第37卦,即"家人"卦,其"离下巽上"的结构表达了儒家家庭的基本特征:做饭用的炉子(火)所代表的家庭成员的共同生活和从这种共同生活中产生、并体现在这种共同生活之中、从而能够从这种共同生活中传播开来的德性(风)。②

古典儒家并不将家庭生活理解为由特定的经济和社会发展状况所决定的。在儒家看来,没有圣人的教导和培养不可能自发地产生适当的家庭生活方式。物质条件本身并不是决定性的。人类曾经有一段时间吃得饱,穿得暖,住得舒适,但却过着不适当的生活——他们像野兽一样杂居在一起。是圣人引导人们过上了具有正当家庭关系的真正的人的生活:"人之有道也,饱食暖衣,逸居而无教,则近于禽兽"(《孟子·滕文公上》)。在第37卦,从文本(对卦象及每一爻的解说)和注释(《彖传》和《象传》)中,我们可以找到儒家所确认的正当家庭结构的特征。③

首先,丈夫和妻子在家庭中有他们的正确位置,这是天地之位置与关系所决定的。"家人,女正位乎内,男正位乎外,男女正,天地之大义也"

---

① 儒家传统把8卦的发明归于传说中的伏羲(约公元前13世纪),把64卦的发明归于文王(约公元前12—11世纪),把《系辞》的编撰归于周公(约公元前11世纪),把《易传》的成书归于孔子的弟子以及再传弟子(公元前5—3世纪)。在第21章讨论儒家环境伦理学的进路时,我将根据《易传》的解释来进一步探索《易经》所传达的宇宙原理及其意义。

② ☲(离下巽上;家人):"风自火出,家人。"(《象传》)炉火燃起,温暖家人,并制造熟食让家人共享;炊烟从家中冒出,随风飘向四方,以使"家风"外传,影响他人。儒家家庭的这一象征符号内容深刻,文中将以"礼"来阐述。值得一提的是,所有人共享每种食物、每一菜肴,这是儒家家庭主义的一个典型方面。最后,通过祭祀仪礼,食物也和家庭的先人们共享。

③ 本文中对64卦的道德解释主要遵循程颐(1033—1107)和朱熹(1130—1200)关于《易经》的重要评注:《程氏易传》和《周易本义》。

(《象传》)。父母是全家的管理者,特别是丈夫,应该真诚地、有权威地管理家庭,为其他家庭成员树立榜样(九五;上九;《象传》)。而且,最有利于家庭的是妻子的贞定和一心一意地献身于家庭事业("无攸遂,在中馈,贞吉"——六二)。总之,丈夫-父亲和妻子-母亲应该好好管理家庭,就像权威的君主统治国家一样(《象传》:"家有严君焉,父母之谓也。")。

其次,如果一个家庭想要避免懊悔之事的话,家庭的基本规则不可放松(初九;《象传》)。家人卦在这方面还提供了具体的经验指导:过于严肃可能会使家人不快,但却经常是有益的;相反,如果妻子和孩子天天嘻嘻哈哈、不务正业,势必给家庭带来羞辱和困难(九三;《象传》)。这就是说,治家宁可"嗃嗃",不能"嘻嘻",以免有失家节、家道、家风。

最后,每个家庭成员都要谨守本分,做好自己该做的事情:父亲应该像个父亲,儿子应该像个儿子;哥哥应该像个哥哥;弟弟应该像个弟弟;丈夫应该像个丈夫,妻子应该像个妻子;只有这样,家庭才能和谐,天下才能安定("父父,子子,兄兄,弟弟,夫夫,妇妇,而家道正;正家而天下定矣"——《象传》)。在正常情况下,家庭成员要努力使家庭富有,不但在精神上富有,而且在物质上富有;在这方面,妻子-母亲的作用尤其重要,她能为全家带来好的命运(六四;《象传》)。家庭还要和邻居走动、交往,互相关照,"交相爱也,"形成一个密切、友好的儒家共同体(九五;《象传》)。

事实上,儒家把这些家庭活动看成是政治生活的重要组成部分。在儒家看来,一个人即使没有担任公职,只要他在孝敬父母、照顾兄弟方面做得很好,他就可以被看作已经参与了公共工作(《论语·为政》)。只有家庭管理得好,国家才能治理得好,整个世界才有可能得到和平:"家齐而后国治,国治而后天下平。"(《大学》)除了丈夫-父亲外,儒家强调妻子-母亲在家庭中的重要性,因为她实际上管理所有重要的家庭事务,包括子女教育。妻子-母亲是能够充实家庭的关键之人,因为她在家中处于分配资源(这些资源是丈夫在家庭之外通过劳力而挣得的)的位置上。家庭的希望在很大程度上取决于她所具有的道德正直、智慧和自制。妻子-母亲能给所有的家庭成员带来温暖和快乐的家庭生活。

这种家庭生活如何得以可能呢?儒家认识到,尽管人类可以像其他社会性动物一样很自然地生活在一起,但他们也许并没有找到正确的相与之道。例如,悖德的性关系乃是人类社会的常见现象。人们必须遵循一系列的行为模式才有可能变得文明。儒家从圣人所建立的仪礼中找到了这种模式的范式。例如,要使男人和女人之间的性行为成为适当的行为,必须首先要有婚礼;一个20岁的男孩要想成为一个负责任的成人,必须举行冠礼;为了正确地对待去世的父母和祖父母,必须举行葬礼;为了适当地纪念和交往逝去的父母、祖父母和祖先,必须举行祭礼。除了这些大型仪礼之外,儒家还有众多的小型"曲礼",所谓"仪礼三百,曲礼三千",言其多也。没有这些礼,人的行为就会成为不适当的。而且,儒家强调这些礼必须严肃地举行,人们所持的态度必须是"敬"。① 例如,儒家无法忍受看到"临丧不哀"的情形。总之,家庭成员的礼仪行为是儒家家庭的象征符号的具体化。礼,不仅由儒家的象征符号来维持,同时也维持着儒家的象征符号。象征符号与深层实在之间的同构性通过礼仪行为不断被揭示和巩固下来,从而支撑着人类与深层实在之间的联系。

三、德性的力量

维系象征符号和遵从礼仪都需要德性。儒家认识到"德"是一种趋向正确方向的力量。它不仅仅是有助于良好行为的习惯或倾向,而且是指引人们追求善、实现正当、完整自我的一种力量。德性不仅体现在某种特定的生活方式中,而且也是从同君子仁人的交往中产生出来的。因此,德性不是政府分配给每个人的权限,而是一种内在的气质、特性、品质或力量。的确,对于儒家来说,德性首要的是一种力量,能使人控制情欲,遵从礼仪,维护家庭。大德能够赋予人一种心理能源、道德力量和影响他人的"克里斯玛(charismatic)"魅力。②

这种德性来自哪里?孟子的论证是,上天已把德性的种子("端")播

---

① "子游问孝。子曰:'今之孝者,是谓能养。至于犬马,皆能有养;不敬,何以别乎?'"(《论语·为政》)
"子曰:'居上不宽,为礼不敬,临丧不哀,吾何以观之哉?'"(《论语·八佾》)
② 参阅孔子的说法:"为政以德,譬如北辰居其所而众星共之"(《论语》2:1);"君子之德风,小人之德草,草上之风必偃"(《论语》12:19);"子欲善,而民善矣!"(《论语》12:19)

进了每个人的心里,所以每个人都已经潜在地是一个具有德性的人。①孔子认为人类"性相近也,习相远也"(《论语·阳货》)。联系到孔子对于"仁"(首要德性)和"礼"的强调,或许可以说孔子的学说与孟子的四端说一致,尽管孔子并没有主张性善说。无论如何,德性的种子必须经过培育才能变成德性的果实。在孔子看来,遵从礼仪的过程乃是培养德性的方式。② 这里似乎出现了循环论证:为了遵从礼仪,需要有德性;为了获得德性,又必须遵从礼仪。这种循环论证同亚里士多德德性伦理学的问题相似:要想做勇敢的事必须成为勇敢的人,要想成为勇敢的人必须做勇敢的事。但儒家是通过礼仪教育来打破循环论证的:由于每个孩子都有德性的种子,因而每个孩子都有能力学习和遵从礼仪从而得到培养德性的目的,尽管他们一开始学习和遵从礼仪的动机并不是来自德性,而是来自外部因素,诸如父母或老师的要求和奖励(即他们的行动只是处于"知其然、不知其所以然"的状态);但随着学习的进展,礼仪逐渐内化成为自觉自愿、随心所欲的行为(即达到"知其所以然"的程度),他们的德性也逐渐由种子变成果实。③ 一个人越好地学习和遵从礼仪,就越有可能得到更多的德性。如果一个人选择不学习、不遵从礼仪,他的德性种子就会被浪费掉,他也就无法成为一个真正有德性的人。④ 正是由于这个原因,儒家君子总是教导人们必须通过学习和遵从礼仪来提高道德和维持家庭。

儒家思想预设了人类的自由选择与德性力量之间的协同性。如果人们不能认识德性、也不具有追求德性的倾向,就不会自由地转向德性。但是,只有这种倾向是不够的,人们还必须自己选择追求德性。而且,这种选择本身也不足以让人成功地进入到德性生活之中。他们的成功还将依赖于德性的力量。当他们选择从个人感情和私利脱身而出、追求真正的人的价值的时候,这种力量将推动他们的转化。在儒家看来,真正的人的价值取决于实在的深层特征,这一特征本身要求德性。儒家从礼的角度

---

① 参阅孟子的说法:"恻隐之心,仁之端也;羞恶之心,义之端也;辞让之心,礼之端也;是非之心,智之端也。人之有是四端也,犹其有四体也。"(《孟子·公孙丑上》)
② "克己复礼为仁。"(《论语·颜渊》)
③ 当代西方哲学家麦金太尔也清楚地认识到这一点。参阅 MacIntyre,2004,p.157。
④ 例如,孔子的一个学生宰予不想学习,白天睡觉,孔子说"朽木不可雕也,粪土之墙不可杇也;于予与何诛?"(《论语·公冶长》)

出发对德进行的说明具有深刻的形而上学内涵,认识到人与天的力量有关系,而这种力量包含着对德的正确确认①。天人关系从根本上说体现在人所使用的象征符号和礼仪之中,在这种关系中人不断地培养和提高德性。天人关系不仅追求善和避免破坏正当的状况,而且追求与深层实在的本体达成深度和谐。

总之,在儒家看来,德性的培养、特别是通过德性自身的力量来进行德性的培养都是通过礼来实现的。我们应该认识到,有德的仁爱行动是因为我们正当地遵循礼的结果,它把我们引到实在的深层特征之中。良好的礼仪行为使人转化为真正的人。我们在日常生活中都要认真地以礼待人、以礼行事。孔子教导我们说,"出门如见大宾,使民如承大祭"(《论语·颜渊》)。只有通过这种方法,一个人的德性才能更好地显现出来,是为"明德"。②

儒家家庭主义的生活方式有其力量,因为它与实在的深层特征之间具有和谐关系,并与保护它的德性力量具有和谐关系。家庭决不仅仅是在特定时间和地点的一种实在。相反,它是跨越时间的存在,是代代相传的神圣实体。这就是说,个人不断地出生和死亡,但家庭却持续存在。家庭所举行的礼仪把过去、现在和未来的所有家庭成员全都召唤在一起。怀念和祭祀逝去的亲人的时刻,也正是现在的家庭成员面向未来的时刻——家庭这一神圣实体为家人提供了永恒。因此,所有家庭成员组成了一个统一体:他们作为个人存在于家庭的完整、延续和繁荣之中。儒家认识到,个人的永恒价值依赖于家庭,而家庭的优先实在性则由"德"的力量来维护。

---

① "德"字最初的意思可能是通过举行祭祀天帝和祖先的礼仪而获得的一种力量。参阅(Nivision, 1996)。有的学者通过古文字研究认为,"礼"是"德"的外化形式,"德"为"礼"的内容实质。参阅臧克和:《中国文字与儒学思想》,南宁:广西教育出版社,1996。综合起来我们可以说,儒家传统认为德是上天和祖先所给予和奖赏我们的一种力量:它不但像种子一样(潜在地)存在于每个人的心里,而且能够直接从礼仪行动中得来——当一个人很好地学习和实践礼仪时,就能得到"德"的奖赏。

② 在儒家文化社会中,家庭礼仪、礼节是十分重要的。例如,2005年春季我主持了一项题为"儒家社会与亲子关系"研究,我们调查了新加坡和香港的小学六年级的学生,了解他们是否认为遵从家庭礼仪、礼节是很重要,香港的170名学生中有120名(75%)回答是,新加坡的264名学生中有231人(88%)回答是。

四、医疗保健的家庭共同决定模式

在儒家传统中,每个家庭成员的重要问题都是由全家共同决定的。这种决策模式彰显了儒家家庭观的丰满和深刻。在子女教育、职业选择、配偶抉择这些重大问题上,儒家不推崇个人的自由决定,而是倡导家庭的整体智慧和关怀。在医疗保健的决策问题上,也是如此。家庭决策反映家庭判断的整体性、敏锐性和成熟性。儒家认识到,家庭不仅有权威做出这些决定,家庭还是做出这些决定的最好权威。家庭的这种权威地位体现了家庭在道德和本体论地位上的优先实在性。因而,医疗决策不是病人作为个人的分离的、独立的判断,而是全家作为一个整体所做的决定。在实践中,每个家庭都自然地会出现一位家庭成员作为家庭代表在医生和病人之间起着协调作用,并代表全家与医生交谈、协商和签字。这位代表当然不能自作主张,他/她必须要同全家(在大多数情况下包括病人本人)商量,从而作出共同决定。①

家庭的这种权威和责任在有些情况下甚至要求对病人首先要隐瞒严重病情,帮助病人逐渐面对疾病和接受所需要的治疗。如果家庭认为有必要对病人隐瞒不好的诊断和预后以避免伤害病人,那么家人就会要求医生不要向病人讲明事实,直到家人能够使病人对其疾病做出适当的反应为止。② 这种做法得到儒家传统的认可和辩护。总之,在医疗保健过程中,家庭作为一个整体为患病的家庭成员做出决定。

对这一儒家立场的肯定和坚守实属不易。因其要面对西方生命伦理学,后者往往对儒家家庭主义的生命伦理实践提出西方化的、以个人主义为导向的理解和驳难。自由个人主义现代西方伦理试图把自己的标准确立为正确的政治意识形态,越来越迫使所有的文化转而符合其要求。傲慢的西方自由主义学者想把他们自己的个人自主、独立和价值主观性等观念出口到儒家社会中来,并在所谓促进世界人权和全球生命伦理准则的包装和借口之下暗渡陈仓。他们有些人用巧妙的修辞术语把儒家医疗

---

① 参见 Cong,2004; Fan,2002; Fan and Tao, 2004。
② 参阅第3—5章。

决策的家庭主义模式批评为落后的、未受启蒙的东西。还有一些人试图通过比较后果来展示在欧美流行的直接披露和坦率告知的个人主义模式的优势。所有这些都被他们在医学伦理史中描述为腐朽的医疗家长主义被有活力的自我决定所成功取代的过程,似乎获得了某种历史的必然性。他们批评儒家社会不仅滞后于历史发展进程和跟不上西方的先进步伐,而且陷入了错误的意识导向。傲慢的西方生命伦理学家和道德理论家常常从儒家社会中选择一些不利的例子来表明家庭主义模式的"明显的"错误和缺点。在描述了一则好像不利于家庭主义模式的案例之后,他们会这样貌似公允地说:"人们不难想象她自己的选择可能会与她的家庭所作的选择不一样(或者更好)。"似乎只要病人走上自由主义个人决定的道路,问题就会自然消失。

然而,在反思一种悠久的伦理传统及其生命伦理时,关注成本和收益的功利主义评判不应当是唯一的标准。任何伦理传统及其生命伦理都不免会有一些极端例子供人批判。相反,对于儒家道德和生命伦理来说,人们更需要首先抱着一种"敬"的态度、敞开心扉(或者像古希腊人所说的,敞开"灵性"[nous])来体验儒家家庭主义的实在。这种实在对儒家来说是一种深层的形而上真理。丈夫和妻子,是作为儒家所认可的阴和阳的两种基本元素结合在一起的。在这种关系之外,个人只是单方面的和不完整的。每一方单独来说都是不自足的,只有结合在一起才能成为完整的实体。在儒家看来,在阴阳统一之外无法实现真正的人。这不仅仅是说,没有女人,男人是不充分的、或者没有男人,女人是不充分的。这更是说,男人和女人在成为丈夫和妻子组成家庭的过程中进入了一个实在,在其中他们从单纯作为男人和女人的存在实现了作为丈夫和妻子的存在,亦即家庭的实在。

同样,父母和子女的角色也是互补的。只有在丈夫和妻子共同蕴育孩子的这一结合中,家庭才得以真正的实现。从这种意义上说,家庭是"内在"于任何一个正常人的存在。相比而言,如 Steven Erickson 所说,在自由个人主义的视角下,个人成为与他人没有实质联系的一个原子。尽管个人之间可能形成人际关系,但这种关系并不内在于他们作为完整的个人而存在。他们所经历、理解和遭遇到的这些关系更多的像外在的衣着而不是内在的血肉和骨骼。① 在儒家社会,近亲不仅仅是一种血缘关系或者社会生活的支持者;他们是个人之所以能够存在的本体论元素。因此,在儒家看来,一个人在做出个人选择时不能仅仅顺便考虑其他家人的观点。相反,为了避免单方面的和不完整的决定,一个人的决定必须与家人共同做出。

当个人主义伦理学家通过选择一些不明智的家庭决定来批判儒家家庭主义、从而批判儒家生命伦理时,他们忽视了个人主义的西方所支持和认可的很多不明智的个人决定的案例。实际上,当在他们自己的文化和道德范围内谈论决定时,他们常常坚持这样一种观点,即个人对有关自己的事情有权做出自己的决定,哪怕自己的决定有害于自己或者家庭成员。这就是说,他们认为个人主义的决策模式反映了一种正确决定的条件,这种模式本身赋予个人决定以权威和道德地位,而与决定的后果无关。亦即:只要是个人决定的,那就是正确的。然而,当他们评判儒家家庭主义时,他们没有考虑家庭主义的决策模式也反映了正确决定的条件的可能性,从而给以家庭导向的决定以道德价值。简言之,他们在这里采取的是双重标准。

关键在于,儒家的考虑是基于不同于自由主义个人主义的幸福观和道德生活观之上的。在儒家看来,一个人的家庭通常是关怀备至、通情达理和具有我牺牲精神的共同体,常常能够做出明智的选择。但更重要的是,采取家庭主义的决策方式将有助于培养每个成员的德性,使得他们养成相互关爱的品质。另外,由于家庭具有道德地位,家庭主义的决策方式可以与基本的正确决定的条件相一致:家庭有权作出决定。最后,家庭主义的决策方式还能带来有益的结果。中国人爱他们的家庭不单是因为从长远来看家庭是对他们有利的,而且是因为这种爱使他们可以实现一种除此之外无法达到的幸福和德性。这当然不是说,家庭主义的决策方式绝不会被滥用,或者警惕性和保护性的规则可以不必建立。相反,为了保护其道德的完整性和认识到自身的医疗局限性,儒家医疗机构或者儒家医生应当明确如下规则:如果家庭所作的决定与医生对于病人最佳医疗

---

① Erickson, 2006.

利益的专业性判断非常不一致时,医生必须直接与病人进行交流。① 尽管我们必须要给这些保护性的规则留下空间,但由于大多数病人仍然生活在正常发挥功能的中国家庭之中和受相关德性的保护,因而,社会没有必要给他们强加上一个"知情权",这种知情权可能反而会给病人带来负担,甚至伤害。

五、保健融资的家庭责任

当代西方的个人主义医疗保健政策从财政上和道德上都处于危机之中。从财政上说,它们创造了大量的医疗"权利"、超出了可用资源的承受能力。随着更大比率的人口达到了退休年龄,将没有足够的劳动力来负担不工作却需要医疗保健的老年人口的资金需要。随着需要长期护理和高额医疗救助的老年人增多、而新生人口却日益减少,这种资金方面的挑战变得更加严峻。由于家庭没有责任进行储蓄来应对这种挑战,这类个人主义医疗保健政策的道德问题就更加难以解决了。

的确,西方的自由个人主义伦理政治观造就了一个从长远来看难以承受的卫生保健制度。面对有限的资源和极度的平等主义,这种制度要么必须降低卫生保健的标准(就像加拿大那样),要么必须肯定一系列无法得到资助的权利(就像西欧和美国那样)。这种状况还同传媒民主、政治选举紧密联系在一起,即政客们为了获得选票常常承诺提供一些将来根本无法兑现的"平等"权利和好处。② 然而,与建立各种权利和确认平等的口号不同,儒家道德和政治通过建立强调家庭稳定和家庭选择的资金项目来支持一种追求德性的医疗保健制度。这种政策可以通过新加坡家庭医疗储蓄金得到例示。③

以家庭为基础的医疗储蓄金,可以用于家庭成员也可以留给后人。儒家的教诲是:使人民富裕的方法是使家庭富裕。这种方法需要家庭和政府都扮演重要的角色。在家庭层面上,儒家强调家庭储蓄以及妻子-母

---

① 参阅第4章。
② Engelhardt,2006.
③ Teo, 2006.

亲在管理家庭财务方面的重要作用。在政府层面,儒家坚持政府不可征收超过民众家庭收入10%的税收,这样大部分的资源就可以留给家庭。① 确实,儒家公共政策和政府观点的核心——庶民、富民、教民——从根本上说都是家庭主义的(《论语·子路》)。② 当一个君主抱怨说他不能遵守儒家的主张仅仅征收十分之一的税,因为即使征收十分之二的税资源还是不够,孔子的回答是:"百姓足,君孰与不足?百姓不足,君孰与足?"(《论语·颜渊》)

儒家始终认为,一个好的政府应该少征税。这并不是说儒家不明白,如果只征十分之一的税,国家是无法给每个人提供平等的福利和医疗保健。毋宁说,儒家认为国家不应该这么做。国家只应当为其国民提供初步的、基本的保健,把其他进一步的、昂贵的保健留给家庭去选择。这样做既体现了儒家"仁者爱人、爱有差等"的原则,也能提供可持续发展的公共医疗制度。当我们把家庭生活看作是个人存在的基本方式时,家庭对其成员的福利和医疗保健自然负有主要的责任。儒家德性要求父母应该照顾子女,反过来,成年子女也应该照顾父母。③ 在这方面,新加坡以家庭储蓄为基础的医疗保健系统是一个富有启发性的例子:儒家家庭主义不仅是一个可供追求的道德理想,而且是一个实际上可行的、在当代社会可以实现的保健分配方式。④ 从这个方面来看,受到儒家思想影响的新加坡和香港的税收政策(即把收入和分配的主要权力归于家庭)比大多数西方国家(社会福利性税收政策)来得更成功:因其将可支配收入留给了家庭。⑤

---

① 参阅《论语·颜渊》。
② "子适卫,冉有仆。子曰:'庶矣哉!'冉有曰:'既庶矣,又何加焉?'曰:'富之。'曰:'既富矣,又何加焉?'曰:'教之。'"(《论语·子路》)
③ 这种观念在当代华人社会仍然是理所当然的。在我们的"儒家社会与亲子关系"研究中发现,264位新加坡学生中的261位(99%)和170位香港学生中的168位(也约99%)回答说当他们长大后他们应该照顾他们的父母。
④ Teo, 2006.
⑤ 当前,香港的最高税收是16%,新加坡是17%。

六、生物技术和家庭

医学科技当然应该发展,但需要有所限制:它们的发展必须有助于强化家庭。有些医学技术有助于家庭生育;因此,如果其他条件不变,这些技术应该得到肯定。儒家的人口政策支持家庭的正常繁衍,而非不当地限制生育。儒家的家庭生育观与占统治地位的自由主义生育观格格不入。自由主义社会诱使人们追求双收入、无子女的家庭,促使丈夫和妻子追求个人享受而非生养孩子。正如西欧和北美的医疗保健政策面临的挑战所表明的,不支持家庭和生育不仅是道德上败坏的、而且会造成灾难性的经济后果。然而,有关生育的大部分困难都无法通过更好的技术来解决,而只能通过对家庭的本质和使命的德性理解来解决。而且,在儒家看来,我们必须评估新的生物医学技术对于家庭的影响。

出于这些理由,一些新的生物医学技术,比如克隆人,是与儒家道德观念相冲突的。儒家认为,正常家庭应当由丈夫和妻子的结合来为家庭生育孩子,而克隆人违背了这一要求。男人和女人结合为夫妇,对理解所有性行为,尤其是生育行为而言,具有基本的规范意义。在儒家看来,

> 有天地然后有万物,有万物然后有男女,有男女然后有夫妇,有夫妇然后有父子,有父子然后有君臣,有君臣然后有上下,有上下然后礼仪有所错。夫妇之道,不可以不久也,故受之以恒。(《周易·序卦传》)

如果听任克隆人这类生物医学技术发展和应用,那么处于危险的将不单是自然的家庭谱系,而且是儒家的社会和道德标准。首先,男性和女性的存在反映了天地的深层秩序,这是不可以改变的。一个人要么是男要么是女,即使存在一些缺陷的和双性的情形——比如异常的基因型(genotype)或性显型(sexual phenotype))——这些例子也应当视为发育不足或异常的情况。男性和女性的正常的、互补的本体论使丈夫和妻子有互补的相互作用,而这正是使家庭成为可能的基础。而且,家庭的代际分别有着永恒的道德意义。父母是父母,孩子是孩子。一个孩子必须来

自父和母双方。这些区别不可抹杀。生殖性克隆人抹去了这些区别,因而儒家应当要求禁止生殖性克隆人。

既然家庭的规范性特征植根于丈夫和妻子的结合,那么损害丈夫和妻子的结合的生命技术就会损害家庭。因而,儒家不仅反对生殖性克隆,而且反对任何可能改变人类性特征和夫妻规范关系的基因工程。破坏人类胚胎的研究(包括为了获得人类胚胎干细胞)也有同样的道德问题。尽管儒家不会绝对反对这类研究、也不会不加区别、没有例外地反对堕胎,但这种破坏对于儒家关怀孩子、后代的伦理带来一些问题。如果能够使用成年人的干细胞或人造干细胞,当然再好不过。总之,儒家伦理评估技术不能用简单的行为功利主义的计算方式,而是要维持一个特别的伦理风气:正常的亲子关系和家庭内部的其他关系。

儒家支持新的生殖技术,首要考虑的是家庭和个人的共同利益。它并非要求为了家庭利益而牺牲个人利益。此外,德性不仅要求保存家庭利益,还要保存家庭主义的伦理本身。在一个理想的儒家世界里,个人利益和家庭利益是协调一致的。但在非理想的世界和我们通常置身其中的腐败社会里,个人和家庭时常产生冲突。对于如何避免和解决这些冲突,儒家德性伦理学不推崇任何普遍主义的、绝对的方法:比如,个人利益高于家庭利益,或家庭利益高于个人利益;胚胎完全是人,或胚胎完全不是人;等等。相反,儒家必须采取以德性为导向、以家庭为基础的多元伦理分析方法,对具体问题进行具体判断。[①] 在这些复杂的问题面前,某个选择未必是单纯的或对或错;有些选择可能是可以理解的和可以容忍的,即使它们不无缺陷。

七、结语

儒家生命伦理的特征、内容和理路与肇始于20世纪70年代的美国生命伦理的个人主义程式有着尖锐的冲突。跟现代西方的世俗自由主义个人主义的道德反思不同,儒家思想推崇"天人合一"——人的正当社会结构与深层的宇宙构造是相通的,把家庭嵌入到终极实在的背景之中。

---

① 参见第17章。

此外,儒家意识到,德性是通过礼仪化的家庭生活而获得的。不应当把德性简单地看作道德教育的直接结果,而是要在儒家家庭主义的生活践履中渐次获得。这种生活实践通过礼仪行为将人同深层实在的结构联系在一起,使人同深层实在本身达成和谐。

二　儒医伦理史论

一、中国传统对健康与疾病的理解

一般而言，中医的创始被归于传说中的帝王神农，生活在大约公元前2700年。据说他发明了农业，并且亲口尝了几百种植物，目的是发现它们的药用价值。他还被认为是针灸的发明者。然而，他并没有出现在中医经典《黄帝内经》①之中。《黄帝内经》的主人公是黄帝，与神农处于同一时代的另一位帝王。事实上，在中国传统中，黄帝同时受到儒家和道家的尊崇②，人们认为他不但是古代圣王，而且是探索医学理论和保健治疗技艺的大师。

《黄帝内经》可能编纂于东汉时期(25—220)。它包含了上古中国医学的大多数著名文本，把不同的治疗技艺融为一体，并加以理论化，因而奠定了中国医学及其著述传统的基本原理。它采用了哲学、科学、政治学以及其他几乎一切传统中国思想中的基本概念。③ 首先，它提供了一种特殊的"气"④的形而上学，并把它作为宇宙的基本元素。"气"是很难翻

---

①　《黄帝内经》是中医的最经典著作。整个著作采用了黄帝和他的几个医学顾问和大臣之间的对话形式。今天人们用的标准版本有24卷81章，涵盖了大多数古代中医的著名文本。所有基本的中医理论和学说，如气、阴阳、脏器、经络等等，都在此书中得到了论述。本书的成书时间一直争论不休。本文遵循廖育群的研究，认为现存版本是东汉时期一群医生在有关古典文献的基础上重组、修改、扩充和编辑而成的。参见廖育群，1993，第55—80页。

②　参见钱穆，1987。

③　Ho & Lisowski, 1997, p.17.

④　作为一个基本的形而上学概念，气意指宇宙的基本和终极元素。气的理论起源于中国古代的经典著作，并且在宋代(960—1279)新儒家那里得到了进一步发展。根据这个理论，气不仅是物质的，也是精神的。它容纳了万物及其变化形式，世界是气的不断变化和发展的过程。从本质上讲，有两种气，即阴气和阳气。万物根据阴气和阳气的结合与互动而在宇宙中变化、转换和发展。

译成其他文字的,因为它是中国人特有的对于宇宙万物的理解。从"气"的观点来看,整个宇宙本质上是一个气场,人们不去深究一位人格性的上帝怎样去创造、保护和管理这个气场中的天地万物,但肯定它是气的不断变化和发展的过程。气把万物及其变化形式统统包含在其中。气应该理解为既是物质的,也是精神的,与其说是现成的存在之物,不如说是生成的过程。人身体的每一个部分,都和此天地之气相通:"其气九州、九窍、五藏、十二节,皆通乎天气。"(《黄帝内经·素问·生气通天论》)。进而,阴和阳作为气的两种基本形式的运行规律支配了宇宙万物,包括天、地和人,即所谓"三才"。宇宙万物之中阴阳之间的和谐是这种规律运行的必要条件。"黄帝曰:阴阳者,天地之道也,万物之纲纪,变化之父母,生杀之本始,神明之府也,治病必求于本。"(《黄帝内经·素问·阴阳应象大论》)进一步来说,宇宙中的阴和阳可以转换成五种更为具体的转变之能量,即"五行",金、木、水、火、土。从阴阳五行的学说中可以看出,中医保持了自然的神秘统一体:人类的机体和各个部分的功能反映了与宇宙不同部分——尤其是天和地——的复杂机制间的系统性对应。①

从这些学说中,产生了中国人对健康和疾病的特殊构想,并且设定了中国人的病因学和治疗学基础。在中医里,健康被理解为身体之气回应阴阳五行之道而形成的一种和谐状态。疾病是气的不平衡状态,它源于违背、阻碍或未能达到"道"的情况。详细说来,中医病因学列出了七种内因(喜、怒、哀、乐、悲、恐、惊)、六种外因(风、寒、暑、湿、燥、火)作为疾病的大多数共因。这些因素与其说是疾病的实体,毋宁说是气在宇宙和人类身体上存在的自然模式。只有当人身体中的任何一个因素过多或过少(变成了"恶气"),从而打破了身体之气的平衡时,才产生疾病或健康问题。相应地,中医诊断的目的就是通过一系列医疗技术来发现这些因素的不平衡,尤其是中医的四种重要的诊断观察法(四诊):对病人身体一般性的表面检查(望)、听诊的原始形式(闻)、询问(问)、以及触摸和把脉(切)。治疗的主要原则乃是恢复平衡和保持和谐。②

---

① Unschuld, 1985, pp.51—100.
② Yanchi Liu, 1988.

二、儒家"仁"的概念和中国医学伦理学的形成①

儒家在多大程度上影响了中国医学理论的内容仍有争议。② 大多数学者认为道家对原始中医的贡献要多于儒家。③ 然而,儒家"仁"的教义塑造了中国医学伦理学的基调,这一点是毫无疑义的。孔子(公元前551—前479)用"仁"来说明人的礼仪、礼的规则和社会适当结构的基础。"仁"构成了个人的基本德性,并且设定了儒家有关人类社会的基本原则。从语源学上看,仁由"人"和数字"二"构成,意味着一个人仅靠自己是不能成其为人的。推而广之,它意味着良好生活之道存在于适当的人际关系之中。"仁者爱人"(《论语·颜渊》),体现在对于不同人类关系的特殊德性之中,如对父母孝顺④,对孩子慈爱,对上级忠诚,对朋友信义。孔子认为一个人必须从爱自己的家庭开始,并努力把这种爱渐渐延伸到世界上所有的人。对孟子而言,仁的根基在不忍人之心,(《孟子·公孙丑上》)。每个人都有这样的一颗心,这可能是因为每个人的心在形而上学上都是由"精气"组成的,它保持着对他人心中之气的自然同情。这就是为什么孟子强调说,为了成为有德性的人,一个人应该擅长于"养浩然

---

① 孔子用仁来说明人的德性的本质、礼仪的基础和社会的正当结构。从语源学上说,仁由"人"和数目"二"组成,意味着基本的人类德性构成了恰当的人类关系。对孔子而言,这种关系的性质就是爱(《论语》12:12)。既然这种爱很自然地为每个人在家庭关系中所体认到,那么它就能被培养、发展乃至延伸到家庭之外的其他人。相应地,儒家的仁的原则是普遍适用、渐渐延伸与分化的爱的必要条件。在满足爱的这个条件中,孔子发现了遵循礼的真正意义:"人而不仁,如礼何?人而不仁,如乐何?"(《论语·八佾》)换句话说,通过仁的道德原则的建立,孔子用爱来重新解释了中国传统礼仪的意义。对孟子而言,仁的开端是恻隐之心,是不忍人之心(《孟子·公孙丑上》),所以每个人都必须努力培养仁心。最后,仁在宋代新儒家那里得到了进一步发展,仁被看作宇宙的道德实体和伦理的基本原则。
② 参见邱鸿钟,1993。
③ 参见马伯英,1994,第六章。
④ 孝在儒家传统中是非常重要的德性。正如孩子对父母的爱,孝建立在父母和孩子之间的亲密关系上。事实上,孔子认为孝是仁的基础(《论语·学而》),并且为了人类道德的可能性而赋予了它基本的价值。如果仁作为爱是可能的,那是因为孩子和父母之间的亲密关系很自然地适用于人类生活。在儒家看来,如果一个人不能够对其父母表现出爱,那么他就很难有任何真正爱的情感。孝要求孩子尊敬父母,最大化父母的利益。然而,一个最常见的误解就是把孝简单地等同于对父母的绝对服从。《孝经》明确地表示,"当不义,则子不可以不争于父;臣不可以不争于君;故当不义则争之。从父之令,又焉得为孝乎?"(《孝经·谏诤章》)

之气"(《孟子·公孙丑上》)。在儒家看来,气是相互感应与和谐存在的形而上学实在。

自公元前134年"罢黜百家,独尊儒术"之后,医学就被当作仁术。① "仁术"一词首先出现在《孟子·梁惠王上》中:"无伤也,是乃仁术也",意指是不忍心见动物痛苦的表现。儒家很自然地将医学也看作"仁术"。尽管他们并未把医学看得与政治一样重要(见第三节),通过把医学的本质定义为"仁术",儒家认为医学是爱与人道的表现,而不是为了自身的利益和名誉。掌握并精通医学技艺需要很高的德性,只有这样才能承担起帮助他人预防疾病、减轻痛苦、救助生命和延长寿命的严肃社会责任。的确,儒家把人的生命看作是宇宙万物之中最高贵和最有价值的:"天地之性,人为贵"(《孝经·圣治》)。又如荀子所言:"水火有气而无生,草木有生而无知,禽兽有知而无义,人有气、有生、有知,亦且有义,故最为天下贵也"(《荀子·王制》)。生、知和义都是气进一步发展的状态,或者"精气"。这构成了所谓"灵魂的阶梯(ladder of souls)"的儒家版本。② 以儒家"仁"的观点来看,医学有不可或缺的重要性,因为它照顾着人类的生命。

三、健康生活与家庭照护

儒家认为道德德性是一个健康的人的必要品质。通过学习和实践自我培养的德性,一个人能够同时追求并改善个人的健康。身体的安康、精神的安宁和社会的正当都与儒家对健康的积极观念紧密相关。对儒家来说,一位道家隐士即使是身体健康,也依然是不全健康的,因为他处在正常的家庭和社会关系之外,而人不应该为了个人的安康而逃避这些基本关系。相应地,儒家可以被理解为一种个人的医疗保健系统(personal health care system),即使它实际上远不止此。③ 一位仁人不仅在道德上是出众的,而且会长寿。④ 道德和医学在儒家这里是统一的。

---

① 这并不是说医学的地位马上得到提高。真正的儒医大量出现在宋代以后。详见后面论述。
② Needham 1980, pp.21—22.
③ Ni, p.199.
④ "知者乐,仁者寿"(《论语·雍也》)。

实践道德德性可以帮助一个人更好地处理病因,尤其是精神上的病因。这就是为什么儒家强调自我照顾和疾病预防的原因。自我照顾是一种为了好的生活方式的自我培养。自我培养的目的在于过一个平衡的生活——两个极端之间的中道(中庸或中和)的生活。"中"是没有过分波动的情感——如欢乐、愤怒或悲伤——的状态;它是这些情感以最恰当的度(中庸之道)所表现出来的行动状态。如果一个人能够完美地保持中和的状态,那么他的健康的气就得到培育,他也会健康不衰。孔子特别警告说:

  君子有三戒:少之时,血气未定,戒之在色;及其壮也,血气方刚,戒之在斗;及其老也,血气既衰,戒之在得。(《论语·季氏》)

儒家的"中和"理想是中医的一个重要分支——养生(生命的培养)——的核心。养生发展出一套复杂的技术来帮助人们促进健康。但是它的核心原则是很简单的:为了拥有一个健康的生命,人必须调和欲望,尤其是食欲和色欲。相比于治疗,预防更重要。正如一个著名的中国医学谚语所说,"不治已病治未病",它的理想就是无病。儒家对健康的理解是一个人应该遵循道,并且在有规律的日常生活中保持健康。例如,在《黄帝内经》的开篇我们读到:

  上古之人,其知道者,法于阴阳,和于术数,食饮有节,起居有常,不妄作劳,故能形与神俱,而尽终其天年,度百岁乃去。今时之人不然也,以酒为浆,以妄为常,醉以入房,以欲竭其精,以耗散其真,不知持满,不时御神,务快其心,逆于生乐,起居无节,故半百而衰也。(《黄帝内经·素问·上古天真论》)

疾病被看作是健康生活的失败。不过,病人一般来说是不该受到责备的。儒家认为有某些东西在人的控制之外,人的命运最终由天的力量来决定:"死生有命"(《论语·颜渊》)。病人被当作是一个不幸的人,医生应当同情他、照顾他。的确,在儒家文献中,病人通常和鳏寡孤独和残疾人一起被列社会中最为不幸的人。

家庭在照顾病人方面起着关键作用。从儒家的观点看,是家庭而非单独的个人才是独立于社会其他部分的最终自治单位。这是因为家庭整体是最原始的阴阳整体,代表了人类存在的基本模式。一个家庭成员的疾病被看作是整个家庭的问题,它需要特殊的信用责任来照顾病人。一般来说,医生与病人的家属探讨诊断、预后、治疗和所有与病人相关的其他问题,而不是和病人直接探讨。病人应该不被打扰地休息和放松。病人通常很愿意在他的医疗保健方面由家属代表他。并且家属拥有最终的决定权去接受或者拒绝医生为病人开的药方。这种医学决策的家庭主义模式并不被认为是对病人的决策权的剥夺。毋宁说,家庭因减轻了病人的负担而受到赞赏,这些负担包括听取、讨论病人的状况和临床照顾。家庭应该承担起这些负担,儒家认为这是理所当然的。① 进一步说,当有严重的诊断和预后时,人们通常向病人隐瞒真相。儒家认为,直接告诉病人不好的消息,这是对他没有同情心的表现。他们担心把这些信息告诉病人会给病人带来严重的心理负担,使病人的健康进一步恶化,治疗效果大打折扣。相应地,从古代开始中国医生就遵循了一个规则:决不把一个严重的诊断和预后首先告诉病人;而是首先告诉给病人的家属。② 简言之,家庭在经济上、情感上和道德上有责任照顾每一个家庭成员的医疗保健。

四、政治生活与医学生活

早在公元前两千纪中国历史的黎明之时,中国社会就有"巫医",有点像亚洲北方民族的萨满。在时代的变迁中,它们被分化成不同的专门职业,不仅有医生,还有道教的炼金术士、巫师和侍奉朝廷的宗教仪式家、药剂师、兽医、神秘家和各种各样的技艺家(方士)。③ 直到公元前6世纪孔子的时代,医生的分化过程还没有完成。孔子用了一个对"巫"和"医"不分的词来形容治疗者,他说"人而无恒,不可以作巫医"(《论语·子路》)。但这种分化在孔子之后不久就完成了。扁鹊,一个极为著名的医生,大概生活在孔子之后50年④,明确宣称医生不应该治疗那些宁愿相信巫术而不相信医学的人(《史记·扁鹊仓公列传》)。

---

① 参阅第3章。
② 魏子孝、聂莉芳:1994,第105—108页。
③ Needham, 2000, pp.40—41.
④ 参见廖育群、傅芳、郑金生,1998,第77页。

本章的第一部分已探讨过儒家把医学看作"仁术"。同时,他们把政治看作"仁政"。尽管二者都是促进人民福利的仁的事业,但是政治被赋予更多的重要性,因为它具有更广泛的影响力。明确地说,儒家并没有把医学看作和政治一样地重要,因为医学作为仁术仅仅能治疗少数的人,而政治作为仁政则可以惠及天下所有的人——如果做得好的话。相应地,医学被称为"小道",而政治为"大道"。进一步说,古典儒家学说是十分理性的,它反对各种形式的迷信,这有助于经验的研究。不过,从另外一方面说,它把兴趣强烈地集中在人类社会生活上,而不是集中在对自然事物的研究上。这似乎可以解释为什么大多数中国传统的医学实践者——尤其是宋代(960—1279)以前的医学实践者,都不是儒家,而是萨满、巫师、江湖郎中以及其他各种类型的没有经过理论训练的实践者。在宋代之前只有很少数的儒医。

自从儒家在西汉(公元前134年)被定为政府的正统意识形态之后,每个人都要从儒家的经典著作中学习"道"来作为职业生涯的开始。儒家著作的核心是自我培养(修身)的教义:学习并实践德性。儒家认为修身必须在形成良好的人际关系和社会制度中得到实现,这些制度乃是家庭、国家和天下。如果一个人修身好了,那么就能齐家;如果能够齐家了,那么就能治国;如果国家治理好了,那么就能使天下太平。这就是为什么根据儒家学说,从君主到百姓,所有的人都必须把个人修养当作万事之本的缘故(《大学》)。相应地,儒家的修身是参与政治的过程:齐家、治国、平天下。为了把这些做好,就必须掌握并遵循道。既然儒家认为天、地、万物都遵循同一个道,阴阳五行之道(在天的原则、地的模式、人类事务中得到体现),那么道的知识就能应用到医疗保健和医学目的上。相应地,所有的儒家学者在广义上都是儒医,因为他们掌握了最基本的医学原则,并且能够就医疗保健问题对人们进行指导,尽管他们并不行医。换言之,他们不是狭义上的儒医。有些人确实行医了,且以治疗病人为生,但他们好像因为没有参与政治而感到遗憾。例如东汉最好的医生华佗,精通儒家著作,有卓越的治疗技术。尽管他对名利不感兴趣,但也为自己只是个医生而惋惜(《三国志·魏书·方技传》)。直到宋代,医生的社会地位都不高。

但在宋代情况发生了重大的转变。狭义上的儒医数量剧增。他们对中医理论和实践的发展做出了巨大的贡献。许多中医学校在相互竞争中形成和发展,医生的社会地位得到充分提升。解释这些变化的主要因素如下。①

首先,宋代新儒家的兴起促进了典型的儒家政治职业和经验性的医学研究之间的紧密融合。新儒家在气的概念之上更加精细地阐述了儒家形而上学。它统一了气、理、道、阴阳、五行、天、地和纷繁而和谐的宇宙论体系中的万物。万物都由气构成。有气就有道。道与气不可分离。道是一,但是在不同的事物中有不同的显现,必须格物才能致知。这种思考方式对排除经验研究的古典倾向起到了有益的纠偏。与儒家对仁的强调一起,这种思想非常有助于对疾病和健康的研究,有助于对医学知识的追求。

此外,宋代政府对治疗技艺和医学药物也给予了特殊的强调。皇帝宋太祖自己就掌握了一些治疗术。其他一些皇帝也对医学知识非常关注。他们对医学的态度显然影响了大臣们、一般的儒家学者和社会大众。这反过来决定了宋代政策的重新塑造,从而有利于医学体制、教育和实践。医学在中国历史上从未被如此重视过。11 世纪的一位高官兼著名知识分子范仲淹明确地说:"不为良相,愿为良医。"他的理由如下:

> 大丈夫之于学也,固欲遇神圣之君,得行其道,思天下匹夫匹妇有不被其泽者,若己推而内之沟中。能及小大生民者,固唯相为然。既不可得矣,夫能行救人利物之心者,莫如良医。果能为良医矣,上能疗君亲之疾,下以救贫民之厄,中以保身长年。在下而能及小大生民者,舍夫良医,则未之有也。(吴曾:《能改斋漫录》卷十三)

"不为良相,愿为良医"的观念变成了后来许多儒医的价值观念。

进一步说,宋代政府改革了医学教育系统。在宋代以前,中国就有了科举考试以选拔官员,还有太学(后来成为国子监的一部分)为政府部门训练有才干的学者。然而,医科学生并不在太学中接受教育,而在太医署中接受培训,它是一个为管理医疗保健和治疗政府官员及其家属、朝廷人员而设置的机构。太医署中学生的水准和社会地位没有太学生高。宋代

---

① 梁峻,1995,第 79—102 页。

政府在太医署中进行医学教育;同时还在国子监设立了一个新的医学院。这个学院吸引了儒家学者从事医学事业和提高医生的水准。尽管这个学院存在的时间不长,但它在社会上产生了深刻的影响,并且提升了医生的名誉。

最后,宋朝政府重新制定了一系列政策和手段来促进医学,例如编纂并出版传统医学书籍,研究并促进药物学,建立药房,完善医学考试制度,等等。所有这些政策和手段都繁荣了医学研究,激励了儒家学者转向医学领域。

五、仁的实践

儒医有两个显著特征。首先,他们对中医的理论发展作出了巨大贡献。大多数一般行医者是文盲或半文盲,而儒医却是受过良好教育的学者。他们熟悉历代经典,不仅能够从老师那里学习医学,而且可以自己通过阅读医学书籍来研究医学。他们致力于追求健康、疾病和医学之道,而不是停留在简单的技艺模仿阶段。他们能够编纂和重新出版以前的医学书籍,总结优点和缺点,发展新的理论学说。这就促使宋代已降产生了不同的医学流派,促进了相互竞争和中医的发展。

此外,儒医把医学当作仁的事业,即仁术。医学是他们践履儒家生活的方式,而不单纯是治疗疾病的技术。医学实践必须整合到修身、齐家、治国和平天下的理想之中。照顾好人民的健康,才能算最好地实现了孝顺父母、忠诚君王、尊敬老人、爱护年轻人和爱天下万物的德性。历史上,儒医经常强调真正的医生须履行仁术,而不是为了商业利润、为金钱考虑而实践这门艺术。只有人民的福利才是这门艺术的目的。正如伟大的儒医孙思邈(541—680)所论证过的,真正的医生有两个特征:医术精湛和道德高尚(《千金方·大医精诚》)。不管病人是谁,儒医都须按照儒家德性来以诚待之。

六、儒家医学伦理能教给我们什么?

儒教不同于其他有组织的宗教,它并没有自己专职的牧师。然而,儒家对人生的终极关怀提出了自己的理解。本章关心的是,儒家对人生终极问题的答案与医学有什么关系。儒家认为人生之道是仁,亦即气的和谐存在,展现在人类之爱的恰当关系之中。对儒家来说,好的生活是培养关怀家庭、国家和整个世界的德性生活。医学是爱的艺术,它是仁的儒学原则的组成部分。仁需要修身作为个人贡献的必要条件。相应地,儒家并不把医生当作普通人。他应该充满儒家的德性,用他的特殊技能追寻儒家的理想。因此,他应该是一位"君子",道德正直和良好德性的楷模。

在当代世界,随着病人的权利和自主决定获得优先地位,医生的德性则已大打折扣。越来越多的医生接受了医学的契约模式;即,医生不需要、也最好不要比明确地写在或暗含在法律、规定、规则或契约之中的内容做得更多。这种模式扩大了病人的自主性,但却忽视了医生的德性。它把医生当作提供服务赚取利润的商人,剥夺了医学与仁的本质关联。医学不再是仁术。在今天不可阻挡的消费主义倾向面前,医学和其他东西一样沦为了商业。我们失去的不仅是对建立在气的概念基础上的深刻世界观的信任。我们还失去了医学本身的深层意义:减轻病痛、治疗疾患、预防疾病、延长寿命固然具有明显的满足个人欲望和追求科学创新的效果,但除此之外,则再也找不到更深刻的意义了。儒家医学伦理将这种情况视为肤浅的价值观所导致的问题。

此外,医疗保健在医疗决策和资源分配中变得更加个人主义化了。越来越多的个人被教导把医疗保健仅仅当作他们自己的事情,要靠自己做出医疗决策而不考虑家人的意见。他们甚至被鼓励把家人排除在决策的过程之外。他们被告知,毕竟是他们自己的身体、健康和生命处在危险之中。然而,儒家认为作为一个人,他首先是家庭的一员。让自己的家人参与决策的过程可以帮助他作出审慎的决策。家庭共享的决策体现于一个人在家庭中生存、通过家庭而生活的基本方式上,通过家庭人们作为一个整体而有难同当、有福共享。最后,儒家对国家强加的任何平均主义的医疗保健计划都是不赞成的。它主要将医疗保健和照看病人视为家庭的责任。

儒家的道德信念迄今仍然为中国的内地、香港、台湾以及新加坡、韩国、甚至日本的道德思索提供丰富的文化背景。本人近几年来倡导"重构主义儒学"(Reconstructionist Confucianism)①,尝试提出对儒家生活方式的一种本真理解。我认为重构主义儒学对于人的成就和道德性能够提供比当代西方自由个人主义的社会民主理论更为充分的说明。它是家庭导向、君子导向和德性导向的。它要求按照基本的儒家关怀和信念来重塑公共政策,以重建社会体制。这一事业的成败不仅关乎着儒家社会的文明前景,而且决定着儒家社会将在何种程度上对于世界文明做出贡献。

---

① 参见 Fan,2002。

三　自我决定还是家庭决定：
　　两种自主性原则

一、导言

　　由医疗保健带来的道德问题涉及每个国家和地区。近年来，西方发达国家的生命伦理原则风靡世界。"生命伦理学"（bioethics）成为一个流行的国际名词。在东亚，如中国、日本、韩国、中国台湾和香港，生命伦理学家建立了特殊的生命伦理学方法，并且帮助制定公共卫生政策。本文想讨论如下问题：东亚地区的生命伦理学是应该用西方的方法（构思，原则，原理，模式，方法，概念等）来构建呢，还是应该有一套自己的方法？

　　这个问题很复杂。关键在于何种生命伦理学的方法可以够资格称为"特殊的东亚方法"。东亚生命伦理学常常强调医生个人的德性，莫非这一点就足够称为东亚方法吗？假如在德性是什么的问题上这种方法与西方方法并没有什么分歧，又怎么说哪？或者，如果一种方法更重视由一般医疗事件所引起的问题而不是由高科技医疗手段所引起的问题，那它是否就够资格算是特殊的东亚方法了？很明显，标准不同，回答也不同。因此，为了清楚回答这个问题，需要我们东亚的生命伦理学家们考虑，我们自己与西方的同仁在生命伦理学方面究竟有哪些本质的区别和不同。越具体地意识到这些区别和不同，就越有可能找到这个问题的有效答案。

　　当然，东亚与西方有很多明显的不同。特殊的东亚宗教，如儒教，道教，佛教和日本的神道教，而不是犹太-基督教，影响着东亚人的道德生活。一些特殊的形而上学的原则，如易经、阴阳和气，常常出现在东亚学者的道德谈论中。还有一些关键的道德词汇,如日本的"和"、"甘え"①以及中国的"仁"、"义"、"礼"、"智"、"信"、"孝"、"忠"和"德"都是东亚人日常道德词汇的组成部分。最后,儒家的德性理论,经过数千年的发展,依然盛行于东亚国家,作为从一般伦理到特殊的生命伦理的主要渊源。②

即使我们认为东亚的生命伦理必须建立在特殊的东亚伦理背景下,还要搞清楚它与西方的生命伦理究竟有多大不同。为了更清楚和更有成效地理解这个不同,我们需要弄清这一不同的本质。在这一点上,引入 Tom Beauchamp 最近做出的"狭义的道德"和"广义的道德"的区分或许有助于问题的分析。③ 如果我们能弄清东亚生命伦理与西方生命伦理的区别是广义上的还是狭义上的,我们就可以发现特殊的东亚生命伦理学方法的实质含义了。

依据 Beauchamp,狭义的道德是"一组非哲学的概念,常分类为原则,规则和权利"。这些观念是(a)"模糊的,普遍的和不确定的",仅有"抽象的内涵";(b)"它们是内在于任何道德的",因而"具有普遍的约束力";(c)为处理特殊的伦理问题提供一个基本方向,并为"道德判断和国际法提供一个客观基础"。相比而言,广义的道德则"认识到由不同哲学、宗教或文化信念所产生的不同甚至冲突的道德观念"。在这种广义的道德下,Beauchamp 认为狭义的普遍道德观念需要进一步的解释。它们表现为:(a) 它们不是绝对的——在特定的情况下,某个观念可以被其他观念所推翻;(b) 它们的应用有例外的情况——某个观念在某些情况下不适用;和 (c) 它们没有特定的价值等级——人们在不同的环境下会采用不同的等级。因而在 Beauchamp 看来,在广义的道德上应该有一个特殊的东亚生命伦理,但在狭义的道德上,则不应该有。他认为,狭义的普遍伦理观念在任何地方都适用,当然也包括东亚。

我们接受 Beauchamp 的观念吗? 我当然承认在 Beauchamp 的广义道德上东亚生命伦理与西方生命伦理有所区别。这就是,东亚生命伦理学

---

① "甘え"意为"依赖","渴求被爱","在他人的照料中生活",是日本文化中重要的正面价值,日本心理学家土居健郎在《依赖的解剖》(The Anatomy of Dependence)中详细分析和讨论了这个概念,使之广为人知。参见 Takeo, 1973。
② 关于西方和东亚生命伦理在三个不同层面的区别的讨论,参见 Fan, 1996。
③ Tom Beauchamp, 1996, pp.25—47.

家可能用自己的宗教,形而上学和伦理理论对何谓绝对、何者例外和某些关键道德概念的顺序提供特定的解释,这些解释可能与西方伦理学家不同。然而,更重要的问题是,Beauchamp所认为的狭义道德是普适的观点是否正确。特别是,是否所有的西方伦理学家所认为的普适的原则,规则和权利,在东亚伦理学家中也应该被普遍接受?

我的论证如下:即使如Beauchamp所认为的,一系列"模糊的,普遍的,和非确定的"观念(也就是原则,规则和权利)组成狭义的道德,即使这些观念从属于某种文化和理论条件下的解释(及其应用),后者又反过来组成广义的道德,这些观念本身也必须要有一个先于其他进一步解释的最小限度的实质内容。这个最小的内容是必须的,因为它限制了解释的范围;否则任何解释都可以接受,这些观念也就不成其为观念了。因此,一种观念,如果像Beauchamp所认为的那样,提供"某些道德问题的一个基本方向"和"为道德判断以及国际法提供客观基础",它就不能允许所有的解释;相反,它必须排除一些过头的解释,以确保"一个基本方向"或"一个客观基础"。这样一来,我们需要理解西方生命伦理学家所倾向的最小的实质内容是否也是我们所能接受的。如果不能,那么将不只在广义道德上、而且在狭义道德上,也存在着特殊的东亚生命伦理。

本文将阐释东亚和西方伦理学家在自主性(autonomy)方面的一个基本不同。众所周知,西方的自主性原则在历史上有充分发展,而且在近年来的西方生命伦理学中得到更加清楚的阐释和侧重,它还具体表现为在临床情况下给病人的自主决定以普遍优先权。这种自主同临床伦理实践中的信息披露、告知真相和知情同意有紧密的联系。然而,另一方面,即使西方的自主性原则已被引入了东亚国家的生命伦理讨论和实践之中,它却基本没有得到人们的接受。不接受的主要原因,就像我即将讨论的那样,是在东亚国家的文化和伦理传统中有一个不同的自主性原则,这一自主性原则是以儒家家庭伦理为基础的,同西方的自主性原则大相径庭。尽管东方自主性原则还有待进一步清楚的阐释,但在我的理解中,这个原则在这些东方国家中比医生的家长主义作风具有更为深远的影响,深刻反映了东亚临床伦理的特点。下面试做一些比较说明。

二、西方的自主性原则:以自我决定为导向

在最近的西方生命伦理文献中,对于西方的自主性原则有一些不同的表述方式。不过这些不同对于我们最终的分析并无实质影响。让我们采用 Beauchamp 和 Childress 以否定的方式所表述的这一原则:

> 自主的行为不应当从属于他人的控制性限制。①

所谓"自主的行为"可以做如下理解:

> X 的行为是自主的,当且仅当 X 的行为(1)是有目的的,(2)是在有理解能力的情况下做出的,和(3)没有受到控制性的影响。②

另一方面,Baruch Brody 提供一个对自主原则的肯定性的表述:

> 当一个主体的选择没有伤害其他人的权利和自由时,她就可以执行她的选择。③

尽管这些总结性陈述有一些用处,但对非西方背景的人而言,它们太过概括,很难帮助我们确切了解这一原则的含义及其在具体情境中的应用。重要的是,我们需要揭示,自主原则用以指导做出临床伦理决定的最小的本质内容是什么?我将围绕下列三个特定的问题来揭示这一本质内容:(1)依据该原则谁有最终的权威来做出决定?(2)决定的基础是什么?和(3)该原则所支持的主要价值是什么?

对于(1),西方的自主性原则认为病人有最终的权威来做出医疗决定。它显示自我主权(self-sovereignty)的模式:每一个人都有权对于自己的身体和其他方面做出决定。美国有关医学、生物医学、行为科学的伦理问题研究的总统委员会的一个报告对这个问题有明确的总结:

> 当一个有行为能力的病人的自我决定与其个人利益发生明显冲突、而且经过仔细考虑这个冲突依然无法解决时,这个有行为能力的

---

① Tom Beauchamp, James Childress, 1994, p.126.
② Ruth Faden, Tom Beauchamp, 1986, p.238.
③ Baruch A. Brody, 1990, p.165.

病人的自我决定通常应当压倒别人认为对他有益的观点。①

> 尊重有行为能力的病人的自我决定权是非常重要的……病人[应当]有最终的权威来做出决定。②

无法否认这种自我主权的观点有很强的近代启蒙运动的背景。我们可以从不同形式的哲学思考中找到有关这个问题的讨论：洛克（自然权利），康德（协调的自主性或自律性），密尔（最佳后果），等等。新教中的"个人良心不受教会权威控制"的原则也是对这一观点的强烈支持。而且，它还有西方古典宗教的根源。例如，在一段著名的《圣经》文本中，个人被鼓励与家人分离，以实现接受基督教的目的（马太福音 8：21—22，路加福音 9：59—62）。因此，西方宗教传统种下了个人作为决定者的观念的种子。作为决策者，个人是可以"与家庭和文化群体分开来的"。③

对于问题（2），即个人做出决定的基础是什么，西方自主原则默认一种主观主义的"善"的观念。一个好的决定满足当事人的审慎的愿望、喜好和期待，而不管其是否与一些非个人的、客观的价值相一致。这种态度在 Allen Buchanan 和 Dan Brock 在讨论为孩子做出与他们利益相关的医疗决定时得到了很好的陈述：

> 一个孩子的善更多地取决于他／她在这个年龄段的发展的需要、而不是取决于其一时的、短暂的目的和喜好。这种发展的需要大部分取决于这样一个目的，即给孩子以机会和帮助孩子培养选择和判断的能力，以使其在成为成年人时可以做出自我决定。因而，对孩子好就应当集中于为孩子提供这些能力和机会，以使他们在成年时能够自己选择、改变和追求他们自己的生活方式、目标和价值。④

很明显，这里的目的是培养孩子的机会和能力，使其能在成年时做出自我决定，选择和追求他们自己的价值，而不是培养孩子去过一种与某所在的文化或道德共同体所持有的某种客观的善的观念相一致的生活。

最后，对于问题（3），西方自主性原则支持的最重要的价值乃是个人

---

① President's Commission, 1983, pp. 26—27.
② Ibid., p. 44.
③ Robert Veatch, 1996, p. 120.
④ Allen E. Buchanan, Dan W. Brock, 1989, pp. 227—228.

独立。尽管一个人在临床的环境下只是一个病人,但自主性对她依然很重要。她不能依赖家庭或医生做出医疗决定。相反,家庭和医生有责任尊重和提高她的自主性,而且执行这种尊重病人自主性的责任,帮助病人战胜依赖感,让他们最大程度地实行自我控制、自我决定。

总而言之,西方的自主性原则是自我决定导向的原则。

三、东亚的自主性原则:以家庭决定为导向

相比较而言,东亚的自主性原则可以被认为是家庭决定导向的原则。由于我没有找到文献中关于东亚自主性原则的表达,我试图提供下列的陈述。从肯定方面说:

> 每一个主体应当和其他相关的人和谐合作来做出其决定和行为。

和从否定方面说,

> 和谐合作做出的决定和行为不应当从属于他人的控制性限制。

在临床情况下,相关的其他人是家属(通常是配偶,父母,成年子女)和医生。同样,在临床情况下,这个原则的最小的本质内容需要联系上一节我提到的三个具体问题来揭示。

首先,依据这个原则,谁有做出临床决定的最终权威?答案是家庭。与西方的自我主权不同,东亚社会反映了家庭主权的习惯。例如,就像日本学者星野一正所描述的,

> 日本人不习惯在不与家庭协商的情况下做出医疗决定。这是由于他们对家庭的看法和情感的深刻关注和尊重所决定的。当一个家庭成员生病时,照顾他乃是整个家庭的责任……家庭认为照顾生病的家庭成员是一个家庭事务。
>
> 在这种情况下,由家庭首先决定最好的医疗程序和照看病人是很自然的事……最终,医疗程序和照看病人取决于病人自己和家庭成员的共同同意。①

---

① Kazumasa Hoshino, 1996, pp.16—17.

星野所描述的日本的这些情况在东亚社会很常见,甚至在西方的一些团体里也有类似的行为。不过,东亚和西方的区别还是非常明显的。在西方,一个有行为能力的病人是医疗决定的最终权威,而在东亚病人和家庭成员需要在做出临床决定时达成一致意见。例如,当病人要求或拒绝一个治疗、而其家庭成员持相反意见时,医生不能像西方那样仅仅遵循病人的意见,即使病人是有行为能力的个人。① 相反,医生会劝说病人在接受医疗行为前与家人协商并达成一致意见。医生有时站在病人一方,有时站在家属一方,取决于谁的意见符合医生根据自己的专业知识对于病人利益所作的判断。确实,一方面东亚人对家庭内权威和家庭外权威做了明显的区分。另一方面,不是生病的家庭成员本身、而是整个家庭在临床决定中具有权威性。西方人可能会对这一家庭主权感到疑惑。但是在这种观念下,家庭被看作是一个与医生和政府不同的一个社会主体,就像西方的具有自主权的个人那样。

儒家对家庭和个人的本质的理解形成了东亚社会家庭管理的观念和实践。根据儒家,是天的安排使每个人都来自一个家庭,与其他家庭成员形成特殊的关系,而且与他们一起生活。家庭关系是如此重要,以至于儒家所强调的五种主要人际关系(夫妇、父子、兄弟、朋友、君臣)中,三种都是家庭关系。儒家道德要求一个人必须把家庭看作一个不同于社会其他部分的自主体,作为一个整体享受幸福和面对痛苦。因此,一个家庭成员的受伤、疾病和残疾必然会被视作整个家庭的问题,需要家庭作为一个整体做出医疗决策。

其次,临床决策的基础是什么呢?东亚自主原则支持客观的善的观念。一个人的临床决策满足当前的利益不是最重要的,更重要的是满足一个人客观的长远利益。与西方社会相比,东亚国家有共同的善的观念,这是一系列在临床决定中被不同的社区、家庭和个人普遍接受的价值,因此也是一种客观的、非个人的善的观念。这一特征较少考虑个人当前的欲望、倾向和期望,如果它们与客观的善的观念不相符合的话。例如,如果一个病人拒绝接受治疗,认为自己的生命已没有什么价值了,但是他的

---

① 我说"大体上",因为我希望在紧急情况下或者其他医生有治疗特权的情况下允许有例外。所以,西方和东亚的区别是一个大体上的区别。

亲属认为这种观念与客观的善的观念不符,那么,病人的意愿将不被遵从,不管他是否是有行为能力的人。另外,像 Buchanan 和 Brock 那样集中于"培养孩子做出独立的判断和选择能力,"可能是强调过头了。从东亚的观点来看,父母应该培养孩子接受父母所认为的善的观念,并以同样方式来过好的生活,这很自然,没什么不妥。在临床决策中,东亚国家普遍接受的客观的善的观念是什么呢?儒教?佛教?道教?日本神道教?其实,在东亚国家及地区中,在这方面形成了重叠一致性,即使不同的国家或地区有些不同,但也相差不大。它们在临床决策中,反映了一系列客观的价值。

最终,东亚的自主原则提倡的主要价值是什么呢?我想是和谐的依赖或相互依赖(harmonious dependence or interdependence)。我把它描绘为"和谐的"是因为这种依赖仅在特定情况下关联到某些特定的他人。基于儒家的理解,个人需要从某些特定的人那里得到特殊的爱和关怀。在临床情况下,一个病人有权要求和得到家人和医生的特殊关怀。这与西方不同,西方对依赖的承认仅是在儿童早期,以后就被伪装过去或者压制掉了,哪怕是在生病的情况下。东方类型的依赖在土居健郎谈及日本病人时有过生动的描述:

> 在他的治疗开始不久,他意识到他想依赖他人,有一天他说道:"当人们处于儿童期,他们依赖他们的父母;当他们长大时,他们开始自立。我知道大部分人都是这样的,但我好像在哪里误入歧途。我想依赖某些人,但是没有人可以依赖。在过去的6个月里,我希望有人可以像妈妈那样对我。有人可以让我来倾诉,有人可以为我做出决定。"①

其实这样的病人在日本很常见。即使在其他东亚国家和地区,这个病人所显示的某种依赖心理也是一个相当普遍的心理和社会风气。对于西方个人主义者来说,生命,疾病,死亡这些问题太重要了,因而不能由他人决定,即使他人是自己的家属。然而,对于东亚家庭主义者,正是因为这些问题太重要了,以至于无法完全留给自己决定,即使自己是有行为能

---

① Takeo, 1973, p.57.

力人。由于一个人可能对个人的好处或长期利益做出错误的决定，所以需要与亲人共同分享来做出决定。而且，由于一个人必须与家人共同生活，与家人紧密联系，所以当自己生病时，就需要依赖他们来照顾自己的利益，就像当其他成员生病时，自己也要反过来照顾他们一样。

总之，东亚的自主原则、以及我所描述的所有的实质的内容，在东亚的临床伦理中有着深刻的涵义。它形成了东亚临床环境中告知实情（truth-telling）、知情同意（informed consent）和预先说明（advance directive）的特殊方式。例如，由于家庭主权的伦理，如果一个医生直接告诉病人绝症诊断而不是告诉家庭代表，将被认为是非常鲁莽和僭越的。如果一个实习医生在这方面处理不当，其住院医师就会怀疑他/她成为真正医生的能力。在实施知情同意方面，是家庭代表承担责任，倾听医生的建议和与医生谈论，再与病人交流，与其他的家庭成员协商，从而最终签署知情同意表格。而且，即使病人预先准备了一份指示（关于在某些情况下停止或放弃治疗，或者死后捐献器官），如果该指示与家庭成员没有协商一致，也不会得到遵守。这说明，即使东亚国家采用预先指令这一方式，也依然需要鼓励病人在签署预先指示时得到家庭成员的正式确认，以保证这个预先指令能够得到有效执行。

四、结论

本章试图说明，东亚的自主性原则包含的最小实质内容是家庭主权（family-sovereignty）、客观的善观念和和谐依赖，而西方的自主性原则的最小实质内容则是自我主权（self-sovereignty）、主观的善观念和个人独立。东亚和西方国家可能并不共享一个普遍的自主性概念。因此，东亚的生命伦理与西方的生命伦理可能不仅在广义的道德概念上不同，而且在狭义的道德概念上也不同。

一些人可能不同意我的关于两个自主性原则的最小内涵不同的观点。他们认为，可以想象，我所陈述的原则是有更多文化内涵的进一步的解释（属于 Beauchamp 的广义道德）而不是最小内涵（即 Beauchamp 的所谓狭义道德）。然而情况并非如此。我所揭示的并不是每条原则的进一步解释（因为没有超越各个原则的最一般含义）、也不是关于每条原则的特殊应用范围、含义和相对重要性。例如，我并没有探讨每个原则是否是绝对的、是否有例外、或者在哪些情况下其他原则能够超越它。我只是关注在做出医疗决定时，尤其是在病人和家庭有不同意见时，每条原则的基本要求是什么；医疗决定的一般基础是什么；每条原则所隐含和推崇的主要价值是什么。因此，即使我的论述没有提供每个原则的最小含义的精确表达，它们也不会是 Beauchamp 作为广义道德的进一步解释。

这并不是说对于东亚的自主性原则无需再做进一步的工作。相反，就像 Brody 所认为的那样，一个生命伦理的原则，只有我们对它的范围，涵义和它在特定的案例中的相对重要性有了确定的了解后，才能帮助我们处理医疗保健中遇到的伦理问题（Brody, pp. 166—167）。[1] 关于东亚的自主性原则，很多问题需要探讨。例如，这条原则应对所有的病人都无差别地采用吗？如果一个病人没有家庭成员怎么办？这条原则允许家庭成员代表有行为能力的病人拒绝他们所认为是不恰当的治疗，而不和病人商量么？其他家庭成员有权没有经过与病人协商就同意一个非治疗性的试验吗？另外，这个原则与其他原则相比优先性如何哪？

在这里我无法说明所有的问题，只是想指出其中一个重要方面。应用东亚的自主性原则时，选择治疗和拒绝治疗是非常不同的。家庭权威来决定为病人接受治疗是一回事，家庭来决定阻止或退出治疗是另一回事。这种家庭主权后面所隐含的文化和道德构想是整个家庭需要关心病人的利益，而不给病人增加做出决定的额外负担。由于所有的家庭成员有同样的善观念，通常比较容易说明为何其他家庭成员为病人主动选择治疗，即使他/她是有行为能力的，也是对他/她有利的。但是，如果其他家庭成员没有咨询有行为能力的病人就拒绝治疗的话，那就需要更多的考虑和论证，至少应当得到医生有关病人利益的医学专业判断的检验。这也将是医生实践医德的一个紧要环节。

显然，我对东亚国家做出了概括。做出概括总是危险的，尤其是对于我们这些不是社会学家或人类学家的生命伦理学家而言。另外，这些国家近些年都受到西方的很多影响，出现了一些多元化的道德观念。而且，有些人可能认为，我用东亚的自主性原则来说明的观念其实根本不是自

---

[1] Baruch A. Brody, 1990, pp. 166—167.

主性原则,它其实超出了自主性概念的基本范围,最好用其他的概念来表达我想说的观念。确实,自主性这个词具有强烈的个人主义含义,基本意味着个人自我决定。因此,他们可能认为,与其争议自主性原则的不同,不如建立一个与西方自主概念毫无关系的原则。例如,Francis Hsu 指出西方的人格性概念明显带有个人主义的解释特征,他用中国术语"仁"来表征中国人的侧重人际关系的人格性概念。[①] 然而,我认为关键的问题依然在于对这三个问题的不同理解上:(1) 谁具有决定的最终权威?(2) 做出决定的基础是什么?(3) 每个原则所推崇的最大价值是什么?在当今东亚国家和地区,自主概念已被认为和应用为一个重要概念,因此我才倾向于分析它在这些地方的不同的基本内涵。对于不同的主体,一个概念当然有不同的涵义。的确,至少在中文中,"自主"不仅仅针对个人而言、也针对团体,如家庭,社区,和少数民族等而言。

最终,文化相对主义的问题又在烦扰我们。西方的自主原则和东方的自主原则,哪个更正确呢?谁应该放弃自己的原则而支持对方的原则呢?不幸的是,我们无法通过完美的理性论证来回答这个问题。最终,任何理性论证都是循环论证,因为它总是不得不预设了所需要证明的前提。当下可以依据的可能只是一种程序自由的原则,即东西社会之间应当可以自由地去做它们各自认为合理的事情。在这个原则里,自由不再是一个价值,而是一个限制。[②] 这种程序原则允许西方人和东亚人遵循自己认为道德上合理的原则(即使它们之间不一致)来行事。这种想法在恩格尔哈特那里有清楚的叙述。[③] 这不是屈服于道德相对主义,而是在这个多元化的世界中用和平的方式来寻求更多的合理性。

[①] Francis L. K. Hsu, 1971, pp. 23—44.
[②] Robert Nozick, 1974, pp. 30—33.
[③] 参见 Engelhardt, 1996。

四　医疗讲真话问题

一、导言：医生应当不顾家属的意愿而直接告知病人真相吗？

在当代西方医学实践中，对有行为能力的病人讲真话（truth-telling）被广泛认定为医生的首要道德义务。然而，此事并非古已有之。相反，很长一段时间里西方人认为在医疗实践中撒谎是理所当然的。比如柏拉图就允许、并且只允许医生撒谎，因为他认为谎言也是一种对人有用的治疗方式。① 甚至像 St. John Chrysostom（334—407）这样有声望的基督教神学家也认为医生的欺骗是理所当然的，是道德上可辩护的。他曾为特定条件下撒谎的道德义务作过一个一般的辩护：

> 要明白欺骗是何等有用——不仅对骗人者而且对被骗者而言——你只需要找到一个医生，问问他是怎么治愈病人的，你就会明白欺骗的用处。你将听到医生在治病的时候并不是单纯地依靠技术，有时还要借助一点欺骗来帮助病人恢复健康。当医生的计划被病人的一时奇想或者固执的抱怨所阻碍时，医生就有必要带上欺骗的面具以隐瞒实情——正如演员在舞台上所作的一样。②

在特定的情况下医生为了治愈病人需要欺骗病人是一般被接受的义

---

① Plato, *Republic*, 389b.
② Chrysostom, 1984, p.49.

务,这种情况一直持续到现代。①

传统认为,出于对病人的最佳利益的判断而掩盖真相乃是医生的权利,甚至是其义务。② 但这一传统的信念在当今西方的主流文化中已经受到了广泛质疑。一个重要的原因是医生的欺骗已被看作不能接受的医生家长主义(paternalism)的典型表现,家长主义削弱了病人的自主选择,而自主选择在今日已经被奉为个体尊严的核心。正如美国的生命伦理学家 Edmund D. Pellegrino 所言,"如果真相被隐瞒、歪曲或篡改,人们自主选择的能力就不能起作用了。"③ 从历史上看,这种对欺骗的谴责代表了一种可以追溯至奥古斯丁(Augustine of Hippo, 354—430)的观点:撒谎的行为本身就是绝对错误的。④

与此形成对照的是,即使在今天,中国的医学伦理学也不仅在理论上而且在实践上依然主张有时需要隐瞒真相或者撒谎,只要这些行为是按照家属的意愿对于保护病人的最佳利益是必要的。其伦理要求是这样的:在做出一个严重的诊断(比如癌症)或预后时,医生必须首先告知病人最亲近的一位家属,由家属来决定是否以及如何把真相告诉病人。如果家属决定不把真相告诉病人,那么医生必须服从这个决定而帮助隐瞒真相。确实,在中国的医疗实践中,医生常常有义务对病人撒谎以配合

---

① Chrysostom 对医生的欺骗作了如下解释:"我想向你讲述一个我听到的医生所使用的诡计。曾经有一个病人突然发高烧,体温不断上升。这个病人拒绝吃可能使高烧减退的药,并且坚持要求每一个来看他的人给他一大杯纯酒,允许他喝下这必死的酒。如果让他这么做,那么将会使病人加剧发烧,把可怜的病人推向偏瘫的境地。……医生将一个刚刚出窑的新陶瓷器皿浸泡在酒中,然后把它拿出来倒空,并装满水。接下来医生盼咐把病人的屋子用厚厚的窗帘遮起来,使里面光线暗淡,以防止日光使他的诡计暴露。然后把器皿给病人,假装里面装满了纯酒。病人受骗了……他没有仔细检查给他的是否是酒。酒的香气使他确信……他的高烧立即退却,使他从即将来临的危险中逃脱。"(Chrysostom, 1984, pp.49—50)

② 参见 Collins, 1999。

③ Pellegrino, 1992, p.1734.

④ 奥古斯丁在 De mendacio 和 Contra mendacium 中为西方基督教引进了这样一个观点,即应当永远避免直接撒谎,但这个观点是不为正统基督教所接受的。参见 Ramsey, 1985。奥古斯丁的观点对西方有广泛的影响。对他来说,说谎之恶需要两个条件:(1) 故意告诉不真实的(信息),(2) 有欺骗的意图。托马斯·阿奎那认可这种观点,但他使条件更为严格。对阿奎那来说,即使一个人没有欺骗的意图,只要他告诉了不真实的(信息),也足以构成欺骗(Summa Theologica, II/II, Q 110 art 1)。康德试图为西方基督教的禁止说谎给出理性的辩护。对康德而言,"诚实是……理性的神圣的无条件命令,不受任何权宜之计的限制。"(Kant, 1999, p.500)

家属。①

我们首先来考察一个中美文化差异背景下发生的案例。

C夫人从中国北京去美国探亲,探视她的女儿、女婿和外孙女。在她抵达休斯敦三周之后,她开始感到虚弱,没有胃口、体重骤减。C夫人会讲一点英文。她的女儿带着C夫人去看她的家庭医生,P医生。当C夫人在一个诊断室等候时,她的女儿对P医生强调说,如果她的母亲患上了严重的或危害生命的疾病,请P医生不要把消息直接告诉她的母亲。这个女儿解释说在儒家传统中,直接将这样的消息告诉年迈重危的病人是粗鲁和残忍的。相反,这些消息应该告知病人的家属。C夫人的女儿解释说她是C夫人居住在美国的唯一子女,因此P医生应该将她母亲的病情和治疗情况告诉她。她同时向P医生解释说,儒家传统教育我们,如果家庭成员认为可以将坏消息告知病人(如:病人比较坚强,因而可能不会被坏消息伤害到),那么亲口告诉病人实情的该是家属而不是医生。故而,C夫人的女儿要求所有有关她母亲进一步的诊疗情况都应该直接同她交流。那么,P医生应该怎样回复这些要求呢?医院伦理委员会(HEC,hospital ethics committee)对此案例应该给出何种建议呢?

显然,依据美国的标准实践,P医生会对C夫人的女儿说:"你看,这是在美国,我必须遵循我的标准实践。您的母亲是完全行为能力的人且懂英语,所以我必须直接同她交谈以获得她对治疗的同意。"然而,这一回复不免缺少了点文化同情。对于P医生来说,面对文化的差异和医生的道德要求,他仍然是有选择的。他可以同C夫人沟通一下,表示理解中国的传统,因而将同她的女儿直接谈论她的病情,在征得她的同意之后,由她的女儿代表她来作出诊疗决定。这样,即不违反西方医疗伦理要求,同时也兼顾了东方的文化传统。实际上这也是当时医院伦理委员会建议的做法。

但是仅仅这一点并不是该问题的棘手之处,最麻烦的地方在于,即便P医生愿意同C夫人的女儿直接交谈,如果C夫人也同意这样做的话,在这种情况下P医生是否应该就C夫人的诊断结果向其撒谎呢?这后一问题之所以麻烦,是因为我们无法为它找到一个兼顾文化同情又不破坏美国医生所认为的基本道德诚信的处理方法。

---

① 参见 Fan,1998。

对待疾病治疗,东西方有着完全不同的模式:在西方人那里是一种完全个体化的模式,病人具有知情同意权,由病人自己来作出诊疗决定。而东方则依循一种家庭决定的模式,由家庭作出诊疗决定并不被视为剥夺了病人自主决定的权利。相反,这被看作是家庭分担病人痛苦的方式。从中国文化角度理解,家庭担负起这一"重担"是理所当然的事情。这样做的文化预设是,家庭必须从病人的利益出发来决断。因此在东方医疗决策经常是由医生导向、以家庭为基础的决定,而不像西方人那样,由病人自己决定。在本案例中,假如C夫人患的是肺癌,考虑到她的心理承受能力和反应,她的女儿要求P医生,当C夫人询问其病情时,只能告诉她患了肺炎,否则C夫人定会马上返回北京,并放弃治疗。这个时候P医生应该讲真话还是说谎呢?

有人认为东西方在这类有关诚实的问题上的立场是相反的,好像西方要求绝对的诚实,而东方只讲相对的诚实。事实上并非如此。真正的区别只在于特定的情境或案例之中。例如,西方医生当着病人的面打开送给他的礼物时会表现出满心欢喜,即使他内心里其实很讨厌那件礼物;而中国的医生从不会当着病人面打开礼物,因而也就不会出现"撒谎"的情况。因此,不同道德标准之下,考虑到人与人之间的关系,家庭的性质以及有关"真理"的辅助性概念,医疗诊治实践中"知情同意和讲真话"的方式可能完全不同。没有人有权利将他自己的文化所认同的特定的知情同意和讲真话的实践方式强加于人。这就要求我们进行伦理审查和建议,而最好的方式就是尽可能地提出具有文化同情的解决方案来。

需要注意的是,中国的实践方式与传统西方的医疗家长主义是完全不同的。在西方,医生导向的家长主义(1)是由医生来决定讲真话是否对病人有利,(2)医生有最终的权威来决定是否把真相告诉病人。相反,在中国的实践中,(1)在医生提供信息的基础上,由家属判断真相是否对病人有利,(2)家属有最终权威来决定是否告诉病人真相。此外,传统西方的实践表现了医患关系的个人主义特征,中国的实践则表现了家庭主义的特征。①

本章试图从儒家伦理出发来探讨中国的实践,并提出如下问题:当家

---

① 参阅 Fan, 2002a。

属决定应该隐瞒真相时,医生应该告诉病人真相吗?既然当代中国的回答(无论伦理上还是法律上)基本是"否",那么有必要详细讨论这种实践,阐明它在什么条件下能够得到辩护,并揭示在儒家良好运转的道德体系之内应该对家庭决策施加何种限制。

我们在第二节首先会对中国大陆医疗中的欺骗(medical deception)的当前实践状况作一个概述,目的是揭示其医生、家属、病人的关系是如何构建的。第三节对作为背景框架的道德承诺进行阐释,这些背景原则不仅能为医生的欺骗行为做辩护,而且能使之在渗透于中国医疗史中的儒家道德资源中找到运作的根基。这要求我们重新审视儒家思想,将其从某些非本质要素中解放出来,并把它创造性地运用于当下的中国实践情境中。本文的第四节将对在中国内地维持儒家式的讲真话和知情同意的道德实践的可能性进行反思。

二、医学实践中的儒家式真诚(truthfulness)

在讲真话问题上的儒家进路与西方主流进路之间有着鲜明的差异,这点可以从李本富医生的从医经验中得到佐证。下面几个要点表达了这些经验,并且融合了和其他中国医生讨论得出的道德经验要素,以及丛亚丽博士调查研究[①]的结论。

(A)首当其冲的是,对讲真话的理解是置身于以病人为中心的一套仁爱语境中的,在这个语境中病人的利益由其亲近的家属来阐释和传达,并受到医生的指导。这个家属——作为整个家庭的代表——在为病人作出实质决定之前,通常还要征求其他亲近家属的意见。因此,是否与病人沟通诊断和预后的决定依赖于以下几重考虑:

1)病人的情况,

2)沟通对病人的可能影响,以及

3)家属在这个问题上的意愿。

(B)对欺骗的一般辩护必定是病人的最佳利益。在中国大陆人们看到,诊断出癌症的住院病人常常有轻生之举。中国的医生认为,如果医生

---

① Cong, 2004.

把真相直接告诉一个承受不了这个真相、需要支持的病人,那么结果可能是一系列的伤害——从无助感到拒绝治疗,甚至自杀。此外,对病人的影响会伤害到家庭,使治疗的进一步合作变得困难。在中国大陆,家属有时候抱怨医生(甚至把医生告上法庭)将真相直接告诉病人,伤害了病人,认为医生不谨慎的行为有违保护病人的道德要求。

(C)医生有义务把真相告诉家庭,家庭才是病人最佳利益的阐释者。因而,无论医生是否把诊断和预后的真相告诉给病人,在中国文化传统和习俗下,医生都被要求尽可能详细地将真相告知其亲近家属。这也是中国目前的法律所要求的。例如,《中华人民共和国执业医师法》(中华人民共和国全国人民代表大会常务委员会1998年6月26日通过,1999年5月1日起施行)第26条规定,医师应当如实向患者或者其家属介绍病情,但应注意避免患者产生不利后果。在实践中,治疗方案必须得到家属的同意,必要时家属需要在知情同意书上签字。在具有中国特色的医生-病人-家属相互理解的良好环境下,中国大陆的医生通常能以这种方式顺利地制定治疗方案。只要医生把全部信息告诉其家属,绝大多数的病人都理解并接受医生对病人保留信息的行医方式。因为病人一般认为家属代表了他们的最大利益,不会因为医生对自己隐瞒信息而责备医生或认为自己的权利受了侵犯。

当然,关键问题是,家庭决策和医生欺骗的道德图景是否是道德上可辩护的。只有将它置入儒家的道德视野下,我们才能决定应该如何评价和对待这种实践。但这也反过来要求对儒家道德传统作一个批判性的评价。这并不是建议以西方的道德和政治预设为模子来"改造"(remake)儒家传统,而是要"重建"(reconstruct)这个传统以鉴别出其中有持久效力的道德信念,并以此来指导当代中国生命伦理学和公共政策的制定。这些反思将表明家庭主义的德性和责任应当如何理解,才能使医生在照顾病人的服务中的欺骗行为被认为是一种善举而非恶行。①

---

① 儒家当然不是唯一对"真诚"有综合理解的思想传统,这种真诚允许在特定条件下,比如医疗环境下进行一定的欺骗。例如,东正教(Orthodox Christianity)吸收了柏拉图的隐喻思想——欺骗是危险的,但有时也是有用的药物,认为应该审慎使用欺骗。St. John Cassian (360—432)论证说,"我们应该关注谎言,利用它,好像它的性质跟藜芦一样。当有致命疾病威胁时,藜芦是有益的。当没有严重疾病威胁而用藜芦,它就是死亡的直接原因"(Cassian, 1994, p.465)。同时参见 Engelhardt (2000, pp.354—366)。

三、中国医疗史和儒家道德观

医疗决策的儒家进路的家庭主义取向在中国历史上长期存在。传统的中国医生大都到病人家里出诊。医疗沟通总是在医生、病人和家属之间一起进行的。当有致命的诊断和预后发生时,医生都会设法把真相只告诉家属,而对病人隐瞒,由家庭来决定是否、何时以及如何把真相告诉病人。若家属决定向病人隐瞒这些信息,医生也会依从这个决定,与家属合作来欺骗病人。如果医生把致命的诊断和预后直接告诉病人,这不仅会被看作是对病人的不幸命运缺乏同情心,给病人造成不必要的心理负担,而且会被看作是对病人家庭的不尊重,因为病人是家庭整体的一部分。的确,这一点对于所有传统中国医生而言已经成为一条医学伦理原则,它在汉代名医淳于意(约公元前215—150)的医学著作中得到了明确表述:"病恶,不可言也……独告[家人]"(重病的诊断不可直接说给病人,而要告诉其家人)。①

只要家属的意愿与医生对病人最大利益的判断不矛盾(参见第五节),医生遵守家属的意愿去欺骗病人就不违背自己的道德正直。相反,遵守家属的意愿与医生作为儒医的本质是相符的。儒家认为医乃"仁术"。仁是基本的德性,它首先在适当的家庭关系中把人们结合在一起②,然后用家庭关系的模型来指导其他社会关系。就此而言,儒医并不是一个普通人。③ 医者父母心,儒医不仅是一个具有专门的医疗技术的人,而且要践行仁的德性以追寻儒家的道德理想:修身、齐家、治国、平天下(《大学》)。这就是说,他应该是一个"君子",践行儒家德性的模范。这些德性包括孝顺父母、尽忠君主、敬老爱幼,以及将仁爱推扩至天地万物。行医的目的是过儒家式生活,而不是仅仅像一个技师那样去治病。考虑到家庭在儒家式生活中占有首要地位,医生与家属合作来照顾病人

---

① 淳于意的训词最初记录在汉代历史学家司马迁的《史记》之"扁鹊仓公列传"中,在那里记录了淳于意的重要医案"诊籍"的一部分。同时参见魏子孝、聂莉芳,1994,第105—108页。
② 孔子指出,"孝悌也者,其为仁之本欤?"(《论语·学而》)
③ 并非所有的传统中国医生都是儒医。但是儒医在卫生保健中起到了主要作用,这归于他们正统的训练和承诺。参阅第2章。

的最佳利益就显得是一件自然而然的事情,即使这意味着在某些情况下医生要欺瞒病人。

有些人论证说直接把真相告诉病人(而不是通过家属这个中介)标志着医疗实践上的一个道德进步。对这些人而言,克服西方历史上的那种医生家长主义而为病人夺回对自己身体、健康和生活的控制权不仅是道德上正确的,而且也是效果上令人向往的,因为通过实行知情同意,可以加强病人在面临糟糕的疾病状况时的自控能力,包括经济上和心理上的自控能力。而且,通过法律批准的代理决策制度——如在美国当前实行的预先指令(advance directive)和持久委任书(durable power of attorney)——病人能把对自己身体的控制能力延伸到完全失去行为能力的时候。然而,无论这种观点看起来多么有道理,它却忽视了一个事实,即医学中讲真话问题乃是具体生活方式的功能表达。儒家的生活方式是家庭主义的。病人首先是一个家庭成员,一个脆弱的、难受的、受折磨的家庭成员,她需要松弛、休息和家属的照顾。儒家认为家庭成员之间应该相互依赖(interdependence),而不是相互独立。家庭成员相互依赖隐含着这样一个要求,一个家庭成员不应该完全独立地处理自己的健康问题。由家属代表病人与医生合作来对付疾病或残疾是十分合理的方式。在中国人眼里,让一个受苦的病人自己签字以接受手术是很奇怪的,甚至是不人道的。对具有儒家思想的中国人而言,在这种情况下由家属代表病人的利益来签字是唯一自然、适当的方式。此外,中国的病人事实上也没有机会和余地来为自己将来的卫生保健制定正式的预先指令或持久委任书。既然是由整个家庭来为病人承担医疗决策的责任——即使在病人有行为能力时——那么,当病人变得没有行为能力时,家庭应该继续承担这项责任,这显然是合乎逻辑的做法。①

事实上,既使家属能成功地对重病患者隐瞒住真相,病人也通常已经隐约猜到自己的真实情况。如果病人催促家人说出全部真相,那么他们就能获得真相。但是对于中国的病人来说,努力争取了解真相没有太大意义。尽管儒家知道每个人都是要死的,但是与家属探讨即将来临的死

---

① 参阅第5章。

亡并没有积极意义。依赖家属为自己做必要而适当的事情才是更合适的。儒家相信人的命运最终是由天意决定，"死生有命"（《论语·颜渊》）。在儒家看来，在这种情况下最重要的不是知道一切并独立地作出医疗决策，而是与家人之间的爱和相互依赖，这才是儒家式真诚的本质所在。

在这方面，儒家的观点不单单是表达中国的文化特质，而且包含对人类生活中的某些根本的道德实在的深刻理解。儒家观点中所包含的真理并不是通过直接论证给出的，而是通过展现某种生活方式的品质，而邀请人们去走近它、体验它的真实力量。儒家传统与生活方式的真实力量只有在过正当的道德生活时才能得到体认。因此我们必须强调传统中国的礼的核心地位。礼最初是家人聚集在一起纪念祖先的祭祀仪式[①]，它在周代更广泛地在一种比喻的意义上用来意指已经建立起来的适当的行为方式与制度，包括仪式、礼节和社会政治体制。礼规范了人类生活：规制家庭社会关系，指导行为，并构造制度。孔子又以一套"仁"的话语重新塑造了礼。一方面，实践礼的目的是行仁，"人而不仁，如礼何！"（《论语·八佾》）另一方面，礼构成了仁的实质内容，"克己复礼为仁"（《论语·颜渊》）。简言之，儒家认为人是礼仪的动物。礼不是简单地约束着人，而且帮助人培养德性，把人导向有道德的生活。它帮助人达到一个必要的道德视野，使人认识到家庭构成了人类正常的生活方式，家庭是完善人类德性与幸福的必要条件。儒家礼的核心是家庭之礼，它包括为了照顾生病的家庭成员而同医生交流与合作的方式。

儒家哲学的、人类学的和道德-认识论的主张是：过和谐的礼的生活才能从道德上获得真理的彰显。通过践履礼，个人被带入到一个重要的人类经验领域中：由爱和德性塑造的家庭生活。家庭并非只是让每个人以个人身份获得德性和实现自己的幸福的场所，而是只有在家庭的现实关系中才能充分理解和实现德性和幸福。由家庭所实现的德性和幸福不能还原为由每个家庭成员个体的德性和幸福。

诚然，这不是一个论证，而是一种道德上去践履、从而去体认的邀请。

---

① 参见何炳棣，1992。对于礼的详尽探讨，参阅第 23 章。

换言之,原初道德内容需要诉诸一个超理性(extra-rational)来源。这一点并不构成儒家理论的缺陷,也不单单困扰着儒家。在某种程度上它困扰着所有的道德学说。这就是说,在某一点上,所有的道德学说都必须预设一个未经证明的前提,这个前提要么诉诸信念,要么就会陷入无穷倒退或循环论证。这种状况使儒家道德观的支持者的处境与当代西方道德学家的处境相仿,既不更好也不更坏,后者在其论证的关键点上也是要么利用直觉,要么诉诸于所谓"共同道德"。人类生活方式的道德图景的展示本身就是对如下观点的驳斥:共同道德和道德直觉可以毫无争议地普遍适用。

四、重构儒家讲真话的观点

我们对儒家思想及其与家庭、德性和礼仪的关系的解释试图通过区分本质性的东西和偶然的、历史的东西,而来重新开启传统的丰富内涵。我们的方法或许不同于当代新儒家对传统儒家道德洞见的刻画,但却是一种试图显示儒家道德观对当代社会政治问题的重要性的艰苦努力。我们并不是要回到过去,而是要挖掘儒家在家庭、君子与德性上的道德关怀与承诺的当代启示。这种努力就是前面章节已经提到的重构主义儒学(Reconstructionist Confucianism)。医疗保健方面的议题为我们提供了一个窗口,使我们注意到儒家道德观和当代西方的道德观之间不容忽视的差异。

家庭是儒家道德和政治理论的核心。儒家认为家庭是一个社会实在,它的属性不能还原为各个组成成员的属性。即使一个唯物主义者,虽然否认灵魂能独立于物质而存在,也即一般地否认非物质事物的存在,但他仍然承认精神作为具有自身意识的心灵状态的集合,不可还原为狭义的物质属性。同样,儒家可以肯定家庭的真实存在,而不必诉诸某种关于家庭的强的形而上学预设。家庭至少是有其属性的社会存在范畴,想不失去家庭本来的意义而把它还原成其组成部分,是不可能的,正如我们不可能把心理状态还原为神经元的物理状态、同时还能保留精神生活和道德行为的完整意义。儒家家庭主义的主张依赖于对实在范畴的形而上学理解。

儒家家庭主义的主张可以总结为对某种实在的揭示和肯定，只有在这个被揭示的层面上人们才能有效地提出家庭的道德生活、家庭的完整性以及家庭的权威诸论题。具体而言，包括以下三方面：

（1）对道德关怀的家庭主义诠释揭示了一类家庭主义的价值、承诺和责任，后者具有独立的地位，不能被还原为家庭成员个体的价值观、承诺和责任；

（2）对家庭的存在方式的家庭主义诠释把家庭看作一类独立的社会实体，其存在方式与完整性不能仅仅诉诸其组成成员而得到解释。正如人的身体不仅仅是身体部位的集合而已；

（3）对家庭的社会-政治权威的家庭主义诠释承认家庭是独立的社会单位，它的权威不能还原为组成成员个体的权威；因此家庭应当被看作自治的实体（autonomous entities）和合法性权威的来源。

依照这种重新构建的儒家家庭观念，如果说医生对有行为能力的病人欺骗是正当的，条件就在于这种欺骗受到儒家的家庭主义原则的指导并被置入更大的道德承诺——尊重家庭的自足性、对家庭说真话、并对病人行善——的境遇之中。具体而言，医生欺骗有行为能力的病人必须同时满足以下两个必要条件：

（1）医生有明显的证据表明家属与病人相互关心；

（2）家属的意愿不能与医生对病人利益的专业判断严重不一致。

只有当两个条件同时具备时，医生的欺骗才是有充分根据的。只要这两个必要条件中任何一个得不到满足，医生就应该直接与病人沟通。

为了使这个原则成为可行的道德指引，我们必须进一步审视这种仍然在很大程度上支配着中国医生和病人的道德生活的对社会实在、责任和德性的家庭主义理解。毫无疑问，中国大陆的大多数卫生保健案例中，条件（1）是很容易满足的。在某些情况下当医生没有把握时，医生可以询问病人陪伴他的家属是否完全代表他。答案通常是肯定的。家庭掌握决定哪个成员代表家庭来为病人作决策（包括签署知情同意书）的权力。然而，条件（2）则复杂得多。由于中国文化尊重医生的专业技能，大多数情况下医生能使家属信服地接受自己为病人最佳利益所作的医学判断。不过，如果医生不能使家属信服——尽管这样的情况很少发生——无论这是因为家属顽固地坚持一种不同于医生的医学观点,还是因为家属想不道德地放弃病人,我们都认为医生应该直接和病人沟通,把医疗真相告诉病人。医生以直接方式揭露真相,这与其说医生背离医疗保健的家庭主义方式的常规,不如说是家属首先破坏了对病人的儒家家庭主义照顾的道德完整性。医生的行为是对家庭的不适当行为的必要纠正。①

要在当代中国的情境下运用这一原则,就必须认识到它依赖对家庭主义价值和家庭中心地位的广泛接受。如果情况不是这样,家庭就会经常退出医疗决策或者减少参与的程度。例如,临床实践显示向病人隐瞒信息是不容易的。随着健康信息和医学知识越来越容易获得,向病人隐瞒信息变得越来越难了。比如病人可以通过咨询服务获得关于自己疾病的信息。有些病人去不同的医院看病,不同的医生对病人可能有不同的说法,这时病人就会意识到医生在向他隐瞒实情。有的病人认识疾病的英文单词缩写,比如"Ca"代表癌症。有些病人有机会查阅病历记录,或要求复制自己的病历记录。② 还有些病人可能是在专科医院就诊,如肿瘤医院,这样即使医生不告诉他真相,病人还是能从医院的性质中猜到诊断情况。如果进行化疗或者放疗,有些癌症病人能够猜测到自己的病情。因而,事实是不少病人乐意放弃由本人获知详细病情,而医疗决策的家庭主义模式并不完全这样要求。家庭主义的决策过程的理想效果是家人的参与,不可以排除家人的参与权和决策权,但并不要求永远对病人隐瞒——那要由具体情况决定。它所要求的是不能把知情权强加到病人头

---

① 毋庸讳言,在中国大陆,很多情况下不满足条件(2)的原因是家庭经济困难。家属作出与医生不同的决定(大多情况下把病人接回家),这不是因为家属不同意医生的专业判断,而是因为不能承受医生建议治疗的巨大经济压力。并非家属不关爱或者不愿照顾病人,而是因为在经济上无法负担。目前不少自掏腰包为医疗买单的人是赤贫的。在这种情况下,即使是家属出于经济困难原因的决定与医生对病人最大利益的专业判断极为不同,许多医生也认为他们还是应该遵守家属的意见而向病人隐瞒真相。医生不直接告诉病人真相,因为他们认为即使告诉了真相也对病人无益,还可能会对病人造成更大的心理伤害。尽管我们并不十分确定大多数医生是否做得对,但是我们完全理解他们面临的窘境。我们倾向于认为这种情况并没有违反条件(2);尽管家属的决定与医生的判断极为不同,但是家属实际上接受医生为病人最大利益所作的医学判断,并且家属的真实意愿是与医生一致的——如果负担得起,那么家属就会让病人接受治疗。

② 事实上,《医疗事故处理条例》规定患者有权复印或者复制其病历材料。

上,从而为家庭决定留下空间。这既要求家庭成员承担起相互照料的义务,共同遵循儒家家庭主义的德性,也要求儒家的家庭主义价值能在社会制度和政策的制定方面发挥更积极的作用。①

---

① 如今许多亚太地区(例如新加坡和香港)的医疗制度在卫生保健决策上倾向于西方的个人主义模式。在新加坡我们已经遇到了家属的抱怨,他们抱怨当家庭内部意见不一致时医生坚持要把真相告诉病人。有的家属担心一旦病人知道了真相,负面的消息会给病人带来伤害,而医生说严格的医院法令要求直接知情同意。最后家属不得不把病人从该医院接走并寻找其他的医院,这样为了保护老年病人不受无法忍受的真相之苦(参见新加坡《联合早报》2000 年 4 月 10 日的相关报道)。不幸的情况也曾发生在香港的器官移植法案方面。该法案(在 1999 年修订之前)要求在移植之前必须以某种方式在供体和受体之间达成同意,因此,在 1998 年 10 月器官移植委员会拒绝让家属为一个病人签署同意移植的知情同意书,即使这个病人已经陷入无意识状态。结果,病人没能接受移植而去世了。参见 Tao & Fung, 1998, 以及 Legislative Council, Hansard Report of the Legislative Council meeting—10 February 1999, Hong Kong: Legislative Council.

五　代理同意的再思考：亲人与朋友

导言

近几十年来代理决策制度在西方国家（尤其是美国）取得了飞速的发展。①各种形式的病人事先指示文件，例如"生前预嘱"（living will）、"预先指令"（advance directive）和"持久委任书"（the durable power of attorney），都被法律认可并在实践中得到频繁应用。越来越多的病人采用这些文件来指定当其失去行为能力时可以为其作代理决策的人选。由此被指定的代理决策人（或代理人）是根据病人之前表达或持有的意愿来为病人作医疗决策的。因此，只有理解病人的价值观和期望并且愿意遵从它们的人才是适合的代理决策人选。实践中被指定为代理人的通常是病人的家属或朋友。

毫无疑问，医疗技术主导下人们平均寿命的延长乃是代理人制度兴起的背景。今天几乎所有的社会中老年人在人口中所占的比重都在加大。②痴呆或其他认知能力紊乱常常减弱老年人的行为能力，结果导致为无行为能力的老年患者作医疗保健代理决策的需求显著增长。这在过去并不是一个突出的问题，因为在以前的医疗技术条件下这些患病的老年人可能早已去世了。

但是，若把当代西方兴起的代理决策模式看作行为能力受限的老年

---

①　参见 Sass, Veatch and Kimura, 1998。
②　几乎世界上每个地方都产生了这种情况。例如，香港在 1977 年只有 5.7% 的人超过了 65 岁，到 1997 年这一比例上升为 10.4%，几乎是 1977 年的两倍。参见 the Harvard Team, 1998, Ch. 2。近十年来增长依然很快。

人在人口中所占比例上升这一事实的必然结果、或者说成是唯一的应对方式，则是误导的。无行为能力病人数量的增加当然会引起临床实践中代理决策的需求增加。但是这种需求自身不能够决定谁应该被指定为代理人或者一个代理决策应该如何作出这样的问题。除了科学技术的原因之外，我们还必须从更广泛、更深刻的文化因素出发来说明当代西方社会所采用代理人的指定和代理决策的特殊方式。本章认为，一个社会中的代理决策模式的形成首先并主要是由那个社会所接受的占主导地位的生命观与人际关系观所决定的。由此观之，我们最好把代理决策的美国模式视为西方占主导地位的生命观和人际关系观在当前医学实践领域内的反映。

如果我们把代理决策的美国方式和中国的实践中所采取的方式加以对比的话，会更清楚认识到以上观点。尽管生命伦理学学者已经把美国的"预先指令"的某些形式上的安排引荐入中国社会，以期对无行为能力病人的医疗决策有所帮助，但是中国病人却很少对此感兴趣。中国病人理所当然地认为医疗决策应当由整个家庭而不是由病人单独作出。即使在病人有行为能力的时候也是由整个家庭承担医疗决策的责任，那么当病人失去了行为能力时，唯一合乎逻辑的结论是家庭应该继续承担这个责任。在这种文化背景下，病人实际上并没有多少空间和必要来就自己的医疗事务准备正式的预先指令或持久委任书。

有人论证说当代西方的代理决策模式是道德进步的反映。对他们来说，当病人有行为能力时，他赢得了控制自己身体、健康和生活的权利，这在道德上是值得赞美的。当一个人不再有行为能力时，还能有机会通过代理决策把这种权利延伸下来，这更令人兴奋。而代理决策的形式安排以明确的法律方式提供这样一种机会。因此，在他们看来，代理决策制度体现了病人权利运动的真正胜利。的确，有人认为西方医学伦理学的性质已经发生了革命性的转变。即，从传统的以医生为中心的医疗家长主义转向当代以病人为中心的自我决定和自主模式。相应地，任何没有经历过这种转变的文化，对他们而言都是落后于时代的，并存在伦理问题的。

然而，本章试图论证，即使把传统的医疗决策描述为以医生为中心的家长主义是准确的，依然有必要指出，从比较哲学的观点来看，这种"家长主义"内涵在东西方不尽相同:西方奉行个人主义模式,中国则奉行家庭主义模式。两种不同的医疗决策模式体现了两类不同的对人类生活和人际关系的综合看法。正是这种综合的道德视角,而不是其他任何抽象的和形式的道德原则,才能最终解释中美两国代理决策实践模式的差异。否则,我们对之所作的任何道德评价,充其量是肤浅的,甚至可能是误导的。

本章的下一节将比较西方和中国的医学伦理传统。我将说明为什么西方传统最好理解为个人主义的,而中国则是家庭主义的,并显示这些不同传统如何在当代导致了不同的代理决策模式。第二节以亚里士多德对理想的人际关系的解释作为西方在这个问题上的道德观的代表,以儒家的解释为中国道德观的代表。我们需要在方法论上区分道德理论(moral theory)、道德观(moral account)和道德视角(moral perspective)①,本文将在这个基础上揭示西方和中国在理想人际关系上的**道德视角**方面的根本差异。前者以友爱为模型,具体体现在西方医疗决策的个人主义模式上,后者则诉诸"仁",具体表现为家庭主义的范式。西方当代社会代理决策发展的一般趋势符合亚里士多德对理想的人际关系的解释,相应地,中国模式则与儒家观点一致。最后一节探讨中国家庭决策方式的优点,并更一般地反思中国家庭主义的道德视角对当代世界的意义。

一、医学伦理传统:西方与中国

1)西方医学伦理传统:医疗决策的个人主义模式

既然医学实践以人类主体为自己的专业对象,它必然同时涵盖两个维度:技术和伦理。西方的医学伦理学传统至少在希波克拉底的誓言中

---

① 为了更清楚地理解道德辩护,有必要区分道德理论、道德观和道德视角。本文把道德理论当作抽象的道德总结或原则,它们是具体道德结论的形式化、一般化。而道德观则包括一个群体的生活所持有的道德的全部内容。它是一种生活方式,不能通过一套有限的原则完全予以形式化。它既包括对可形式化的道德原则的具体解释,也包括道德故事、叙述、例证、问题的解决方案、特殊的义务、礼仪、规则等等的具体范式。最后,道德视角是道德观在道德问题领域内的系统重建,这种重建依靠道德理论提供的结构来进行。道德视角凭其一般的框架结构成为有体系的道德方法。道德理论及其具体内容提供了这种框架,而道德观则提供了道德理论的具体内容。对这些区别的更详细的说明,参见 Fan, 2001。

就已具雏形了。①该誓言要求医生用他卓越的知识与技术来为病人谋福利,这一要求塑造了西方传统的医学伦理学的基本方向。在这一传统下,医师必须把病人的健康利益置于在自己的经济利益之上。然而这一传统被当代学者批评为包含着强烈的医学家长主义倾向,因为该传统认为,医生有权按照自己的判断去寻求病人的最大利益,无论病人自身的意愿为何。对这些批评者而言,只有通过现代的、非医学的、为启蒙运动所强化的、自由主义的社会政治哲学,个体的病人才逐渐获得了知情同意的权利,才能为自己的医疗保健作出决策。②

然而,这些批评者没有充分注意到医疗中的细微差别、医患交往的复杂性质和渗透在医学实践中的具体文化因素的力量。说西方自由主义要求个体的高度自由和自我决定是不错的。但是进一步将希波克拉底传统解释为家长主义,认为从其为病人谋求最佳利益的主张可以推论出医生有权利"不顾病人的意愿"来作出医疗决策,则是错误的。一个简单的医学事实是,为了寻求病人的最佳利益医生必须获得病人的合作。完全不顾病人的意愿,医生又如何与病人合作呢?的确有些传统医生是非常家长主义的,但是希波克拉底传统作为一般的医学伦理实践并没有包含任何绝对的家长主义(完全不顾病人的意愿),也不包含病人的绝对自我决定权(完全不顾医生的意见)。③毋宁说,它展现了良好的医患合作的理想,医生在合作中起到积极主动的角色,建议并说服病人接受自

---

① Ludwig Edelstein 的著名文章表明,所谓的希波克拉底誓言可能是毕达哥拉斯主义的改革计划,而不是希波克拉底派的真实观点和实践的文件记录。参见 Edelstein,1967, pp.3—63。然而,有些学者不再接受 Edelstein 的解释。他们论证说,希波克拉底誓言最深奥的指令在毕达哥拉斯主义中找不到。参见 Amundsen, 1995, p.1510。无论如何,抛开关于誓言起源的争论不说,它的基本伦理内容是不矛盾的,尤其是它要求医生应该为了病人的利益而行医,这点在西方医学史上具有深远影响。

② Robert Veatch 是强烈批判希波克拉底式的家长制作风的代表。参见 Veatch, 1981。

③ 简单地说,可以有不同的医疗决策模式:(1) 绝对的医生权力(不考虑病人的愿望);(2) 绝对的病人权力(不尊重医生的意见);以及(3) 医生和病人合作,医生积极主动地给病人建议。很明显,(3)应该是希波克拉底的传统。由于医疗决策的复杂性,(1)和(2)都不是恰当的模式。

己的处方。① 此外，传统西方的医疗决策的特点可以在与传统中国的医疗决策的方式的对比中得到更好鉴别：概括而言，中国是家庭主义的，而西方则是个人主义的。②理由如下。

第一，根据经典描述，古希腊的自由人作为个体的病人能够在一定程度上参与到医疗决策中。例如，在柏拉图对两类医生（医治奴隶的医生和医治自由人的医生）的区分中，我们读到：

> 因而你已经看到，因为既有奴隶的医生，也有自由人的医生，一类医生从不向奴隶说明其主诉，也不向其询问；他以具备确定知识的姿态发布某种经验指令，完全是以一个专制者的粗率方式来做，然后就急急忙忙地转向另一个生病的奴仆——他就以这种方式减轻了主

---

① 考虑病人的意愿并不意味着医生必须接受它。希波克拉底传统的内涵是，医生是否接受病人的意愿取决于医生对病人最大利益的判断。同样地，如果病人愿意的话，病人就有权利不接受医生的处方。

例如，希波克拉底派强调医学是协助自然的艺术。医生为病人所做的仅仅是用养生法把阻碍自然的东西从病人身上除掉。为了达到这个目标，希波克拉底派坚持认为必须要有信心，并与病人愉快地合作，这样才能获得机会。这样一来医生就有必要考虑病人自身的意愿，即使最后医生还是不接受它。的确，这是希波克拉底传统的一个基本要求。例如，《希波克拉底》（Page, 1962）中一篇著名的文章《规则》（Precepts）就声称：

> 当养生法很严格时，你必须不要长时间地压制病人长期存在的欲望。在慢性病中，放纵（欲望）也能帮助一个人恢复健康……生命的精华在于拥有一切可爱的事物，而生命的衰落则与之相反。（Precepts XIV, pp.330—331）

"欲望"意指病人的嗜好。医生必须设法满足病人的嗜好，因为太严格的养生法可能对病人造成伤害。很明显，希波克拉底的医学行善观念建立于医患之间的积极合作之上。

Edmund Pellegrino 是当代生命伦理学的代表人物。与病人的自主性相比，他强调了希波克拉底的医学行善观点。对 Pellegrino 来说，病人的自主性可以看作医学行善的必要条件。他和 David Thomasma 在《后希波克拉底时代的医学誓言》（A Medical Oath for the Post-Hippocratic Era）一文中提出医生的责任包括以下方面："病人参与到影响他自己的决策中，要尊重我的病人的这种道德权利，要用病人能够理解的语言清楚而公正地解释疾病的性质、我所建议使用的治疗方案的好处和风险。"参见 Pellegrino and Thomasma, 1988, pp.205—206. 想了解对病人在医疗决策中的角色的历史阐释，可参见 Pernick, 1982, pp.1—36。

② 个人主义是一个模糊的术语。它通常意指对平等和自由的承诺：尊重个体人格，维持并促进个人自主、隐私和自我发展。历史学家和社会学家在许多不同的语境中使用这个概念，并且把它追溯到许多不同的起源，比如伊壁鸠鲁主义、原始基督教、意大利文艺复兴、新教（尤其是加尔文教）、资本主义的兴起、17世纪英格兰市场社会的兴起、现代自然法理论、浪漫主义的兴起、古典和新古典经济学，等等。参见 Lukes, 1973, pp.40—41。本章中的个人主义仅用来与医疗决策上的家庭主义作对比：个人主义要求病人应该为自己作决策，而家庭主义则要求家庭作为一个整体应该为每一个家庭成员作决策。

人对奴仆的医疗负担。而自由行医者大多数时候都是照管自由人的,他一开始就以科学的方式彻底调查情况,并使病人及其家属对他产生信心。因而他也从病人那里得知一些东西,同时尽最大可能来向病人讲解。**不得到病人的支持他就不会开出他的处方**,并且一旦开出处方他就会坚定地劝告病人服从医嘱以达到完全恢复健康的目的。①

这说明自由人从医生那里接受到信息,并且参与到治疗的决策中来。它也强调了医生应该扮演说服的角色。

第二,从16世纪起,罗马天主教道德神学就支持病人拒绝超常治疗的权利。在对托马斯·阿奎那有关保存生命的道德义务论证的回应中,罗马天主教神学家区分了常规治疗和超常治疗。根据这种区分,一个人仅有义务通过常规的手段,比如普通的食物、衣服和药物等常规的手段来保存生命。至于什么是常规的,则要根据地点、时间和文化的相关情况而定,并且与一个人的社会地位相称。接受治疗的显见义务(prima facie duty)应当与成功的概率、治疗的方便程度直接相称,与经济的、身体的、社会的和道德的成本间接相称。特别是,病人并不被要求仅仅为了保存生命去忍受剧烈的疼痛。例如,如果一个医疗手术(比如截肢)伴随着剧烈的疼痛和对治疗的恐惧,那么它就不再是必须做的,病人有权利拒绝手术。②

第三,西方对自由和知情同意的强调可以追溯到有关"殴打"(battery)的古典日耳曼法,后者比现代自由主义运动早得多。那些日耳曼森林中的自由人制定了他们及其首领都必须遵守的法律。他们享有高度的个体独立性和不可侵犯性,未经本人允许任何人都不得触摸他人。此外,他们所强调的是个体的同意,以及在拒绝服从他人的行为中得到表达的个体自由。事实上,这些集聚在一起的自由人的同意是解决社群中任何重

---

① Plato, 1961, *Laws*, 4.720b—e,着重号为笔者所加。
② 罗马天主教神学在相关问题上对常规治疗和超常治疗作了区分,想了解详细的历史说明,请参考 Cronin, 1958。有趣的是,当代罗马天主教神学家 Edwin Healy 论证说,在20世纪50年代美国的正常医疗保健情况下,如果财务成本超过2000美元,就算超常治疗,个人没有接受这种治疗的道德义务。参见 Healy, 1956, p.68。

大问题的必要环节。① 结果,这些态度作为"英国人的权利"(rights of Englishmen)在普通法传统中得到维护,坚称法律必须建立在个体之间所达成的同意的基础之上。②

医学知情同意的法律史通常以英国18世纪的斯莱特诉贝科和斯特布莱顿案(Slate v. Baker and Stapleton)作为开端③,在此案中两个从业医生因为在分离病人的断骨前没有取得病人的同意(出于担心引起病人恐惧)而要承担责任。医疗中知情同意和自我决定的主张在20世纪美国的一系列重要案例中得到了清楚表达。④ 例如,早在1914年,美国Cardozo法官就认为:

> 每一个成年的、有健全心智的人都有权决定将对自己的身体所作的事;一位实施手术而没有得到病人同意的医生犯有人身侵害过失,因为他可能造成伤害。除非在某种紧急情况下、病人处于无意识状态、而手术又是必需的、无法等待获得同意,**否则,必须首先得到病人的同意**。⑤

所有这些因素都表明,具有"个体知情同意"色彩的实践长久以来就是西方医学伦理传统的一部分,尽管经由现代自由主义运动这种实践已经被提升到一个新的高度。也就是说,个体在西方医疗决策中始终处于具有相对强势的、独立的地位。有关诊断和治疗的严肃对话主要在医生和病人之间发生,接受或拒绝某个治疗的最终权力也一般掌握在作为个体的病人手中。这就是为什么西方模式最好被描述为个人主义的缘由。⑥

---

① 要了解德国古代法,请参见 H. C. Lea, 1973; Foote and Wilson, 1980; Engelhardt, 1991, pp. 126—127.
② 要了解普通法的起源,请参见 Hogue, 1985。
③ *Slater v. Baker and Stapleton*, 95 Eng. Rep. 860, 2 Wils. K. B. 359 (1767).
④ Pernick, 1982; Engelhardt, 1996a.
⑤ See Shloendorff v. Society of New York Hospital, 211 N. Y. 125, 105 N. E. 92, 133 N. Y. S. 1143 (1914).
⑥ 与中国相比,西方的另一个突出特征是多元主义。西方社会比中国社会表现出更大的多样性。自古希腊的城邦时代起,西方社会的不同国家和不同地区在文化、宗教、道德和法律上就表现出巨大的多样性。雅典对斯巴达、基督教对犹太教、罗马天主教对新教以及世俗自由主义对传统宗教都是多样性的例证。然而,本文并不研究中西之间的这一对比。

现代的自由主义和公民权利运动把渗透于西方医疗传统中的个人主义模式推向了高峰。一方面，随着对病人自我决定的强调，医生的传统角色——即，为了病人最佳利益而引导与说服病人接受某个治疗方案——遭到了压制和轻视。另一方面，法律机制越来越多地卷入医疗实践之中，比如预先指令和持久委任书，进一步减少了家庭参与到医疗决策中的可能性。准确地说，预先指令是这样一种策略，凭此一个人可以把个体自我决定的权利延伸到可能的将来，即使那时病人已不再有行为能力做出这样的决策。设定持久委任则是指定另外一个人作为自己唯一的代表来为自己作医疗决策，并且所有这些决策都应当依照被代理人的意愿和价值观来进行。在美国大多数州的现行成文法中，一个无行为能力的病人如果没有写下预先指令，那么他的家属将依照特定优先次序被默认为代理决策人。例如，在德克萨斯州的优先顺序为：配偶、经所有其他成年子女同意推举的某个成年子女、成年子女中的多数、父母。相应地，填写持久委任书就是指定某个或者不在法律名单之上、或者不在法律所规定的第一顺位上的人作为自己的代理人。这种借助法律机制指定代理人的方式排除了其他可能代理人选，最终只留下唯一的代理决策者。因而，在这种实践中家庭的团结与完整受到潜在威胁。然而，大多数美国医学伦理学家却完全没有意识到这个危险的存在。考虑西方个人主义传统的背景，这点或许不足为奇。

2）东方医学伦理传统：医疗决策的家庭主义模式

儒家的价值观构成中国医学伦理传统的核心。尽管道家哲学在很大程度上塑造了中国传统的医学理论，大乘佛教教义也影响了中国医生的伦理行为，但是设定了中国医学伦理传统的基调的乃是儒家的道德教导。[①] 儒家把医学当作"仁术"，它帮助人们预防疾病、减轻痛苦、促进健康。尽管中国道家和佛家在很多问题上都与儒家的立场有分歧，但是他们同意儒家把医学当作仁术，并同意在这个基础上所建立的医生、病人和

[①] 中国医学伦理的最详尽的表述出现在初唐名医孙思邈的著作中。尽管他受到了大乘佛教的影响，但他的医学伦理融合了佛教的同情教义和儒家的仁义原则，要求医生培养仁爱的心灵，在行医中追求病人的最佳利益。

家庭之间的适当关系。①

与西方相比,中国医疗决策模式的显著特征可描述为家庭主义的。以儒家的观点看,是整个家庭而不是单独的个体构成社会生活中的最终自主单位。家庭成员的疾病被当作整个家庭的问题,家庭对这个病人具有特殊的信托责任。这并不意味着要剥夺病人为自己作决定的权利。确切地说,家庭在医疗决策中的角色恰恰是因为分担病人负担而得到赞赏的,这些负担包括听取医生介绍和与医生讨论的负担。对中国人来说,在医疗决策中家庭自主就一般地等同于病人自主。②

这并不是说病人被排除在医疗决策的过程之外。在没有致命的诊断和预后的任何情况下,如果病人愿意的话,病人可以与家人一起同医生对话。然而,中国的病人通常不想参与医疗决策过程。这主要是因为他们作为病人处在疾病、痛苦和不适之中,需要休息和放松而让家人代表自己与医生打交道。一般说来,他们相信家人会妥善地照顾自己,因而他们自己就不必费事直接与医生讨论了。

正如上一章已经论述的,在特殊情况下,比如有严重的疾病时(尤其是有致命的诊断或预后时),中国家庭通常会对病人隐瞒真相。他们认为把不好的消息直接告诉给病人是缺乏同情心的,而且担心把这些信息会给病人造成严重的心理负担,从而使病人的健康恶化、或者使治疗效果大打折扣。因此,从古代开始中国的医生就开始遵循这样一个实践中的伦理规则:不把致命的诊断和预后直接告诉病人;而是告诉给病人的家属。如果家属认为把真相告诉给病人是合适的,那么也应该由家属、而不是医生去告诉病人。

简言之,在中国人看来,为病人作出医疗决策——包括接受或者拒绝医生所拟定的治疗方案——是**家庭作为一个整体**的责任。医生必须和家属合作而为病人治疗。此外,家属给出的治疗同意只是口头上的,并无书

---

① 有趣的是,尽管早期道家老子和庄子激烈攻击儒家的价值,如仁、义、礼、忠等,而后期道家(尤其是道教)通常把儒家的价值观嫁接到道家的宗教体系上。他们鼓吹儒家价值是善行的表现,在他们以炼金术和仙丹追求长生不老的过程中,这些善行是必不可少的。参见葛洪:《抱朴子》。

② 事实上,正如第3章所论,我认为中国的医学实践表明了一个基本的自主原则,它是家庭的自主,而不是西方的生命伦理学家主张的个人自主。

面的形式,无论医生所给出的治疗是草药还是针灸。① 在手术同意书上签字对中国人来说是一个完全新的实践。它是随着现代西方的外科学的引进而在 20 世纪被引进到中国来的,并且如我们已经提到的,知情同情有其自己特殊的、对中国人而言完全陌生的法律背景。有趣的是,在西方是由病人自己签手术同意书,而中国人却代之以完全不同的方式——由家属代表病人来签手术同意书。这种改变戏剧性地揭示了中国医疗决策的家庭主义模式的特征:无论病人是否有行为能力,也无论病人是否实际参与了决策过程,医疗决策都被看作是由整个家庭作出的,病人乃是属于这个家庭的一员。②

在此背景上不难理解为什么很少中国病人会对预先指令或制定代理决策人发生兴趣。如前所述,当病人没有行为能力时,整个家庭理所当然地继续承担责任。如果病人有特殊的愿望,他就应该告诉给家人。③ 相反,如果病人写下了正式的预先指令,那么它会被认为是一种对家庭的疏离,或者不信任家人照顾自己的利益的表现。持久委任书对中国人而言是不可行的,因为挑选一个家庭成员作为自己唯一的决策者而忽视其他

---

① 传统中医很少进行外科手术。尽管关于汉代名医华佗的著名故事说他发明了麻沸散,并做了很多手术,但华佗的故事只是中医的例外情况。

② 有人论证说中国传统家庭的首要特征是服从。例如 Richard J. Smith 断言"中国家庭生活(和一般的社会生活)的主题是服从:个人对群体(的服从)、年轻人对年长者(的服从)以及女人对男人(的服从)"。Smith,1983,p.65.

我认为把中国家庭基于信任的责任描述为服从是不准确的。家庭医疗决策就提供了一个很好的例子,表明"服从"是一个过于简单的概念,不足以表达家庭成员之间相互责任的细微差别。中国文化的假设是整个家庭要照顾好病人、为病人谋利益。不仅仅是父母为子女作决策,丈夫为妻子作决策,而且也是子女未父母作决策,为妻子为丈夫作决策,等等。这并不是说每一个家庭成员的话语都有同样的分量。中国的家庭结构绝非建立在"一人一票"原则上的平等主义民主类型。它最好描述为一种贵族制——尽管没有人被排除在决策过程之外,但是有能者和有德者在决策上有更多的权利和义务。这至少表现在两点上:首先,年长者(如哥哥)在决策上通常比年幼者(如弟弟)承担更大责任。其次,德高望重者和知识渊博者在家庭中比其他人有更多的发言权。中国家庭在医疗决策上并没有"服从"的要求,但在决策的过程中有一个自然顺序与合作。最后,决策是由整个家庭作出,是整个家庭的决策。

中国的家庭决策模式在著名的传统小说中(如《金瓶梅》和《红楼梦》)可以找到例证。这些小说中有一些情节,生动描写了传统中国家庭是如何为生病的家庭成员作医疗决策的。

③ 家人是否遵从病人的意愿取决于什么是病人的利益。中国文化的假定是家人应该为了病人的利益作出医疗决策。如果家人认为遵从病人的意愿不符合病人的最佳利益,那么他们将不遵守病人的意愿。关注的重点是根据家庭通常所接受的标准来衡量病人的利益,而不是病人的自主性。

家人的做法等于破坏了整个家庭的一体性、团结和和谐。最后,对中国人来说,有家属在身旁却指定家庭之外的人作自己的医疗保健代理人,这几乎是不可想象的事,因为这将严重违背中国人在人际关系上内外有别的原则和道德敏感性。①

二、理想的人际关系类型:亚里士多德主义与儒家

如果不借助对中西不同代理决策方式背后的道德视角的思考,就很难深刻理解二者之间差别的真实意义。在我看来,中西在医疗决策上的家庭主义和个人主义模式分别反映了两种不同的关于人类生活与关系的道德视角,具体而言,就是儒家和亚里士多德主义的区别②。亚里士多德的友爱(*philia*)乃是个人主义人际关系的典范,而儒家的仁爱则是家庭主义的典范。亚里士多德根据目的论的道德原则重塑了西方人际关系的个人主义视角,儒家则根据"仁"的原则重建了中国人际关系的家庭主义视角。它们是构建人类理想关系的两种根本不同的途径。以持久委任书为代表的西方医疗决策模式与亚里士多德对理想的人际关系——完善的友爱——的解释相一致。而中国医疗决策的家庭主义模式则与儒家对理想的人际关系——仁——的解释相一致。③

---

① 当代西方的一些学者,比如 Hide 和 James Nelson 也论证了家属作为代理决策者的重要性。Nelson 讲了一个案例,一位丈夫选择了一个做律师的表妹,而没有选择已同自己一起生活了 35 年的妻子作自己的医疗代理人,因为他相信表妹的法律训练使她更有资格胜任代理人的角色。结果是妻子受到了极大的伤害。参见 Hide and Nelson, 1995。然而,这些西方学者虽然注意到家属在医疗决策中的作用,却经常强调保护病人权利的重要性,即在必要时要发展可靠的社会法律实践以限制或取消家属的代理决策权。参见 Brock, 1996, pp.599—618。
另一方面,医疗决策的家庭主义模式深深根植于所有受儒家影响的东亚地区,而不仅仅是中国大陆。例如,尽管香港受英国文化的影响有一个世纪了,医疗决策通常依然是以医生为指导、以家庭为基础的决策模式,而不是基于病人自主性的模式。见 F. Cheng, et al., 1998, pp. 616—627。
② 当然,亚里士多德主义和儒家都只是其综合道德视角的一个代表,我并不是说,它们的学说可以穷尽它们所代表的道德视角的方方面面。但在本章的范围里,我们无法涉及所有的细节。
③ 很明显,亚里士多德在当下社群主义和自由主义的争论中,通常被认为是社群主义的代表而不是自由主义的代表。本文把亚里士多德对友爱的解释看作典型的个人主义,读者可能会感到有些困惑。不过如果读者想到我的"个人主义"是和"家庭主义"相对使用的,尤其是在医疗决策领域中,那么这个难题也就迎刃而解了。与现代的自由个人主义者相比,亚里士多德可能是一个社群主义者。但是与中国的家庭主义者相比,他依然是个人主义者。

我们有把握说,儒家作为中国哲学和文化的中坚力量,在本质上塑造了中国的家庭主义的医疗决策模式。西方却更加多元化。尽管亚里士多德主义以其渊博的哲学体系而有着普遍的影响,并通过托马斯·阿奎那的解释在基督教中得到发扬,但其他思想在塑造西方思想传统的个人主义方向方面同样有影响力。尽管本章把亚里士多德对理想人际关系的解释当作重塑西方个人主义道德观的代表,这决不意味着西方当代的代理决策模式是由亚里士多德对友爱的解释所单一决定的。

(1) 亚里士多德的说明

对亚里士多德来说,理想的人际关系建立在理想的友爱之上。在《尼各马可伦理学》中他用整整两章的篇幅讨论了友爱,并主张"友爱是德性,或包含着德性,而且它是生活的最必需的东西之一"(1155a)。友爱在生活所有的外部条件中、在生活的所有时刻中都必不可少,并贯穿于人的本性之中。亚里士多德用友爱来描述所有类型的人际关系,包括家庭关系。例如,他宣称:"父母似乎对子女有天然的友爱,子女对父母也是如此。"(1155a)①

亚里士多德区分了友爱的种类:基于快乐的友爱、基于有用的友爱和基于德性的友爱。依他的观点,为了快乐和效用的友爱是不完善的,因为一个人是为了快乐或者效用而爱他人,而不是爱那个人本身。只有基于德性的友爱才是完善的:"完善的友爱是德性相似的好人之间的爱,因为他们相互间都因对方自身之故而希望他好,而他们自身也都是好人"(1156b)。因此,对亚里士多德来说,理想的人际关系就是这种完善的友爱:每个人自己都是好人,并且为了对方的善本身而相互友爱。

亚里士多德友爱论中最有趣的部分是对友爱来源的论证。他提示说,友爱可以参照自爱(*philauton*)来理解。正是在这里我们发现了亚里士多德观点最不同于儒家观点的地方。对亚里士多德来说,爱人最终乃

---

① 亚里士多德的这种说法似乎已经设定了一个不同于儒家的起点。对儒家而言,不同的人际关系类型要求不同类型的德性。友爱是对朋友的德性,但不是对其他人的德性,如家人。然而,亚里士多德确实承认各种友爱彼此不同:"父母对子女的友爱不同于统治者和被统治者之间的友爱;父亲对儿子的友爱也不同于儿子对父亲的友爱;男人对女人的友爱不同于女人对男人的友爱。"(1158b)在这个形式上亚里士多德的友爱和儒家的仁相似,即,在不同类型的人际关系中有不同的表现。接下来我将论证亚里士多德主义和儒家在其他方面的本质区别。

是衍生于自爱的:①完善的友爱反映的是有德性的人的自爱。人怎么对待自身就怎么对待朋友,因为"朋友是另一个自我。"②确切地说,另一个自我是什么呢?亚里士多德提供的关于自我和另一个自我的一个清楚明白的例子是父母和子女之间的友爱:

> 父母爱子女正如爱他自身。**因为那来自他的东西就是他的另一个自己**,[之所以是另一个,是因为]派生的东西是分离于所从出的东西的。子女爱父母是因为他们把自己看作是从父母那里产生出来的。(1161b,着重部分为笔者加)

子女可以看作父母的另一个自我,因为他们来自父母,这一点可以由强调父母和子女在生物学上特征上的相似而得到强化。即,尽管父母和子女是不同的个体,但是他们有生物学上的延续性,所以他们对彼此而言是另一个自身。然而,这种解释并不能涵盖亚里士多德讨论的主要友爱类型,比如同邦人、同族人、同船人之间的友爱,它们"更像是某种共同体中的友爱,因为它们反映出某种契约"(1161b)。因而问题是,那些没有亲缘关系的朋友如何能够彼此成为另一个自我?

Suzanne Stern-Gillet 为这个困难提供了一个令人信服的解释。依她的理解,对亚里士多德来说自我最好理解为一个规范性的而不是描述性的概念:如果个体的本质是他的灵魂(nous),那么自我所意指的就是灵魂的各个部分——营养的、感觉的、理智的部分——之间的平衡状态。自我的本性是完整的灵魂,它存在于灵魂的理智部分,并使灵魂的所有活动协调一致。因此,对亚里士多德来说:

> 卓越的人一心一意,他的整个灵魂都向往着同样的事情。他希望并促进着自己本身的善,因为一个好人就是要努力获得善。并且

---

① 这并不是说亚里士多德的友爱理论是自私的。尽管为了快乐和利益的友爱是自私的,完善的友爱却是利他的,因为它需要为朋友的善而爱朋友。自爱仅仅表明友爱之爱的来源,而不是它在实际操作中的特征。

② 在《尼可马可伦理学》的1166a到1166b节中,亚里士多德论证了同另一个人的友爱的特征属于与自己的关系。一个人如何对待自己就会如何对待朋友。但这个论证是否建立在"朋友是另一个自我"的断言的前提之上则是一个不清楚的问题。同样不清楚的是,这个论证是否为了这个断言提供了任何足够可信的证明。但无论如何,亚里士多德明确主张友爱在本质上是自爱的,因为朋友是另一个自我。这一点揭示了亚里士多德关于友爱的来源和动力的想法。

他这么做是为了他自身之故,因为他追求善是为了他自身的理智部分,而这个部分似乎正是一个人的真实自我。(1166a)

在灵魂依据理智部分而调节统一自身各部分的反思活动中,自我作为一种规范性成就体现在理智和道德活动中。在这个意义上,不道德的个体不是"自我",因为他违背了灵魂中应当指导他的那个部分。只有善的个体才是真正的"自我"。真正的朋友对彼此是另一个自我,因为他们具有相同的灵魂状态,或者说"同声同气"。①

这个意义上的朋友(作为另一个自我)是亚里士多德友谊政治学的主要兴趣所在。在亚里士多德的城邦中公民彼此是朋友,一起生活、一起工作、彼此关爱,视对方为另一个自我。显然,作为另一个自我,公民之间所分享的不是生物学上的、而是文化上的同一性。"文化上的"意味着"道德的"和"理智的"。具体而言,公民分享共同的宗教、社会、政治价值,并实行相同类型的道德推理。父母和子女不仅在生物学上彼此相似,而且还在文化上作为彼此的另一个自我,因为父母同时是子女道德和理智发展的原因(参见1161a)。简言之,对亚里士多德来说,公民在文化上是彼此的另一个自我,因为他们分享着道德和理智上的相同本性。②

这种理想人际关系的设想根本上是个人主义的,因为它是在相似的个体灵魂之间的状态中建立友爱关系。理想的人际关系是完善的友爱,而完善的友爱必然包括为他人自身之故而爱他人。但困难在于,如果人在本性上只爱自己,他如何可能爱他人?亚里士多德的解决方法是:当他人是另一个自我时,这就是可能的。他人是如何成为另一个自我呢?当他人达到了与我相似的灵魂状态时,他人就是另一个自我,因为所谓的自我本质上不过是灵魂的一种特殊状态而已。灵魂的相似状态意味着相似的道德和理智品质。因而,对亚里士多德来说,友爱的根本来源是自爱:当他人与自己分享相似的道德和理智品质时,一个人就会爱他人。这种爱的关系构成了亚里士多德的理想人际关系。

(2) 儒家的说明

儒家认为理想的人际关系是以"仁"的特征为基础的关系。在儒家

---

① S. Stern-Gillet, 1995, pp.18—35.
② 参见 P. Schollmeier, 1994。

看来,仁是个体的基本德性,并且设定了人类社会的基本原则。有趣的是,像亚里士多德的友爱一样,儒家的仁也意味着爱人(《论语·颜渊》)。然而,儒家强调人需要在五伦——父子、君臣、夫妇、长幼、朋友——中践履仁。① 在儒家看来,五伦代表所有重要的人际关系的自然类型,并由此奠定了人类社会的基本模式。② 因而,仁不仅意味着爱人,而且意味着爱有等差,亦即,爱人必须按照一定的秩序,并且与不同类型的人际关系的不同重要性相称,这是因为相对仁的践履而言,不同类型的关系具有不同的道德意义。由此,儒家仁的要求并不是一个空泛的道德要求,而体现为相应于特定人际关系的具体德性,比如,子女对父母应当具有孝的德性。

除了朋友之外,其他四伦对卷入关系中的双方的德性都有着不对称的要求,但不对称的德性恰恰是为了让关系能够依照其本性协调发展。例如,父母对子女要慈爱,子女对父母要孝顺;君主对臣民要仁爱,臣民对君主要敬重。仁慈、孝顺、仁爱、敬重都是具体的德性,对关系中的各方做出具体的、合乎其位置的行为要求。只有朋友关系才包含对称的德性:忠诚,朋友之间应该彼此忠诚。

需要注意的是,在儒家看来,家庭关系(父子、夫妇、长幼)比君臣或朋友关系更重要,因为后者可以自愿终结,而家庭关系却是无所逃于天地之间的。③ 在这个意义上,血缘关系对儒家仁的观念具有特殊的本质意

---

① 我们可以在《孟子·滕文公上》找到关于我们这里所引用的五伦及其顺序的表述。同样,在《中庸》中我们也可以发现在顺序上稍有不同的表述:君臣、父子、夫妇、昆弟和朋友。尽管这两种表述的基本观点一样,但孟子的表述或许更为恰当。首先,我们在下面会表明,从自然的秩序上看,父子先于君臣;其次,一个家庭可能只有一个孩子,这时就缺乏兄弟关系这个维度。值得注意的是两者都把朋友关系放在五伦的最后。

② 如同陈荣捷所看到的,"通常说的这些关系不包括陌生人和敌人。但是对于儒家而言,没有任何人是彻底无关的,因此完全的陌生人是难以想象的:他至少可以包括在长幼的秩序之中。至于敌人,不应该存在这样的角色,因为所有的人都应该是彼此友善的"(Wing-Tsit Chan, 1963, p.70)。

③ 例如,根据孟子,"君有过则谏;反覆之而不听,则去。"《孟子·万章下》事实上,儒家要求用不同的礼仪来对待不同的人(如父母、君主或老师):"事亲有隐而无犯……事君有犯而无隐……事师无犯无隐。"(《礼记·檀弓上》)对孔子来说,"事父母几谏,见志不从,又敬不违,劳而不怨。"(《论语·里仁》)关于东亚和东南亚的家庭文化心理方面的最新研究,参见Slote and De Vos, 1998。

义。毫无疑问,私人的友爱关系也是儒家生活的重要部分。① 儒家和亚里士多德在真正的友爱的性质上并无争议;即,一个人应该为了朋友自身的缘故而为朋友谋求善。但儒家从来没有把朋友关系比喻为兄弟关系。② 儒家也绝对不能接受以朋友关系作为家庭关系的一般模型。对儒家而言,家庭关系自身组成一类关系,对仁的生发而言它是如此的基础性,以至于不能依照朋友关系来揭示。③

那么,仁的来源是什么?是什么动机使一个人依照仁的原则来组织他的人际关系呢?我们已经表明亚里士多德的友爱来自自爱。一个人爱他的朋友是因为朋友是他的另一个自我。相反,即使儒家的仁爱包含了自爱,但它与亚里士多德的自爱也根本不同。对儒家而言,一个人爱他人并不因为他人是另一个自我,而是因为他人是自己的亲人。仁作为爱首先建立在一个人对父母和兄弟的自然感情之上。孔子认为,"孝悌也者,其为仁之本欤!"(《论语·学而》)换言之,亚士多德认为人在本性上是

---

① 《论语》开篇就说到,"有朋自远方来,不亦说乎?"尽管孔子要求君子"人不知而不愠",若有真正理解他的人从远方来拜访他,那么也是人生一件乐事。这样的人就是一个真正的朋友。孟子也提及友谊的重要性:

　　一乡之善士,斯友一乡之善士;一国之善士,斯友一国之善士;天下之善士,斯友天下之善士。以友天下之善士为未足,又尚论古之人。颂其诗,读其书,不知其人可乎!是以论其世也。是尚友也。(《孟子·万章下》)

此外,友爱在中国文化中也是备受尊崇的。例如,在道家著作《列子》中就有一个著名的"知音"的故事。知音就是能互通心意的朋友。

② 当孔子的弟子司马牛为自己没有兄弟而担忧时,孔子的另一个弟子子夏说,"四海之内,皆兄弟也。君子何患乎无兄弟也。"(《论语·颜渊》)但是子夏的话仅仅意味着所有的人都是某种远亲。但是不能否认儒家一般认为友情和亲情之间有着本质的区别。"朋友切切、偲偲,兄弟怡怡。"(《论语·子路》)好朋友需要更进一步结拜为兄弟或姐妹,才能成为更亲密的关系。

③ 部分原因是在于,儒家认为家庭关系是不对称、甚至不平等的关系——特别是男女之间的不对称和辈分之间的不平等,而友爱对于亚里士多德和儒家来说,都要求对称和平等,包括道德和地位上的对称和平等。例如,孟子论证说,"不挟长,不挟贵,不挟兄弟而友;友也者,友其德也,不可以有挟也。"(《孟子·万章下》)孟子还讲了一个关于子思的故事,强调平等对于友爱的重要性。缪公问,"古千乘之国以友士,何如?"子思对这个问题不高兴,回答说,"古之人有言曰'事之'云乎?岂曰'友之'云乎?"孟子解释子思不高兴的原因,说"以位,则子君也,我臣也,何敢与君友也?以德,则子事我者也,奚可以与我友?"(《孟子·万章下》)

在西方,甚至在与上帝的友爱关系中也强调道德和地位的平等性。值得注意的是,虽然托马斯·阿奎那紧紧跟从亚里士多德对友爱的解释,但他进一步论证说友爱构成了对上帝的极其重要的关系,而不仅仅是对人的关系。然而,既然上帝不能无上崇高地爱一个不值得如此被爱的人,那么上帝只能与自己做朋友。这样,神圣的生命本身就应该理解为在三位一体中实现的热烈而完美的友爱关系。见 P. Quinn, 1996。

自爱的,儒家则认为人本性上是爱父母和兄弟的。一个人要做的只是把这种孝悌之情推及所有人。此外,一个人的亲属也有远近亲疏之别,因而仁要求以适合的程度和方式去爱他们,亦即,仁是包含内在差异的爱。

儒家的仁是道德生活的基础。如孟子所言,"仁,人心也"(《孟子·告子上》),并且仁是天所设定的人类伦理规范的属性:"尽其心者,知其性也。知其性,则知天矣。存其心,尽其性,所以事天也。夭寿不二,修身以俟之,所以立命也"(《孟子·尽心上》);或者"仁者,人也,亲亲为大"(《中庸》)①。亚里士多德规范性的自我概念通过灵魂中的理智部分而得到界定,在灵魂的状态中作为一个个体的自我得以显现。与此相对,孔子的规范性的自我概念却建立在仁的基础上,仁只能在特定的人际关系中通过爱的行为而得到实现。②

简单地讲,亚里士多德的自我主要由个体灵魂的理智状态来界定,而儒家的自我则主要由人类生活不可缺少的基本关系来界定。③ 一个人没有基本的家庭关系就无法生存,那么基本的家庭关系就在这个意义上内在于每个人。有鉴于此,儒家的自我首先并主要地是由家庭关系来规定的。如果说,亚里士多德的自我概念是理性主义的、个人主义的,那么儒家的自我概念则是关系主义的、家庭主义的。④

总之,在理想的人际关系上儒家和亚里士多德主义的相似之处在于它们都主张为他人自身的善的缘故而爱他人。然而,它们在这种爱的来源问题上却有着根本的分歧。对亚里士多德主义而言,友爱的来源是自爱。但是对儒家来说,爱的来源是亲亲之爱。儒家和亚里士多德主义之

---

① 根据新儒家朱熹的观点,我们应该区分仁的体和用。作为体,仁是人心之质;作为用,仁是爱的原则。参阅朱熹《仁说》;英译见 Chan, 1963, pp.593—597。

② 的确,亚里士多德和儒家的另一个有趣的对比研究是爱和理性的关系,但这已超出本章的讨论范围。

③ 如 Henry Rosemont 所讲,儒家的自我就是生存于不同关系中的,并且不同关系就会包含着不同的角色。因而即使说"我履行我的角色"都是误导的;对儒家而言,应该是"我就是我的角色"。参见 Rosemont, 1991, p.72。我认为 Rosemont 的观点过分夸大,似乎提示儒家否定个人的存在,这就太过了。但它确实以此突出了儒家自我的关系特征。

④ 有人可能想论证儒家的人性论是普遍的爱,而不是家庭主义的爱。的确,新儒家有一个非常著名的观点,"民胞物与"(张载:《西铭》)。但是新儒家的这个观点是整体论的,它不关涉"其他的我",只关涉自我中的所有部分。即使天地万物为一体,这一体的不同部分也包含不同的德性。新儒家的"理一分殊"思想提示,不同的部分应该给予不同的对待。我坚持认为不管是古典儒家还是新儒家,以家庭为基础的等差之爱是儒家人性论的核心。

间的这种差异隐含了对自我的不同理解。亚里士多德的自我概念是一个灵魂的和谐状态,因而它必然是个人主义的;儒家的自我概念是仁的状态,因而必然涉及到人际关系。①

---

① 亚里士多德和儒家在理想的人际关系上的差异可以放到更广泛的中西神话、文化和哲学语境中考察。西方个人主义和中国家庭主义在人类生命和人际关系上的观点都包括许多具有典型意义的叙事、范例和哲学论证。下面仅举一些例子。

首先,西方文化的个人主义特征可以追溯到古希腊的神话,尤其是关于人类文化起源的普罗米修斯神话。根据这个故事,诸神用泥土与火的混合物创造了人。普罗米修斯从别的神那里偷盗了火和艺术的能力,把它们赠与了人类,因此人类就分享了神的力量。人类最初是分开居住的。后来,为了相互保护而免受野兽的攻击,他们才群居,但开始并没有能成功地结合在一起。最后宙斯派赫耳墨斯赋予他们彼此尊重的品质和正义感,这才为人类城市带来了秩序,创造了友爱的纽带。参见 Plato, *Protagoras*, 320—323。

儒家则对人类文明做了不同的描述。按照儒家的叙事,无论人类的起源是什么,人最初是居住在一起的,而不是分开的。问题不在于他们没有技术与火来使用,而在于他们不懂得怎样形成恰当的人际关系。因此,即使他们吃好了、穿暖了、住得舒服了,他们的生命与动物的生命仍然无法区别开,他们不能够形成正常的人类生活方式。这样,"圣人有忧之,使契为司徒,教以人伦:父子有亲,君臣有义,夫妇有别,长幼有序,朋友有信"(《孟子·滕文公上》),人才过上了正当的生活。

很明显,古希腊和中国的叙事之间的显著差别在于对人类本性的不同看法。在古希腊神话中,人像神一样,他们很自然地彼此分开居住。他们结合在一起仅仅是为了互利。但是在儒家的典型叙事中,人是居住在一起的,像一群动物一样。他们的生活缺陷在于不能以正确的方式在一起生活,亦即,不能按照仁的原则形成恰当的人际关系。直到有圣人的教育之后,他们才过上了文明的生活。

此外,古希腊和中国的文学在对德性的描写上也存在有趣的对比。例如,读荷马的作品,读者很容易对英雄身上的完美的友爱德性产生深刻印象。如,在《伊利亚特》中,普特洛克勒斯(Patroclus)不仅在身体上和阿基里斯(Achiles)一样强壮,而且也表现出他的朋友的那种优雅温和的一面。他们彼此成为对方的"另一个自我"(other selves)。

另一方面,读者在儒家经典中很容易发现孝顺的德性。例如,在《尚书·尧典》中有一个非常有名的关于舜的故事:"父顽,母嚚,象傲;克谐以孝,烝烝乂,不格奸。"舜在中国悠久的历史上树立了孝子的光辉榜样。《孟子·万章上》中有关于舜的更详细的故事。在另一个地方,孟子把"大孝"视为:"舜尽事亲之道,而瞽瞍厎豫。瞽瞍厎豫而天下化;瞽瞍厎豫而天下之为父子者定,此之谓大孝。"(《孟子·离娄上》)此外,在一个想象的情景中孟子对孝的位置给予了一个儒家的决疑法。这个情景是:假设瞽瞍杀了人,而舜是帝王,皋陶是法官。孟子论证说,舜不应该阻止皋陶捉拿瞽瞍,因为皋陶代表来自于法律的权力。但舜应该悄悄地背上瞽瞍,逃到海滨之处过快乐的日子,永不再想念做君王的日子《孟子·尽心上》)。孟子的解决方式符合孔子的主张,所谓"父为子隐,子为父隐,直在其中矣"(《论语·子路》)。有人认为这是儒家的腐败,其实不然。参阅本书第 6 章。

最后,尽管亚里士多德主义和儒家都关心善的生活,但是在讨论善的生活时给予了不同的哲学推理。亚里士多德把自己的观点建立在形而上学生物学(metaphysical biology)之上,亦即,每个事物都有其功能,而善意味着能够完美地实现这个功能。人的功能应该是专属于人的特征,对他而言,这种功能就是灵魂所表现的理性活动的能力。既然德性是一种能使人表现得卓越的特质,那么人的善就应该是体现了德性的灵魂活动(《尼克马可伦理学》,1097b—1098a)。

三、对代理决策的进一步思考

亚里士多德对友爱的解释和儒家对仁的解释不可能穷尽西方个人主义和中国家庭主义在人际关系问题上的所有道德立场。但是它们确实清楚地展示了这些立场的某些突出特征。本质上讲,本文论证了西方代理决策的当前发展可以通过西方个人主义的道德观(以亚里士多德对理想的人际关系的解释为代表)得到解释,而中国在此问题上的进路可以通过中国的家庭主义道德观(以儒家对理想的人际关系的解释为代表)得到说明。这两种观点之间的差别根植于它们各自所处的医学、文化、哲学的传统和语境中。这意味着,在考虑不同的代理决策模式的时候,我们应该把它们放回到各自的综合道德视角和语境中考察,避免草率褒贬其中任何一个模式。我们应该采取比较的策略发现它们各自的优缺点。在最后这一部分中,我力图概括总结一下中国的代理决策模式的优点,以表明我们不应该简单地抛弃这种方式,像某些学者建议的那样。

的确,指定代理人就是要找到一个熟悉自己的价值观和期望、并且愿意按照这些为自己作出决策的人。这样的人在亚里士多德那里更像是一

因而,最高的善的生活是在像神一样的理智沉思中得以实现。次一等的善的生活是有德性的生活,包括友爱的德性,在政治共同体中实现。抛开"像神一样"的生活不论,善的生活对亚里士多德来说是个体与他的"另一个自我"在城邦中的共同生活。

可对照的是,儒家对善的生活的哲学解释却基于一种形而上学宇宙论。"有天地,然后有万物;有万物,然后有男女;有男女,然后有夫妇;有夫妇,然后有父子;有父子,然后有君臣;有君臣,然后有上下;有上下然后礼仪有所错。"(《周易·序卦传》)按照儒家的理解,天地万物的生成过程不单纯是宇宙论的,同样有基本形而上学和道德意蕴,它为人类存在设定了自然的区分和秩序(参阅第1章)。这样就有了孔子的"正名"理论:"君君,臣臣,父父,子子。"(《论语·颜渊》)对孔子来说,名不仅有认识的功能,而且有道德含义。它不仅指现实中的事物,而且带有行动的规范要求。用孔子的话说,"名不正则言不顺,言不顺则事不成,事不成则礼乐不兴,礼乐不兴则刑罚不中,刑罚不中则民无所措手足。"(《论语·子路》)儒家的德性是和"名"相对应的品质特征,它用来指导在"名"下的恰当的生活方式。因此君主就有其为人君之道,臣民就有其成人臣之道,父亲就有其为人父之道,孩子就有其为人子之道。这样,儒家的善的生活必须在合适的角色中得到界定,而角色又是一个人在关系中所扮演的,最重要的、最根本的就是家庭关系。

简言之,所有这些都表明亚里士多德和儒家对理想人类关系的解释上的差别体现了复杂的文化和哲学背景上的分歧。西方的语境表现了个人主义倾向,而中国的语境则体现了家庭主义特征。

个完善的朋友,而不是家庭成员。为了更好地彼此理解,个体之间需要有相似的道德和理智品质。然而,家庭成员未必分享相同的道德和理智品质。因此,家庭成员并不是亚里士多德意义上的完善的朋友。这就可以解释为什么当代美国的病人常常指定一个家庭之外的人担当自己的代理人,这样的代理人可以被看作亚里士多德完善的朋友意义上的"另一个自我"。

儒家从不以友爱来解释家庭关系。不同的道德和理智品质,与父母和子女之间的"亲亲"无关。对儒家而言,每一家庭成员都应该抱有尊重家庭道德权威的态度,并且愿意为了家庭的和谐作贡献。以下行为在儒家看来是完全不适当的:一个家庭成员把自己的观点看作完全不可妥协的、丝毫不肯向其他成员让步、或者不愿将其他成员的合理要求和建议纳入考虑。在儒家看来,全家人共同作决策乃是理所当然的事。

代理决策一般涉及以下两个基本问题:(1) 谁应当被任命为代理人?(2) 代理人应该如何为病人作医疗决策?从西方当前占主导地位的代理决策模式来看,答案如下:(1) 能够可靠地理解病人的愿望和价值观,并且愿意遵从的人应该被任命为代理人;(2) 应该尽可能地按照病人的愿望和价值观作决策。而从中国的家庭主义模式出发,对这些问题的答案却是根本不同:(1) 家庭作为一个整体应该成为病人的代理决策者;(2) 应该按照病人的最佳利益来作决策——这既有可能与病人最近表达的愿望一致,也可能不一致。如果家属发现病人的最近愿望与病人的利益相冲突,那么家属就有权不遵从这些愿望。

中国的家庭主义决策模式有优点吗?答案是肯定的。首先,通过对病人利益的全盘考虑,而不是仅仅胶着于病人最近的愿望,可以更好地保护了病人的健康和生活,因为有时候遵从病人最近的愿望未必符合病人的最佳利益。其次,它更具弹性,能够包容新的临床境况。例如,有益的治疗手段可能已经有了新的发展,而病人在写预先指令时并没有认识到。在这种情况下,简单地遵守病人的指令会导致灾难性的后果。第三,儒家的模式能够避免所谓的人格同一性问题,这是一个困扰代理制度的重大问题。对一些学者来说,心理标准是判断人格同一性的通常标准。然而,写下预先指令时的那个有行为能力的病人与如今这个丧失了行为能力的病人是否还能在人格上被合理地看作同一个人,是一个没有明确答案的难题。在有严重认知损害的病人的案例中困难尤为突出。因为在这种情况下,病人精神改变如此之大,以至于他不能再被合理地看作是同一个人。如果是这样,那么为什么代理人还要用病人过去写下的预先指令作为其作决策,而这个病人已不再是同一个人了?[1] 很明显地,困难源于人格同一性的心理学标准。然而儒家的人格同一性概念却不是一个心理学概念。儒家是在关系中、而不是在分离的个体中确定人格同一性的。一个人的身份首要的是由他在家庭中所扮演的角色所决定,而与他的心理特征无关。无论他/她的认知和情绪状态如何改变,他/她的家庭关系依然如故:他/她依旧为人子、为人父、为人母、为人夫、为人妇、为人兄、为人妹,等等。因此,儒家的家庭决策模式可以免受人格同一性问题的困扰。

最后,中国的医疗决策的家庭主义模式可以作为一个有启发性的例子,为我们展现一个特殊的道德视角,从这一视角出发我们可以窥知人类生活和人际关系问题上的一个真理。这一视角强调家庭在人类生存中的基础地位和广泛功能。它揭示了家庭制度与人类生活的本质关联,倡导家庭成员之间的和谐与积极的互动、相互依赖、共同决策。简言之,儒家珍视家庭,它的一个具有深远意义的洞见就是:一个人只有首先在家庭中培养亲亲之爱,他才可能真正地去爱社会中的其他人。的确,随着技术的飞速发展、社会的急剧变迁,传统的家庭制度在当代世界的许多地方都遭受了程度越来越大的破坏。通过对中西代理决策的比较研究表明,我们有必要深入反思在实践模式背后起支撑作用的中西思想对理想人际关系的不同视角,特别是在医疗决策中家庭所应当起的功能以及医疗决策的具体方式。

---

[1] See Dresser, 1989, pp.155—160.

六　儒家家庭主义必然导致腐败吗？

儒家赋予家庭之爱以超越其他一切爱的优先地位,乍一看来足以使西方自由平等主义者义愤填膺。从儒家家庭主义观点出发,儒家对抽象普遍的道德原则和具体的道德问题的理解也与西方道德观的一般见解大相径庭。在这种背景下,当前中国学界发生了一场激烈的争论:儒家以家庭为基础的德性(比如孝)究竟是道德的根源还和腐败的根源?① 例如,刘清平认为,儒家内部包含着一个深层悖论,其表现在,一方面,孔子、尤其是孟子,都主张爱家人较爱他人具有优先性。另一方面,他们又主张无差别的普遍的爱,后者并不以"血亲"(consanguinity)为基础。从这点出发,他进一步推论出"儒家面临着一个令人尴尬的悖论:一些典型的腐败行为,根据儒家自身精神却是值得赞扬的道德表现。"② 拜读完他的文章,

---

①　关于辩论双方一系列文章可以参见 *Dao*: *A Journal of Comparative Philosophy* VI. 1 (March 2007), VII. 1 (March 2008), VII. 2 (June 2008), and VII. 3 (September 2008)。辩论围绕着以下经典儒学的案例展开。
(1) 亲亲互隐:"叶公语孔子曰:'吾党有直躬者,其父攘羊,而子证之。'孔子曰:'吾党之直者异于是。父为子隐,子为父隐,直在其中矣。'"(《论语·子路》)
(2) 舜封象:"万章问曰:'象日以杀舜为事,立为天子,则放之,何也?'孟子曰:'封之也。或曰放焉。'万章曰:'舜流共工于幽州,放驩兜于崇山,杀三苗于三危,殛鲧于羽山,四罪而天下咸服。诛不仁也。象至不仁,封之有庳。有庳之人奚罪焉?仁人固如是乎?在他人则诛之,在弟则封之。'曰:'仁人之于弟也,不藏怒焉,不宿怨焉,亲爱之而已矣。亲之,欲其贵也;爱之,欲其富也。封之有庳,富贵之也。身为天子,弟为匹夫,可谓亲爱之乎?''敢问"或曰放"者何謂也?'曰:'象不得有为于其国,天子使吏治其国,而纳其贡税焉,故謂之放。岂得暴彼民哉?虽然,欲常常而见之,故源源而来。"不及贡,以政接于有庳",此之谓也。'"(《孟子·万章上》)
(3) 舜父杀人:"桃应问曰:'舜为天子,皋陶为士,瞽瞍杀人,则如之何?'孟子曰:'执之而已矣。''然则舜不禁與?'曰:'夫舜恶得而禁之?夫有所受之也。''然舜如之何?'曰:'舜视弃天下,犹弃敝屣也。窃负而逃,遵海滨而处,终身欣然,乐则而忘天下。'"(《孟子·尽心上》)
②　Liu, 2007, p. 6.

我们首先会产生这样一个疑问:如果刘清平的主张是正确的,那么为什么孔子、孟子和其他儒者都没有意识到这一悖论呢?最合理的解释,也是我要在本章中论证的,就是根本不存在这一悖论。只有当像刘清平这样的学者试图用现代西方观点——这种观点"谴责把血亲置于普遍原则之上的做法"①——去理解儒家道德时,那些他所讨论的儒家行为才会被视为腐败的行为。刘清平没有在批评之前至少试图给出一个关于儒家理解的准确描述,相反,他以某些现代西方预设为前提来直接批评儒家,径直得出他的结论:必须从道德上拒斥亲亲所要求的家庭成员间的相互支持。他理所当然地认为,孟子认同为家庭成员自私谋利的腐败行为。他的论证已经预设了家庭主义的优先原则本质上就是腐败的,然而这恰恰是有待说明的问题。

关键是何种行为、在什么条件下可以被视为腐败。在刘清平得出"儒家通过其基础性的血亲之爱,鼓励某种特殊腐败"的结论之前②,他必须首先论证血亲之爱不仅是构成腐败的必要条件,还是充分条件。尽管在某种情况下,优先考虑家庭可能是某种腐败行为的必要条件,但是如果在儒家的道德传统中有力量将亲亲的倾向仅仅限制在合理的范围内,那么将袒护亲人定义为腐败的说法就是不成立的。事实上,在儒家中,所谓"血亲主义"(consanguinism)是一种德性,有着特定的道德力,它所蕴含的一些义务使得维护亲人的行为成为有德的行为。刘清平认为一个人应当负有一种六亲不认的、普遍的道德责任,这种责任不能被血亲主义的责任所影响。他之所以得出这个结论,正是因为他没有理解儒家拥有正当理由去拒斥这种道德一般主义(generalism)阐释的缘故。他没有认识到,儒家倡导一种整体性的人生理念,在这一理念下,践行血亲主义对于人类幸福将是绝对必要的。

由于道德视角的差异,刘清平试图将现代西方的一种一般主义道德观强加于孔孟之上。这种道德观包含着独立的普遍规范,违反了其中任何一条都是本质性的错误。对于孔孟来说,恰恰相反,道德规范都是针对具体行为的准则,其合理性在于能使人达到德性。结果,在多数——如果

---

① Liu, 2007, p. 7.
② Ibid., p. 1.

不是全部——情况下,袒护家庭成员并不构成道德上的不当行为,反而是具有道德性的。鉴于家庭袒护有益于彰显德性,它也可以称得上是一种道德义务。孔孟在这些问题上的立场是由他们所持的道德观所决定的,这种道德观和刘清平所理解的完全不同。简言之,他们并不把道德视为围绕着一系列绝对的、一般的原则来作的建构,而是将道德理解为一种德性生活的显现,其原则植根于具体的日常行为之中。考虑到儒家推崇血亲主义责任,认为家族亲情联系有益于德性实体,那些被刘清平认为是道德腐败的行为其实并不是腐败的,恰恰相反,它们是符合德性的。

刘清平通过一般主义的道德责任原则来得出他的结论,认为每一个道德原则都可以独立于具体的社会背景。在他看来,人的地位和道德准则的支配作用并不是通过具体的社会关系来获得其内容的。相比之下,儒家认为人和道德准则都是在社会关系的结构中获得其内容和权威性的,所以人的道德责任总是应该首先放在一个家庭背景中来理解。有趣的是,刘清平试图提出绝对普遍的道德原则,而即便是在极尽苛求的西方伦理中,能否找出绝对普遍的道德原则都是未定之数。康德主义者们(与康德不同)认识到,即便是说谎、杀人这样的事情也不能是绝对禁止的。亚里士多德派认为,几乎所有的道德判断都是具体的、与一定的情景相关联的。儒家也认识到这种特定情景的重要性,但他们在家庭血亲关系中看到了巨大的价值。他们推崇这些关系至少有两个方面的原因:一是这些关系本身就有价值,是实现人生价值的一部分;二是它们构成了更普遍的善行的源泉和典范。这些信念并不意味着履行家庭责任在任何情况下都是善的,但它们意味着这些行为总是具有某些道德价值,在某些情况下这种价值更加重要。儒家倡导博爱,但是他们不是墨家,不像后者那样渴望无差别的、不偏不倚的、平等的、脱离了家庭关系的"兼爱"。相反,儒家的博爱是有差别的、不平等的,这种爱以家庭为基础,并且以家庭为中心。当刘提到孟子的"四端"和"乍见孺子将入于井"的例子时,他似乎误认为孟子是在宣称每个人都具有平等主义地对待每一个人的普遍道德能力。事实上,孟子已经非常明确地指出,人所具有的道德能力并不是以相同强度指向每一个人的;你对自己兄弟的孩子的爱,和你对邻居家的孩子的爱是自然不同的;而且孟子强调这种不同是很正常的、应该的(《孟子·滕文公上》)。儒家的确认为人有普爱之心。但请刘清平原谅,他们并不认为人有两颗心——一颗是无差别的普爱之心,另一颗则是有差别的普爱之心。相反,人所有的只是一颗作为本真的儒家生活方式的道德根基的统一的心。①

如果人们像叶公一样将正直定义为"其父攘羊,其子证之"的话,那么诸如家庭和谐兴旺、社会繁荣昌盛、个人蓬勃发展之类的责任,就被置于非常危险的境地了。② 孔子恰当地反驳道:"吾党之直者异于是。父为子隐,子为父隐,直在其中矣。"(《论语·子路》)将这作为道德腐败的例证,实在是误解。除非法律不道德地要求所有人都成为犯罪告密者,孔子决不会怂恿人去违法。他的这段话说的只是,为人子者不应当揭发父亲的罪行。如果我的父亲有一天回家给我看一块他从商店里偷偷拿的手表,我不会拿起电话揭发他,我会把表带回商店,解释说我父亲得了痴呆症,返还手表并赔偿损失。我的目的是要避免任何人告发这一罪行,而不是去帮助或怂恿父亲盗窃。与刘清平及其现代西方的师傅(康德?)不同,孔子并不主张一种放之四海而皆准的道德原则——这种原则被认为是可以独立于具体关系和具体背景而普遍适用的——也不认为它是可以自洽的。相反,类似于黑格尔的解说,孔子把一种根基于家族和具体性的伦理(Sittlichkeit)视为道德内容和道德指令的源泉,这种道德内容和指令是无法从放之四海而皆准的普遍原则中推论出来的。

当我们意识到儒家所信奉的一系列道德认识论的、价值论的以及形而上学的前提都是刘清平所拒绝的,那么儒家和刘先生所持的道德观的差异就更好理解了。儒家的道德认识论观点认为,首先和最重要的德性是从家庭开始的,通过由家庭产生的具体关系和责任而获得。刘的前提则是:没有必要把具体的亲属之爱作为一个不可或缺的道德起点,我们可以从"一些普遍原则"推论出仁爱。③ 这里,刘没有意识到他不过是在复述古代的儒墨之争;尽管墨子和康德的思想根本上大相径庭,但是他们都诉诸一种抽象的原则作为道德判断的基础。孔子和孟子认为那样一种六亲不认的一般主义是一种道德和认识的误区。此外,儒家还认为家庭较

---

① 参见 Nivison,1996, p.133。
② Liu, 2007, p.4。
③ Ibid., p.16。

个体而言有形而上的优先性。人们生活在具体的家庭责任的复杂结构中,它指导着人们的行为,也使得道德生活和人生幸福成为可能。家庭作为整体较其部分之和具有更大的道德意义。在形而上的命题中,我们可以理解价值论的洞见,即家庭欣欣向荣的善较之个人发展的善具有更大更丰富的意义。在某种程度上,这是因为个体的发展如果脱离了家庭的和谐兴旺,就会使根本上片面的、不完整的。与刘清平不同,孔孟认为一个履行了血亲责任的社会,比起一个片面地试图排除不道德的家庭袒护而使得追求德性的家庭袒护成为不可能的社会,在德性上更完善,更高尚。

　　儒家以家庭为导向的袒护,并不像刘清平所认为的那样,与法律相抵触;非但如此,它还构成了儒家以善的生活为目的的道德法则的具体内容。并不存在可以广泛适用于一切文化和社会的普遍法则。比如,舜让他的弟弟象作了有庳的荣誉地方官,舜或许是遵循当时的政治法律制度。那时的制度允许皇帝封一个无德的兄弟作为名义上的但无实权的职位,为的是使他富有、尊贵。这种制度与儒家以家庭为导向的袒护是一致的,为的是避免一种不道德的情况,即一个皇帝让他的弟弟做平民,人们就有可能说皇帝不爱兄弟。刘清平认为舜的行为是一种道德腐败,为他的弟弟谋利而损害有庳人的利益。事实上,在这种巧妙设计的儒家法则下,有庳人的利益不会被损害,因为象没有统治实权,而舜则履行了友爱兄弟的义务。在儒家看来这在本质上有助于舜作为天子实施德性教化,彰显德性。天子的德性行为可以在整体上影响一个社会,这也有益于有庳人和其他人。

　　关于舜的父亲瞽叟的假设事例与上面的事例有所不同,因为没有可供舜遵循的法律。面对史无前例的事件,舜须全盘考虑再作决定。在孟子看来,舜不应该禁止皋陶逮捕他的父亲,因为皋陶在法律上有这样的责任;但舜也不能坐视不管,因为这违反儒家基本的孝道。孟子认为舜能做的最好选择就是"窃负而逃,遵海滨而处,终身䜣然,乐而忘天下"(《孟子·尽心上》)。在这种情况下,考虑到儒家以家庭为导向的袒护德性,孟子的建议是最好的。如果舜用他的职权窝藏他的父亲,这是一种道德腐败。但是孟子非常清楚舜不应该干预法律,因而孟子建议舜退位,作为一个平民和父亲一起逃走。因为没有先例,孟子的建议甚至可被看作是对法律的补充提议,也就是说,在完美的儒家法律制度下,如果天子的父亲犯了重罪,天子就应该退位谢罪,他的父亲也应免于通常的处罚。这个建议符合儒家的血亲道德并为其所肯定。这种血亲道德最终体现在中国传统所肯定的替罪特权上:在中国传统法律制度中,父亲犯罪,儿子可以代替父亲接受惩罚。① 在这个体系中,家庭被视为自治的道德法律单位,当然也要在社会中享有优先权。这种优先体现在认知秩序(ordo cognescendi)上:理解家庭乃是理解社会的必要条件。此外,家庭的优先还体现在存在秩序(ordo essendi)上,即先有家庭的存在才有社会的存在。家庭成员荣辱与共,生死相依。在儒家看来,绝对论者所鼓吹的、当代西方法律体系所信奉的孤立个体的法律责任,有悖于人类道德生活的基本特征。

如果我们放下一种现代人的偏见,就可以看到,孔子、孟子以及传统儒家都将自己视为反对一种道德威胁,而我们在古代墨家和当代西方的抽象主义、一般主义道德中,都能看到这种道德威胁的成份。这类道德注重的是脱离了家庭关系的个体,道德生活由普遍术语来阐述和解释,并将个体从赋予道德生活以内容的具体关系中剥离出来。结果是家庭本位的取消,孤立的个体生活被还原为肤浅的享乐主义。鉴于欧洲人口增长的停滞,主教 Ratzinger——即现在的教皇 Pope Benedict XVI——和 Marcello Pera 之间的对话的焦点就是欧洲的家庭危机。② 欧洲人不能理解家庭的道德价值和地位,因为这些价值和地位是不能由一般道德原则来推导出来的。家庭视角总是具体的,而非刘所主张的那样一般的、抽象的、无名无姓。当代欧洲的道德观导致了家庭之死。为了克服原子主义和由匿名的一般道德规则造成的失态社会的危险,儒家提倡一种与之完全不同的道德视角,将注重点放在道德的具体性上。

当我们转向考察公共政治领域中时,不仅要意识到在当下中国人的生活转变对于儒家所倡导的家庭生活提出了挑战,而且也必须承认中国的公共和私人生活中的确充斥着无数有害的、无法得到辩护的袒护家人的作法。这些都是道德腐败的实例。但当指出有关道德腐败的问题时,我们不能无视家庭在德性生活中的地位和意义。作为当代中国一大特点

---

① 参阅范忠信,2004。
② 参见 Ratzinger and Pera, 2007。

的道德腐败，并不像刘清平批评的那样源自孔孟的祖护主义。孔孟所主张的祖护是确立在一种德性生活的道德约束之下的进行的。由于篇幅所限，我不能列举出全部的道德约束，但是我已经讨论过的三个方面显然具有启发意义：不可以伙同家庭成员一起做有悖道德的事情，比如怂恿父亲盗窃；不可以滥用职权为其家人谋求超出其能力范围的社会或政治权力；不可干预司法程序为其面临法律指控的危险的家人牟取好处。超出了这些道德约束的徇私就是道德腐败。但在这些约束之内，以儒家的德性生活为目的，刘清平关于家庭祖护的道德忧虑就被消解了。①

本章的看法是，中国需要在儒家道德观的指引下，重建适当的家庭观念以抵制腐败。至少鉴于在西欧和世界其他地方的家庭危机，中国的法律和公共政策应当重新确立儒家关于家庭道德地位的认识。许多政策要重新确立，比如郭齐勇所指出的，司法系统应当允许家庭成员间的容

---

① 在其对"批评的回应"（Liu，2008）中，刘清平论证说三个儒家"腐败"的例子都是道德上有缺陷的，因为它们违背了普遍的道德原则："绝不伤害人，而要有利于人。"他的这一立足于"伤害"的结论是站不住脚的。首先，如果我的父亲偷了一只羊，这种行为确实伤害了羊的主人。但我作为其子选择隐瞒不报，我这一做法并没有伤害羊的主人。而争论的焦点恰恰在于我是否应该隐瞒不报，而不是我的父亲是否应该偷羊（当然不应该）。至于舜封象于有庳，刘清平认为舜的这个任命伤害了有庳的人民，因为这使得象"可以占有有庳人民勤劳创造的财富，而变得尊荣"（Liu，2008，p.308）。然而，荣誉任命是任何社会都不可缺少的，因为它履行某些实权职位所不能或不应当承担的功能。只要刘同意政府收税是合理的——我想他会同意，因为他毕竟不是无政府主义者，那么他就很难论证设立必要的荣誉职位会伤害社会。因此，即使任命不称职的人担任一个实权职位确有可能伤害当地百姓，但是如果只让他担任荣誉职位，就没有这样的危险了，如孟子所言"岂得暴彼民哉？"（《孟子·万章上》）简言之，在这个例子中，关键问题是象是否有资格担任这个荣誉职位（孟子认为有），而不是他是否是一个有德之人（不是）。再次，如果某人的父亲谋杀了另一人，这当然严重伤害了被谋杀对象。但这不能延伸下来说，通过帮助自己父亲逃脱惩罚，这个为人子者也同样伤害了被谋杀的对象。即使这种行为是错误的（儒家并不认为错误），错误的原因也不在于对被谋杀对象的伤害，而在于其他可能的问题。这就是说，刘根本无法基于"伤害"考虑来论证儒家经典三例为腐败，因为伤害无从说起。最后，认为行为主体中立的、不偏不倚的功利主义的行善观必然"客观地"好过所有其他的行善观——例如与行为主体相关的、以家庭为基础的儒家的德性伦理观——是一种天真的想法。刘清平声称，在自己的母亲和一个陌生人同时落水的情况下，如果只能救一个，"那么我可以出于亲亲之爱先救自己的母亲，或者出于彻底的利他主义而先救陌生人，"两者都是道德上合适的（Liu，2008，p.307）。对于儒家而言，刘清平的这种立场与其说是思想麻痹的产物，毋宁说是道德败家子或伪君子的表现。按照儒家的道德观，在这种情况下必须先救自己的母亲。考虑到儒家对人性、人际关系的本质和德性生活的理解，在这种情况下，救自己的母亲不仅是唯一正确的选择，而且是唯一有效的"利人"方式：如果我们无法培育一个人采取行动抢救自己的母亲，那就很难想象我们能够成功地教育一个人采取行动抢救一个陌生人。

隐。① 这种司法改革应区分为三个层次的家庭内部法律豁免权。第一步，免除个人检举其家庭成员的义务，其次禁止在法庭上做此类的证词，最后法律要处罚或惩治控告其家人的人。法律所持的立场在一定程度上应该依不同的具体法律议题而变。例如，对于民事侵权行为和刑事案件的证词应该采用完全不同的处理方式。简言之，当我们试图矫正当代中国社会的各种腐败行为时，采取刘清平的观点将是非常错误的，那样会遮蔽家庭在德性生活的培养和发展中的作用。

---

① Guo, Q., 2007.

七 自由个人主义还是儒家家庭主义？
　　一则辩论对话

导言

　　本章以对话形式讨论儒学家庭主义能否与自由个人主义兼容的问题。对话具体例示了为什么独特的价值结构之间无法轻易融合，并揭示出，纵使不同价值结构对具体事物作出了类同的是非判断，但其背后的基本承诺仍可能有深刻的分歧。本章为下述信念提供了证据：两种不可通约的价值视角仍然可以为日常的交流和共识提供基础，尽管它们无法被统一在某种更一般的、统摄性的观点中。根据这个对话中所展现的论证，我们需要承认，"西方"和"东方"的价值观无法在一个涵括一切的单一价值观中得到通约。

　　在对话中，由贝安鲁①所辩护的自由博士试图以自由主义的声音说服本书作者所辩护的儒家（儒先生）同意这两种立场可能兼容。在评估了儒家社会及个人主义社会各自面临的弊端之后，自由博士认为，这两种观念的结合可能会产生一种能改善儒家道德和自由主义道德的伦理。儒先生反对这种"折中主义"式的结论。在他看来，不同立场的合并会令每种立场丧失作为其基础的核心价值。所谓"自由主义儒家"不过是改头换面的自由主义，而不是真正的儒家。在对话后段，双方思考其对话是否已经成为转化及解释过程的一部分，其中每一方都微妙地转换了它对自身及对方的理解。然而，无论是借助伽达默尔的"对话乃转化"学说还是

---

① Andrew Brennan，澳大利亚 La Trobe 大学哲学系教授、主任。

七 自由个人主义还是儒家家庭主义？一则辩论对话

奎因的"翻译不确定性"学说,双方都不能同意他们的对话能够达到一个融合儒家和自由主义的共同立场。自由博士对他所理解的自由主义能吸收儒学家庭主义而不失其核心承诺这一点仍持谨慎的乐观态度,但儒先生则怀疑不同立场间的"融合"的可能性,尽管他也主张这两种观点之间的相互尊重及和谐交流可能有所裨益。

对话专注于哲学问题,但也使用实际议题,比如中国的包办婚姻和妇女自杀现象,作为例证。它旨在用哲学思考来响应文化或文明冲突问题的当代反思,并揭示在追求全球普适伦理及政治的过程中所遇到的问题。①

场景

某日,儒先生在溪边漫步,邂逅正在垂钓的自由博士。观察片刻后,儒先生与自由博士寒暄起来。他们决定坐下来品尝一下自由博士随身所带的暖水瓶中的香茗。

对话

儒先生:这茶的确令人愉悦,正像遇到博士在此垂钓一样——"有朋自远方来,不亦说乎"。

自由博士:我正在勉力显示钓技,去拙取精。你瞧,即使作为一名自由主义者,我仍愿遵循孔子的某些教诲。

儒先生(咯咯地笑,呛了口茶):有趣! 你若是孔子的好学生就不会无情地批判传统。你所不理解的是,如不诉诸传统,我们就无法维护任何人类价值。正如你尊我为你的长者,你应该尊重悠久的儒家传统中的智慧。

自由博士:事实上我对传统有所信奉。你知道,自由主义的核心价值

---

① 参见 Huntington,1996。我们并非对联合国教科文组织的普遍伦理计划的"普遍人类伦理的抱负"不满,但本章对话鼓励一种对"我们可就普遍伦理的基本原则达成共识"的怀疑论态度。

源自欧洲传统,这种传统将基督教的黄金律与高度尊重个性、自由及尊严结合起来。尽管当前仍然存在着不少伦理和政治分歧(诸如何时可以发动战争,是否应当允许堕胎及安乐死等等),但在所有自由民主国家中,人们对于基本伦理问题都持有大量的共识。

儒先生:你的话部分是对的,部分是错的,我的博士。在形式层面,比如对正义、平等的吁求、维持正当标准的重要性等等,的确存有共识,但在实质层面则毫无共识。无论是在国际、还是国家层次上,都没有共识。甚至在许多所谓自由民主国家内,在区域或地方层次上,也无法达到共识。到处都有对重要的伦理和政治问题持不同意见的人。这是因为,事情的实质取决于人所在的传统,而自由主义只是众多传统之一。

自由博士:当然,持不同意见者无处不在。但这正是自由主义在全球化的世界上得到广泛支持的原因。自由主义承认不同的人可以对何者为善持不同的观点,强调每个人都有权选择自己的生活方式。当然,这并不意味着什么都行,也不意味着善的观念完全是相对的。正如理查德·罗蒂及其他人所指出的,不能混淆多元主义与相对主义的区别。在他看来,哲学多元主义与文化相对主义之间的差异就是宽容的实用主义与不恰当的、愚昧的、不能为正义而拍案而起的失败主义之间的差异。① 自由主义支持多元主义,让儒家与基督教、伊斯兰教和无神论并存,不把自己的标准强加给任何人。

儒先生:需要用宽容的实用方案来解决社会内部的分歧,在这一点上,我们并不存在多大不同。实际上,所有文化都包含着能令社会运作的道德资源:它鼓励某些品格,容忍某些行为,但禁止另外一些东西。请容许我指出你为自由主义多元论所作的一般申辩中存在一个问题:自由主义者认为所有其他道德都是特殊的、地区性的,只有自己的自由主义道德才是普适的、可以理直气壮地凌驾于其他道德之上从而向所有自由主义的和非自由主义的社会一并推销。然而,伦理的实质必须以更本土化的语言而非自由主义的笼统原则来理解,即须考虑到当地人实际的生活方式,诸如儒家社会中的礼。简而言之,我认为自由主义道德也是一种特殊

---

① 罗蒂表达此差别为"务实的合理宽容与无知之愚昧之间差异"。参见 Rorty, 1999, p.276。

道德,其实并没有资源去解决儒家道德与自由主义道德之间的分歧。

自由博士:正如你夸大了实质道德分歧的程度一样,恐怕你也夸大了这个问题。无论如何,你怎能严肃地主张自由主义不能处理伦理分歧呢?你很清楚,众所周知,二十世纪顶尖的自由主义思想家约翰·罗尔斯提出的正义论就允许彼此有深刻分歧的群体共存于公正体系之下。① 不管你将该理论运用于国际层面还是地方层面,它都容许多样性和多元化。② 除此之外,还有什么更好的方法来保障所有个人都能按他或她所选择的宗教、道德或生活方式来生活呢?

儒先生:哈,其实你和我一样,都知道这种理论存在的问题。由于罗尔斯式自由主义不强调任何实质的伦理、宗教或生活方式,最终依赖于考虑价值问题的个人权威,这便无可避免地引致了对一种特殊的、个人主义价值观的强调——促进个人独立、自主和自我实现。这种对独立、自主和自决的强调意味着把自我与有自身传统的、主张共同权威的制度和共同体的分离。如果自由主义被成功地舶给儒家社会的话,儒家社会的基本结构就会解体。在自由主义文化中,人们应该寻找"自身"的价值观并根据"自身"的观点来独立地做出选择。如果一位年轻人与父母商量婚姻大事或向老师请教职业筹划,就会遭人嘲笑。

自由博士:我想,你夸大了自决在自由主义社会中的重要性。欧洲和美国的许多人都就职业、婚姻、就医等问题向其朋友、父母及老师咨询。我记得自己曾请我的老师——在中学和大学——帮忙选择职业。当然,商量、请教不等于服从。自由主义者反对人们屈服于他们不想要的婚姻、被迫参加他们没有兴趣的工作以及接受他们的家庭为其挑选的手术。因此关键是,在鼓励各种咨询的同时,个人应该有权最终做出他或她自己的选择。如果你仅仅因为家庭同意而支持女子行割礼的话——如今还在某些文化中实施——我会感到很奇怪。当然,如果你认为女孩子应该"服从"于这种习俗,那么我的自由主义就比你的儒家学说人道多了。

儒先生:你很策略地提到割礼,而不是缠足——真正的中国例子——

---

① 罗尔斯设想"一个由自由平等的公民所组成的稳定公正社会,尽管他们因持合理但不兼容的宗教、哲学及道德学说而有深刻的分化"(Rawls, 1993, p. XVIII)。
② 罗尔斯宣称其正义理论允许"由民主社会成员确定的多样性理论,及带有冲突甚或不可比较的不同善之观念"(Rawls, 1985, p. 225)。

来阐述你的观点。然而,我认为我们不该挑选一些奇特或偶然的例子来攻击某个传统,因为每个传统都有异乎寻常的事情发生,当你单单挑出某些奇特的例子来攻击其整个德性或合理性时,你就是在以偏概全、甚或曲解这个传统或文化的复杂道德结构及其理性。例如,除了家庭同意或否决的考虑外,缠足在中国的实施还牵涉到美学、社会学及史学的复杂影响。① 更重要的是,即使某些儒家学者不反对(甚至支持)缠足习俗,也不意味着儒家在原则上赞同缠足。② 确实,与自由主义社会中认为个人有决定权相反,儒家认为家庭才**有权**决定其成员的重大问题。但家庭并不是道德标准的权威——道德标准的权威是整个儒家共同体及具有道德标准的传统,无论具体家庭遵循与否。认为只要家庭同意的事情儒家就会支持不过是一种歪曲的想法。

自由博士:好的——我承认我的讨论有点感情用事。事实上,某些澳大利亚自由主义者不反对捕猎袋鼠或大规模地清除本土独特植物,也并不意味着自由主义原则上赞同捕猎袋鼠和毁掉植物。但我很想知道儒家怎样限制家庭决定呢?你认为我们能在什么地方发现儒家传统保护个人免受家庭的伤害呢?事实上,由于——如同众多其他传统一样——儒家是高度等级制的,我想我需要找到儒家能保护个人免受专横男性——无论是父亲、君主、兄长还是师尊——伤害的证据。关键是,像割礼一样,缠足从肉体及精神上对个人造成了伤害。而倘若自由民主制有所主张的话,肯定是承诺保护个人免受这种伤害。

儒先生:稍待片刻,博士先生!首先让我澄清一件事。我认为,儒家是反对缠足的——无论是妇女的自由选择,还是强加的束缚——都要反对。这是因为,从儒家的观点看,缠足是一种不合理的伤害,其伤害的程度绝对压倒了美学的考虑。但自由主义却对此持有完全不同的立场。尽

---

① 缠足习俗的起源可追溯至宋朝(即960—1278)并一直实施至20世纪初。见高洪兴:2007年。在当时,女性通过缠足以令其足部保持细小,一直被广泛认同为女性美的展现,情形就如西方历史上在维多利亚时期女性通过穿着勒紧腰部的"紧身衣"来展现女性美一样。

② 某些儒家学者确实反对缠足。比如新儒家的重要代表人物颐,就是始终反对缠足的。并且即使在他死后,其家族中妇女也不缠足达几代之久。参见高洪兴:2007年,第18页。

管缠足伤害了个人,但只要是妇女自愿选择的,自由主义就不能反对①,如同不能禁止妇女穿有害的高跟鞋一样。根据自由主义原则,个人有权选择任何一种价值或者行为,只要没有妨害他人就行。因此,你真正反对的是小孩父母对其强行缠足,而不是妇女自愿缠足。自由主义者强调的是个人与他人之间谁有权做出道德决定,而非何为好的与差的道德决定。在儒家看来,这种在自我与他人之间的自由主义区分严重歪曲了人类生活的道德性质。根据儒家的理解,人类生活的一个基本事实是人生来就处在既定的关系和角色之中,如父亲、母亲、儿子、女儿、兄弟、姐妹等。人们没有通过任何明确的选择或契约进入了这些角色和关系,它们天然地附属或附加在我们身上——不管我们是否同意——并在我们身上产生了天生的"同情的"(sympathetic)道德义务——不管我们认为它们是否繁重。

自由博士:是的,我可以说我能对此表示认同。如果我们在西方思想中寻找其对应物,我们可以说儒学更接近于休谟,而不是霍布斯。我常常想到孟子和朱熹所发展的一种相当接近休谟观点的道德学说,也即,我们天生就有某种怜悯心、并会通过我与他人——尤其是那些关系和我们最密切的人——的接触而被引发。对儒者而言,修身就是培育这种感情以至于可延伸至家庭之外,产生更普遍的仁爱和利他主义。

儒先生(笑):对头,尽管我不认为你作为一名自由主义者会坚决支持朱熹改写《吕氏乡约》。② 原谅我,博士先生,我也不该感情用事。现在让我们回到我的论述,给定我们不能选择家庭和出身,义务和德性已经在我们天生的环境中出现了。例如,父母应该有父母的天然德性(比如对孩子仁慈),而孩子应该有子女的天然德性(例如孝敬父母)。这就是儒家

---

① 事实上,在当代西方的"女性自主"运动中,一些所谓"当代守旧派艺术家"便因美学及其他的考虑而选择恢复缠足及束腰。参见 2009 年 2 月:
http://foottalk.blogspot.com/2006/04modern-primitives-foot-binding-and.html. 无论这运动是否出于自愿,儒家都不应该支持。

② 儒先生在这里指朱熹的增损《吕氏乡约》。吕氏兄弟的乡约条理地论述了儒家指导乡村生活的规定。朱熹的扩充比原作更加强调等级制,因为它要求乡村首领必须是年长及有教养的人,而且首领的助手同样应该是有教养者。参见 Übelhör,1993。感谢 Harald Bøckman 的建议。

的"正名"原则。① "父"与"子"不仅是生物学上的分类,而且已经意指某种道德位置和相关的责任了。好父亲不仅有生物学上的意义、而且还是指道德意义上像一个好父亲那样行事。

自由博士:对这一点我不确定。毕竟我可以争论"父亲"首先是一个生物学术语,然后我们才可以讨论对父亲的不同道德期许。但是,我也不想为这种简单化的主张及其所依赖的事实-价值的二元区分辩护。② 和你一样,我认为"父亲"这个术语蕴涵着超出生物学范畴的东西,因此我们能够以超越其生物学角色的方式来谈论父亲的责任、抚养及重要性。所以我假定,当我们在讨论"父亲"时,我们讨论的是履行特定道德角色的人,虽然我们很可能对这个道德角色的内容持有不同意见。

儒先生:谢谢。让我们言归正传。不同的文明有不同的哲学人类学,也即对个人在社会中的角色和组成社会的基本单位有不同的观点。这些观点取决于对于人类生活性质的互不兼容的理解。既然儒者认为家庭成员之间的相互依赖、而不是个体的独立才是人类生活的基本需要,那么,人类生活的本性就是家庭本位的、关系式的、而非个人主义的。简言之,儒家将家庭视为社会的基本单元,而自由主义却把个人——并且只有个人——看作构成社会的基本单元。这种形而上学观点上的差别使得他们在关于谁有权作出决定的问题上持有不同的、并且不可通约的道德标准。对儒者来说,虽然个人的兴趣也应该被纳入考虑,但家庭有天然的权利和义务来关心和参与其成员的婚姻安排和职业选择。理想情况下,家庭的价值和个人的兴趣应该融为和谐的统一体。故此,儒者不能接受自我决定的自主或自由为首要价值。相反,他们的首要价值是相互依赖和家庭决定。这一点构成了自由主义者和儒者在伦理政治问题上的基本分歧。

自由博士:非常正确。自律的个人与和谐的家庭是两种基础性的核心观念,分别对应两种关于人类的善的不同叙事。许多不信奉儒学的人也能理解,从一个相互关心、相互支持的家庭中,人们能够获益良多。但另一方面自由主义者也承认,家庭和谐是一种理想,并不是总能实现,或

---

① "子路曰:'卫君待子而为政;子将奚先?'子曰:'必也正名乎!'……名不正,则言不顺;言不顺,则事不成;事不成,则礼乐不兴;礼乐不兴,则刑罚不中;刑罚不中,则民无所措手足。"(《论语·子路》)

② 反对过分强调事实与价值间区分的思考,可参见 Griffin, J., 1996。

者实现它可能会使个体成员付出过高的代价。因此我们需要区分理想与现实,并思考能保护个人不受家庭伤害的最好的伦理和政治机制。某个道德理论家曾说过,我们需要伦理是因为人类状况经常倾向于变糟。儒家和自由主义是防止事物变得太坏的众多尝试中的两种。然而,如果你要我在这两种观点间作选择的话,我会选择最能尊重和保护个人的那种。当你说我们自由主义者将自我决定视为首要价值时,你指的是这个意思吗?

儒先生:是的。然而,我根本不认可自由主义最能保护个人不受伤害的观点。真相是,自由主义的伦理和政治环境也会伤害个人,例如,它不能阻止个人自毁的行为。人不会天生就作出理性选择——要能适当地做事,他们必须接受教育、训练和培养。这正是儒家重视"礼"的原因:通过守礼,家庭教育子女遵守社群普遍接受为好的行为,以成就良好的人生。纵然个人自主看起来像是好事,但其代价经常是减少家庭为其成员做有益之事的自由。在一个理想的自由社会里,人们不期待父母用他们的信仰或价值观来培育他们的子女。相反,他们应该鼓励子女自己选择并设计自己的生活方式——无论它们是什么。[1] 然后子女们会自信地向父母宣布:"我有权做某某事,即便它是错误的!"[2]你注意到我们古代社会中缠足或其他社会中割礼等不幸,但却没有提到你们所谓个人自主社会中的破碎家庭、流浪汉、孤独者、瘾君子、男女乱交、酗酒及暴力等不幸。在行为不端、暴力和吸毒盛行的情况下,许多中学现在已不能有效地发挥教育功能。我的观点是,我们不应该仅仅把这些当作偶然事件,而是要去反省以个人为道德核心的不良后果:由于家庭不再参与其个体成员的决定,以至于它不能有效地协助他们进行适当的修身和发展。

自由博士:稍等,稍等,我的朋友。我想我们应该使我们各自更加明确一些。假设我们都主要关心一个道德核心。作为一名自由主义者,我主要关注个人,个人是不同信仰和欲望的核心,并且被其他类似的核心所包围。对我来说,社会是个人的集合体,在当中每个都具有平等的价值,

---

[1] Buchanan and Brock, 1999, pp.227—228.

[2] 与此同时,孩子也没有义务照顾他们年事已高的父母,因为根据自由主义观点,亲子关系最好是根据自愿而彼此帮助的朋友,而最坏则是建立得糟糕的契约关系,其中并不包括要求赡养年事已高的父母的条款。English, J., 1979, pp.351—356;Daniels, N., 1988.

都有权自我决定、也都有接受教育、参与竞争、迁徙、甚至——只要他们愿意——和自己的家庭决裂的权利。而你主要强调的则是家庭而非个人,家庭是个人出生、接受抚养和教育、并在老弱病残时得到关爱的地方。可是对自由主义者而言,即使家庭可为个人生活提供稳定性,他们也不能苟同家庭当中所形成的等级和威权。故当自由主义者尝试增强个人自主权的时候,儒者便可被视为志在保持家庭的自主权。简而言之,对两种不同道德核心的强调将必然意味着对两种甚为不同的基本原则的支持。这样说更清楚一些了吗?

儒先生:如果我们姑且接受你的出发点的话,那么就是这么回事。这里存在着两种非常不同的自主:个人自主和家庭自主。① 你看,个人自主有它自身的代价。在自由主义国度里,政府并不鼓励家庭防止他们的子女自毁,更别说培育他们。一位美国女士曾告诉我,她现在希望她的父母在她十五岁时阻止她和别人同居,那么她至少可以完成她的中学教育,但现在一切都晚了!在儒家国度里,由于重要的个人问题应该由家庭成员共同决定,故由此所生的家庭压力便可劝阻个人作出自我伤害。然而,自由主义并不承认家庭中的相互依存关系在人类生活中的深度,因此放弃了以家庭来保护个人免受自我伤害的有效方法,而且夸大了要保护个人免受可能的家庭伤害的需要。结果,在现代自由社会中,离婚和单亲家庭的数量一直飙升,这些破碎的家庭反过来更严重地伤害了个人(尤其是儿童),无论是在肉体还是精神层面上。

自由博士:嗯……你在一个重要方面是对的,那就是我们常常只看到其他社会的毛病但对自己社会的问题却视而不见。而且我们所拥护的政治和伦理理论也往往会对它们所引致的不良影响保持沉默。尽管我清楚地意识到儒家可能会压制个人,但我从前还没还意识到有人可能亦认为自由社会可能会压制家庭!由于家庭不是自由主义所强调的道德核心,那么在自由主义对正义、自由及自主的讨论中也不会提及这种压制。但我认为你自己的理论中亦有类似的盲点,由于粗略来说个人并不是儒家的核心,那么个人若在儒家社会中被强制,也是可能被忽略的。考虑到这些盲点,难道我们不应各自去认识在我们各自的视角中什么是被凸显的、

---

① 参阅第3章。

而什么又是被掩盖的？

儒先生：当然应该。但我认为问题并不止于此，也许我们值得首先区分自由主义与儒家的一个基本差异——在我们以上谈话中已触及但未清楚表述出来的一个差异。那就是：自由主义是伦理上的个人主义，它主张只有个人才有最终价值；而儒家则是伦理上的家庭主义，它主张个人与家庭都有最终价值。其中必须注意的是，儒家也重视个人的利益与价值，如个人生活、享乐和喜好的满足等。但与此同时，儒家主张家庭也有其自身价值，如家庭的完整、连续及兴旺。这些价值是整体的家庭利益，无法完全还原为个人生活、享乐和喜好的满足。对儒家而言，个人价值与家庭价值是不该分割的，人们追求的理想状态是家庭价值与个人价值的和谐统一——既满足个人利益又始终如一地实现家庭安康，这正是儒家强调循礼修身、家庭自主的原因。相反，自由主义只考虑个人利益，它将家庭价值仅视为个人利益的总和——相应地，家庭只是以契约为基础的"人工"制度，它的价值是工具性的，故它可以因个人欲望或意愿被重构、修正、分解或拒斥。[①] 与二维的儒家伦理相比，自由主义伦理是片面的、不完整的、和不平衡的。

自由博士：谢谢你的区分。但既然家庭是由个人组成的，作为一名自由主义者，我不能想象家庭有什么可超越个人价值之上的自身价值。如果家庭的完整、连续与兴旺对个人的尊严、自由、平等或幸福有贡献的话，它们当然有利用价值。但如果它们侵犯个人福祉的话，那为何还应该把它们看作价值呢？"个人与家庭价值的和谐统一"听来美妙，但我更有兴趣知道儒家有何具体方案解决两者的紧张和冲突。就结构上的平衡而言，难道自由主义的道德建议——即将社会中的每个人都平等地视为目的、人们相互尊重、和平协商并最终保证自我决定等等——不是一种最好的伦理吗？

儒先生：以个人主义为核心的伦理不可能是平衡的伦理。家庭亦不是个人用契约建立的政治单位。相反，个人的存在及繁荣依赖于家庭的完整、连续及兴旺。自我决定为首要价值的自由政治原则只是在真正平

---

① 感谢 Daniel Bell 建议在对话中明确区分儒家伦理的家庭主义与自由主义伦理的个人主义的价值分歧。

衡的伦理学说衰落后才开始盛行的。当今不断增长的个人不雅行为及破碎家庭与片面鼓吹个人自由、自主及自我决定的自由主义关系密切。自我决定的原则使大众对年轻人自愿的性满足视为等闲事，婚前性行为、婚外情、堕胎、离婚成为家常便饭。例如，挪威目前在《联合国人类发展备忘录》上居于首位，而根据杜蕾斯公司的一项调查，该国也是性解放的先锋。① 不断增加的单亲家庭充斥着整个社会。② 以实践其自由或自主为借口，人们可以轻易地今年喜接连理，明年劳燕分飞，甚至随意地抛家弃子去加入某些稀奇古怪的团体。简而言之，自由主义的自我决定观忽视了家庭的价值，误导个人(尤其是年轻人)满足其本能的心理冲动或幻想而不是培养他们良好的道德习惯。

自由博士：对于婚姻、婚前性关系、单亲家庭，你比我保守。我想我用不着提醒你堕胎和离婚并不只是自由社会的特有现象。我同意，当父母发现自己没有能力制止自己的孩子接触毒品或卷入犯罪时，他们真是柔肠寸断，但法律列明我们的子女一旦成年，我们就不能强迫他们住在家里或跟狐朋狗友绝交，因此你批评我们的政治和法律制度对个人自我决定的强调并不一定能促进个人幸福的观点是正确的。现在让我们停止"交换"批评，不要再讨论衬托彼此文化糟粕的文化弊端，而重新回到哲学主题上来。如你所知，我的论点是，强调保护个人自主的自由主义至少考虑到并非人人都出身于良好环境的事实。自由社会限制家庭支配或伤害其成员的手段，即使有时这种限制阻碍了家庭保护其成员的能力。

儒先生：的确，我们谈论的是两种不同的道德生活方式，每一种都有自己的侧重点。在儒者的道德生活中，其侧重点是一个人应该如何做人的问题是同自己的家庭关系和角色分不开的。但这并不代表儒家主张家

---

① 2004年的《联合国人类发展备忘录》可在线查询 2005年1月的 http://hdr.undp.org/report/global/2004/pdf/hdr04 HPI/pdf，儒先生的言论乃引自 2002年的《杜里克全球性调查》中的报导，文中指出 70%的挪威人承认曾尝试"一夜情"关系——该调查中报导的最高比例。参见 http://durex.com/no/gssContent/asp? intQid = 36&intGSSYear = 02&intMenuOpen = 8（2009年2月访问）。

② 例如，以有15岁以下儿童的家庭来算，澳大利亚在过去20年单亲家庭的比例明显提高。在1986—1988年期间，平均只有14%是单亲家庭，但在1996—1998年期间已上升至20%，至2002—2004年间更达至23%，http://www.abs.gov.au/AUSSTATS/abs@.nsf/Latestproducts/F4B15709EC89CB1ECA25732C002079B2? opendocument（2009年2月访问）。

庭可肆意支配其个人成员:儒家所支持的是家庭决定而非父母决定,且家庭决定并不意味着相关的个人不能发言。例如,思考一下婚姻情况,将婚姻视为父母强逼子女不心甘情愿地娶或嫁是不确切的,因为婚姻通常需要父母与子女的共同认可。儒家的婚礼仪式中便展现了这种要求:根据儒家婚礼,男女双方的家庭须有一连串的交往、交流,到最后新郎必须亲自从新娘的娘家把她接回来。故父母和子女在实践中都有如同现代术语所说的"否决权",父母不应该逼迫子女与不中意的对象结婚,而子女亦不该自由地与父母不能接受的对象结婚。

自由博士:这样说来,你至少是半个自由主义者——你认为父母强迫子女结婚是错误的。

儒先生:不,我是一个地地道道的儒者。我正在陈述中国民间的婚姻模式:倘若一个男孩与女孩恋爱,他们便会回家向父母寻求认可;而父母则会委托一位媒人去另一方的家洽谈这段婚姻,以达成所谓"父母之命,媒妁之言"。因此,一段成功的婚姻正反映出儒家婚礼如何使双方家庭、父母及子女之间达致和谐协调的结果。也许你会称这种模式为包办婚姻,但这并非父母违反子女意愿去强逼他或她结婚。你知道,儒家要求的是**父慈子孝**,以和为贵。如果父母真正践行儒家的德性和礼仪,那么他们就不会强迫自己的子女结婚。同样,假若子女是孝顺的,那么他们也不会未征求父母的同意便结婚,除非是在极为特殊的情况下(如孝子舜"不告而娶"的故事)。即使我们只考虑个人的福祉,并不考虑家庭价值,只要我们认识到个人的幸福需要一段恰当、长久及稳定的婚姻,我们也不该转向激进的自由主义方案:即,以法律赋予所有人自我决定婚姻的权利,剥夺父母的否决权。在反思婚姻问题时,父母往往比子女更成熟、更老练、更能权衡利弊。根据儒家的理解,如果父母不能帮助子女决定并修成一段好姻缘的话,他们就没有称职地履行他们对其子女及整个家庭的责任。儒家这种以家庭为基础的婚姻决策模式能够吸取父母对婚姻的经验和智慧,比激进的自由主义自我决定的模式更为适当和更有裨益。

自由博士:我怀疑你最后的论断是否建基于事实。如果你发现其成本超过收益的话,你会放弃儒家理念吗?你我都知道在历史上儒家一直支持的是一种什么样的社会。例如,在《梁祝》的故事中,如果一个年轻妇女不想嫁给她父母为她挑选的男人,她唯一能做的所谓"否决"便是自杀。理论上,婚姻的决定应该包括双方的协商、共识和双方平等的否决权,这似乎听起来很合理;但在实践中,实行这种理论的社会并无力阻止父母操控子女。在那些广为人知的民间故事中,情人只能在死后团聚,或者一些勇敢的女子对抗父亲的意愿来维护自己的个性,在我看来它们都反映了一些对中国文化的反抗,这种反抗同我主张而你反对的自由主义有共同之处。因此让我们一起尽力去揭示这两种决策模式——自我和家庭——的后果。

儒先生:看来你完全不知道这一现在广为人知的《梁祝》故事是在20世纪时由一帮旨在破除传统的激进中国知识分子所重编的,而他们当时的主旨是反对包办婚姻及展开贫富间的阶级斗争。但在20世纪之前,一个和这个版本截然不同的传统《梁祝》故事早已在中国及其他亚洲国家流传了千年,这个传统版本更能准确地反映中国的婚姻是如何受到儒家思想影响的。在传统的《梁祝》故事中,主角梁山伯与祝英台并没有抗拒民间的儒家家庭婚姻模式,反之,他们视此为完全适当的模式。在原本的故事中,祝英台的父亲并没有强迫女儿嫁给富家公子(其实梁山伯本身也是富家公子);梁山伯与祝英台最终未能结成夫妇的主要原因是梁家未能及时向祝家提亲(这是由于梁山伯本人的迟钝和过失造成的,尽管这一迟钝和过失并不是道德过错)。因此,这一悲剧并不是儒家家庭婚姻模式的悲剧,更不是什么贫富间的阶级斗争。① 它表现的毋宁是人类生活的不可避免的不完美性:即使在一个合理的制度下,一位道德上没有问题的人也可能无法完全避免由于偶然因素而导致的悲剧。在儒家看来,这是人类有限性的表现,是生命的神秘性,是命运的悲剧。直到20世纪以前,中国人一直以现实主义的悲观态度来欣赏这个凄美的传奇:他们感性地接受了有时不幸是不能避免的现实,并安之若命——因最终的结果还有待天意;他们没有天真地相信理性能揭示生命中的所有奥秘,亦不奢望利用革命来建设一个永远消除所有不幸的完美社会,更不会想把儒家的家庭婚姻模式改变为个人自主模式。当然,尽管祝英台的父母不是这样,我并不否认肯定有一些在子女婚姻大事上作出错误判断的父母。但像1919年五四运动后中国激进的知识分子那样,情绪化地把儒家家庭婚姻模式

---

① 关于梁祝传奇的一个出色解释,可参见朱苏力,2003,第1—15页。

妖魔化,则是根本违背史实的。

自由博士:在我看来,你视作因不幸的失误判断而导致的结果其实是道德上的不公正或不公平。当然,正如我刚才指出的,由于家庭是一政治实体,故此既是道德问题,也是政治问题。而且这不仅仅是家庭内部的不正义,历史也证明了这些问题往往会由家庭的层面扩展到国家及国际间的层面。很多在欧洲发生的战争便牵涉到政治阴谋与权力家庭,庞大的生意往往是家庭权力的领域,而中国的不同朝代亦正是家庭权力与影响力的又一例证。① 我同意《梁祝》这故事原本可能比我们西方人所看到的现代版本更加复杂,但我并不认为你以现实或悲观的态度来解释该悲剧,就能避开我们正在讨论的道德难题。你看,自杀曾是——并可能仍是——一种道德抗争的形式,即使在中国 1950 年的《婚姻法》宣布自由结婚之后,大量包办婚姻仍然存在,特别是在农村。虽然中国的妇女只占全世界女性人口的 21%,但 56% 的妇女自杀是发生在中国的。众多的独立研究指出,自杀是女性在男性主导的社会中的抗争方式。② 你和我一样知道这些数字,试问你会怎样评价最近由北京心理危机研究和干预中心及哈佛医学院社会医学系的学者们所提供的详细调查报告:"中国 1955—1999 年的自杀率"③?

儒先生:好,我们逐件事来看一下。首先,我对中国女性自杀率占全球总和的 56% 这个数字的可靠性感到怀疑——我想知道你所提及的学者是如何获得这一数字的。其次,我认为 1950 年《婚姻法》走向了另一个极端:它主张彻底的个人决定。纵然父母支配是错误,但也不意味着完全的自我决定是正确。这两个极端都偏离了我所主张的儒家理想,即明智而审慎的家庭决定,让父母同子女间达成和谐的共识因而彼此都有否决权。至于自杀问题,北京心理危机研究和干预中心的研究员发现农村的自杀率平均比城市高 3 倍,这差异无论是在男女或不同的年龄层都可观察得到,而且农村的老年居民的自杀率更是所调查的国家中最高的。④

---

① Aihwa On 论证说中国家庭与国际关系政治有着不可分割的关系,家庭可被视作多个国家之间谈判的行为主体。On, 1999.
② Lee and Kleinman, 1997;2000.
③ Phillips et al. , 2002a.
④ Ibid. , p.837.

我认为,这一调查结果证明了中国农民在当代中国现代化过程中的悲惨命运。你大概会和这些研究员一样对中国农村如此高的老年人自杀率感到惊讶:"考虑到中国文化中老年人的重要地位,该项发现特别值得注意。"①

自由博士:没错,我对这老年人自杀率如此之高感到惊讶,我认为这可能反映了他们对没有得到期望中的地位和关怀而感到十分难过和失望。然而,我很惊讶听到你抨击那两种极端的理由是它们背离了你的儒家理想,而我认为你那种理想并不可行,事实上也和现行所见有很大的差距。此外,你对第二项的调查结果——即年轻农村妇女(年龄介乎 15—35 岁之间)的自杀率比同龄的农村男子高 66%——又是怎么看的呢?②我认为你并不会想以中国农村妇女地位卑微且没有甚么发展机会来对此作出解释,因为调查已经指出,这并不足以解释中国式自杀的独特性,因为即使许多发展中国家的农村妇女地位同样卑微,但那些国家并没有出现像中国农村这样高的妇女自杀率。

儒先生:如果你想暗示她们的自杀是因为包办婚姻所导致的,那么你定是忘了或者不知道同一调查小组的其他发现。在另一项调查中③,他们对 519 个中国自杀案例(主要是农村居民)进行了调查。④ 研究发现 87% 的农村自杀可归结于经济困难及重病或残疾。可见,显然这些原因比各种家庭冲突——包括你所担心的家庭主导婚姻——更为危险。而且,他们还发现,在年龄介乎 15—34 岁的 108 名自杀妇女中(相信她们当中大部份也是农村妇女)有一小部分的自杀原因与政府的计划生育政策有关。⑤ 综上所述,你难道不该认为自杀是中国农村妇女在当前经济和政治环境下的绝望的反抗吗?但是,如果你仅仅一般地声称它是"妇女在

---

① Phillips et al., 2002a, p.838.
② Ibid., p.837.
③ Phillips et al., 2002b.
④ 在 519 例案件中的普遍发现是:"在自杀的 519 人中,最常见的生计艰难事件是经济困难(44%)和重病或残疾(43%)……48(9%)人在去世前两天曾经和配偶发生过严重的争执,10(2%)人和父母、子女、17(13%)人和亲戚发生过冲突,9 人(2%)曾经丢脸或陷入社交窘境,6 人(1%)曾被配偶殴打。"(Phillips et al., 2002b, pp.1732—1733)
⑤ 17(16%)名妇女因生育和怀孕而生计艰难,"包括不想要的怀孕、超生罚金、堕胎及结扎"(Phillips et al., 2002b, p.1732)。

男性支配的社会中的反抗方式"或者包办婚姻家庭才是症结所在的话,我想你已因你的自由主义理念而产生了偏见。

自由博士:我想诉诸统计数据未必能够解决我们的争论。我认为,关键点仍然是,即使87%的自杀归结于疾病、残疾及"经济困难",这也没有解释男性低自杀率和女性高自杀率的差异。如果你一定要我为此给出一个理由的话,我认为中国农村妇女是当代中国政治和传统儒家价值的张力下的牺牲品,计划生育的问题正可以说明这种张力。传统的父权制价值观迫使妇女为其家庭生育更多的小孩,尤其是儿子,但政府的政策让她们在头胎之后就节育。冲突的义务所引发的恐惧并不能显示传统价值观是好的。你不能否定,儒家价值观是父权制的并因此在过去和现在都在一定程度上支持对妇女的不公正待遇。

儒先生:我承认,当有可能涉及到如此多的因素时,你和我都不可能全面解释为何农村女性的自杀率比男性高的原因。我们刚提及的那些研究者也都谨慎地没有做出解释。而且,我也不认为你的"张力"说能解决这个问题。如果妇女是当代中国政治和传统儒家价值之间的张力的牺牲品的话,那么男人也是如此。所有了解情况的人都明白,丈夫承受着和妻子一样多——如果不是更多——的压力:妻子面临强制结扎的危险①,但丈夫亦须承受所有与这个问题有关的政治、家庭与经济责任。这是因为,在你所称的儒家"父权"价值观中,丈夫是被视为负责所有家庭事务的一家之主。

自由博士:没错,事实上,我会把这样的价值观称为"父权政体",因它对妇女的论述寥寥可数,尽管孔子曾经称赞了敬姜对礼的认识。② 而且我得提醒你不要忘了那种明显厌恶妇女的言论:"唯女子与小人为难养也"(《论语·阳货》)。最具影响力的新儒家学者之一程颐曾评论道,寡妇不可再嫁,哪怕她们会饿死。他认为"饿死事极小,失节事极大"(《程氏遗书·卷二十二》)。显然这个观念只对处于父权制社会中的人才有

---

① 虽然国家政策中绝对没有强制结扎的要求,但是不容否认的是,在具体的实践中,特别是在农村,确实存在强迫的现象。

② "公父穆伯之丧,敬姜昼哭,文伯之丧,昼夜哭,孔子曰:'季氏之妇,可谓知礼矣。爱而无上下有章。'"(《孔子家语·卷第十》)

意义。

儒先生：我不会否认儒家价值观是父权制的，我不认为父权制本身有什么不妥，关键是什么样的父权制！即使像你这样的自由主义者也能看到父亲对家庭福祉负起主要责任所缔造的家庭秩序及其带来的裨益。我想你不会建议废除姓氏吧？你也不想以掷硬币的方式来决定你孩子的姓吧？认为家庭秩序——儒家父权制的核心——必然暗示了男女之间人格尊严的等级区别是一种误解。儒家主张的是丈夫与妻子虽然处于不同的家庭地位上，但他们拥有同等的道德尊严。对于你从《论语》摘录的句子，一项仔细的研究已经表明，孔子所指的"女子"在当时是指女仆（maid）而非一般妇女，因此该句的正确翻译应该是"唯女仆与小人为难养也。"① 在寡妇再嫁的问题上，程颐做了错误的判断。他认为寡妇再嫁就会失节，这是错误的想法。但他认为道德尊严比肉体生存更重要却绝非什么奇思怪想，你该非常清楚，至少大多数非功利主义的道德体系都持类似观点。无论怎样，孔子从未认为寡妇不该再嫁。

自由博士：非常有趣！你承认了事实上儒家价值观是父权制的，即使你早前坚持儒家理想是你所称的"家庭决定"。让我们不要因讨论某句格言的确切意义或它们在《论语》中所处的背景而分神。② 我比较关心的是整个儒家道德系统如何对待妇女和儿童的问题。你还没有回答我早前的问题，即儒家任何能够保护儿童免受家长的伤害，或者妻子免受丈夫的伤害。

儒先生：我并不认为儒家的父权制与家庭决定之间存在矛盾，儒家家庭父权制将祖父或父亲视为一家之主，他们应该有德性、承担责任、并照顾家庭内每个成员的福祉，但这并不意味着他有权将自己的决定强加于每个成员身上。相反，儒家的家庭礼仪指导着包括一家之主在内的每一个家庭成员如何达致和谐一致的共识。在不能达成共识的情况下，每个人（包括妇女和儿童）皆可求助于不同的正规或民间"诉求"制度：从家庭

---

① Li, C., 2000, pp. 3—4.
② 有些学者曾经指出，《论语》很可能包含孔子核心言论及后人增补的东西，这些增补的东西可能反映了非常不同于孔子自己政治理解与道德理解的内容。"唯女子与小人为难养也"可能就属于这类增补。参见 Brooks, E. B., and Brooks, A. T., 1998。儒家传统与其他传统一样，是"依据不同环境和时代来解释同一个文本而许多个人努力的汇集"（Ivanhoe, 2002, p. 129）。

的祖父母到家族的曾祖父母到祖庙会议、以至村里某个声名卓著的儒家学者的调解、乃至整个村庄会议、一直到由政府设立的衙门。正如我刚才提到的,儒家有机制来确认私人生活的伦理意义,它并不会以"自我完善"之名而任由事情发生。这些机制也许未能满足罗蒂所主张的民主决策理念,但它可确保在家庭中发生的事情也会受到道德审视,而不只是旁人无从置喙的"私人"事务。对儒者而言,伦理并不会在个人独处时消失。①

自由博士:这在理论上或许行得通,你也一如既往地以理想、常规及原则来回答我对现实问题的关注。但我仍然认为,儒家的道德结构在过往确曾逼使人们生活在本质上不对称、不平等及等级制的人伦关系中。进一步举例,想想君为臣纲、父为子纲、夫为妻纲的所谓"三纲",即使它最初是由法家所提出的,我想你不会否认三纲是儒家传统中的重要成分吧?无论如何,三纲的威权主义已支配了中国社会两千多年。现在你面临的是一个两难选择:如果你把三纲理论从儒家传统中剔除,那你还怎么能维持儒家伦理的逻辑性?但如果你为三纲辩护的话,那你又怎么能把妇女和儿童视为儒家家庭中的平等成员?

儒先生:我当然不会否认部份儒家原则及礼仪在中国历史中曾被曲解、误用甚至滥用,如在宋朝后对寡妇改嫁的限制。任何国家的历史都不是非白即黑。但我们的主要争论不正是一个关于原则或理想的争论吗——人生该由"个人决定"还是"家庭决定"?而且,我想你误解了所谓"三纲"在儒家学说里的本质意义。你太狭隘地解读它们,忘了它们是在中国社会生产力低下和资源匮乏时提出来的。但无论过去的"三纲"是否是一个为适应环境不得已而为之的情况、还是无可避免的道德滥用的事例,都不会影响我们正在讨论的问题的实质。唯一需要指出的是,"三纲"应该被理解成维系社会的基本维度。它们是核心的社会关系,这些关系将人们维系在以责任和德性为特征的网络和机制之中。将它们解释成必然牵涉到人格尊严的等级或必然支持人格不平等无疑是错误的。相反,三纲代表一系列最重要的关系(政府与公民、丈夫与妻子、父母与子

---

① 儒先生此时所想到的是《大学》所云的"君子必慎其独",相反,"小人闲居为不善,无所不至"。

女），这些关系构成了人类繁荣的必经之路。如果你不能看到社会结构中这些环节的重要性，那倒是一个严重问题。自由主义个人主义不能充分认识到个人实质上是相互依赖的家庭和相互关联的社会的一份子，结果就是我们前面提到的人与人之间的疏离和社会的混乱。难道你不承认，以家庭为中心的社会结构的削弱（即使不是崩溃）会令个人和家庭付出巨大代价吗？

自由博士：非常聪明的回答，我的朋友，但你仍然回避了问题。三纲的核心是权力或权威关系，但你现在却轻描淡写地认为它们不过是维系社会的基本关系。鱼和熊掌不可兼得。

儒先生：将三纲解释为权力关系，是法家的学说，如韩非子。过去的专制皇帝为其自私的利益而采用了他们的解释。我不否定，儒家三纲学说在历史上曾被法家观点歪曲了。例如，某些儒者对三纲的解释并未能与法家的解释明确区别开来，当中包括著名汉儒董仲舒。① 我认为儒家的三纲必须以正确的儒家观点来重构，这个观点须能在人生应该追求的善的问题上提供最完整、最不单向及最有力度的儒家反思。儒家三纲的真正意义在于它不仅仅是对于个人幸福而言不可缺少的手段，而且是每个个体都应该追求的内在价值。它们指示我们应该过何种生活以及应该成为怎样的人。例如，由于夫妻关系是三纲的一部分，一个人不应该独身，一对夫妇不应该不要孩子；而且，即使生物科技将来有能力制造出同性恋、双性恋或中性恋的个体，儒家认为这样做也是道德上错误的。

自由博士：我相信我们不仅处于不同的道德社团中——家庭正是这种社团的明显例子——而且我还承认我们的所思所想依赖于把我们维系在一起的社会、道德及理智共同体的存在。② 同时，我也担心过度的个人

---

① 对董仲舒著作的仔细研读会揭露出对三纲的两种不同解释：一种是根据权力或权威关系，另一种是对于人类繁荣至关重要的平等的补充关系。两种解释以他的阴阳理论为基础。前一种解释包含了不平等的人格等级关系：君为臣纲，父为子纲，夫为妻纲。但后一种解释则不包含人格尊严等级或不平等的人身约定。君与臣，夫与妻，父与子间平等的道德价值相互补充形成对人类繁荣至关重要的核心人际关系。参见董仲舒的《春秋繁露·基义》。儒先生认为董氏的后一种解释是正确的。

② 关于社会整体论（"social holism"）参见 Pettit, 1993。追随麦金太尔，Jeff Malpas 论证说，个人生活的统一和内容可以包括他人和他物的更广阔的空间为前提，在这个更大的空间中人生的叙事才能得以定位。参见 Malpas, 1999, ch. 3。

主义会威胁到社会及家庭关系。现在,通过承认这几点,以及之前我对你做出的一些让步,在我看来,我已经算得上是你在对话开始时所描述的保持灵活和妥协的态度之人了。但我的观点一直并仍然是以自由个人主义的基本理念为依据的。难道现在你不应该以我为榜样,也展现一些灵活性吗?为何不承认自由主义能在一定程度上和儒家结合,而且我们也可因此而铸造一种融合彼此、成功建立在两种哲学优点之上的伦理呢?

儒先生:问题是你并不打算做真正的妥协;相反,你只是想借用儒家的基本洞见——人类是在以表达社交联系、德性、责任及礼的社会网络中得以维持及完善的生物,用儒家家庭主义作为治疗自由社会疾病的一剂新药。更糟糕的是,一旦你借用了儒家思想的这些要素,你就会以个人权利或自由的名义来转而宣扬自由主义传统中的多元主义宽容性及丰富性——在我看来,这就是当今所谓的"全球伦理"的真正策略。[①] 但我认为这不是一种真正的妥协,而是一种温和而狡猾的文化帝国主义,因为它并不想真正维护儒家所最关心的家庭、德性及礼仪。即使主流的自由主义吸收了三纲和社会整体论,这也不代表他们会视家庭为伦理的核心或察觉到个人并非道德价值的全权决定者。

自由博士:我已经指出,三纲的威权主义不适合我所信奉的自由主义,所以我必须驳回你所声称的文化帝国主义!而且,许多儒者比你更灵活及多元。你了解当代新儒家的著作,他们无畏地挑战从前的封建制度及当代的马克思主义,并尝试重构与自由主义伦理不相抵触的儒家伦理。事实上,他们认为自由及民主等自由主义价值乃是儒家必须拥护的最终社会理想。想想他们关于儒家"内圣外王"学说的主要观点,他们所不遗余力地从儒家的内在德性发展出来的所谓"新外王",其实无非就是自由民主制![②] 他们的问题已不再是儒学是否应该抵制自由个人主义及民主的基本理念,而是儒家传统如何能产生并采用这些理念去建立一种现代政体,在其中儒家的某些道德关怀——比如家庭价值——经过拣选之后仍能以某种方式发挥积极作用。

---

① 例如,Peter Singer 认为偏袒家庭成员类似于种族歧视,他建议说"我们应该教育我们的孩子知道别人比我们有更大的需要,认识到若我们减少在家庭里的不必要开支,我们便有可能去帮助他们"(Singer,2002,p.180)。

② 关于这方面的最有影响力的新儒家著作,参见牟宗三,1985,1987,1988。

儒先生:我对你提及的当代新儒家深怀敬意与同情,他们是在极端敌视儒家(尤其是中国大陆)的 20 世纪竭力发展儒家传统。然而,他们并没有洞悉儒家与自由主义是不可通约的:假若根据自由主义主要关心的东西(如自由和民主)来重塑儒家的核心承诺(如仁与礼),那么儒家所建议的生活方式将会被彻底地改变。儒家个人的本质扎根于家庭成员间的相互依存、三纲、礼及和谐等价值,而非个人独立、平等、权利或自我决定等价值。概而言之,新儒家学者在试图调和儒家关怀与自由主义价值时,已经从本质上贬低甚至歪曲了以礼为基础及以家庭为导向的儒家人格。① 我希望你会同情近来一些对当代新儒家的有力批评:不应当离开儒家具体礼仪而抽象地表述儒家伦理原则;同样,儒家政治学也应该首先和主要依靠自身的资源来发展。

自由博士:我对你这般为儒家传统辩护感到惊奇。依我所见,你所担心的是,如果我们从人人自由和平等的自由主义观念出发,然后再把儒家洞见加到这幅图景之上,那么我们并没有以这种方式真正调和这两种观念。毋宁说,自由主义只是为了解决自由社会现今面临的问题而盗用儒家的资源罢了。另一方面,你说如果我们将家庭和三纲作为伦理思想的核心,那我们就会清楚地看到为何人际疏离与社会混乱成了自由主义、个人主义社会的标志。以此类推,如果儒家思想家现在修改某些传统理论(例如赋予子女选择自己的生活方式和婚姻的权利),这种努力也并不会产生自由主义和儒家思想之间的真正和谐,只会产生一种新立场,该立场不再实践及持有儒家对仁、家庭及和谐的神圣承诺。看起来只要我们继续预设我们在研究两种甚为不同的道德观之间的冲突——一方将自我决定的个人看作是一个道德多元的世界的中心,而另一方则将家庭置于已建立好的礼仪世界的中心——我们便面对着一个没有出路的僵局。这是否正确地表达了你的担忧?

儒先生:好像正是如此,但我觉得我们或许可以给我们各自的立场以更复杂、更精细的表述,使它们免于简单的相互对立。你已承认,自由主义传统在很多方面能理解儒家式的关系境遇中的道德主体;我也乐意同

---

① 关于对当代新儒家忽视儒家礼仪本质的批评,可以参见陈其泰、郭伟川、周少川(编),1998 年,第 3 页。对当代新儒家忽视或歪曲政治儒学本质的批判,见蒋庆:2003 年。

意,子女有你所称的反抗父母选择的"权利"。但我们绝不能想象我们两个传统可以就此融合。回顾历史可见,两个传统一开始所强调的价值观及基本信念就是异质的和不能通约的。例如,当亚里士多德将有德的人看成自爱的人(他爱朋友是因为朋友是另一个他的自我)时,孔子将君子视为爱亲人的人——个人的修身本质上包含着对他人的关心以及履行合乎其身份的责任及礼仪。① 我们都承认,道德境遇是复杂的,它们涉及不同的礼仪、利益及冲突;儒者并不认为家庭是唯一重要的东西,自由主义者也并非完全不关心自己的家人。即使如此,我们双方传统在思考及对待个人及家庭时仍然肇始于不同的出发点并持有不相容的价值观、侧重点及核心承诺。

自由博士:你是对的,我们的讨论确已达到可以超越简化立场的程度,我们双方也不希望把所有的道德考虑都还原为仅仅与个人相关、或仅仅与家庭有关的事情。看看不同的理论家——比如 Michael Walzer 和 David Miller②——在资源该如何在一个社会内分配或一个社会该在多大程度关心其他社会的人等问题上有多大分歧,我们就会明白自由主义者之间的分歧可能并不比你我之间的分歧来得小。事实上,作为一个自由主义者,我也了解个人是处于家庭和社会环境中的;而作为儒者,你也能意识到家庭是由个人组成的,正如城镇和社区是由家庭组成的一样。而且我相信,我们还有一个重要发现——每一种传统都可以在不丧失自身的同时借鉴对方。在对话中,我们彼此都指出了对方价值取向中的一些不良的地方及极端的例子。譬如,过分强调个人主义会导致自私、自我伤害及各种放纵行为;过分着重家庭在塑造个人生活中的作用就会导致压迫、疏离及自我牺牲。这难道不表明,每一种传统都可以作为对方的一面镜子,迫使它反思自身传统中的优点和缺点吗?

儒先生:这是一个出色的比喻,博士先生。但每一传统都有其自身的

---

① 关于对亚里士多德和儒家的爱及人际关系观念的比较研究,参阅第5章。也可参见 Tao and Brennan, 2003。

② 例如,Walzer 认为我们对于那些生活在和我们不同的社会中的人们仅仅有很小的责任,Miller 则认为我们对其他社会中的人们具有实质性义务。但两者都不认为消除所有经济和社会上的不平等的主张具有道德正当性。参见 Walzer, 1983, ch. 3。并比较 Miller, 1999, pp. 193—197。

出发点及自己的价值观念,就像一面镜子永远不能反映事物的所有面相一样,一个传统也可能无法完全理解另一个传统的所有方面。对我而言,你的比喻的寓意在于,通过观察另一个传统,我们能更清楚地发现我们自身传统的独一无二的身份及特征。正如人们所说,只有在异邦生活一段时间之后,一个人才可能真正了解自己的祖国。若将儒家置于自由主义伦理的范围以内来"现代化"它的话,这只会毁了儒家。同样,如果我将家庭价值及境遇化的个人概念置于自由主义道德图景的核心,那么这种被儒家思想"殖民"后的思想图景也就不再是自由主义的了——因为在这种图景中,人们会发现自己已经处在一个关系网络世界之中了,它既构成个体行为的起点,也构成其限制。但根据自由主义理念,这种限制是不可容忍的。换言之,要成为真正儒家化,这种新体系必须承认理性的人不仅是可以达成关系的,而且是"已经在关系之中"[1],特别是在家庭关系之中,也即,家庭具有超越个人优点之上的自身内在价值。因此,我仍然坚持我早前的主张:儒家不可能一方面接受自由主义定义下的自由或自我决定为首要价值,而另一方面仍保持其作为一个独特道德传统的自身同一性。

自由博士:恐怕你太执着于绝对理念了,这些理念与实践中的实际情形相去甚远。你并不必摆出如此本质主义的面孔来为儒家辩护。我认为,所有传统都在演变,实际上你我都正在参与我们自身传统的演变。关于对话,记着伽达默尔说过,在任何交流中,双方都不再如昔。[2] 我们对话的出发点确实不同,你从一种价值观出发,我从另一种出发,但我们一直用"个人"、"父母"、"伤害"、"正当"以及其他术语来交流,而我们无疑透过了解这些术语在我们的语言中的关系及异同来得知其意义。因此我们就像以两种不同方言来交流的人一样,希望我们的两种世界观中有足够的重叠使我们能真正交流。同时,我们彼此也有一些理解是依赖于我们自己的价值与信仰体系——比如对个性、父母-子女关系等的理解,因此我们面临翻译的问题……

儒先生:哈——原谅我打断你——但此乃要点所在。我一直也担心

---

[1] Chan, J., 1999, pp.212—237.
[2] Gadamer, 1992, p.378.

在跨传统的对话中翻译会带来极大的损失！难道你不认为我们就如奎因所描述的处在"极端翻译"的情境中的语言学家吗？因此纵然我们的意见一致——比如反对缠足——但我们用来表达我们一致意见的那些术语却无法在对方语言内找到确定的对应词,也即我们无法毫无损失地在两种语言之间实现转换。① 这就是为何在我们早前的对话中都接受"父"或"子"等术语有多于生物学的意义,但在理解与这些术语有关的角色内容时却陷入分歧。然而正是通过对这些角色的理解,儒家表明什么是人类生活中有价值及最重要的事情。换句话说,儒家可以被视为一种理论,其中诸如父、子、夫、妻、智、孝、仁、修身等概念之间有着复杂而本质的关系。虽然每个概念或表达它们的术语也会在你的理论中出现,但它们在你的理论中所处的地位与相互关系却迥异于它们在我的理论中所显现的。两种理论刻画出了两种不同的道德图景。正如维特根斯坦指出,概念的意义是由语法所决定的,语法包含着这些概念在既定的场景中如何运用的所有规则。而语法与社群的共同生活方式处于相互规定的关系中。② 因此,在我们的对话中,某些表面一致的命题实际上遮蔽了概念结构(即一套信仰与意义的网络)中的深层分歧,而我们只有从这种深层的结构出发才能充分领会每个命题的意义。

自由博士:这当然是对的。但我的朋友你也该考虑到这一点,既然我们正在努力交流并试图弄清彼此的意思,那么不管在翻译中存在多少理论上的不确定,我们在对话中还是能对我们所采用的概念的意义达致共识。我认为这就是伽达默尔所说的对话意味着转化的意思。之前你说自由主义没有能够真正处理儒家与自由主义立场分歧的资源,但我认为我俩现在可以同意,这一整个关于传统的资源及传统的自身同一性问题本身亦受制于你提到的不确定性。建设性对话犹如成功的舞蹈,舞伴不会踩到对方的脚。相反,每个舞伴要适应对方的舞步,要给以对方以活动的

---

① 奎因用一篇关于所有翻译不确定性的论文提出了这种观点,参见 Quine, 1960, ch. 2。儒先生暗示对可以称之为"道德观察语句"的东西的共识仍为道德术语的翻译留下不确定的空间。

② "语法表达本质"(Wittgenstein, 1963, para. 371)。维特根斯坦更明确指出,"[人类]在他们如何使用语言方面达成共识。这与其说是意见上的共识,不如说是生活方式的共识"(para. 241)。

空间,以达到动作上的协调一致。当我们能如舞伴一样去沟通,那我们之间便能有相向性的互动,而不是彼此掣肘。这样,我们将一同创造而不是彼此压制。

儒先生:我明白你想引向何种结论,但我——在你眼里或许是一个"不知变通的保守主义者"——倾向于应用一个不同的比喻。如你所知,儒家认为舞蹈本是一种礼仪活动,它代表着一个传统对于生命的意义、人神关系以及文明之本的理解。不同文化具有不同的礼仪,你无法发展出一套共同的礼仪能涵盖两个传统内所有的固有礼仪而无所丢失。只是"不会踩到舞伴的脚"绝不足以构成真正成功的舞蹈。作为澳大利亚籍的自由主义者,如你曾参加澳大利亚土著人的舞蹈,恐怕你没有在真正的意义上成功。你只是在娱乐而已,并不是在真正舞蹈,因为你没有土著人的基本信念、情感或习以为常的承诺和交流。在我看来,我们的跨传统对话更像双方奏乐者彼此回应的一系列音乐变奏。持续表演(对话)的可能性意味着我们彼此呼应,但同时我们也保持自己的独特性(让我们自己的声音保持为可辨识的——这一事实表明我们各自有自己的基调(或主题)。儒家的价值结构是乐章中的一种声音,而自由主义是另一种。你真的认为这一对话可以改变儒家对我的意义或自由主义对你的意义吗?这真是你所想的吗?

自由博士:你说的也许是对的。并非所有对话都必然包含转化,有些不过是聋子对话,而许多对话也不像我们这般彼此尊重且相互合作。更糟的是,并非所有对话都有意避免支配。在我看来,你对那些认为他们的观点能容纳其他所有观点的自由主义者的怀疑是合理的。尽管我们可以用"价值结构"(value configurations)来思索我们彼此的传统,但这种说话方式可能令人误解——它隐含着每一方都停滞及僵化。但是,我们俩都清楚,儒家和自由主义内都有其异读,每一种传统都不但要面临外部挑战而且也要面临内部挑战。你刚才引用奎因的不确定性理论令我质疑哪个道德传统的核心价值能得到充分的界定,正如奎因曾说:"翻译的不确定性始于自身"。[①] 你我今天进行的这类对话对传统的演变、对传统价值的再解释有所贡献,甚至有助于阐明某些一直没有得到解决的难题。也许

---

① Quine, 1969, p.46.

我们的某些争论的性质如下：试图理解责任、纲常、价值——理解在我们各自的传统内还有什么东西有待进一步解释、修改及协商。父亲道德角色的意见分歧正是这样一种性质的争论，在其中我们都试图理解父亲或家长这个身份在道德上的意义。

儒先生：我想，在批判"停滞"或"守旧"的观点时，你夸大了一个道德传统里的可变因素。道德传统固然在发展，但不应当被理解为其核心价值是不确定的。或许正如你所说，即使使用本土语言，道德体系的核心价值也没有办法得到充分定义。也许，正是由于道德行为的特质以及人类表达能力的缺陷，核心价值将永远无法通过彻底的概念化及公式化来表达为毫无歧义的一般原则。例如，即使儒者一致同意"仁"乃是儒家传统的核心价值，但是它该被如何界定却必定引起争议——它该以"爱"还是"礼"为原则？抑或两者皆是？关系如何？但无论如何，即使这样的分歧存在于每一个道德传统中，其核心价值仍然会在该传统中被体现及实践着——在人们现实的生活方式中，特别是通过共同履行的实践，如儒家的礼——只要这个传统还活着。亦即，核心价值纵然不能在理论中被确定，它也会在实践中被体现。我想强调的是，就将一个传统与其他传统区别开来而言，实践往往比理论更有说服力。对儒者而言，礼仪已妥善地界定了父亲在家庭中必须承担的道德角色，它不能亦不该在一个简单的对话中被转变。

自由博士：你是否想说，虽然核心价值在理论上不能被确定，但在实践中却是确定的？依我看来，它们在实践中亦不能被确定。你很清楚当代社会中的儒家是如何以各不相同的方式"实践"儒家的。我们所面对的是双重争议——儒家与非儒家之间的争议及儒家之间的争议。你为何只强调传统之间的争议而漠视传统之内的争议呢？难道一个传统从另一传统对其的挑战中获得学习的机会——一如它面对来自其传统内的挑战及问题时所做的那样——并由此尝试转变、改善及发展自身，不是一件很合理及有益的事情吗？

儒先生：我并不否认传统间可以互相学习，但你还不能说服我通过本次对话我们能同时重新阐释儒家与自由主义。尽管如此，我打算承认的是，你对儒家父母支配子女婚姻的自由主义批判确实驱使像我一样的儒者重新思考儒家所提倡的德，如"仁"及"和"的意义，以及儒家关于婚姻安排的礼仪。在面临这个挑战时,我并没有变成一个自由主义者。相反,我仍然在我自己的价值结构之中,并思考该结构是否容许我们得出结论说儒家传统真正支持的是家庭决定而非父母操控。我们不该漠视传统内的争议,但置身于一个传统之中的人会以一套习以为常的行为或程序来解决他们的争议,这和解决传统间争议的程序是很不一样的。关键是,所有反思(如我们的对话试图激起的反思)都以对一个传统的核心价值的重构工作为基础。所谓的"反思"不应该以淡化或阉割该传统的基本道德承诺为代价。以"普遍"或"普世"的名义将自由主义的道德架构强加于人,这不仅在理论上缺乏根据,并且在实践上是帝国主义。

自由博士:我还是认为在我们的对话中既有共识,也有分歧。就像你不会号称儒家的仁义原则是普适的一样,我也不再有兴趣宣称我的自由个人主义是普适的。正如伽达默尔的对话概念所提示的,我认为我们今日的相逢或已改造了我们彼此,时间与反思会证明这一点。而我们今日的对话无疑会引导我再度反思自己的价值并思考如何诠释它以回应你的挑战。这样的不确定性本身不是一件坏事。我的朋友,这样想吧,如果有足够像今天这样富有创造性的对话,谁知道它们会对我们所属的传统产生怎样的影响呢?它们可能以走向更大分裂的方式演变,但也可能激发我们目前不能预见的某些新理解和新阐释。但至少我们今天也达成了一些共识。

儒先生:是的,我们的首要共识是在人类的基本价值观方面没有共识:儒家家庭主义针对自由个人主义;第二个共识是,跨传统对话中任何一方都不该以"普世伦理"之名来支配另一方;最后,我们都认同友善的对话能促进双方反思自身立场及修正自身的论证。这些都是重大的成就。但是,如果你推测有朝一日我们的两种不同立场可能融合为一种超越儒家与自由主义的对立的统一立场,我可不能把它当真。儒家传统以听从天命为己任,其通过践礼及修身来过本真的家庭生活的主张是不可亦不该被改变的。一个传统的发展是重构而非改变其核心价值。重构是必需的,因为传统中的核心价值往往没有得到充分的诠释、遭到种种误解、扭曲甚或歪曲——这些磨难儒家传统在历史上都经历过。但重构并不是改变,因为如果一个传统的核心价值被改变了,那么该传统也就终结了。然而我同意自由主义与儒家的观点可以进行更多能够避免彼此相掣的交流。我希望我们能在反思了今日的讨论之后再度相逢,看看我们能否在这些问题上更上一层楼。这实在是一次有趣的邂逅,你我在唇枪舌剑中尝试相互理解,乐莫大焉!

自由博士:老朋友,我同意。和而不同,乐不可言。我们能在不同的意见中达到一些共识,实在可喜。或许下次,你可以带点茶,而我能多钓点鱼,我们甚至可以一起吃顿饭。

儒先生:我们将肯定继续我们之仁——亦即乐——的努力。曾记否,孔夫子说过,"人而不仁,如乐何?"(《论语·八佾》)

第二部分
有德的生活方式：社会正义的儒家探索

"百姓足,君孰与不足？百姓不足,君孰与足？"

(《论语·颜渊》)

"民之为道也,有恒产者有恒心,无恒产者无恒心。"

(《孟子·滕文公上》)

"老者安之、朋友信之、少者怀之。"

(《论语·公治长》)

八 权利还是德性？儒家道德的重构

一、导言

当前学界有一种倾向，就是试图将西方人权和平等的主张读进（read into）儒家的道德理论当中。这是一种建构亚洲生命伦理学的适当方式吗？本章试图提出这一问题，并从当代东方生命伦理学已有文献中挑出四篇具有代表性的论文作为分析的对象。一方面，陶黎宝华[1]和许志伟[2]各自的论文提出儒家思想是从关系的角度来理解人，指出这对生命医学实践的意义所在，并与西方个人主义关于人的看法所形成的鲜明对比。而且，坂本百代[3]简要指出，亚洲的生命伦理学立足于亚洲独特文化观和道德观，因此在背景方面，亚洲的生命伦理学与西方生命伦理学存在着根本差别。另一方面，在批判性地考察了儒家基于德性的人性观之后，叶保强[4]认为它不能解决生命伦理学的问题，因为它缺乏关于个体权利的相关理论。陶黎宝华、许志伟、坂本百代三位学者的论文与叶保强的论文，分别代表了亚洲生命伦理学的两种性质迥异的研究进路。就陶黎宝华、许志伟、坂本百代而言，生命伦理学建基于亚洲文化、宗教和道德，尤其是儒家思想，因此，立足于亚洲文化背景对生命伦理学进行解释比现代西方个体主义道德对生命伦理学的解释更为充分。然而就叶保强而言，以权利为导向的生命伦理学必须被视为亚洲生命伦理学的核心，因为在他看

---

[1] Tao, 2004.
[2] Hui, 2004.
[3] Sakamoto, 2004.
[4] Ip, 2004.

来,亚洲的道德观,尤其是儒学思想,没有认真思考个体权利的问题,因而在根本上是有缺陷的。

本章将首先引用陶黎宝华、许志伟和坂本百代的相关论证来说明为何以权利为基础的生命伦理学并不是解决亚洲生命伦理学问题的灵丹妙药,然后,为了回应叶保强的相关思考和论证,将提出以德性为基础的儒家人格概念,以为解决生命伦理学问题提供思路。进而,我将比较自由主义的平等权利理论和儒家"不平等的"德性理论以及它们各自的基础原则。最后,在结论部分,我将讨论重构主义儒学和重构主义生命伦理学解决生命伦理学问题的一般方法问题。

二、权利是一个自足的概念吗?

现代社会中,权利这个概念正在被滥用。受现代西方以权利为基础的个人主义自由理论的影响,许多权利已被"创造"出来,仿佛成了解决任何社会或伦理问题的灵丹妙药。我们看到权利的种类持续增加,不仅被赋予特殊的人类个体,例如"妇女权利"、"儿童权利"、"胚胎权利",还被赋予非人类个体,如"动物权利"。我们也看到了越来越多的特定权利覆盖了生活的方方面面,比如"死亡权"、"工作权"、"休假权"、"过有意义生活的权利"、"午间小憩的权利",等等。更为重要的是,有人以权利为基本标准来衡量所有其他道德概念和观点的合法性。在这一背景下,叶保强认为"在许多生命伦理问题情境下,权利论证都是无比重要的论证。一个有效的人格概念应当可以使我们在论证和决策中认真对待权利。而任何人格概念只要失之于斯,都是有缺陷的和不充分的"。①

然而,若以"权利"作为评价其他道德概念的标准,至少需要描述一下什么是权利以及凭什么能将之作为标准来衡量其他事物。不幸的是,像许多权利论者那样,叶保强不打算提出这些基础性问题。在权利主义者看来,权利是如此自明和重要,以至于没有必要再为权利作任何正式的解释或辩护。他们只是效颦诺齐克②,从个体具有不为他人或社会所侵

---

① Ip, 2004, p.59.
② Nozick, 1974.

犯之权利的假定开始他们的论证。以叶保强为例,他直接考察儒家的道德人格概念及其家庭集体主义(familial collectivism)是否足以建立起牢固的以权利为基础的人格概念①,而不是首先说明为什么亚洲文化中的人格概念必须是"一个以牢固的权利为基础的概念"。从而,他得出结论:儒家家庭集体主义对权利和平等产生压制,它与基于权利的人格概念很难相容②,所以儒家的人格概念是有缺陷的和不充分的③。

我将在下一节里讨论儒家的人格观念。现在我将简要地分析一下叶保强引以为理所当然的基于权利的人格概念④之根据。这一人格理论强调,人首先是权利的载体,必须被平等尊重地对待,并且他人不得侵犯其权利。在伦理学或生命伦理学争议的语境下,权利被看作是最重要的决定因素。然而,无论在叶保强看来权利概念是如何"正确"和"重要",它远非无懈可击。由于篇幅所限,这里我无法提供对以权利为基础的人格概念进行系统评价,但是,我将借助陶黎宝华、许志伟和坂本百代的一些卓越的论证,概要地提出与这个概念相关的几个重要问题。

第一,如陶黎宝华指出的,权利话语没有资源为卷入利益冲突的双方提供走出僵局、趋向合作与相互关怀的可能途径。最为明显的例子就是堕胎:胎儿的生命权利在很多情况下是与母亲安排自己生活计划的权利是相冲突的,亦即,所谓"pro-life"(胎儿的生存权)与"pro-choice"(妇女的选择权)之间的对立。此外,父亲、祖父母以及政府也可能会参与到这场权利的争夺战中来,限制母亲对流产或继续怀孕的选择权。权利话语和基于权利之上的法律体系通常是加深而不是减少个人相关之间的分歧。⑤

第二,权利至上的观点会遮蔽个体与社会之间的真实关系。这种观点过分强调了个体自由与自我利益的重要性,把自我看作本质上是分离

---

① Ip, 2004, pp. 54—55.
② Ibid., p. 56.
③ Ibid., p. 59.
④ 存在着多种诉诸权利的"人格"概念。在第22章中,我将提到五种诉诸权利的"人格"概念,这些概念提出五种特殊标准:种类,潜力,知觉力,大脑或心的功能,以及将自我作为连续整体的意识。我认为,它们都基于一种特殊的道德观,即,人是权利的拥有者。在这个意义上,在本章中我将像叶保强一样概括地使用"以权利为基础的人格"概念。
⑤ Tao, 2004, p.15.

于他人的。这样,它可能导致某些极端的立场和行为。例如,在医疗资源分配上,过分强调个人的医疗权(health care rights)会鼓励个体追求自身喜好的最大满足,而给政府的医疗供应造成巨大的压力,最终导致整个体系开销巨大,无法稳定运转。另一方面、要求自由选择,要求个人通过市场和私人保险为自己医疗买单的呼声日高,这也导致公共医疗保健服务的集体主义供应(collective provision)的日渐衰落。以上任何这些因素——过分强调个人权利和自由——都将导致作为社会的共同善(common good)的公共卫生事业的衰退。[1]

第三,权利至上的观点强调个人自主、自由选择和自我决定,这种立场的一个主要困难是它假定个体是一个可以从人际关系、社会处境中抽象出来的存在,某些对人类生活而言意义重大的品质,比如建立联系、维持关系、相互关心的能力和需要,也因而被弱化甚至舍弃。这种立场倾向于加剧分化和孤立,排斥家庭介入和共享的家庭决定。举例来说,在过去的几十年里,大多数关于安乐死和预先指令的讨论都被限定在保护病人自主决定何时死亡的议题之内。然而,虽然这是自主,但人们还是觉得实际上没有选择,这主要是因为我们无法在死亡中发现意义,或者说我们很难给我们的生命一个有意义的结束[2]。因为被规定为个体权利和自主选择的对象的死亡是孤立的、断裂的,脱离了人类关系的网络和纽带的,而恰恰是后者才使我们的生死有意义。

最后,诚如许志伟所言,以权利为基础的人格概念,源自于西方传统的"实体"这一基础性概念。实体最关键的特征之一,就是它是一个自身存在的存在者,而不是任何其他存在者的一部分。现代西方哲学很大程度上仍然保留了这种"实体论"传统。就像坂本百代所解释的,实体论在现代因为"人格"(person)和"人的尊严"的观念而得以加强。"人"被界定和尊称为一个理性存在,并被赋予所谓的"人权"(human rights)。美国生命伦理学正是从这种关于个人人权的观点出发,试图构建一个解决生命伦理问题的法律体系。人首先是一个有理性的个体实体。这种理性实

---

[1] Tao, 2004, p.16.
[2] 我们或许可以有意义地谈到有尊严地结束生命,但是就生命的结束本身而言,是不可能有任何属于它自己内在意义的。

体的预设造了就当代生命伦理学的心理学的和个人主义的人格概念和以权利为基础的伦理学。[①] 而这些都截然不同于源自儒家道德传统的人格概念。

简言之,在陶黎宝华,许志伟和坂本百代的理解中,以权利为基础的人格概念是在西方特有的形而上学和道德传统中发展出来的,是西方特定道德语境下的产物。它并非普遍适用,或者至少不是自明地普遍适用。更为重要的是,根据陶黎宝华,许志伟和坂本百代的洞见,强调个体权利至上的观点经常导致道德主体之间激烈的冲突,而不是以令人信服的方式和谐地解决问题。这绝不是说权利概念毫无用处、或者以权利为基础的人格概念一无是处。我所强调的是,无批判地接受以权利为基础的人格概念的人格概念,并将之奉为判断其他人格概念的唯一完美和普遍适用的标准,显然是不适宜的。

三、儒家以德性为基础的人格概念

儒家的人格概念是以德性为基础的概念[②]。当代西方的权利学说预先假定众多个人权利,并相信这些权利是可以通过普遍理性"直观"到的,独立于任何对人类本性的特殊理解。与之相反,德性概念则内在地和一种具体的人性观相关。一般说来,德性意指好的品质。德性不仅指事物的状态,也指人的适当行为。一个内在一致的德性体系对应的就是对行为主体的诸特质或品质的一个完整的规定,这些品质能够确保行为主体在恰当的时间以恰当的方式来做恰当的事情,以实现一种适合于人类本性的善的生活。因此,我们不可能离开具体人性观而建立一套德性理论。例如,对比来说,亚里士多德的德性观就是以他的特殊的人性观为基础的:人本性上是政治的动物(既不是野兽,也不是神),具有构建一个

---

① Sakamoto, 2004.

② 在第22章中,我将儒家的人格概念概括为"诉诸礼"的人格概念,而与犹太-基督教的"诉诸创造"的人格概念相对比。那里的定义与这里的以德行为基础的定义并无矛盾,只要我们理解儒家的德性概念强调的是通过践礼而达到内在情感和外在行动的统一。另外,虽然儒家伦理学强调德性概念,这并不意味它与任何个人权利概念都不相容。事实上,儒家式个人权利概念应当立足于德性概念的基础之上,因而与今日大家耳熟能详的自由主义权利在内容上有显著的差别。参阅第9章有关儒家权利的论述。

(正义的)城邦的潜在能力。而儒家的德性观则是建基于如下观念之上：人本性上是家庭的动物，具有过适当家庭生活的潜在能力。①

儒家的人性观包含着一种对爱的深刻理解。为体会这一点，我们需要回溯孔子反思礼乐的初衷。孔子所生活的时代是一个礼崩乐坏、社会动荡不安的时期。当时中国已经积累了数千年的文明，并且建立了复杂的礼仪制度。但在孔子的时代这些制度都已处于衰败之中。那些富有而强大的诸侯渴望掌握更多的政治权力，各国陷入混战之中。臣弑君，子弑父，社会道德沦丧。面对这种局面，孔子反思人性，思考改良社会的全盘之计。当然，孔子并不是当时他唯一思考这些问题的思想家，也不是唯一一个想到人类必须建构适当的行为模式并遵循恰当的规则，以期可以和谐共处的哲人。特别之处在于，孔子认为真正重要的事情是，传统的礼仪制度已经为人类生活和人类社会大致规定了正确的行为模式和规则；因而，要恢复社会秩序，就必须保存和复兴礼。

孔子并非主张要照搬礼仪中所有现成的行为模式或规则。相反，他要通过"仁"来重构礼。"仁"是孔子从他对人性的思考中所发现的一种基础性的人类德性。在孔子看来，人类社会并非原子式的、离散的、只关心自己的个体的集合，他们也不是通过契约而集合在一起。每个人都是在家庭中出生与成长。个人的身份首先和主要地是从他们所承担的家庭角色中得到确认的：丈夫、妻子、父亲、儿子、母亲、女儿、兄弟、姐妹，等等。人类的这种以家庭为中心的生活方式并非个人选择的结果，而是给定的——每个人都生来就接受过来的。亲子关系不仅构成人类生活中最重要的联系，而且生动展示了人性中最深刻和最高尚的一面，即，每个人都具有同情的能力，亦即孟子所说的"不忍人之心"。这种自然的同情心本身包含爱的倾向(disposition of love)。对孔子而言，亲子之爱是仁的基础，"君子务本，本立而道生。孝弟也者，其为仁之本欤！"(《论语·学而》)。也即，必须培育并推广以亲子之爱为本的仁，才能构建善的社会，所谓"道生"是也。这就是为什么在众多的传统德性中，孔子单单提出"仁"来作为重构礼的德性基础。

---

① 在儒家看来，家庭是社会的基本单位，社会只是一个大家庭而已。关于亚里士多德和孔子在家庭和人际关系问题上立场的分歧，参见第5章。

孔子在《论语》也提到"仁者爱人"(《论语·颜渊》)。初看上去,似乎孔子对作为基本德性的"仁"的诠释方式,与这个概念在孔子之前的经典——例如《诗经》和《尚书》——中的一般使用方式并无多大区别。但是,孔子的诠释的特殊之处在于,他挖掘出仁的基础,并在这个基础上把仁阐释为一种意义深远的、完善的人类德性。显然,爱的行为需要动机(impetus)。换言之,爱必须要有一个能够激发它、使它发动起来的基础;没有这样的基础,爱是无从谈起的。基督教的爱的基础是神与人之间的造物主与被造物的关系;佛教爱的基础是万物之间的因缘、轮回联系;古希腊人的爱的基础是男女之间(或男性与男性之间)的情爱。与以上皆不同的是,儒家之爱的基础是亲子之间的血缘联系。亲子之爱不是情爱。它涉及的是相互之间深层的依恋与关怀,这种情感纽带与性方面的吸引与冲动无关。这种爱甚至不是互惠意义上的——无论是父母对子女的付出,还是子女对父母的回报,都不应该理解为一种好处的交换,而是"只求耕耘,不问收获"。认为他们为了自利的目的而相互妥协——像我们经常在商业活动所观察到那样——是很荒谬的。亲子之爱超出任何一种契约关系。最后,对孔子而言,只有通过在家庭生活里萌发、培育亲子之爱,并逐渐将之推及家庭之外的其他人,才有可能建立和谐美好的社会。也即,仁爱必须首先从家庭内部亲子关系中生发出来。没有良好的家庭关系,仁爱就会变成无源之水,无本之木。

而且,作为爱的仁德,不应当仅仅被看作内心情感。如果我们仔细阅读《论语》的话,我们可以发现,仁,在根本上是作为人所具有的一种潜能,一种能力,一种品格。在这点上,儒家的"亚圣"孟子恰当地主张人心天生具有"仁"之端绪或"种子":"恻隐之心,仁之端也;羞恶之心,义之端也;辞让之心,礼之端也;是非之心,智之端也。人之有是四端也,犹其有四体也。"(《孟子·公孙丑上》)这种仁心既是实体,也是作用。[①] 然而,孟子的进一步的结论,"人性本善",却具有一定的误导性。这种主张让许多人错误地认为人不需要遵从正确的礼仪或无须努力就能成为有德之人。这明显不是孟子的本意。种子还不是果实。人性中这种善而高贵

---

① 亦即它并非是一种没有自身本性的纯粹作用,但是它自身的存在又必须在其作用上显现出来。

的德性只是潜能,它还必须通过培育来实现自身。这就是为什么孔子强调必须通过践礼来修养德性:"克己复礼为仁。"(《论语·颜渊》)总而言之,在儒家思想里,仁(作为人类基本德性)和礼(作为人类的正确行为模式和规则)处于相反相成的辩证关系之中。

首先,礼之建立与维持的目的,只是为了培育和提升作为基本德性的"仁"。离开这一目的,仅仅作为现成规则和制度的礼就失去了意义:"人而不仁,如礼何?人而不仁,如乐何?"(《论语·八佾》)礼不能被理解为从外部强加于人的人造规则,而勿宁说是对过一种合乎人性的善之生活的必由之路的指示。这就是为什么孔子强调守礼之于修德的重要意义所在。他明确地说,成就"仁"的方法,是"非礼勿视,非礼勿听,非礼勿言,非礼勿动"(《论语·颜渊》)。

但是,另一方面,孔子并不主张所有的"礼"都是永远正确、无需损益的。在他看来,随着时代的改变,礼也必然随之被重构。诚如他所说:"殷因于夏礼,所损益可知也;周因于殷礼,所损益,可知也;其或继周者,虽百世可知也"(《论语·为政》)。对他来说,这种重构必然是在基本德性的基础上对新环境的适应。当他的一个学生问礼之本的时候,孔子说:"大哉问!礼,与其奢也,宁俭;丧,与其易也,宁戚。"(《论语·八佾》)这也就是说,守礼的本质,更多是在内在的诚上,而非遵从礼仪规范的表面行为。孔子以自己为例说明了我们应该如何对待礼之变通,"麻冕,礼也。今也纯,俭,吾从众。拜下,礼也。今拜乎上,泰也。虽违众,吾从下"(《论语·子罕》)。这就是说,大多数人都遵从的行为未必就是真正的礼。礼之真正标准,乃是与"仁"之契合;那些呈现了仁德的礼仪必须被建立和维持,无论实践中的实际情形如何。

简言之,在儒家看来,仁是人的基本德性,人人都具有仁的潜能。这种潜能必须得到培育,才能使人真正成为一个人,并完善自身。具体而言,孔子在"仁"的基础上,从以下几个方面重构了礼:

(1) 礼(作为行为模式和规则的体系)就其作为个人德性完善的不可缺少的环节而言,具有道德意义。

(2) 每个人都必须守礼以成就德性。

(3) 礼可以损益,只要这种损益符合德性关怀。

由此,儒家提供了一种以德性为基础的人格概念。无论人是什么,他都首先是德性的拥有者和践履者。说人是德性的拥有者,就是因为他被赋予爱自己父母或亲人的潜能,并且具有将这种爱推扩至其他人的能力。一个人同时也是德性的践履者——用儒家的话,就是还要"修身"——这是因为他必须根据礼的要求去培育这种潜能,以便成为一个有德之人。

与那些以权利为基础的人格概念相比,儒家的这种以德性为基础的人格概念具有以下特点:(1)它不是建立在普遍理性之上,而是建立在亲子之间自然亲情之上,因而,人是自然而然地去实践这种人格概念;(2)它不是权利中心论,而是义务中心论,因而,在处理人类问题和冲突时它具有更强的协调能力;(3)它不是个人导向,而是家庭导向,因而以自然统一与和谐关系为归宿。

四、平等的权利与不平等的德性

叶保强正确地提到孝(即子女对父母之爱的体现)在修德过程中的核心地位。确实,相比于父母对子女的爱,子女对父母的爱需要更多的培育与提升的努力,这是为什么儒家更为强调"孝"而不是"慈"的缘故。叶保强认为,对孝的强调导致一种无视平等权利的等级化的家庭结构,由此,等级化的、家长主义的家庭和社会结构成功地代替了人与人之间的平等关系。君主、父亲和丈夫占据了指定规范和规则的地位,而其他的社会关系和机构都围绕着这些不平等的、上下级式的社会安排来运转。① 因此,儒家社会,与儒家家庭一样,没有平等的观念,儒家式的个人也没有平等的权利。对叶保强来说,这意味着儒家的观点是有严重缺陷的。

的确,儒家家庭主义不包括那种认为人人平等的自由民主原则②。相反,在我看来,儒家恰恰认为,人是在关系当中相互遭遇的。正如前面指出的,在儒家的人性观看来,孤立的个体还不是真正的人。是个体之间的爱的关系,才形成和确认了个体的良好品质。这种爱是植根于亲子关系及情感纽带之中的,这种爱不仅构建起人类最基础的共同体,即家庭,

---

① Ip, 2004, p.57.
② 对这一原则的明确表述和解释,参见 Dworkin, 1978。有人认为实质的自由主义论证都是从这一基本原则发展而来的,详情参见 Kymlicka, 2002, pp.3—4。

而且这种爱可以培育、发展和推扩至家庭之外的地方,使文明社会得以可能建立。因此,这种爱的特性是不同于任何平等主义的道德情感的;相应地,儒家式家庭模式——这种模式是其他的人际关系和社会组织的典范——也根本不同于人人平等的自由主义原则。

尽管从平等对待每一个人并不一定能引出收入或财富的平等分配的结论,但它却本质上要求平等尊重每一个人,并平等地关注每一个人的利益。这一点为自由主义最为强调的"平等的权利"的主张定下了基调。但是儒家并不接受这种主张。虽然儒家"仁"的思想承认每个人都能爱和尊重他人,并且也能得到相应的爱和尊重,但是儒家同时强调人与人之间在学习和实践"仁"的程度上是有很大区别的。就修德而言,有些人更有诚意、也更努力,相应地,在德性上的成就也就更大。儒家认为,这些人应该得到更多的尊重,这就是儒家所推崇的"尊贤"原则。这种"不平等的尊重"被看作是有序社会的标志:"凡为天下国家有九经,曰:修身也,尊贤也,亲亲也,敬大臣也,体群臣也,子庶民也,来百工也,柔远人也,怀诸侯也。"(《中庸》)在《中庸》看来,尊贤,可以使社会吸取有德之人的经验,避免犯错。荀子明确指出,"无德不贵,无能不官,无功不赏,无罪不罚。朝无幸位,民无幸生。"(《荀子·王制》)

对某些学者而言,尽管儒家的这种观点看似不平等,但仍然有某种平等主义的观念可以发掘出来。他们的逻辑是,把他人视为亲属必然包含着一道"门槛",在这道"门槛"外面那个人就不再是亲属了。因而这道"门槛"就是儒家仁爱的平等主义。但这只是纯粹理论上的设想,因为儒家从未建立或者强调这种门槛。

对儒家而言,很难设想要以相同的方式去爱每一个人。相反,儒家始终关心的是不同的个体置身于其中的不同角色、环境以及表现出的不同品格,因而需要不同的对待。关键一点是,对儒家而言,人从来不是罗尔斯所描述的那种处于"原初状态"下的互不相关的、相互疏离的个人。相反,他们总是家庭或社会的一份子并由此处于本质的相互关联之中。人之人之间关系是不对称的(asymmetrical):每个人以自己为中心向外推扩,会发现有些人注定是我们的家人,有些可能会成为我们的朋友,而另一些人则只是我们的陌生人。相应地,儒家要求仁的践履应当表现出清楚明确的秩序以及(性质和程度上的)区别。① 这不是说儒家提倡应该爱一些人、而不爱另外一些人——相反,儒家坚决主张爱所有的人——"天地之性人为贵"。但是,爱必须要有等差。这构成了儒家另一个至关重要的价值,即亲亲②。儒家认为,要求平等地看待家庭成员的利益和陌生人的利益是伪善的;人应当更看重家庭成员的利益,这才是唯一适当的做法。重要的是,这种非平等的(un-egalitarian)道德必须贯彻和体现在社会政策里。例如,在儒家看来,福利主要属于家庭负责的范围;由政府采取全面的福利计划来实现每个人福利的平等,是错误的做法。这种平等主义的尝试与儒家家庭主义的道德情感是不一致的,因为这种做法势必削弱家庭使用自己的资源自主地为其家庭成员谋求最佳利益的能力。

另外,儒家视家庭为人类生存与发展的基本方式,这也就预先排除了家庭内部实行权利平等的可能性。为了子女的健康成长,最重要的不是尊重他们的自由选择或自我决定——因为儿童还不具备完善的选择的能力,而是以儿童感兴趣的方式慢慢地向他们灌输适宜的规则、知识和行为模式,从而培养他们成为有德性的、正常的、成熟的主体。照顾长辈时,重要的也不是尊重他们的"平等"权利,而是关心他们身体上、情感上和精神上的个人需要,让他们安度晚年。③ 在孔子看来,一个良好的社会是"老者安之、少者怀之、朋友信之"的社会(《论语·公冶长》)。简言之,按照儒家的观点,正是"不平等的德性"、而不是"平等的权利",更能体现家庭的特质。权利并不足以顾及恰当的人性关怀。

另一方面,认为儒家支持专制,也是错误的印象。虽然儒家主张父亲、丈夫和君王应该在相应的关系中扮演更为主动的角色,以维持符合儒家道德理想的典范和和谐的关系,但是认为他们就当然处在发号施令的位置上则是一种误解。儒家的行为规则和标准是已经确立在传统中的,并由行为主体对"仁"和"礼"的共同理解所引导的。为了正确理解中国历史,我们必须区分什么是儒家经典真正教导的,以及什么是在帝国的实

---

① Chan, 1955, pp. 8—9.
② 和"尊贤"一样,"亲亲"也被看作是一个有序的社会的标志性价值,参见《中庸》。
③ 参见 Wang, Q., 1999, pp. 235—256。

际政令中实行的。帝国的专制统治者们经常曲解儒家的教导以满足自己的私利。正如陶黎宝华所提示的,儒家伦理关系的真精神,并不是统治与服从的关系,而是仁恕(reciprocity)的关系。这种仁恕不应该理解为简单的平等:它是以德性为基础的相互联系、相互依赖和互动往来。① 诚如许志伟所言,在真正的儒家传统中个人的道德发展,并不体现在个体的独立性或个体身份的确立中,而是在和谐共同体的维系和提升之中得以实现。② 儒家的社会理想是建立在以德性为基础的人格概念之上的和谐社群,在其中每个人都得到符合其特点的、适当的照料。

五、关于重构主义儒家生命伦理学的初步设想

在叶保强看来,以德性为基础的儒家生命伦理学不能有效地处理复杂的生命伦理学难题,比如堕胎、安乐死、器官移植、人体实验和人的克隆等问题。除了指出儒家传统里的医生对诸如妇女权利等权利缺乏关注之外③,他还指出,儒家的德性论也不足以为具体的生命伦理学问题提供实践情境所需要的明确的解决方案,例如,对一个严重畸形的新生儿,医生可以做什么的问题。④

将一般的伦理理论应用于特殊的案例,总不是一件容易的事情。因为,即使这个理论自身可以被清晰地表达和诠释,对案例本身也会有不同的理解和解释。此外,理论的主旨也会被不同的理论家以不同的方式加以解读。换句话说,学者们通常会坚持各自对某一个伦理学理论的不同诠释方式。我承认儒家理论也是如此:不是所有儒家学者都会在"什么是儒家的真正主旨"这个问题上达成共识。因此,对于一个具体的生命伦理学案例或问题,很难得出所有儒家学者一致同意的结论。然而,并不是只有儒家思想存在这一问题,在权利理论中这个问题可能更为严重。权利理论学家们在谁应该拥有权利、一个人该拥有什么权利和当一个人拥有一个权利时这一权利究竟有多大等问题上,同样存在严重分歧。在各执

---

① Tao, 2004, p. 24.
② Hui, 2004, p. 36.
③ Ip, 2004, p. 58.
④ Ibid.

已见的情况下,权利论学者们也很难基于他们的理论而在某个生命伦理学问题上达成统一的立场。

另外,自由权利理论和儒家德性理论之间的基本差异根深蒂固。我们需要站在谨慎的比较哲学的立场来审视何者可以更具有说服力地应用于亚洲的生命伦理学实践,而不是在未考量之前轻率地认同其中之一。事实上,在新世纪之始,许多亚洲民族已经在道德行为、生命伦理学、医疗保健政策等问题上产生了根本不同于西方主流个人自由主义伦理学和政治学的新见解。毫无疑问,这种差异可以追溯到众多渊源。但是,一件极具挑战性和建设性的事业就是去重新建构儒学,以期展现出这种差异如何能成为文化和道德资源。我试图着手去处理这一挑战,并在重构主义儒学的名义之下提出儒学思想的复兴问题。

我们需要更多地关注儒学重构主义思想。首先,应该认识到,从前那种尝试以西方的自由、平等、人权和民主思想来理解儒家(通过宣称儒家确实具有这些价值)的做法是一种幼稚的现时主义(presentism)。事实上,儒家的核心概念(如"仁"和"礼")预设了对道德和正义的一些基本的、深层的理解,它们无法还原为自由、平等、人权或民主。在此意义上,在尖锐指出儒家以其德性为基础的道德和自由主义以权利为基础的道德之间的根本紧张的问题上,叶保强可以记上一功。但是,他太急于去宣称前者因其内在的根本缺陷而应为后者所取代。

其次,儒学重构主义认为,在解释人类幸福和德性问题上,儒学比包括个人主义在内的其他理论具有更丰富的内容。它没有个人主义导向,没有平等主义导向,有的只是家庭导向,君子导向和德性导向。它鼓励个人通过道德的培育进入到儒家的家庭生活之中。关于这点,儒家学者们需要更为详细地与自由主义学者进行讨论,从而揭示出两者之间的深刻差异,并在实践层面上探索出当代可能的儒学。为此,儒家学者们必须致力于解决具体的伦理和社会问题(例如具有争议性的生命伦理学问题),并尝试提出立足于儒家基本价值与义务的解释。要实现这一目标,他们不能仅仅躲在象牙塔里研究"纯理论"问题而不投身实际考察。

最后,重构主义者儒学意味着,根据儒家基本价值考量当代社会的现状，在亚洲重新构建起儒家共同体。它提倡根据儒家的基本道德和政治义务，而非现代西方自由民主观念，来重新制定公共政策和建构社会机制。这项计划的进行，将不仅决定儒家文明的命运，也将决定儒家共同体究竟能为世界文明作出多少贡献。

九　社会责任的根源：罗尔斯的正义论与儒家的社会公平观

一、导言

无论是其理论关怀还是其方法特质，罗尔斯的社会正义论都与儒家惯常的思维方式相去甚远。然而从儒家的视角出发对罗尔斯的理论作出有分量的回应，却又相当困难。当前关于社会正义的探讨在很大程度上已经被罗尔斯式的问题所主导了，亦即，应当树立什么样的原则来引导社会的基本建构以及改善社会制度。因此，"社会基本结构"便成为了"正义的首要主题"："法律和制度，无论设计得如何完美有效，只要是不正义的，就必须被改革，甚至被废弃。"[①]结果是，一些传统上重要的主题，比如什么构成了一个公正的人的德性和品格，就被逐渐地边缘化了。更进一步的是，罗尔斯声称正义首先关心的是"社会中的主要制度如何**分配**基础的权利和义务，如何规定社会合作中的利益的分配"。[②] 在对社会正义所作的基本哲学考察中，分配正义成了首要的问题。在这一进路下，对一般正义概念（例如，亚里士多德意义上的总体德性）的研究就显得不必

---

① Rawls, 1971, p. 7.
② Ibid，重点为笔者所加。

要了。①

人们的争议往往集中在罗尔斯关于正义的两个原则是否适合或者是否足够阐释社会基本结构的问题。然而大部分参与争论的学者都理所当然地接受了以下论题为讨论的前提:亦即,社会正义首先关心的是社会如何分配社会之善(social goods),诸如权利与自由,权力与机会,收入与财富等。因而争议的焦点都已经集中在罗尔斯所设定的范围之内了:哪些社会之善应当被分配并且哪一种分配方式是正义的?很少有人从根本上挑战罗尔斯理论的出发点,而这个出发点已经决定了罗尔斯对社会正义的考察方向,使之围绕着分配的议题而展开。

生活在儒家传统中的人们应当如何理解罗尔斯的正义论呢?特别是,与罗尔斯的正义论相比,儒学关于正义的经典观点又是什么呢?表面上,儒家传统经典中虽然包含着深刻的社会关怀和广泛的探讨,但没有与西方的正义概念相当的概念:正义就意味着给每个人以应得之物。② 然而,这并不意味着我们无法比较儒家和罗尔斯对正义的不同理解。因为按照我们之前的理解,罗尔斯的正义论涉及的是指导社会基本结构的奠

---

① 贯穿西方思想史,哲学家探讨着正义(justice)的基础和要求。正义的内容和范围也随理论框架的不同而不同——从平等主义,利他主义,到古典自由主义(libertarianism)和自由主义(liberalism)。参见 Buchanan, A, 1981, pp.3—21。正义概念的适用范围也很广泛,从道德品质和个体行为到国家的一般结构,直至具体的社会公共政策。众所周知,亚里士多德在他的《尼各马克伦理学》里列举了三种不同的正义:总体正义(general justice),分配正义(distributive justice)和矫正正义(rectificative justice)。总体正义是"交往行为上的总体的德性","它是完全的,因为具有公正德性的人不仅能对他自身运用其德性,而且还能对邻人运用其德性"(1129b)。分配正义是在荣誉与财富的分配上的公正(1131a)。而矫正正义是"得与失之间的适度"(1132a)。参见 Aristotle, 1985, pp.116—127。因此,对亚里士多德来说,完整的社会正义理论包括总体、分配和矫正三部分。可是,罗尔斯以分配正义为主导来指导社会时,就淡化了总体正义和矫正正义在正义理论中的地位。

② 有些人或许认为儒家的"义"的概念与西方的"正义"概念相似。可是,在儒家经典里,即使"义"包括一点"给每个人其所应得的"的意思,但也很不突出。例如,在阐释孔子"义"的概念时,D. C. Lau 认为,"义"可以被用来形容一个人所应当做的行为,这个意义上的"义"指的是"义务"(duty),也可以用来形容行为者,意指"正直的"和"负责任的"。在一般意义上使用时,指的是"道德的"或者"道义"。(Lau, D. C. 1983, p.26)。另一方面,Roger Ames 和 Henry Rosemont 认为,义是一种适合感,它使一个人作出与具体情况相符合的恰当的行动。(cf., Ames, and Rosemont, Jr. ,1998, p.54)最后,陈荣捷认为,义被孟子提升为最高的道德价值之一,以反对墨家的无差别的兼爱。仁是人们亲密共处所需的爱,而义则是和谐相处中必要的差别。(cf., Chan, 1963, p.50)。本章更多地是依赖于儒家"仁"的概念,而不是"义"的概念,来揭示儒学在社会正义问题上的典范立场。

基性的原则,而儒家经典中同样包含着对这类原则的思考。这就是说,我们可以比较这些原则,考察其异同,权且把它们看作"正义"问题。换句话说,通过与罗尔斯的观点进行比较,儒家在社会正义的问题上的思想遗产可以借助一些当代西方的道德术语而得到阐明。同时,我们也要切记在这样做的同时,必须小心地避免曲解儒学或罗尔斯的本质内容。

有人也许会反对这种比较的尝试,认为被比较的两者风马牛不相及。儒学是一种特殊的形而上学和道德学说,而罗尔斯的理论——虽然其理论内部又有前后期之别——归根结底要落入非形而上学的政治学范畴。罗尔斯理论的目的,就是要超越特殊的形而上学和道德传统,而为一个大规模的多元化社会提供一般的政治指导,以使不同的信仰与道德团体可以在这个社会中各得其所。在这种情况下,比较罗尔斯和儒学观点的意义何在呢?我认为,比较的意义就在于使人们认识到,两者关于社会正义问题上的基本差异有重要的意义。这些差异也可以被当作一种特别的测试,以检验在大多程度上罗尔斯的观点可以适用于那些儒学传统仍然保有很大影响的国家和地区,例如中国。

一开始,儒家可能会赞同罗尔斯的主张,亦即,需要有一些基本原则来指导社会制度、法律和政策的制定。但是,我试图证明,儒学并不认为这些原则应当首先和主要关注社会中基本善的**分配**。对儒家来说,社会基本原则的首要对象不应当是分配。以儒家对人类本性和人类社会的特殊性的理解,对社会正义的考虑不可能主要集中在善的分配问题上,即使某些社会之善的分配问题是非常重要的、也是儒家的社会正义观必须探讨的。在我看来,儒家思想与罗尔斯主义之间的这个本质区别设置了一个广阔的舞台,在这个舞台上,两者在社会正义问题上的一系列差异与分歧将逐渐展示出来。

二、工具性善的分配与内在德性的追求

作为一种分配正义的理论,罗尔斯的理论开始于一种关于"善"的弱化形式理论(thin theory)。在他看来,社会基本的善是权利和自由,机会

和权力,收入和财富,以及自身价值感,①它们构成了理性主体实现自身生活计划的必备条件。无论理性主体除此之外追求什么,他们都会在这些基本善之上达成一致。亦即,在其他条件相等时,他们宁愿选择比较广泛的自由和机会,而不愿选择比较有限的自由和机会;宁愿选择较大的财富和收入,而不愿选择较小的财富和收入。② 以这种方式,罗尔斯将这些社会之善设定为工具——它们是每个人实现其生活计划的有用工具。个人生活计划会根据个体生活环境、能力和目的的不同而不同,但无论个人的目的体系如何,这些基本善都是实现其计划的必要手段。

罗尔斯之所以称自己的善的理论是一种弱化理论,是因为他的善的定义对任何具体的善的生活都是开放的,亦即,是中立的。这些善的概念仅仅作为理性主体构建社会正义原则的基础而起作用;就此而言,作为普遍工具的这些基本的善不需要首先受到任何道德(或正义)概念的限制。换言之,在罗尔斯理论框架下的社会正义原则必然是关于这些工具性善的分配原则。同时,他也相信正义原则是独立于任何具体善之生活的概念,这就是所谓的"正当优先于善"(the right prior to the good)的义务论特质。

罗尔斯提出正义论的初衷是试图在一个多元化的社会中,找到一种方法去容忍、甚至无差别地对待互不相容的对善的生活的理解。而他所找到的方法就是将社会正义论奠基于与正当无关的(right-independent)的善的弱化理论之上。然而,这个所谓的弱化理论在一个关键点上已经预设了实质内容:它假定与正当无关的工具性善(right-irrelevant instrumental goods)的分配方式构成了社会正义原则的焦点。没有这个实质性的预设,罗尔斯不可能成功地将他的社会正义理论导向分配问题。但是,这种预设已经遮蔽了某些重要的道德关怀。

毫无疑问,人类生活包含不同种类的善。在研究的开始,我们有必要区分工具性善和内在善。工具性善,比如收入和财富,是美好生活的手段。但内在善,比如德性,是美好生活的目的。对儒家来说,缺乏内在善的生活不会是真正意义上好的生活,即使这种生活在工具性善方面非常

---

① Rawls, 1971, p.92.
② Ibid., pp.395—398.

富足。相反，一种德性的生活即使没有足够的工具性善的支持，也是好的生活。一种工具性善的供应相对匮乏的生活，当然是不幸的，但这并不影响内在善的完满。比如孟子所区分的，"求之在我者"和"求之在外者"(《孟子·尽心上》)。内在善，即求之在我者。

如果社会正义的基础原则意味着明确规定一个以促进各方的**善**为目的的合作系统①，那么不涉及任何内在善将导致我们无法充分地建立起正义原则。因为参与到社会合作中来的行为主体的"善"不应当仅仅理解为工具性善或利益(profits)。如孟子所言，"何必曰'利'？亦有'仁义'而已矣"(《孟子·梁惠王上》)。在孟子看来，如果仁义这样的内在善没有取得首要地位的话，对工具性善的追求未必会产生有益于行动者的结果。相应地，儒家首先关注的是如何提高与正当相关的(right-relevant)内在善的追求，而不是与正当无关的工具性善的分配，因为儒家认为，内在善对人类而言是基础性的。这些基础性的善可以包括个人的权利和自由②，但不能包括金钱或者收入之类的经济价值③。

与亚里士多德主义相似，儒家也主张一种基于基本德性而构建的善的理论。④ 关于德性的思考必须包含一种关于人类生活的目的论，这种理论认为德性是人类的本质特质，它们使得人们在以善的生活为目的的追求过程中，能够在正确的时间以正确的方式做正确的事情。因此儒家式的正义论不能不包含一种德性论，后者考察人们习得和践履德性的途径。这就是为什么儒家对罗尔斯式不涉及生活最高目的的正

---

① Rawls,1971,p.4.

② 考虑到罗尔斯义务论立场，他的如下做法颇令人意外：他将自由和权利当作纯粹的工具性善，并将它们与收入和财富同等看作实现个人生活计划的手段。罗尔斯的主张由此陷入内在不一致的张力当中。如哈贝马斯所指出来："只有行使权利的时候，才能享受权利。"基本的权利和自由"首先是调节主体之间的关系，而不能像事物那样被主体所拥有"，因而它们"很难在被当作东西去分配的同时，还保持其义务论特质"(Habermas, J.,1995, p.114)。

③ 这并不是说，工具性善，比如金钱和收入这样的经济价值，在儒家的社会正义理论中不应当有任何位置。关键只是工具性善不应当被看作是建构社会正义原则的唯一资源。儒家关于善的生活的观点只是强调不应当离开内在善的限制而单独追求工具性善。比如，孔子认为："不义而富且贵，于我如浮云。"(《论语·述而》)"邦有道，贫且贱焉，耻也。邦无道，富且贵焉，耻也"(《论语·泰伯》)。

④ 这并不是说亚里士多德和儒学关于善的生活的观点没有本质区别。对两者德性观的比较研究，参见 MacIntyre, 1991, pp.104—122。

义理论不敢苟同。①"幸福"(eudaimonia)是在亚里士多德著作中对善的生活的命名,相应地,儒家经典则使用"至善"来命名相似的东西(《大学》)。至善,是儒家意义上善的生活目的,亦即贯穿整个生活过程的向完善的趋近。一个人如何能达到这样的美好境地呢?《论语》开篇就强调"学习"的重要性。对儒家而言,"学而时习之"的对象首先与主要地不是关于外部世界的知识,甚至不是儒家经典,而是日常生活中的德性。

那么究竟个体应该学习什么样的德性?又是如何学习?向谁学?关于这种学习有一般的指导规则吗?

答案就是"仁",孔子把仁提升为道德修养的基础。在孔子之前的古代经典中,"仁",只意味着一类特殊人群的特殊品质,亦即,统治者对其人民的善。是孔子将它转化成了作为完善德性的一种品质,将它看作人类的本质特征,可以无区别地适用于所有人。②这样,"仁"就成为了总体

---

① 罗尔斯区分了两类理论:目的论和义务论。他跟从 W. K. Frankena 把目的论的进路描述为:"善是独立于'正当'而获得意义,然后'正当'被规定为善的最大化。"(Rawls, 1971, p. 24)与之形成对照的是,一种义务论的进路则"或者并非脱离'正当'而来规定"善"、或者不以善的最大化来解释'正当'"(Rawls, 1971, p. 30)。罗尔斯把他的正义理论称为义务论。

然而,罗尔斯以上讨论的不足之处在于他没有能够把目的论和后果主义区分开来。他关于目的论的定义更适合功利主义这样的后果主义理论,而不是儒学或者亚里士多德这样的目的论。目的论预设了目的(telos)。Telos 并非仅仅意指某些特定的事物状态(比如有用或者愉悦),这些状态可以通过任何手段来达成。Telos 是善的生活的指向,是只能通过德性来规定和实现的东西,而这一点本身就限制了追求目的时可以使用的手段。目的论的一个显著的特征是以德性为中介的善与应当的交互规定。德性作为在寻求 telos 的过程中所必需的品质一方面组建着善的生活,另一方面,也包含一种"正当"感(a sense of the right)。一种有德的生活是一种为达到"telos"而努力的生活,因此同时是正当和善的。因而,通过德性概念的中介,关于正当(或正义)的目的论理解已经包含在善的目的论观念中了,因为德性既是善的规定,也是正当的体现。因此仅仅截然区分出两个对立阵营——赞同"善优先于正当"的后果主义立场与赞同"正当优先于善"的义务论立场——是误导的。这样,我们区分出三种而不只是两种立场:后果主义,义务论,目的论。

关于这些区别,参见 Jeffrey Stout, 1988, pp. 322—323, n.9,也可参见 Macintyre, 1984, pp. 148—9,和 Annas, 1993, pp. 35—42。

② 参见 Chan, 1955。

的德性,以及指导每个人生活和行动的基本道德原则。① 尽管孔子从未为"仁"提供一个明确的定义,然而他清楚的告诉一个学生,仁是"爱人"(《论语·颜渊》)。确实,最适合的诠释方式就是把"仁"当作爱的原则,以阐释其丰富和广泛的道德意义。② 在儒家看来,每个人都可以通过学习和意愿而成为"仁人":"我欲仁,斯仁至矣。"(《论语·述而》)孔子还更为详细地表述仁的消极与积极的要求。就消极方面而言,一个仁人应当做到"己所不欲,勿施于人"(《论语·颜渊》);而就积极方面而言,孔子强调能近取譬,"己欲立而立人,己欲达而达人"(《论语·雍也》)。③ 相应地,仁也可以被看作是亚里士多德意义上的总体正义,既然它所意指的同样是在与他人关系上的总体的德性,而不仅仅是与个人相关的德性。

概言之,儒学一般正义的最终关怀是作为内在善的体现的爱人,而不是工具性善的分配。不同于罗尔斯将与正当无关的工具性善建立为构建社会正义原则的基础,儒家的一般正义观念所关注的是内在善的提升。

到此,我们可以提出,也应当提出的问题是,这个观念对社会正义意味着什么?既然如本文开头所提到的,社会正义是被当作指导社会结构的基础道德原则来理解的,儒学显然不能仅仅停留在"仁"的原则上,因

---

① 孔子和孟子生活的时代正处于中国思想史百家争鸣的时期,不同的学派有关于善的生活的不同的"道"(道路)。对孔子的追随者来说,道就是"仁"。从词源学上说,"仁"是由"人"和"二"组成,暗示着一个孤零零的人还不足成为真正意义上的"人"。引申开来,这也意味着善的生活在于恰当的人际关系和社会结构。一方面"人之所以异于禽兽者几希,庶民去之,君子存之"(《孟子·离娄下》)。另一方面,每个人都可以践履"仁"的道路,只要他想要这样做。如孔子说的,"苟志于仁矣,无恶也"(《论语·里仁》)。如果一个人充分实现了"仁",他也就充分地实现了德性——如孔子所说的"仁者勇",亦即仁者一定也是勇敢,而勇敢的人却不一定"仁"。简而言之,仁是人类天性的完满展现。仁者就是完善的人。

"仁"有不同的英语翻译,比如,仁慈(benevolence)、爱(love)、利他(altruism)、善良(kindness)、博爱(charity)、同情(compassion)、宽宏大量(magnanimity)、完善的德性(perfect virtue)、善(goodness),以及与人性有关的一系列词。关于"仁"的意义及演变,陈荣捷的论文提供了最清晰和最简明的阐释,参见 Chan, 1955, pp.295—315。本章试图在陈荣捷对"仁"的解释的基础上阐释仁对社会正义问题的意义。

② 爱对在许多宗教和道德传统中都被当作一般的道德原则。比如,Joseph Fletcher 认为,基督教道德可以被概括为以爱为原则,参见 Fletcher, 1967。

可是,我们必须看到,即使"爱"作为原则被普遍接受,不同传统所说的爱的内容差别极大。比如,考虑儒家和基督教在信仰、形而上学、道德信念方面的基本差异,儒家之爱和基督教之爱就不可能是相同的。

③ 很明显,认为儒家仅仅提供了黄金律这样的消极原则是一种误解。

为仁虽然体现了人类道德本性以及人类个体的完善德性，但还不是能指导社会建构的具体原则。那么我们是否能从这个一般原则之中，引出更具体的指导方针，无论是政治上的还是经济上的，以给出一个关于儒家社会正义的全面图景？回答是肯定的。这样的原则已经隐含在"仁"以及其他儒家思想资源中。

三、平等与和谐

罗尔斯社会正义的一般观念包含着平等对待每一个人的要求。他把这种理念与对社会基本善的平等分享绑缚在一起，但是，他加了一条重要的限制：平等地对待每一个人并不意味着要去除所有不平等，而仅仅意味着限制某些对个别人不利的因素。① 由此，他确立了关于社会正义的一般概念："所有社会基本的善——自由和机会，收入和财富，以及自我尊重的基础——都要被平等分配，除非对其中某些或所有善的不平等分配有利于最不幸者"。② 在这个背景下，我们可以粗略地将罗尔斯的社会正义理论分解为三个要求：平等的(1)自由、(2)平等的机会和(3)平等的收入，除非不平等的分配有利于最不幸者。本节将比较儒家的立场和罗尔斯关于社会正义的一般观念以及机会平等的要求，亦即要求(2)；对其他两个要求的讨论则留待下一节。

地位和职务应该公平地向所有人开放，这是罗尔斯的社会正义论的基本要求之一。对罗尔斯而言，公平的机会平等是对形式上的机会平等的改进。形式上的机会平等消除阻碍人们谋求工作或职务的形式上的和法律上的障碍，比如，种族，阶级，性别等等。而公正的机会平等则要求进一步地采取更多的措施（比如通过公共教育系统）去增加那些因为社会因素（比如家庭出身）而处在不利地位的人的机会。在罗尔斯看来，从道德的观点出发，这些社会因素是完全任意的，因为由出身的偶然性所带来的那些好处并非我们所应得的。罗尔斯的社会公正要求国家介入维持机

---

① 关于这种细微的区别，参见 Kymlicka, 1990, pp.52—53。
② Rawls, 1971, p.303.

会平等,除非不平等有利于最不幸者。①

罗尔斯邀请我们采用一种假设的原初状态来得出他关于社会正义的一般概念以及特殊原则。他用原初状态作为一种具有启发性的思想实验,以阐释他关于社会正义的观点。原初状态有两个主要特征。首先,在原初状态下,所有人在道德上都是平等的:他们同等自由,理性,并且能够理解善与正义的概念。② 其次,他们是相互之间漠不关心的个体。他们被虚构成对其他人的利益不感兴趣的人。结果,"每个人相互之间的关系都是**对称的**"③。这样,人作为平等个体的概念就反映在罗尔斯假定的原初状态的特征中,他认为这种状态规定了社会正义原则的公平的初始状态,也因此他将自己的理论命名为"作为公平的正义"(justice as fairness)。

儒家不能接受罗尔斯式的人的概念,他们也无法接受罗尔斯关于社会正义的一般概念,亦即平等地对待每一个人。儒家的确认为人类生活中有平等的一面,平等不仅具有道德上的重要性,而且也应该被维持:在儒家看来,这种平等意味着,每个人都值得被爱④。如我们已经提到的,"仁"意味着爱人。但是,儒家也认为人类有两类不平等也具有道德上的重要性。首先,个体在德性修养上程度各不相同。某些人更勤恳、更有能力,因而在修养中的成就也更大。儒家相信,其他条件一样的情况下,德性成就高的人应当得到更多的爱戴与尊重,亦即"尊贤"或"贤贤"。其次,人类并不像罗尔斯所预设的那样处于相互漠然的原初状态中。相反,他们总处在家庭和社会的联系中,因此他们之间的关系注定是不对称的。以我为中心来看,有些人是我的亲密的家庭成员,有些人可能和我成为亲近的朋友,有些人则只是疏远的陌生人而已。因此儒家会把这些不平等、不对称的因素看作是人类社会的重要道德特征,因此一种儒家的社会正

---

① Rawls, 1971, pp. 72—74.
② Ibid., p. 505. 这是基于罗尔斯人格概念之上的一个概括。罗尔斯认为道德主体拥有两种道德能力。首先,他们能够形成关于自己的善的概念。其次,他们能够拥有正义感。参见 Rawls,1971 p. 505;以及 Rawls, 1993, pp. 294—324。
③ Rawls, 1971, p. 12, 重点为笔者所加。
④ 值得一提的是,对儒家来说,对人的爱与对动物的爱不仅种类不同,爱的方式也不同。以下这个关于孔子的故事很有启发性:"廄焚。子退朝,曰:'伤人乎?'不问马。"(《论语·乡党》)参阅第20章。

义概念必须把这些因素考虑进来。的确,儒家的理论框架不仅为人类的平等、而且也为人类的不平等留下了足够的空间。尽管儒家"仁"的原则要求爱人(所有的人),但这并非要求一个道德主体要以平等或者相似的方式去爱每一个人。① 相比之下,儒学总是强调,爱人应当依循清晰明确的顺序、区别与差异。这并不是说爱所有人是不对的,而是强调爱有等差才是正确的方式。像爱亲密的家人一样爱陌生人是不对的,把圣人当普通人一样尊重也不合适。②

如前所论,儒家善的生活的核心是进德修身。修身从来不仅仅是个人的事情,而且包含着形成适合的人际关系、构建适当的社会机构——家庭,国家,以至天下——的要求:"身修而后家齐,家齐而后国治,国治而后天下平。自天子以至于庶人,壹是皆以修身为本"(《大学》)。这当然不是说,一个人如果碰巧生在不睦的家庭、无道的国家、或者生逢乱世,他就完全不能修身了。这里所强调的只是,个人的自我修养,不可避免地要与齐家、治国和平天下的行为相联系。儒家认为,对仁的生发和扩展而言,不同的人际关系具有不同的道德意义。比如,孟子为五伦规定了五种具体的原则:"父子有亲,君臣有义,夫妇有别,长幼有序,朋友有信"(《孟子·滕文公上》)。这些具体原则,是考虑到这些自然关系而从"仁"的原则里抽离出来的,构成了儒家社会正义的更为详细的要求。尤其值得注意的是,五伦中有三伦都属于家庭关系,这表明儒家社会是以家庭为基础、而不是以个人为基础的。对儒家而言,家庭是与社会的其他部分自然区别开来的一个自治单位(autonomous unit)。③

儒家显然不会反对形式上的机会平等要求,但罗尔斯的公平的机会平等原则对儒家而言却是难以接受的,因为这与儒家社会所看重的家庭自主发生矛盾。家庭自主的一个表现就是:家庭共同决定培养子女的方

---

① Chan, 1955, pp.8—9.
② 正是为了体现等差之爱和不同程度的尊重,儒家才对"礼"如此重视。礼就是在儒家共同体所共同接受和遵守的行为方式,无论是在家庭还是社会层面。这些礼为个体在具体情境下的恰当行为提供了具体的指导。如《中庸》所言的,"仁者人也,亲亲为大;义者宜也,尊贤为大;亲亲之杀,尊贤之等,礼所生也。"关于"礼"的意义和作用,可参见 Herbert Fingaretee,1972。
③ 在第3章中,我使用相对于"自我决定"(self-determination)的"家庭决定"(family-determination)来表述儒家传统下的家庭自主。

式,不应当受到国家的强制干预。① 很明显,家庭可以给他们的孩子带来很多的优势:私立学校,文化积累,安逸环境,出国机会,家庭教师,优秀伙伴,以及成功的榜样等等。这些都能在实质上提高孩子们将来在社会中寻求适宜职位的机会。然而,这些由家庭所带来的机会不大可能使那些因家庭因素而处于不利位置的孩子受益,既然罗尔斯的社会正义是主张公平的机会平等的,因而罗尔斯式的正义社会观点就会要求限制这种由家庭所提供的机会,而让每个孩子都拥有平等的人生前景,或者至少资质相仿的孩子应当具有平等的人生前景。

形成对照的是,根据仁的原则,儒家不仅允许、而且鼓励家庭为自己的孩子提供这种发展机会。爱有等差,一个人必须从爱自己家庭开始,优先考虑到自己的家人。并且,一个人应当努力工作而为自己子女的成长创造更好的环境,包括机会。当罗尔斯所要求的公正的机会平等不得不动用国家手段去限制甚至禁止父母们为他们的子女谋求更好的教育时,它就严重损害了儒家的"仁"。儒家的社会正义观点主张基于家庭的机会由家庭自主提供,而不是国家来强力推行什么"公平"的均等机会。儒家总是主张,一个实行"仁政"的政府应当轻赋税,目的是给家庭留下更多的资源以便于家庭照顾自己的成员,"王如施仁政于民,省刑罚,薄税敛,深耕易耨;壮者以暇日修其孝悌忠信,入以事其父兄,出以事其长上"(《孟子·梁惠王上》)。儒家坚决主张应当首先由家庭来承担为其成员谋福利的责任,这样的结果必然造成一些机会上的不平等,但这正是儒家正义认为合情合理的事情。

概言之,考虑在现实的人类状况下,平等和不平等的因素都有道德意义,儒家不认为从假设的平等状况引出社会正义原则是一种合适的做法。既然就道德条件而言人类事实上是不平等的,社会正义的一般观念就不应当是"平等地对待每一个人"。相反,不平等的对象就应当用不平等的方式去对待。对儒家而言,社会正义的目标是在不平等的人之间维持和谐关系。相应地,儒家式社会正义的一般概念就是和谐待人。这决不是

---

① 我这里的表述受到 James Fishkin 的研究的影响。他指出了自由主义正义论中一系列原则之间的相互矛盾:公平的机会平等原则、家庭自主原则、绩效原则(the principle of merit)。参见 Fishkin, 1983, pp.35—36。

说儒家不要帮助穷人或不幸者,但帮助并不以平等为目标。仁道(以及由它引申的具体原则)的作用就是引导天生并不平等的人群走向和谐共处。相对于罗尔斯的"作为公平的正义",儒家的社会正义观点可以标识为"作为和谐的正义"。①

四、自由民主制与儒家精英制

政治上,罗尔斯的社会正义观要求社会结构赋予每一个公民以平等的自由。这点反映在他的正义的第一原则之上:

第一个原则:每个人都有平等的权利具有可以与别人的类似自由权并存的最广泛的基本自由权。

第一优先规则(自由权的优先):正义的两个原则是按词典式的秩序排列的,因此只有为了自由权本身,自由权才能受到限制。(Rawls,1971,p. 302)②。[20]

粗略地说,公民的基本自由权就是政治自由权(选举权和有资格担任公职的权利)以及言论和集会自由、良心自由权和思想自由、人身自由和拥有(个人)财产的权利、按法治概念规定不受任意逮捕和拘押的自由。(Rawls, 1971, p. 61)。

对罗尔斯而言,"第一个原则规定所有这些自由权都是平等的,因为正义社会里的公民是应该拥有同等的基本权利的"(Rawls, 1971, p. 61)。根据第一优先规则,这些自由权也优先于其他的社会之善。

很显然,罗尔斯的平等自由原则及其优先地位自然会导向自由民主的政治制度。自由民主制有三个关键特征:首先,在政策制定、社会管理

---

① 的确,"和谐"(和)是儒家正义观点中的关键概念。比如,荀子就明白强调,公正作为平衡和谐比平等更重要。"故公平者,听之衡也;中和者,听之绳也。其有法者以法行,无法者以类举,听之尽也。偏党而无经,听之辟也。故有良法而乱者,有之矣,有君子而乱者,自古及今,未尝闻也。传曰:'治生乎君子,乱生乎小人。'此之谓也。分均则不偏,执齐则不壹,众齐则不使。"(《荀子·王制》)此外,和谐也构成行为主体一种良好品质。比如,如孔子提到的,"君子和而不同,小人同而不和"(《论语·子路》)。

② 在其后来的著作中(1993, p. 291),罗尔斯对正义的两个原则给出了更准确的表述。简便起见,我略去对不同表述的讨论,因为这并不影响本章的论证。

和选举过程中保障个人自由权利;第二,试图对不同的善的生活理念保持中立;最后,必须定期举行开放的竞争性选举,并且选举结果应该能真正改变政策或改变制定政策的人。然而儒家式的"仁"却对自由民主制的上述每一特征都有保留或有分歧。最终,能被儒家社会正义概念所支持的政治制度只能是儒家精英制,而非自由民主制。下面我将从不同的维度上探讨两种政治制度的区别。

五、自由主义的权利概念与儒家的权利概念

现代西方自由主义传统把人权理解为每个人平等的天赋资格(entitlement)。一个人对某种事物有权利意味着她可以直接主张对这个事物占有,而无须借助于他人的善良意志或者仁慈,也无须经由他人的同意。相反,他人有义务不去妨碍个人行使权利。总之,自由主义的人权是分配给每一个人的普遍权利,不论他们的道德如何、能力怎样、也不考虑性别、种族、阶级、文化、角色、地位等因素。关于这种权利的任何主张都以如下命题为前提:一个人有权要求自身合法利益受到保护,而不是被遏制。显然,儒家经典从未确认或者使用过这样一种人权概念。儒家原初的道德语言是一套关于德性的话语体系,其价值取向与自由主义的以权利为中心的话语体系相差甚远。隐含在自由权利概念中的基本价值是平等、独立以及坚持己见(self-assertion);而体现在儒家道德思想中的基本价值则是和谐、相互依赖以及为他人着想(others-regarding)。当我谈到自身权利的时候,重点是放在他人对我的义务之上,而不是我对他人的义务(虽然在很多情况下,前一种义务逻辑上包含着后一种义务)。相反,当谈到我自身的德性时,重点是我对他人有什么义务,而不是他们对我有什么义务(虽然通常后一种义务可以逻辑地推导出来)。对儒家而言,在亲密的相互关系中的个人不应当首先把自己看作是拥有权利的主体,在这个权利的基础上可以对其他人进行要求。相反,他们应该首先将自己看作是参与到一种相互依存和相互关怀的关系之中。在权利的话语体系之下,我们会倾向于把他人的利益看作是对自身利益的限制,而不是把他人的利益看作是我们自身承诺的对象,看作是我们应当竭力维护与提升的东西。更重要的是,儒家的德性观必然包含着对人类善的生活

的某种理解,而自由主义的权利却是个体权限,与任何共同体主义的善无关。

由于以上的差异,儒家很难简单地将罗尔斯的自由主义人权概念纳入其所构想的社会正义观念中。事实上,一直以来关于儒学是否与任何普遍人权相容的辩论从未间断过。持否定立场的观点认为儒学是一种纯粹的关系导向的和以角色为基础的道德思想,因而它不可能容纳任何无条件的、普遍的义务或权利。① 相反,另一种立场认为儒家思想不是一种单纯的关系导向或以角色为基础的道德思想,仁也要求某些非关系场合下的道德行为,因此,儒学能够容纳普遍人权。② 我认为这一辩论的双方都错失了关键问题。问题的关键不是儒学能否容纳权利概念,而是儒学能否容纳自由主义个人主义的权利概念。虽然自由主义通常主张人权是普遍的,但无论是从社会学上看,还是从认识论看,都不存在这样的东西。

很明显,儒学与人权的自由主义观点是不相容的。这不是因为儒家缺乏人格概念——儒家确实有这样的概念。很难相信儒学是一种完全依从关系的道德体系,其中不包含任何所有人都要遵从的一般道德义务。事实上,儒学确实包含面向所有人的道德原则,例如众所周知的忠恕之道就是这样一种原则:"己所不欲,勿施于人。"(《论语·颜渊》)

儒家与自由主义人权观不相容,是因为儒家不能接受绝对化的道德原则主义和个人主义,而后两者恰恰是自由主义的人权概念的特征。人权作为一般的道德原则能够也应当成为人类行为的指导原则。但是它应该和一些具体的实践、礼仪或规则配合起来起作用,而不是像自由主义所要求的那样成为绝对、包括一切的、唯一的规范或者主人规则(master rule)。对儒家而言,在一般的原则之外,还应当有具体的规则来引导人们作出正确的行为。如果认为一个人有个人自由的权利就意味着他可以做任何他想要做的事情,只要不妨碍他人就行,那么在儒家看来,这是一种极端化的错误立场。此外,儒家不能接受自由主义权利的鲜明的个人主义色彩。对于自由主义者而言,权利的价值就在于其自身,与任何家庭

---

① 安乐哲似乎是第一个主张不相容论点的哲学家,参见 Ames, Roger T., 1988, pp.199—216。或者参见 Rosemont, 1988, pp.168—177。也可参见 Peerenboom, 1993, pp.29—57。
② 关于这种立场的代表性观点,参见 Joseph Chan, 1999, pp.212—237。

和共同体的共同善(common good)都无关。在作为以德性为导向的儒家道德体系看来,离开对人类善的生活追求来设想这样一套个人主义的自我主张的工具,是不合情理的,或者说是缺乏道德关怀的。

但这并不意味着儒家思想与任何人权概念都不相容。基本的人权概念并不一定要像自由主义那样带有很强的原则主义和个人主义的色彩。相反,权利可以仅仅被狭义地规定为:如果一个人(P1)可以对另一个人(P2)主张其对 X 的权利,那么另一个人(P2)或者有义务向 P1 提供 X,或者至少在通常情况下不要剥夺 P1 对 X 的权利。然而,从这种最小意义上的基本权利出发,我们并不必然能得出结论说,权利应当作为"王牌"原则来支配、甚至代替指导日常行为的具体规则。相反,权利应当仅仅作为最后手段(fallback apparatuses)来起作用,以防止事态恶化。而且,基本权利概念也并非必须和共同善或社群利益切割清楚。这样一来,儒家思想不仅可以容纳基本权利概念,而且将从这一概念中受益。

简言之,构建儒家的权利体系意味着在已有的以德性为中心的、**关心他人**的话语体系中增加最小限度的**自我主张**的权利话语。在儒家看来,虽然绝大多数人类生活中至关重要的关系不能从个人出发而得到构建,个人权利也不是善的生活的理想和归宿,但是个人权利可以作为必要的最后手段来保证个人的合理利益不受剥夺,特别是在德性不能起作用的情况下①,例如在某段恶化了的关系中②。换言之,即使在德性完善的社会中权利不是必要的手段,但在德性衰退的情况下,权利却是必要的制度,因为个人需要以权利为名而使得他人尊重自己的正当利益和要求。③

---

① 参见 Chan, J., 1999。
② 例如在家庭暴力的情况下,就可以诉诸个人权利来保护受到虐待的家庭成员。
③ 在其开创性的著作中,Joel Feinberg 论证说虽然权利和义务是逻辑相关的一对概念,但是权利负载者更多义务概念所不具有的深刻含义。"拥有权利使我们可以站在他人面前,直视他人的眼睛,从根本上感到自己和任何人相比都是平等的"(Feinberg, 1970, p.249)。也许确实如此,儒家学者也无意争论是否权利必定带有多于义务的道德意义。但问题的关键是权利的基础是什么?像其他自由主义者一样,Feinberg 似乎预设而不是证明了拥有自然权利的独立自主的抽象个人。因而他的论证也不能免于麦金太尔的批评:"根本没有这样的权利,相信权利是自然事实与相信巫术或者独角兽存在没有什么区别"(MacIntyre, 1984, p.69)。对于儒家而言,权利必然是源出于德性的,并植根于其中。

因而，我们可以将儒家式权利规定为保护个人正当的基本利益的道德(甚至法律)吁求。那么，在儒家看来，基本正当利益又包括哪些内容呢？我认为，这个问题可以在儒家德性观的基础上得到解答。换言之，儒家学者可以也应当从儒家的德性概念推导出儒家自己的权利概念。首先，虽然儒家的德性意指的是品格，并且不能完全还原为义务，但是每种德性也确实包含着一系列个人必须承担的义务。我们甚至可以说，一个道德主体越好地履行其义务，他的德性也就越高。其次，在德性行为中这些义务并不是同等重要的。某些义务可能比另外一些义务更重要，以至于它们构成了实现德性的必要要求：如果一个人不能履行某些特定义务，那么他也就不能被看作是具有某种特定德性的。而且，如果义务所指向的对象是特定的人，那么这个义务也可以反过来看作是相关的那个人的权利。我们可以儒家的核心德性——孝——为例略加说明。孝意味着孝子必须对其父母尽到许多义务，如照顾父母的生活(尤其是当父母年迈时)，照顾他们的身心健康，让他们快乐，并且还有在父母死后好好安葬、定时祭拜的义务。假设照顾年迈父母的生活被视为孝道的必要义务，那么父母就可以把得到这种照顾当成他们的权利。这样，就可以基于儒家德性体系来制定出儒家权利体系了。

这种将权利纳入儒家社会正义观的方式是以德性为基础、自下而上、以具体情境为中心的策略，不同于自由主义以权利为基础、自上而下、固执于一般原则和理念的框架。例如，仁的原则要求普爱，但"爱有等差"：在儒家道德推理中，具体因素相对于一般概括具有优先地位。虽然儒家也以一般道德要求和德性来指导个人的行为，但儒家首要的道德教导是，行为主体必须在以关系为中心的情境中学习和实践这些道德要求与德性。[①] 因此，即使我们不去排除在儒家一般德性概念的基础上建立与身份或关系无关的一般人权的可能性，儒家权利体系也必然会侧重于特殊的、与主体相关的、植根于环境的、基于身份的、与具体德性相应的权利。这是因为与一般的自由主义权利(比如自由权或财产权)相比，儒家权利体系有着双重效应，既起到保护人的本质权益的作用，同时也有助于防止

---

① 例如《中庸》就是联系具体关系的情境而来解释忠恕之道的："所求乎子，以事父未能也；所求乎臣，以事君未能也；所求乎弟，以事兄未能也；所求乎朋友，先施之未能也。"

九　社会责任的根源：罗尔斯的正义论与儒家的社会公平观　143

可能出现的"滥用权利"的情况，例如，过度主张个人权利而侵蚀人与人之间的亲密关系。

在这里，笔者无法详尽列举儒家权利，因为完成这项工作需要认真考虑过所有主要儒家德性以及相关的人类本质权益。但我可以给出一些明显的事例。如之前已经论证的，基于孝道，父母有要求成年子女赡养的权利。事实上，这项要求已经在传统中国社会的法律实践中实行几千年了，尽管没有明确诉诸"权利"这个术语。而且，无论是中华民国法律（生效于 1911 年）还是中华人民共和国法律（生效于 1949 年）都记载了这项权利。实践中，这意味着如果子女拒绝赡养，父母可以要求由公权力强制子女支付赡养费。① 又例如，相比于一般地谈论自由言论权，儒家学者更感兴趣的是这一领域中的一些特殊权利，比如批评政府政策的权利。② 最终儒学不会赋予某些伤风败俗的行为以权利，比如制作、传播和观看色情资料的权利（a right to pornography），即使这些行为并不直接妨害他人③。做错误的事情或品德败坏的事情的权利在儒家体系中是无法想象的，因为德性是以善的生活与正确的行为为目的的。

可见，儒家的权利体系与自由主义的权利体系差别极大。在儒家体

---

① 除了亲子关系，其他的亲属关系也包含一些特别的权利和义务。比如，在中国传统的法律体系中，家贼和普通的贼是区别对待的。关系越近，惩处越轻。关于这个问题与其他相关法律问题，参见 Ch'u, T'ung-Tsu, 1961。

② 有人可能会怀疑从儒家的德性体系引申出一个权利体系的可能性，因为很难知道哪种义务对某个特定德性而言是必要的义务。我并不认为有这么困难。我们可以设置一种普遍的操作规则来确定哪些原则是必要，具体而言，如果一种德性的义务如此重要以至于如果我们不能将之作为必要的义务来要求而以法律的力量来强制的话，在德性衰退的情况下，我们的合理权益将遭到严重损害，那么这项义务就可以被确立为必要义务。例如，儒学强调，政府官员必须训练培养的德性是"仁"。这种德性包含着许多必要义务，如《论语》记载的："子曰：'庶矣哉！'冉有曰：'既庶矣。又何加焉？'曰：'富之。'曰：'既富矣，又何加焉？'曰：'教之。'"（《论语·子路》）"道之以德，齐之以礼"（《论语·为政》）；"不教而杀谓之虐；不戒视成谓之暴；慢令致期谓之贼；犹之与人也，出纳之吝，谓之有司"（《论语·尧曰》）；"政者，正也。子帅以正，孰敢不正？"（《论语·颜渊》）"躬自厚而薄责于人，则远怨矣"（《论语·卫灵公》）；"天下有道，则庶人不议"（《论语·季氏》）；此外，应当允许对国家政策的批评，"如不善而莫之违也，不几乎一言而丧邦乎？"（《论语·子路》）"举直错诸枉，则民服；举枉错诸直，则民不服"（《论语·为政》）。可见，不止一种必要的义务可以从作为德性的仁政之中推导出来。并且其中至少有一种义务是允许对政府和政府政策进行批评的。中国历史已经不止一次证明，给人民以这样的权利是必要的，使他们不会担心被政府报复和迫害。为了保护人民的基本利益，避免不仁的政府所导致的社会灾难，这样的权利尤其重要，应当立法予以明示。

③ Chan, J., 1999, p.232.

系里,拥有权利的个体仍然被看作是置身于相互依赖的家庭关系中,并且以一种平衡的方式同时追求自身利益和共同体的共同善。因其所采用的"从道德到权利"的策略,儒学与自由主义者(其所持策略为"从权利到义务")之间存在着很大的分歧。因而,虽然儒家学者与自由主义者可能都同意保护个人权利是实现社会正义的必要环节,但他们各自以"个人权利"所意指的东西却可能是大相径庭的。

最后,儒家学者可能会质疑罗尔斯赋予权利与自由的优先地位(亦即,与其他善相比,它们是首要的善)的合理性。虽然儒学学者也一般赞成权利的优先性,但他们并不认为权利占有任何绝对的超越地位;相反,人们总是需要在权利和其他善之间达成某种平衡。同时,这也不意味着每一种权利或自由都具有同等的重要性,并且在任何条件下都凌驾于其他价值之上。

举例来说,罗尔斯认为每一个人都自由"占有并独立支配个人收入",而且他强调这"属于个人基本自由权"。① 即使儒家学者能接受这样一种权利,这种权利也必须受到家庭财产共享的限制,以及其他的善的限制。以当代新加坡的颇具儒家色彩的强制储蓄制度为例。在此体制下,新加坡公民需要把个人收入的40%存入中央公积金,以用于医疗、住房与高等教育的开支。除此之外,这些储蓄不能用于其他目的。② 显然,这种强加于自由之上的限制并不是为了其他自由的目的,而是为了某种安定的善的生活。这样一来,这种制度至少在两个方面超出了罗尔斯的正义论:首先,罗尔斯的正义原则规定只有为了自由权本身,自由权才能受到限制;然而在强制储蓄的制度中,公民的自由权是因为其他善的目的而被限制的。其次,这种作为目的的善——亦即社会保障——在罗尔斯的体系中甚至不能算作社会基本善。那么,新加坡人将保障置于基本自由权之上的做法错了吗?儒家的答案是否定的,因为在儒家看来,无论基本权利与自由多么重要,它们绝非在任何情况下都优先于其他价值。

---

① Rawls,1993,p.298;1971,p.61.
② 参见 M. Asher, 1995。

六、中立与非中立

本章第二节已经提及,罗尔斯主张,自由主义的个人权利与社会正义应当独立于任何特殊的善的生活的观念而得到阐释,因为正当(或正义)优先于善。罗尔斯自由主义认为人有权自主抉择道德观念、宗教信仰或者人生计划,自由民主国家必须赋予个人以自由选择的权利,包括选择错误的或糟糕的东西的权利,只要他的选择不直接妨害他人就行。在自由主义的视角下,社会共同的善只能理解为一般的工具性善,比如罗尔斯意义上的基本善。因此,为了公平对待每个人,自由民主国家应该对不同的善的生活的观念保持中立态度。当然,自由主义者很清楚公共政策通常会对不同生活方式造成不同的影响。因而,他们所主张的"中立"就是政府不应当使用法律或其他国家策略来促进或压制任何一种特殊的生活方式。

相反,儒家把个体生存看作是动态的过程①:出生、童年、青年、成年、老年、衰老与死亡。人有向善的潜能,但没有预先给定的现成本质。因而,儒家传统中的人没有做坏事的权利,因为只有通过学习与实践德性,一个人才能成为一个真正的"人"。相应地,国家也就有责任采取积极的策略来帮助个体培育德性与发展潜能。当然,儒家明白德性不能通过强迫产生。然而采取积极的手段去启发或激发人们向善,并无不妥。对儒家而言,政府的一项重要职能是帮助个人形成适宜的人际关系,特别是家庭关系,以此来促进德性。一个儒家式政府不会试图保持中立,相反,它应当积极制定相关的公共政策,以加强与促进适宜家庭关系与人类关系的发展。

七、选举与考试

自由民主主义者支持"民治"(rule by the people)。自由民主国家通过一种定期的、开放的对公共职位的竞选,以显示其社会的特征,如责任

---

① 参见 Li,1999。

感、透明度、平等的政治参与机会。罗尔斯的平等权与自由权中包括这种**平等的**民主参与权:"对政府职能部门,享有选举权与被选举权。"

与之形成对照的是,儒家社会具有实行精英管理的传统,是智者统治(rule by the wise)。正如我们已经讨论过的,儒家充分意识到人类不平等的道德意义。在儒家看来,人类个体之间始终存在着才智与德性上的差别,这种差别应当成为社会分工的基础。一种公平的社会秩序应当建立在这些差别的和谐统一之上。试图强行拉平这些自然存在的不平等,只会使理性的社会分工瓦解,使自然的秩序陷入混乱。因此,儒家认为社会的公共职位应当只对那些具有适宜的德性和能力的人开放。无德之人不应该得到荣耀,无能之人不应该被国家任用,无功之人不应该受到奖赏。① 用今天的话来说,一个合格的政府官员必须聪明睿智,适应时势,有长远发展眼光,且热心于公众事业。但这样的人可能在民主选举中不会获胜,因为选举者的抉择常受他们的眼前物质利益所影响,而政客为了赢得选举,必须迎合大众的当前利益。这样,我们迫切地需要重新考虑传统儒家社会所实行的科举制。在这种体制下,只有那些通过一系列考试展现出其深谙儒家经典与道德的人,才有机会进入政府高级职能部门。清代早期杰出的儒家学者黄宗羲(1610—1695)较系统地拟定了这种考试体制。他的部分提议可以看作是建议建立一个学者-官员的精英议会(黄宗羲:《明夷待访录》)。

最近,贝淡宁着力于研究黄宗羲的最初计划,建议那些现代的,具有儒家特征的特殊民主国家应采取两院制议会:下议院由人民民主选举的代表组成,上议院由通过考试的精英人士组成。② 他想通过这种两院制

---

① 《荀子·王制》对此有详尽的讨论,"王者之论:无德不贵,无能不官,无功不赏,无罪不罚。"

② 贝淡宁首先在他的一篇文章(Bell, 1998)中以"儒家民主"(Confucian democracy)的名义提出了这种设想。在他的书(Bell, 2000)的第三部分中,他进一步发展了相关议题,并将之命名为"有儒家特色的民主"(democracy with Chinese characteristics)。我认为我们应当认真考虑将这个建议实行于中国社会的可能性。比如,在中国大陆,中国人民政治协商会议可以塑造为通过考试选拔精英的上议院,而人民代表大会则可以塑造为通过民主选举代表的下议院。最后,蒋庆在其政治儒学中设想过一种三院制的立法机关。对其论证的一个批判性讨论,请参见范瑞平,2008。

议会来吸取民主主义和精英主义的优点。除了众多的针对如何组建一个适宜的精英议会的实际问题之外，一个重要的问题是如何解决如下障碍：倘使多数上议院成员与下议院成员持相反观点将会怎样？儒家当然会赋予精英议院优先权来否定那些民主选举代表的观点，因为孔子认为只有知识精英成为政府官员才有那种道德与眼光，从长远发展的角度来保证人民良好的生活水平。

总而言之，儒家社会正义观所支持的政策体制，如基于儒家道德所发展起来的儒家权利，和政府所持非中立政策以促进和谐美好的生活，以及两院制议院中由通过考试的社会精英所组成的议员享有的特权，皆表明其政策体制是一种儒家德性统治政体，与罗尔斯主义社会正义观所支持的自由民主政体十分不同。

八、契约论中立与私有制经济

社会正义要求何种社会经济体制是另一个相当重要的问题。社会正义需要一个基于私有制的自由市场经济吗？或者是否社会主义制度更合适？又或在与市场体制相关的范围内，社会正义对私有制和公有制经济是否应当保持中立的立场？罗尔斯实际持有的是最后一种观点。对此，他提出了两个主要主张。首先，无论私有制还是公有制都必须采取市场机制作为有效的分配手段。其次，社会正义可以就选择私有制还是公有制的问题保持中立。相应地，他希望他的社会正义论能一样适用于公有制和私有制经济[1]。然而，不清楚的是罗尔斯的这些主张是否能从他的契约论立场上得到内在一致的辩护。[2] 然而无论如何，这种中立的立场都是儒家的社会正义观所不能接受的。儒家的社会正义观必然要求实

---

[1] Rawls, 1971, pp. 273—274.
[2] 如 John Gray 所发现的，"因为集体所有制必然伴随着某种建设性的理想，并将之强加于所有成员之上，所以正义观念已经预先排除集体所有制。当一种文化中同时包含着自由和非自由的生活形式的时候，我们缺少可以维持这样一种理想的重叠共识。"参见 Gray, 1989, p. 187。因此 Gray 总结说，罗尔斯式的契约论把中立错置于一个价值多元化的环境中，而后者恰恰塑造了罗尔斯的问题。对 Gray 来说，罗尔斯的契约论立场必然导致私有制。

行家庭私有制经济,因为除此以外,儒家"仁"的原则无法得到完满实现。

儒家和罗尔斯一样,也认为自由市场机制对正常的社会生活而言是必不可少的。孟子为这一主张提供了一个经典的论证。首先,孟子发现人们会自发地从事不同的工作,"或劳心,或劳力"(《孟子·滕文公上》)。有些人种植谷物,有些人纺织布料,还有些人制造工具,而那些种植谷物的人不能在不耽误耕作的情况下,自己纺织布料或制造工具。同时相似的限制也可在那些从事纺织或制造的人观察到。因此不可避免地,人们需要交换他们的产品。

其次,正如孟子所观察到的,事物的一种本质特征即是它们具有不同的价值。"夫物之不齐,物之情也。或相倍蓰,或相什伯,或相千万。子比而同之,是乱天下也。巨屦小屦同贾,人岂为之哉?"(《孟子·滕文公上》)既然人们明白不同的事物具有不同的价值,因此儒家认为应该存在一个自由市场,其中物品的交易价格应由人们通过商讨来自愿确定。简而言之,由于事物的本质差异与社会的必要分工,自由市场也就呼之欲出了。

至此为止,儒家与罗尔斯的正义论在经济问题上立场还没有太大的区别。关建的分歧是儒家的"仁"的原则所要求的不仅仅是自由市场机制,而且要求私有制。罗尔斯可能会问道,为什么"仁"的原则不能与公有制相契呢?我认为答案是对于儒家来说,只有私有制经济才能体现仁爱。同样是孟子为这一主张提供了一个经典的论证:

> 民之为道也,有恒产者有恒心,无恒产者无恒心。苟无恒心,放辟邪侈,无不为已。及陷乎罪,然后从而刑之,是罔民也。(《孟子·滕文公上》)

又如:

> 焉有仁人在位,罔民而可为也?是故明君制民之产,必使仰足以事父母,俯足以畜妻子,乐岁终身饱,凶年免于死亡。然后驱而之善,故民之从之也轻。今也制民之产,仰不足以事父母,俯不足以畜妻

子,乐岁终身苦,凶年不免于死亡。此惟救死而恐不赡,奚暇治礼义哉？(《孟子·梁惠王上》)①

有恒心意味着具有追求善的生活的志向,具有一份行为正确磊落的意愿。孟子认识到除非拥有稳定的足以供其自身生存及维持家庭的财产,否则人心就不会安定,这是普通人的本性。而在没有一定的私有财产的情况下,人们很容易受引诱而作出不道德的事情来。

这本来是一个经验论断。也许有人会怀疑这个论断的必然性;为什么与私有制相比,公有制经济体系会引发更多不道德的行为,甚至引起悲剧性的结果呢？他们会争论说,只要人民能够获得足够的和适宜的福利的话,他们就会感到满足并有心向善,这与是否拥有私有财产无关。然而,这种观点忽略了生产问题。在产品生产出来之前,没有任何福利可供分配,但是,产品生产涉及一系列复杂问题,例如选择、计划、动机、管理及成效。二十世纪的历史表明公有制经济处理这些问题时有无法逾越的障碍。结果这些国家的人民无法获得足够的福利,正如他们无法生产足够的适宜产品一样。

---

① "恒产"即不动产。在传统语境中,"产"主要指土地和房屋,亦即人们可以拥有的大宗资产。在中国古代,所有土地名义上属于统治者,"天子"。孟子关于土地分配的理想是"井田"制,一种以家庭为基础的分配制度,可能在商、周朝被采用过。据《孟子》的记载,井田制可能是如此设计的:"方里而井,井九百亩,其中为公田。八家皆私百亩,同养公田。公事毕,然后敢治私事,所以别野人也。"(《孟子·滕文公上》)在这个理想体系中"公田"和"私田"的界限是非常清楚。所有的田地形式上都属于天子,因而不能自由买卖。有人可能认为孟子本意是要恢复井田制,而既然井田制下的土地不能买卖,"恒产"就不能意指"私有财产"。但我们需要认识到,在孟子时代,原有的土地制度已经打破,农民开始耕种未开垦的土地并出售给他人。像孟子一样的儒家学者开始讨论农民如何正当地拥有自己的土地("耕者有其田"),以及为谋生而拥有其产品而不被政府的赋税盘剥的问题,其重点是放在"为民制产"上面,而不是公有制上面。所以,我认为将"恒产"看作"私有财产"能更准确地表达恒产的意思。有关讨论,可参见牟宗三,1988。关于当代中国对井田制的争议,参见 Levenson, 1960。当然,还需要加上一个重要限制:大宗私有财产(像土地和房屋),更多的是以家庭为单位拥有的,而不像西方通常认为的那样,是由个体拥有的。此外我们需要小心如下两个常见误解:1. 在从西方舶来之前,中国历史上没有以私有制为基础的市场经济;2. 儒家传统不支持私有制和市场经济。正如赵冈和陈钟毅的扎实而详尽的研究所揭示,中国的私有制早在两千多年前的战国时代就已经形成了(参见赵冈,陈钟毅,1991)。孟子之前的儒家学者也许还会支持公有制——土地的井田制度,但孟子之后的大多数儒家学者已经开始积极支持私有制和市场机制。确实,如赵冈和陈钟毅所提示的,孟子"为民制产"的主张促进了土地的私有化(参见赵冈,陈钟毅,1991,第5页)。私有土地是中国历史中最主要的土地所有权制度(参见赵冈,陈钟毅,1996,第19页)。

中国近几十年的历史可以看作是孟子的观点一个充分的佐证。在极左时期，人民被禁止拥有土地或生产工具，他们甚至被禁止消费任何"奢侈品"。然而，低效、懒惰、怠工以及浪费成了中国工业建设中的日常问题。更糟糕的是，欺骗、偷盗与腐败之风蔓延到整个社会。中国人民应该永远不要忘记20世纪50年代末那场所谓的"大跃进"运动中所发生的一切：政府强制对所有资产实行绝对的集体制（或者公有化），且试图通过在人民公社中实行"大锅饭"而使人民生活水平趋于一致。结果是饥荒和成千上万人的非正常死亡，造成令人难以置信的悲剧。

如前所引，在孟子看来，一种剥夺人民私有财产和生活资源的制度将无可避免地导致社会的道德恶化，同时也导致人们不道德行为和犯罪行为的增加。如果政府接着调查并处罚他们，那就等同于陷害人民。孟子会问，在"仁"的原则下，像这种政府陷害人民的事情的发生是合乎情理的吗？（《孟子·梁惠王上》）因此，"仁"的原则必然要求私有制经济。

需要强调的是，这里孟子的道德推理方式并不是功利主义的。孟子并没有主张说私有制经济将使社会效能或利益最大化，这并不是孟子主要关心的问题。他的论证不如说是一种所谓的避难（disaster-avoidance）论证：如果私有财产被剥夺或禁止，那么将导致道德的和社会的灾难发生；为了避免这种灾难，必须采用私有制经济。① 由于"仁"的原则需要避免这种灾难，所以儒家也要求建立私有制。

儒家所提倡的私有制及私营经济在西汉的《盐铁论》中得到生动的展示。《盐铁论》记载了一次发生于公元前81年儒家学者与信奉法家的官员针对当时所采用的经济体制和财政政策的辩论。法家官员支持政府实现对盐、铁、酒和铸币的垄断专营，以及"平准均输"政策。他们论证这些措施是政府保证税收和抗击匈奴的必要手段。同时，政府通过对这些工业的直接控制，能够使人民不受富商大贾的剥削。与之相对，儒家学者则认为中国应与其他国家建立和平关系，而不应掠夺邻邦领土。此外，他们指出政府的垄断专营是腐败与恶政，它会迫使人民使用劣制盐和铁，有时甚至不得不陷入完全匮乏的状态。简言之，儒家学者认为人民有权使

---

① 对于避难论证及其与功利主义原则和罗尔斯式原则的区别，参见 Kavka, 1986, Section 3, Chapter 5s.）

用自然资源以自利,而政府不应以获取物质利益为其管理动机,永远不应当"与民争利"。①

九、结论

罗尔斯实际上是以很谨慎的态度对待正义论的应用的。在他的后期作品中,他明确指出他的理论只是意图为民主社会提供一个正义的政治概念。一个自由民主的社会应该允许"理论分歧,允许现有社会的成员持有多元的、相互冲突的、实质上不可通约的关于善的生活的观念"②。罗尔斯并不否认,他的理论"仅仅依赖于局限在宪政民主制度的政治体制中某些直观的想法以及关于这些体制的诠释传统"③。他相信,他所提供的是一种政治自由主义概念,这种概念使得"为自由平等的公民——这些公民为不可通约但同样合理的宗教、哲学和政治教条所分离开来——建立一个稳定的、正义的社会"这一设想成为可能。④

显然,谈到"现代民主政体"时,罗尔斯已将当代西方社会和历史条件考虑在内,这些条件"与宗教改革后的宗教战争和随后宽容原则的发展,以及宪政政府和大规模工业市场经济体制的成长有着密切关联"。⑤儒学作为一种特殊的东方形而上学和道德学说,不受这些社会和历史条件的影响。由于一直并且仍旧在东亚社会中有着很大的影响力,儒学成了影响这些国家的道德、政治和经济发展方向的重要因素。因此,探讨和比较儒家社会正义观和支配当代西方社会的自由主义的社会正义观,具有重要的理论和实践意义。

本文阐述了罗尔斯和古典儒学在社会正义问题上的几个基本分歧和对比。对罗尔斯正义论的一些预设(例如,作为正义原则的基础的善的形式理论,对人人平等和机会平等的强调,对个人权利和自由及其优先性的阐述,以及对经济体制的中立立场),儒家都不能苟同。基于这些分歧,我

---

① 《盐铁论》。
② Rawls, 1985, p. 225.
③ Ibid.
④ Rawls, 1993, p. XVIII.
⑤ Rawls, 1985, p. 225.

们应该能够得出结论,罗尔斯的社会正义理论对深受儒学影响的国家而言,并不是一种适宜的指导理论。儒教国家应当重新考虑建立一种与儒家传统信念和价值相契的社会结构的优势之所在。① 如果将罗尔斯主义强加到这些国家上来指导其未来的社会和政治发展,将会是一种恶。

---

① 无疑,儒家道德教诲的本质保留在大多数东亚人的日常生活中。儒家文化两千多年来的广泛影响既不可能被牵强的反儒学政治运动所根除,也不可能被激进现代知识分子的攻击所摧毁。具有讽刺意味的是,很多现代中国知识分子想要消除儒家文化影响的努力,反而常常伴随着一种对儒学价值的"无意识"的肯定和确认。很不幸,很多人没有能够区分开简化的、政治化的和扭曲的儒家思想(那是由专制王朝的极权主义统治者所繁殖的思想)与本真的儒家思想(那是由智慧的中国思想家所开创的及广大人民所实践的)。中国的历史和现状就不同于西方。更进一步说,现代西方自由主义民主并不是值得捍卫的唯一政体版本。留给当代儒家学者的重要工作,就是重构儒家资源以解决我们今天所遇到的伦理、政治和经济问题。

十 善的生活与医疗正义

一、引言

流行的社会正义理论致力于发展各种版本的平等主义、功利主义、再分配主义和罗尔斯主义[①]。这些理论既提供了一般正义概念,也提供了关于医疗保健正义的具体观点。本章将考察这些正义理论的一个共同特点,即尝试建立一种与个人对善的生活的具体理解相分离的正义概念。我把这种特点称为"蓄意分离"(an intended separation)。具体而言,这些理论都试图"不设前提"地建立自身的正义观念,从而独立于任何具体的宗教、形而上学、意识形态或善的生活的观念。他们都认为自己的正义原则能够容纳所有那些可以合理持有的善的生活观念,即使这些观念相互处于不可调和的冲突之中。相应地,他们也都认为自己的正义观念应该被当代多元社会里所有理性的个人和社群所接受。

本章将表明,通过"蓄意分离"的主张,当代正义理论不再像启蒙运动(Enlightenment project)那样热衷于建立综合道德体系的宏大计划。启蒙运动的目标也不仅仅是为社会结构提供正义或正当的证明,而是试图通过可靠的理性论证来建立一个综合的、典范的、普世的道德体系来规范社会结构和个人生活。但是当代的启蒙计划最终没有能够以理性的方式建立起可靠的综合道德体系。[②] 因为理性论证要么诉诸未经证明的前

[①] 这篇论文使用了广义的社会正义概念,即从整体上看,它是一个考虑到一切价值的并且在道德上正当的社会。因此本文将交替使用"正当"(rightness)和"正义"(justice),而不作分别。关于广义的社会正义和狭义的社会正义的区别,参见 Frankena,1962,pp.1—3。

[②] 参见 Macintyre,1984,1988,1990。

提,要么进入循环论证,要么陷入无穷后退。① 鉴于启蒙计划的失败,当代正义理论放弃建立一个综合的道德体系,仅仅满足于为政治的、宪政的和一般社会结构和经济安排提供指导,而不涉及善的生活观念。如果说启蒙运动试图通过(并且只通过)理性来揭示人类生活中的正当与善,那么当代正义理论所关注的就仅仅是社会结构的正当性。换言之,当代正义理论的前提就是正当与善的分离。

本章将以医疗保健为例说明这种蓄意分离并不可行。虽然分离的用意或许是好的,但在实践中它不能奏效。第二节将论述当代正义理论是怎样在对任何特定的善的生活观念保持中立的情况下,来为医疗保健的分配问题提供实质指导的。第三节将表明,当代正义理论的蓄意分离主张,相对于启蒙运动的道德计划,是一种后退。第四节将阐述罗尔斯对机会所作的形式定义并不像表面上看起来那么缺乏实质内容,相反,它包含着对正常机会与异常机会的一个实质区分,而这个区分与特定的善的生活理解明显相关。在前四节的基础上,第五节得出初步结论:当代正义理论并没有如他们所声称的那样分离了对善与正当的思考,因为他们对正义的解释已经不可避免地包含对善的生活的具体理解。

以上探讨将为人们正确理解儒家社会正义观点提供启发。几千年来,儒学都是东亚地区最有影响的伦理传统。但自上世纪以来,儒家传统被贬低为落后的封建意识形态,无法为当代社会发展与进步提供有效指导。中国激进知识分子主张完全抛弃儒家,认为儒家建立在传统的善的生活观念之上,而这种"旧"的观念与"新的"、主张进步的价值观和善的生活观念不相容。② 近年来,东亚一些学者也跟从西方学者,试图发展出一种摆脱了传统"束缚"的正义观念。当代西方正义理论,特别是罗尔斯主义,广受关注。但如果当代的正义观念实质上也并非脱离了所有具体的善的生活观念而独立证成的话,那么关于当代西方正义理论比传统道德理论更合理的主张就是可质疑的。相应地,东亚学者必须重新审查当代西方理论和儒家思想的优缺点,重新考虑究竟哪一种正义论更适合于东亚社会。

---

① Engelhardt, 1996.
② Tu, 1979, pp.257—269.

第六和第七节将给出儒家的社会正义观,并讨论它对医疗保健分配的道德意蕴。这两节将表明儒家所诉诸的是一种同时规制社会结构和个人生活的目的论的理论框架。因为儒家正义观与特定的善的生活观念紧密联系在一起:我们不可能分离两者,而同时还能保留完整的目的论结构。对儒家而言,善的生活必然是正义的,正如正义的社会必然是善的。儒家的综合而目的论的正义观念与当代西方立足于善与正当的分离的正义观念是正相反对的。

本章的结论是当代正义理论并不比传统儒家学说具有更高的普适性。传统儒家学说和当代正义理论的一个重大的差别就是他们对正当与善的关系持不同立场。儒家承认正义理论必然要关联到一种特殊的善的理论,相反,每一种当代正义伦理都主张正义概念应当独立于任何具体的善的生活观念。但事实上,每一种当代正义理论都已经偷偷地诉诸于某种来源于特定传统、宗教和意识形态的善的生活观念。虽然这些被偷运进正义理论中的善的观念多半已经被稀释甚至已经被拆碎了,但它们仍然保留有实质内容,而不是纯粹形式的概念。所以某些流行的观点——当代正义理论是形式的、普遍的与任何具体的善的观念无涉——不过是错误的印象而已。相应地,我们也需要重新思考下列问题:五四以来的中国激进知识分子为中国选择的道路是否真的适合中国？东亚社会是否必须接受某种当代正义理论来指导其运作,比如,指导医疗保健分配？

二、当代医疗正义理论:善与正当的分离

一个国家应当如何安排医疗保健制度才称得上是正义的呢？这个问题最近几十年来一直是热门话题。基于不同的正义理论,人们给出了很多相互冲突的答案。不同版本的平等主义、功利主义、再分配主义、罗尔斯主义都参与到对医疗保健正义的定义中来。[1] 强的平等主义要求国家保证所有的人都能得到同等水平的医疗护理[2],并且所有人都应当得到

---

[1] 参见 Buchanan, 1981; Brody and Engelhardt, 1987, pp.28—33。

[2] 与 Robert Veatch 的平等主义相比,罗尔斯的正义理论可被当作弱的平等主义。根据罗尔斯正义的第二原则,只要公平的机会平等原则与公正救济的条件能够满足,那么可以也应当允许不平等存在以有利于社会中的最少受益者。

所有对他们有帮助的治疗。① 而功利主义的正义理论则要求国家建立一个能使效用最大化的医疗保健系统。至于这个系统应当采用平等主义原则还是市场机制,功利主义者让实证研究和效用计算来回答②。一些再分配主义者要求每个人都能得到最低限度的保障,在最低限度之上允许个人根据自己的实力来购买额外的医疗。③ 最后,建立在罗尔斯正义论基础上的医疗正义概念则要求国家提供全面的保健服务,因为在罗尔斯看来,为实现正义,不仅需要实行公平的机会平等,而且机会平等原则应当具有优先地位。

这些不同理论表明了对社会正义和医疗保健正义的不可通约的理解。虽然这些理论之间在内容和主张上都有不可调和的分歧,但就理论方法而言,却有一个显著的共同点:它们都试图在任何具体的善的生活观念之外来独立地定义正义观,亦即都试图从中立的视角出发来做这项工作。相应地,当代许多伦理学家都期望能够构造出一种实质的正义观,能够为社会所有的人所接受,即使他们持有不同的、相互冲突的对善的生活的理解。

例如,罗尔斯认为他的正义论允许"理论分歧,允许现有社会的成员持有多元的、相互冲突的、实质上不可通约的关于善的生活观念"④。来自不同甚至相互冲突的宗教、道德或文化共同体的成员都可以接受他的正义观而不必担心这些原则会与他们自己对善的生活的特殊理解相冲突。在罗尔斯看来,这是因为他的理论并不包含能够作为价值评判的具体的善的生活的概念。如我们在上一章所述,他的理论是建立在对善的形式的规定上的,亦即只是把善规定为理性主体为实践其人生计划必须具有的前提条件,无论其人生计划的具体内容为何。Norman Daniels 把罗尔斯的正义理论扩展到医疗保健分配领域。他借用罗尔斯正义论第二原则中的公平的机会平等原则,要求国家提供全国性医疗服务以满足人们

---

① Veatch,1980,1991.
② 因为计算方法的不同,功利主义者可以得出完全相反的答案。例如,同是功利主义者,Peter Singer 想要建立关于医疗保健分配的绝对平等的体系(1976),而 David Friedman 想要建立完全的自由市场模式(1991)。
③ 参见 Beauchamp and Childress,1994.
④ Rawls,1985,p.225.

的健康需要。①

从 Rorbert Veatch 的平等主义视角看,我们应该考虑对所有人而言都可能平等的结果,正义就在这种结果的平等上得以实现。他认为每个人都应该接受有关世界的道德本性的基本平等性假设,无论他们认同何种善的生活观念。② Veatch 认为,他的平等主义正义观可以兼容传统的、宗教性观念与当代的、非宗教性观念。而且,他声称所有人——无论其道德视角为何——都必定要接受对正义的平等主义诠释。③ 根据这种理论,在可能的范围里,国家应该保证每个人都有机会达到与他人一样的健康水平。④

某些再分配主义者认为每个人都有权利获得最基本的医疗保健。这项权利应通过由国家强制推行的普遍医疗保健计划来实现。对再分配主义者而言,这个权利构成了某种中间(mid-level)原则,反映在人们"通常共享的道德信念"上,虽然不同的宗教、形而上学或意识形态理论仍然共存于社会中。⑤ 他们声称保持一个合宜的最基本的医疗支持也是各种道德立场,比如平等主义,功利主义和自由主义,都能接受的结论。⑥

功利主义的正义观认为无论我们如何定义善,正义都要求最大化的善。功利主义观的不同版本会提供对善与效用的不同定义。比如享乐主义(hedonism)认为效用就是享受快乐和没有痛苦。而偏好-满足理论(preference-satisfaction theory)则认为效用就是个人偏好的满足,无论其所持的偏好为何。最后,功利主义的客观论者声称效用就是客观价值。比如爱、知识、智慧都是与个人主观意见无关的客观价值。⑦ 总之,功利主义正义观的重要方面就是它们都兼容对善的不同理解。善可以被理解为快乐,偏好-满足,或客观价值。无论如何定义善,或是无论哪种生活方

---

① Daniels, 1985, pp. 42—45.
② Veatch, 1991, pp. 84—86.
③ Veatch, 1986.
④ Veatch, 1981, p. 275.
⑤ Beauchamp and Childress, 1994, p. 100.
⑥ Ibid., p. 356.
⑦ Moore, 1912, ch. 7.

式在道德上是被肯定的①,所有的功利主义者的本质要求只是善的最大化。

总之,所有当代正义理论都有一个共同的特点,就是试图分离正当与善。相应地,他们都试图证明自己的理论可以在一个具有分歧的善的观念的大规模的多元社会中得到广泛认同。这就引起了两个问题:1. 为什么要追求这样的分离? 2. 能成功地达到这样的分离吗? 为了回答第一个问题,我们必须先了解作为其背景的现代启蒙运动的抱负。

三、现代启蒙计划:理性崇拜

启蒙运动通常被看作西方历史进入现代的标志,这场运动在 18 世纪的欧洲达到高潮。启蒙运动倾向于把道德(morality)等同于理性(rationality)——即使道德的内容并不是来自理性本身——并且尽可能通过理性的哲学推论来建立道德判断的普遍性。这是一种理性崇拜。它试图建立"一个超越任何特定的宗教和文化预设的包括所有人的道德共同体"②。启蒙计划最有影响的代表是康德。对康德而言,启蒙运动的精神就是"有勇气运用你自己的理性!"③它假定每个人都能够独自运用理性而发现道德真理。受过启蒙的人不应该再诉诸特定的道德传统或依赖特定的道德共同体来获得道德原则。他们应该通过理性的哲学思考、调查、探究来揭示道德的内容。新的道德应当是权威的、充满内容、并且普遍适用的,亦即所有理性主体都应当赞同和遵从。它不仅为个人行为提供指导,而且为社会结构提供基本的道德原则。启蒙运动的抱负就是建立仅

---

① 例如,Singer 主张一种"宇宙视角"(the point of view of the universe),在这一视角下,所有具有感觉能力的存在者都应该被平等对待。既然磨难和痛苦是损害利益最明显的负面价值,因而道德上所有人都应该加入减轻灾难和减少痛苦的事业(Singer, 1995, pp. 222—232)。他相信这种功利主义观点与许多不同的道德事业和生活方式都是相容的,就其都有志于减少人类的灾难和痛苦而言。

② Engelhardt, 1996, p. viii.

③ Kant, 1980, p. 3.

仅由理性证明的、被所有人普遍接受的，同时运用于个人和社会的道德体系①。

不幸的是，启蒙运动产生了各种相当不同的道德理论，包括义务论和功利主义两大路径。所有这些理论看起来在自己的体系里都是合理的，但互相之间却不可通约。更糟的是，他们希望建立一个仅仅以理性为基础的标准道德体系的计划彻底流产了。启蒙运动学者实际上吸收了传统的道德观念、原则和规则来建构自己的道德理论，而并非如其所声称的那样，独立于任何具体的道德理论或道德共同体。例如，作为义务论者，"康德从来没有片刻怀疑过他从自己有德性的父母那里学来的准则正是那些需要通过理性的测试以建立自身的道德规则"②。没有这些继承来的准则，康德的义务论将沦为"空洞的形式主义"，"为义务而义务的传道"③。另一方面，功利主义者虽然有新的道德目标（最大多数人的最大幸福），但这个目标仅仅是形式和一般化的口号。除非实质说明何为幸福，否则功利主义口号毫无意义。然而，除了借助对善的生活的具体理解，人们别无办法说明何为幸福。传统不同的幸福观被不同的功利主义学派所采用；相应地，功利主义内部的观点差别很大并不奇怪，因为它们对幸福有不同理解。如果不决定如何给各种善分级，比较偏好满足（如理智和情感偏好，校正和非校正的偏好），以及确定其随着时间流逝的减损，对于最大多数人的最大幸福的计算就是不可能的。

启蒙理论不仅融汇了传统中的某些道德内容，而且也继承了传统道德学说的理论结构。传统伦理学说，无论亚里士多德主义，基督教道德还是儒家伦理，都植根于目的论的理论框架。目的论规定了人类生活的目的（*telos*），同时也规定道德行为的本质。现代功利主义就继承了目的论

---

① 启蒙思想家试图揭示既能够支配社会结构又能够指导个人生活的普遍原则。其中的典型代表是洛克和康德。对洛克而言，根据上帝的意图，人生来就是平等的，没有人能够拥有比他人更多的权利或权限。"在自然法允许的范围内他们可以自由地安排自己的行为，决定自己的财产和身体"，任何人不得伤害他人或是损伤自身。每个人必须在自身安全未受到威胁时保护其他人的生命。（Lock, 1980, pp.4—6）。因此，自然法构成了规范个人生活和指导政府建立和行政的基本道德原则。康德的理论也属于自然法的传统。他认为理性能够揭示出基本的道德法则。社会的正义理论和个体的德性理论都来源于这一道德法则（Kant, 1965）。

② MacIntyre, 1984, p.44.

③ Hegel, 1967, p.90.

的一个主要特点:对道德正当性的辩护取决于目的实现与否。相反,现代义务论论则继承了传统道德理论的另一个特色:人类行为的道德正当性取决于本质而不是后果。现代功利主义的独特之处在于它主张最大效用(最大幸福和最少痛苦,或者对偏好的最大满足)本身构成一个目的。相反,许多义务论者仿效康德,认为道德准则的权威是正当性,判断一个行为是否道德的条件植根于实践理性的本性之中。

因此,启蒙计划将传统的完整的道德理论框架硬生生地分为两条路向:后果论与义务论。更糟糕的是,许多人将现代后果论误认为传统目的论,认为两者在理论构造上完全一致。例如,罗尔斯跟随.K. Frankena,区分两类道德理论:目的论和义务论。对于目的论而言,"善是独立于'正当'而获得意义,然后'正当'则被规定为最大限度地扩大善"①。相反,义务论则被描述为这样一种理论进路:"要么不离开正当来规定善,要么不把正当性解释为善的最大化。"②然而,这些区分并不足以将目的论与后果论区分开来。传统目的论并不是后果论。传统目的论是在有明确善恶区分的条件下设定目的——通常目的就是对至善的追求——而后果论却只关注有待实现的事态,而且"目的证明手段正确"。目的论中的目的必须依据德性而被定义,并以德性的方式而被追求。德性自身就限制了追求目标时可以使用的手段,例如,这些手段不能是悖德的。因而,罗尔斯提供的目的论框架只能容纳后果论,而不足以解释传统目的论。传统目的论的重要特点是由德性概念表达出来的善与正当之间的内在联系。德性既是对善的理解的一个本质的构成部分,同时自身在本质上包含着一种正当感(a sense of the right)。践行德性的生活是追求目的的生活,因此同时是善的和正当的。在传统目的论的视角下,单方面主张善优先于正当性(这是后果论的标志性观点),与单方面主张正当优先于善(这是义务论的立场),都是误导的。③ 善和正当性交互定义,共同给出对善的生活方式的一种目的论描述。因而,无论是后果论还是义务论都不足以表达传统目的论框架下所理解的善的生活的丰富的道德内涵。

---

① Rawls, 1971, p.24.
② Ibid.
③ Stout, 1988, pp. 322—323, n.9.

简言之，启蒙运动不依赖于任何传统道德学说而建立有实质内容的、普遍适用的标准道德体系的计划失败了。启蒙计划下产生的新的道德理论无论是在内容上，还是在结构上都与传统有千丝万缕的关系。因此，如果传统理论仅仅因为不够普遍而被指责的话，那么当代道德理论没有理由免受攻击。

确实，通过理性论证将某个特殊的道德理论建立为所有人都应该遵从的唯一权威的规范，总会招致如下怀疑，亦即，需要通过论证建立起来的结论已经预先被采纳为论证的前提了。问题的关键是，人们要想证明或者辩护一种学说，必定需要实质性标准。但是来自不同道德共同体的个人不会持有相同的道德前提（即基本的道德原则、价值及其等级顺序），也不会持有相同的证明规则（即关于何种证明具有何种程度上的有效性的规则）。他们也无法共同认定某些有权威的人或机构来解决道德争议。为了将某个特殊的道德理论建立为权威，人们必然已经借助于某个特殊的道德标准，困难在于怎样去证明这种标准。人们也无法在不知道怎样比较不同类型的后果的前提下，简单地宣布以后果为标准。同样地，在没有找到指导标准的情况下，人们也不能诉诸对需要、利益、目标和利害关系的特殊理解。任何内涵丰富的道德解释都或明或暗地置身于某个特殊背景之中，而这个背景预先决定了人们道德前提和所能采取的立场。然而作为根据的背景自身还需要进一步的奠基。这种状况迫使为道德奠基的理性论证要么陷入无穷后退，要么选择某个武断的出发点。①因而，启蒙运动计划下的道德理论，与其说是由理性来发现道德标准，不如说是由理性来解说已经设定的道德标准。

此外，传统目的论（诸如亚里士多德主义）和信仰学说（比如基督教哲学）在现代西方社会中并没有被新的现代道德理论所取代，相反，二者始终共存。这已经构成了一个社会学上的事实，人们持续生活在有巨大分歧的信仰团体和道德团体之中，并且因此持有对善的生活的不同理解。当代西方社会在道德上已经越来越多元化了。

正是在此多元化的社会背景下，当代西方各种道德与政治理论纷纷出现。鉴于启蒙运动建立综合的道德体系以指导个人与社会时所遇到的

---

① Engelhardt, 1996.

巨大困难,这些当下的努力将理论焦点转移到社会的基本结构上来。他们试图只提供关于社会架构的正义观念,而不涉及对善的生活的分歧的理解。即便不能通过理性发现一种普遍适用的、权威的、充满内容的关于善的生活的概念,当代正义理论也希望仍然使用理性论证来提出某些实质正义原则以指导人类社会的政治和经济制度①,在这种动机下当代正义理论致力于分离正当与善。因为正义原则是独立于关于善的生活的任何特殊观点而建立的,因而,在当代正义理论看来,无论个人实际上持有何种道德的、形而上学的或宗教的信念,这些原则都应该被社会中的每个公民所接受。这点成为当代社会对社会正义的核心理解。人们将通过对正当的涵盖一切的、充满内容的定义而联合在一起,尽管他们各自持有的关于善的生活的观点陷入无法调和的分歧中。罗尔斯的正义论是这种理论努力的权威代表。

为了使他的理论独立于任何具体而充满内容的善的生活观念,罗尔斯从善的弱化定义开始,将自由、机会、财富、收入以及自我尊重定义为理性的人实行自己生活计划的前提。无论理性主体除此之外还有什么追求,他们都会在这些基本善之上达成一致。亦即在其他条件相等时,他们愿意选择比较广泛的自由和机会,而不愿选择比较有限的自由和机会,愿意选择较大的财富和收入,而不愿选择较小的财富和收入。② 因此罗尔斯以纯粹工具的方式定义善,并将之仅仅限定于必需品之上。考虑到每个理性的人都想要这些善来过上适当的生活,罗尔斯认为善的弱化理论可以与任何合理的、具体的善的生活观念相容。根据他的理解,这些善只为"原初状态"中的行为主体提供了必要的理性动机,以建立正义原则③。由此建立的正义原则不包含对"不同的善的观念的相对价值"的评估。

如果罗尔斯关于善的理论如此弱化以至于它能契合于所有合理的、充满内容的善的生活观念的话,那么其他植根于实质的善的观念的正义

---

① 当代自由主义的中立原则(即要求在多元社会中的政治理论和决定应该对任何关于善的生活的特殊理论保持中立)也是蓄意分离的一种表现。对于中立原则的评价,参见 Sher, 1997, Ch. 2。
② Rawls, 1971, pp. 395—398.
③ Ibid., p. 396.

理论就应该受罗尔斯正义概念的统辖,因为它们必然比罗尔斯的解释褊狭。似乎罗尔斯的理论能够被无偏颇地证明为正确的,而其他的更具实质内容的理论仅能在特定的道德共同体之内得到有条件的辩护。在这种状况下,似乎所有依赖于善的生活的具体观念的正义理论,例如儒家的正义观点,都不能用以调节当代社会。

下面我将以罗尔斯的理论为例,考察现代正义理论能否实现其所主张的善与正当的分离。我不打算对罗尔斯关于善的形式理论作一个全面的评价,相反,我只考察他的机会概念以及公平的机会平等原则在医疗保健分配方面的应用。本章将证明,罗尔斯与 Daniels 的机会概念本质上包含了对善的实质理解,因而其医疗正义观念也并不像罗尔斯所设想的那样建立在关于"善"的普遍适用的形式定义上。

四、罗尔斯式的医疗正义理论

众所周知,为了规范社会的基本结构,罗尔斯提出以下两个正义原则:

> 正义的第一个原则:
> 每个人都对最广泛的基本自由体系拥有平等的权利,这一体系与所有人的类似自由体系是一致的。
> 正义的第二个原则:
> 社会和经济的不平等安排应能使它们
> (1) 在与正义的储蓄原则一致的情况下,有利于最不幸者的最大利益;(2) 它们所关联的职位和地位必须在公平的机会平等的条件下对所有人开放。[①]

虽然罗尔斯在其《正义论》中未提出与医疗保健相关的问题,但根据他的学生 Daniels 的解释,罗尔斯会同意将第二个原则中的公平的平等机会应用于医疗保健分配。Daniels 由此发展出保证医疗保健分配正义的

---

① Rawls, 1971, p.302.

基本原则①。在之后的著作中,罗尔斯主张在契约论的背景下,建立国家的医疗保健体制的努力能够成功地:

> 通过立法阶段,如果人们已经知道疾病的流行和种类,能够确定治疗这些疾病的成本,能够与政府所有的支出相平衡。其目的在于通过医疗保健使人们康复,令他们再次成为相互协作的社会成员。②

由此罗尔斯表明医疗保健应该是政府总支出的一部分;换句话讲,政府有权利也有义务募集资源来提供普遍的医疗保健服务。罗尔斯认为他的正义论支持以弥补公民自然身体能力上的变化(包括疾病和意外事故对自然体能的影响)为目的的国家医疗保健体系。对罗尔斯而言,这些变化使得公民丧失了平等参与社会合作的某些基本能力。因此,公平的机会平等原则要求国家提供医疗以改善和恢复其能力。另外,在其《政治自由主义》的一个脚注中,罗尔斯表达了他对 Daniels 在医疗分配领域发展他的理论的认可。③

Daniels 的观点可概括如下:

> 由于疾病和残疾,个体的正常功能受到损害;与正常情况相比,他所能享有的机会大大减少。如果由健康获得的公平机会是一组个体依据其天赋和能力可以合理选择的生活计划,那么疾病和残疾将使他不能公平地享受这些机会。④

Daniels 认为既然疾病与残疾损害了个体正常的机能,并因而使其无法得到他在健康时所能享受到的正常机会,那么(对罗尔斯和 Daniels 而言),为了对每个国民做到公平,政府就应该提供国家医疗保障体系,预防

---

① 参见 Daniels, 1985, chs. 1—3. Daniels 提出将罗尔斯正义论应用于医疗保健领域的四种方式:(1)将医疗需要整合入对社会基本善的考量中;(2)将医疗保健看作一种社会基本善;(3)使用罗尔斯第二原则中的平等的机会公平原则及其优先权;(4)个体通过公平分享社会产品来购买医疗保健服务(1979, pp. 182—183)。他自己选择了第三种形式。此外,Ronald Green 以罗尔斯的自由原则来理解医疗保健,可参看 Green(1976;1983)。

② Rawls, 1993, p. 184.

③ "在此,我参照了 Daniels 在其《医疗保健需要与分配正义》('Health Care Needs and Distributive Justice', *Philosophy and Public Affairs*, 10, Spring, 1981)中所提出的观点,更完整的观点参见他的《公正的医疗保健》(*Just Health Care*, Cambridge: Cambridge University Press, 1985), Chs. 1—3)"(Rawls, 1993, p. 184)。

④ Daniels, 1985, pp. 33—34.

和治疗疾病和残疾。

很明显，Daniels 的论证依赖于两个假设。首先，他所使用的"正常机会范围"(normal opportunity range)以"正常机能"(normal functioning)这一概念为前提，他假定人们可以无须引入价值判断就能完成对人类生物机能的客观描述。① 另一个关键的假设是，因为疾病或残疾而不能享受与健康个体同等的机会，这点对于相关个体而言是不公平的。正是第二个假设使政府有义务建立一个全盘包揽的医疗保健体系以维护正义。然而，即使人们同意疾病与残疾减少了机会，但是"由疾病或残疾造成的正常机会之丧失为何是不公平的？"这一问题仍有待回答。

显然，由恶意或过失行为所导致的个体疾病或残疾对受害个体而言是不公平的，社会正义必须要求政府通过惩罚肇事人或勒令他们向受害者进行赔偿来维护正义。然而，人们很难理解由疾病或残疾造成个体机会受限就是不公平的。首先，疾病和残疾常常是由偶然的自然事件造成的，并非有人有意引起的。于是，认为由此造成的机会受限是不公平的想法是无意义的，就像由飓风引起的财产损坏是不公平的说法一样无从谈起。其次，个体的自愿行为，如吸烟，喝酒，暴食等，也可能导致疾病和残疾，认为由此造成的机会受限是不公平的想法更是奇谈怪论。最后，即使由于第三方不公正地导致个体残疾或患上疾病，也不能解释为何要由社会对这个结果负上责任。总之，即使人们承认疾病和残疾会使受害个体无法获得所有正常的机会，仍然很难证明为什么疾病或残疾造成个体机会受限本身是不公平的。

第二，疾病或残疾确实缩少了个体正常的机会范围吗？这个问题并不像它看上去那么直接、明确。对它的回答依赖于对正常机会范围的定义。显然，并非所有自然或社会的条件下的疾病或残疾都会削减个人的机会。相反，许多事例表明疾病和残疾有可能会增加受害个体的机会，例如，拥有镰刀状红细胞的个体对疟疾有更强的免疫力；残疾个体或者患有疾病的个体可以免服军役，因此在战争年代更不容易丧命。患有不孕症

---

① 罗尔斯和 Daniels 的预设以他们能独立于特殊的价值判断而提出关于疾病的普遍有效的概念为前提。然而这一前提并不能成立，关于这个问题的深入探讨，可参阅 Engelhardt (1996, ch.5)。

的娼妓可以更容易地进行她的交易。纵观整个历史,常常会有乞丐故意把自己弄残疾以博得众人的同情。① 甚至有人为了入宫当内侍而自愿阉割。② 许多疾病和残疾事实上增加了相关个体的机会。

为了维护其主张,罗尔斯和 Daniels 必须表明以上这些机会是不正常的:要么因为它们仅仅有利于不正常的生活目标,要么因为它们仅仅在反常的自然或社会环境下是有用的。成为娼妓、乞丐或者宦官都属于不正常的生活目标。严重的疟疾流行病属于反常的自然或社会环境。最后,个人不应当逃避服兵役,既然这是一项强制的义务。因此,尽管疾病和残疾增加了某些机会,但那些都不是正常的机会。由此,罗尔斯和 Daniels 可以得出结论说,就正常机会而言,疾病和残疾必然是负面价值。

这个例子表明罗尔斯和 Daniels 机会概念中包含了对何谓正常的实质理解。正是在正常机会的意义上,而不是在所有机会的意义上,罗尔斯和 Daniels 认为疾病和残疾会剥夺个体的机会。因此罗尔斯的机会公平原则依赖于对何谓机会的特殊理解之上。更准确地说,原则的道德意义并不仅仅在于它要求"具有相同能力和技能的人应该拥有相似的机会"③,而且还在于它所要的是正常的机会。如果不是借助于对何谓正常的实质理解,罗尔斯和 Daniels 也就无法证明疾病和残疾会剥夺个体的机会。因为这一预设,罗尔斯和 Daniels 的机会概念并非其所声称的那样是属于弱化的、缺乏实质内容的善。

我不想争辩说由疾病和残疾引起的特殊机会是正常的或值得向往的,因为对这个问题的回答依赖于判断者所持的实质标准。没有这些实质标准,人们就不会知道乞丐和娼妓的生活究竟是一种好的生活方式还是坏的生活方式。当罗尔斯和 Daniels 将生存的机会和由疾病和残疾引起的机会看作不正常而不予以考虑时,这一拒绝恰好表明其机会概念包含关于正常与非正常的实质标准。因此,他们的正义原则只是与某些具体的善的生活观念相容,而与其他的观念冲突。

---

① 参见岑大利,1992。
② 参见 Wong and Wu,1973。
③ Rawls, 1971, p.73.

五、反思正义:权利与善的关系

罗尔斯知道他的正义理论不能和关于善的生活的所有具体观点相一致。这就是为什么他强调政治自由主义的关键因素"并不是多元主义事实本身,而是合理的多元主义"①。他特别强调,他的理论与所有**合理的**宗教、思想学说和意识形态相一致。换言之,任何与罗尔斯的预设不符的善的生活观念,在罗尔斯看来,都是不合理的。然而,罗尔斯在其论证中与其说是证明了合理性观念,毋宁说只是预设了这一标准而已,正如他的机会概念一样。

罗尔斯理论内部所包含的这种预设极具启发意义。当代主要正义理论都存在类似问题。平等主义者对平等结果的要求并非中立的,比如它与资本主义立场就正相反,在后者看来,善的生活必须赋予人的行为自由的权利,并让行为者自己承担其行为的后果。另外,如果某人是基督教士,那么对他而言,善的生活在于追随上帝,而不在于此世的享受,因此他也不会满意于功利主义的观点——将善理解为最大化的快乐或者是对偏好的满足。最后,对古典自由主义者而言,不受强迫是构成善的生活之内在因素,因此再分配主义者的主张,即政府有权强制征税以推行医疗保健计划,是完全不可接受的。

以上所有的观点表明权利和善并不像当代正义理论设想得那样可以彻底分离。脱离了关于善的生活的具体观念而建立一种普遍的正义原则,就像启蒙计划试图仅仅通过理性论证建立权威的、综合道德体系一样,都是无法实现的梦幻泡影。我们无法不诉诸具体的前提而建立起充满内容的道德体系,同样,我们也无法构建实质的正义理论而不涉及任何关于善的具体理解。因此,当代正义理论并不具有任何认识论上的优先地位。考虑到其与特定的善的主张的联系,当代正义理论也并非普适的。就此而言,传统的解释和当代的各种理论是地位平等的,没有任何一种能够宣称自己具有更高的理性权威。

这个结论对东亚学者意义尤其重大。自上世纪早期以来,绝大多数

---

① Rawls, 1993, p. 144.

东亚学者似乎承认儒家思想是落后的,缺乏理性辩护的。尽管儒家思想在中国有深远的根基和巨大的影响,但中国某些主张全盘西化的激进知识分子仍然希望尽可能彻底地从文化中清除儒家的影响,在思想和制度上对儒学斩草除根。在经历了一系列由对马克思平等主义理论的强制应用而引起的社会灾难之后,中国知识分子已开始寻求西方正义理论的新型态。当代正义理论因为其主张善与正当的分离而备受中国知识分子的青睐,他们希望找到一种能够为整个社会所接受的正义观念,以填补当代中国社会所面对的道德真空。如果我先前的论证可以成立,那么东亚学者需要反省之前对儒家的简单拒斥。今日儒家的道德教训仍然渗透和指导着人们的日常生活,因此东亚学者有义务吸收儒家思想中构建社会正义的道德和思想资源,仔细考察它对当代社会的可能功用,例如,解决医疗保健领域的正义问题。

六、儒家思想:目的论框架

儒学并不以关于"善"的形式定义为基础或起点。相反,儒家的综合道德体系基于对善的生活的充满内容的规定,这些规定包含对个体应追求怎样的道德目标、如何做出道德决定以及如何对待他人等问题的详细的指导。它体现了一种目的论的结构:善的生活的目标就是至善,亦即,最高的德性。如《大学》所言,"大学之道,在明明德,在亲民,在止于至善"。在儒家思想看来,至善不仅是最完美的状态,是个体卓越的行为,而且也是全人类在世间获得和平与幸福生活的道德基础。儒家思想相信追求至善的方法是修身:

> 身修而后家齐,家齐而后国治,国治而后天下平。自天子以至于庶人,壹是皆以修身为本。(《大学》)

修身,就是修德。在儒家看来,德性是人之为人的本质。只有通过修习德性,个体才能达到至善。个体如果具有德性,他就能够在正确的时刻以正确的方式做正确的事情。

指导个人道德修养的原则是仁。仁既是个人的总体德性(complete virtue),是其他德性的基础,同时也是社会的基础原则。正如孔子所言,

"苟志于仁矣,无恶也"(《论语·里仁》)。并且根据儒家形而上学观念,仁是天赋予人的道德本质①,每个人心中都有仁的潜能。如孟子言,"夫仁,天之尊爵也,人之安宅"(《孟子·公孙丑上》)。"人之有道也,饱食、暖衣、逸居而无教,则近于禽兽。"(《孟子·滕文公上》)简言之,根据儒家思想,仁是人之为人的本质所在,仁人也就是最完善的人。

具体而言,仁就是"爱人"(《论语·颜渊》)。儒家要求每个个体通过实践仁的德性,爱人,来实现至善。并且不同的人际关系对仁而言有不同的道德内涵:"父子有亲,君臣有义,夫妇有别,长幼有叙,朋友有信。"(《孟子·公孙丑上》)既然每种关系都有其自然秩序,每种关系都应该践行相关的特殊德性以保持其自身的道德本质。例如,子女应该孝顺父母,而父母应该慈爱子女。简言之,儒家不仅要求个体爱所有的人,而且要求爱有差等。

至此,我们可以在儒家道德的目的论框架中梳理出儒家社会正义观。根据罗尔斯的观点,正义是社会体制的第一德性:"一个社会就是人们的一个或多或少自给自足的团体,人们在其相互关系中,承认某些行为准则是有约束力的,而且在大多数情况下都是按照这些准则来行动的。"②一种社会正义理论必须为政治体制和重要的社会和经济安排提供基本的指导原则。对罗尔斯而言,这些原则关注的是"主要的社会体制分配基本权利和义务以及确定社会合作所产生的利益分配的方式"③。然而对儒家而言,这些原则首先关注的应该是德性修养。以德性观念为中介,正义概念成为儒家关于善的生活观念的内在构成部分。德性不仅在本质上规定着善的生活,而且也隐含地表达了正义。

对儒家而言,仁是社会正义的基本原则。它确定了个体在家庭、社

---

① 关于儒家的"天"概念在学术上也有分歧。有些学者认为天是人格神,另一些学者认为天是超验力量,还有些人认为天不过是自然秩序而已。然而,仔细研读《论语》和《孟子》的话,我们会发现:天有人格特征,即使它不是人,比如天被看作是意志的;天有伦理维度,比如,天被看作是仁义的来源;天标志着超出人力之外天命,比如,生命,死亡,财富与荣誉这些东西属于"生死有命"的范畴。当代对儒家"天"的概念的研究,可参见 Shun,1997,pp. 208—210。关于对天的中国式理解与犹太-基督教的上帝概念之间的比较研究可参阅李杜,1992。对中国传统形而上学的研究可参阅 Thomas H. Fang,1967, pp. 238—263。
② Rawls, 1971, p. 4.
③ Ibid., p. 7.

群、以及社会中的权利和义务。但儒家并不像罗尔斯那样将权利当作供分配的工具性善,相反,儒家的正义理论与目的论的善的生活的观念本质上相关。修身,齐家,治国,平天下既是儒家的社会正义理想,也是儒家眼中善的生活的具体构成部分。换言之,离开对善的生活的具体理解,就无法建立或者证成儒家的正义理论。

需要强调的是,由此引出的儒家社会正义原则与儒家思想经典结构是完全契合的。与许多东亚的学者不同,我不认为儒学为了适应现时代需要改弦更张,相反,我所作的工作毋宁说是一种重构主义的儒学①。重构主义儒学主张儒家道德及其哲学遗产可以概括为如下几个方面:

1. 重构主义儒学认为围绕着西方道德和政治理论来解释儒家道德和政治传统是一种误导的、幼稚的现时主义(presentism),仿佛我们可以置身于历史之外来对待我们的文化和传统。

2. 重构主义儒学认为当代新儒家对传统儒家道德洞见的某些描述是对儒家思想遗产的曲解。当代新儒家试图根据现代西方的道德理论和形而上学理论,尤其是自由主义的社会民主理论重塑儒家的道德关怀,这实质上抹煞了儒家对当代生命伦理学讨论做出独立贡献的可能性。当代新儒家的这种理论路向也包含着对现代化立场的无批判的接受。而重构主义儒学则反对在现代公民社会的名义下突出国家的地位,弱化家庭的作用;也反对由此而来的对儒家德性体系的重置或替换。

3. 重构主义儒学致力于在亚太地区复兴真正的儒家共同体。与正义理论相比,它对人类道德和繁荣的理解更加丰富。儒家以家庭、君子和德性为本位,把家庭看作人类最重要的道德共同体,主张以家庭为单位来照顾个体医疗保健和幸福。个体被鼓励过一种以家庭为中心来构建的善的生活,同时被要求具有相应的德性。而君子则是德性修养的人格典范。

4. 重构主义儒学主张儒家立场,并不是要返回过去,而是要塑造面向未来的适宜的社会组织形式,解答与现代化相关的社会和政治问题。

5. 重构主义儒学要求从儒家对家庭、君子和德性的道德关怀出发,来重塑主要的社会机制和公共政策。

---

① 参见 Fan, 2002。

七、儒家的医疗正义观念

儒家如何理解医疗正义？儒家如何区分正常的与非正常的机会呢？人们必须在儒家关于善的生活的理解中来确定儒家的机会概念。鉴于儒家对正义和善的生活的具体理解，肯定会有很多机会被儒家看作是不正义的、不道德的，君子所不为的。如孟子所言："人有不为也，而后可以有为。"（《孟子·离娄下》）一般而言，违背仁义的所谓"机会"都在"不为"的范围当中，哪怕它可能带来丰厚的利益。如孔子主张，"不义而富且贵，于我如浮云"（《论语·述而》）。然而儒家并不认为对于建构社会正义而言，疾病和残疾是否剥夺了个体的机会是一个关键问题。因为即使情况真是这样，人们也不能够推论出由疾病或残疾所造成的个体机会受限是不公平的。

罗尔斯和 Daniels 未能区分不公平与不幸①，孔子承认日常生活确实有许多由自然原因与社会原因而导致的不幸，但是这并不必然是不公平的。儒家承认社会中总是存在弱势群体的："老而无妻曰鳏，老而无夫曰寡，老而无子曰独，幼而无父曰孤。此四者，天下之穷民而无告者。"（《孟子·梁惠王下》）儒者把那些聋子、哑巴、盲人、断肢者和侏儒的生活看成是不幸的。他们也理解悲剧常常突然降临在健康人身上。例如，孔子最得意弟子，颜回，在年轻时就因病而逝了（《论语·子罕》）。孔子的另一个学生，冉耕，以德性见称，却患上重病（《论语·雍也》）。当颜回死的时候，孔子悲伤地说道："天丧予！天丧予！"（《论语·先进》）当他去探望生病的冉耕时，他悲痛地说："命矣夫！斯人也而有斯疾也！"（《论语·雍也》）儒者相信"死生有命"（《论语·颜渊》），天命超越了人力所能及范围。孔子在另一地方还曾经提到"不怨天，不尤人"（《论语·雍也》）。简言之，即使疾病和残疾剥夺了个体的机会，孔子也不认为这是不公平的。

这并不是说孔子不主张社会成员间的守望扶助。相反，仁本质上就包含着对他人不幸或灾难的同情心。孔子不顾冉耕所患严重传染病而坚

---

① 对不幸与不公平之间的比较研究可参阅 Engelhardt,1996,pp.382—384。

持看望他,令人感动。作为儒者,必须对家庭负责,支援邻居,帮助朋友。必须对天下人抱有同情心,并援助那些身处不幸的人。然而,此处关键问题是仁的原则是否要求政府建立统一的、强制平等的医疗体系来负责个人及其家庭的医疗问题。在孔子看来,这对取决于仁的原则是否在此体系中得到了最充分、最适当的体现。如前所述,仁的原则要求个体爱所有的人,但要爱有差等:在一个儒家共同体中,每个人应该以自己家庭为中心,向外推扩。典籍中记载了井田制①作为儒家共同体的典范:

> 夫仁政必自经界始。……经界既正,分田制禄,可坐而定也。……死徙无出乡,乡田同井,出入相友,守望相助,疾病相扶持,则百姓亲睦。(《孟子·滕文公上》)

很明显,儒家支持同乡间有疾病相扶持。然而在此,我们找不到支持罗尔斯式自由主义公平——亦即应当由政府强制征税以大包大揽的方式保证每个人得到完全相同的医疗保障——的根据。在儒家看来,一个实施仁政的政府必然是一个轻税的政府:"王如施仁政于民……薄税敛。"(《孟子·梁惠王上》)确实,一个好的政府必须维护社会秩序,保护人民,使之免受盗窃、抢劫、欺骗、暴力、谋杀等罪行,但儒家强调,一个好的政府所实行的积极措施不应当超出以上范围。比如,政府不应垄断经济,也不应强制执行由其计划的再分配制度。对孔子而言,无为而治是最理想的统治方式:"无为而治者,其舜也欤!夫何为哉?恭己正南面而已矣。"(《论语·卫灵公》)

因而,儒家不会接受由政府通过征税的方式来强制推行人人相同的全国性医疗保健体系,因为这既同儒家的"仁"的等差之爱不相协调,也在实践上难以持续。儒家所支持的医疗正义是另一种选择:以家庭为中心的医疗保健。因为人类的兴盛是通过家庭来实现的,所有医疗保健决策及相关政策,甚至对健康本身的充分解释都应当重视家庭因素。从儒家视角出发意味着在完全不同于西方的理论体系中来重新考量生命伦理

---

① 井田制是孔子理想的基本社会与经济结构。这一体制也许是早期周朝的制度。根据孟子,井田制被描述为:"方里而井,井九百亩,其中为公田。八家皆私百亩,同养公田。公事毕,然后敢治私事,所以别野人也。"《孟子·滕文公上》对井田制的研究可参阅 Levenson,1960,pp. 268—287。

学问题,结果自然是一系列理论重点的转换。具体而言,儒家的生命伦理关怀具有以下特点:

1. 认可家庭在医疗决策中的优先地位。家庭,而非个人,才是决策的权威来源,如同我们在本书第一部分中详细论证的。

2. 强调家庭是个人获得成功和保持健康的首要场所。因此,对康复的关怀必须首先和主要专注于恢复病人作为家庭中一员的功用,亦即,健康除了个体的、生物学的标准之外,还应当在家庭完整性中加以理解。

3. 倾向以家庭储蓄为医疗资源的中心。这就是为什么儒家支持新加坡式的以家庭为单位的储蓄式医疗保健制,鼓励有责任感的家庭负责资源的保管和使用,并在运作过程中始终着眼于家庭的整体和长远利益。

这当然不是说儒家赞同极端自由主义(libertarianism)的观点,要求政府不要提供任何公共医疗。但儒家认为政府不应当强行大包大揽的、全部一样的医疗保健,而应当把主要责任留给家庭。家庭是培育道德责任的场所和道德权威的来源,应当由家庭自己决定如何筹集和使用保健资源,以及采取何种策略来应对家庭成员患病甚至死亡的风险。这就为什么儒家倾向于由家庭掌控,而不是由国家统一控制医疗保健资源的支出。当然,国家政策应该引导家庭负责地、合理地使用资源,例如,家庭在作决定的时候应当充分了解具体决定的风险和后果。简言之,儒家主张以家庭为本位的资源积累和风险控制应当与社会上的保险策略(例如,重大疾病保险)结合在一起,只有这样才能达到最佳的保健效果。

具体而言,在重构主义儒学看来,最理想医疗保健分配制度具有如下特点:

1. 它鼓励以家庭为单位的储蓄医疗保健金,从而提倡资源积累的家庭本位观。例如政府可以为每个家庭开设免除所得税和遗产税的账户,账户中的资金可以用于支付医疗费用、长期护理费用、退休金,并且可以为子女所继承。

2. 它鼓励建立公共储蓄体制,以帮助家庭应对由人类有限性所带来的种种风险——病痛、灾难、残疾和死亡。出于审慎面对风险的考虑,政府可以强制每个人购买重大疾病医疗保险,以防家庭储蓄账户不足以应对医疗支出。它同时主张在法律上确认家庭具有为家庭成员作医疗决策的权威,包括决定如何进行治疗以及是否暂停或撤消治疗的决定。

总之，儒家不可能提倡建立政府主导的、均一化的、全体一致的全国性医疗保健体系，因为这样的体系与仁的原则有冲突。首先，政府以正义或者公平的名义强制推行这种平等主义的体系是错误的，因为虽然疾病灾难是不幸的，但并不必然是不公平的。其次，仁的原则要求政府无为而治，与民休息，因而政府找不到理据来推行大规模的由政府主导的资源再分配。最后，儒家理想的生活方式是以家庭为中心的生活，在一个紧密联系的共同体（而不是人与人之间疏离的大规模社会）中的生活。每个人在仁的指导下关爱他人，守望相助。所以很明显，儒家会倾向于以家庭中心、以共同体为导向的医疗保健模式。所以，国家医疗保健制度也不应当破坏既有的社会联系，而应当让处在共同体中的人使用自身的资源，自由地决定如何协作，共同追求适宜自身群体的医疗保健方式。

事实上，由国家强制推行某种正义观会导致很多问题。自20世纪50年代以来，中国政府尝试通过积极的政府改革和政治运动来建立平等而普遍的医疗保健体系。在承诺给予每个人平等的医疗保健的同时，它也免除个人的责任和取消了自由选择权。在农村，政府派出赤脚医生行医，并强制推行合作医疗服务。它也强迫城市的医疗保健专业人士下到农村，从而消除城乡在医疗保健方面的差别。在城市，政府利用公共资源为国有企业职工设立公费医疗制度。然而这个制度不允许自由选择医院或医生。由于资源匮乏，护理质量低下和腐败等原因，农村的合作医疗服务体系在80年代早期就崩溃了，留下大约八亿没有任何医疗保障的中国农民。此外，公费医疗中的渎职、浪费和腐败日益严重，迫使政府不得不进行新的医疗保险改革。事实证明，平均主义的医疗大锅饭同其他大锅饭一样是道德上有问题的，也是实践上行不通的。

八、结论

本章论证儒家资源为医疗保健分配问题提供了一条真实、可靠的解决途径。儒家的正义观念并不因为它包含着对某种善的生活观念的认同，就成为狭隘的、区域性的观念。事实上，所谓对正义理论的无偏颇的应用，例如罗尔斯的理论，不可能无偏颇。它们都与某种对善的生活的特殊理解相关，虽然它们所体现的关于善的生活的特殊理念常常是隐藏的或者支离破碎的。因而,现代西方正义理论并不比儒家更合理、更普遍,也不应当在应用中占有优先地位。

儒家思想在深受儒家文化影响的国家,例如中国,应当具有应用上的优先性。复兴儒家文化和道德传统,重新建立稳固的儒家共同体不仅在理论上是合理的,在实践中也是可行的。中国当前正处于制度转型和价值重建时期,根深叶茂的儒家传统必将以它丰厚的知识与文化资源发挥不可替代的作用。在医疗保健分配问题上,尽管儒家思想是道德的综合体系,其正义观念与善的生活的观念密不可分,但我们仍然能够根据其精义确立国家应当采用的医疗保健政策。

十一　医疗资源配置的儒家之道

一、医疗资源配置：是经济问题还是伦理问题？

医疗资源应该如何配置？什么是伦理上正当的医疗服务体系？个人应当按其所需、获得平等的医疗服务吗？如果社会没有充裕资源来满足所有的医疗服务需求，有限的医疗资源该怎样予以分配？个人和其家庭对自身的健康与安全负有怎样的责任？而政府在医疗资源分配中又应当扮演怎样的角色？以上这些问题都在当代生命伦理的讨论与公共政策的规划中，成为全世界所共同关注的议题。

大多数人都会同意这些议题是相当困难的。然而，很多人似乎认为这些论题之所以难以解决的原因是医疗保健耗资巨大。的确，当代医疗涉及前所未有的财务费用增长，以致没有哪个政府能够轻松承受。随着医疗科学技术的重大革新，人们平均寿命的显著增长，以及老年人口比例的明显提高，所有社会都面临复杂的医疗要求和高昂的医疗期望值（例如危重病护理、器官移植，以及基因治疗等），而这些医疗方式要比传统医疗花费高得多。因此，许多人愿意将医疗资源配置问题主要看做经济问题，亦即有限资源的使用效率问题。他们会总结说：每一个社会在资源有限的条件下，必须认真对待医疗资源分配问题，找出一条最高效的分配有限资源的方式。

然而这却是一种误解。虽然医疗保健的资金问题确实是一个需要详细探讨的重要问题，但是医疗资源分配远不仅是一项技术性的经济问题。它首先和主要是一个基础性的伦理问题。理由如下：

首先，即使医疗保健相对廉价，医疗资源分配问题也不会消失。相对人的需求与期望而言，资源永远是不够的。相对资源匮乏构成了人类社会的永恒状态,过去、现在、将来,皆是如此。即使一个没有高科技和高成本医药(由此医疗服务也相对廉价)的社会也不可能满足所有的医疗保健需求。人们总是需要更多的资源投入以增加医疗保健的数量,改善医疗保健的质量,例如培养更多的医师,为普通医生提供更多的专业训练,研制更好的新药等等;也需要更多资源用于促进其他一系列健康相关因素,例如食品、住房、卫生设施等,它们对人类健康起着至关重要的作用。然而,越多资源用于健康需求,就会越少资源留给其他方面的需求。因此,每个社会都不得不在医疗保健需求与其他需求之间(因为总体而言资源是有限的),同时也在各种医疗需求之间(因为医疗资源是有限的)作出权衡。那么问题就在于:作出此种权衡的合法性基础是什么?

效率当然是资源分配过程中的一项重要因素。没有社会想让自己有限的资源白白浪费。然而,对公正的考虑优先于对效率的计算。人们自然而然地关心资源分配中的公正问题。他们希望自己的社会资源以公正的方式加以分配。不幸的是,对于公正的要求和对于效率的关注并不能自动协调。一项公平的医疗资源分配也许并不高效,而一项高效的医疗资源分配可能未必公正。假如我们能建立一种既公正又高效的医疗资源分配模式将是多么理想!可惜天不从人愿[1]。如果我们一定得在两种医疗资源分配方式间作出选择,一边是高效而不公正,另一边是公正但不高效,我们就会选择后者,亦即,一种公正然而并不高效的医疗分配模式。我们应当作好准备为了公正而牺牲掉一些效率,因为在人类社会中,公正较之效率乃是更为基本的价值取向[2]。也就是说,社会必须首先追求一个公平的医疗资源分配体系,其次才能在公正的限度内尽可能高效地管理该体系。

二、为什么当代西方的主流医疗资源分配理念是靠不住的?

什么是公平的医疗资源分配?可以说当代西方主流伦理理论有多少

---

[1] David Friedman 对于医疗资源分配问题持有一种无政府主义的功利主义观点,他主张自由的市场机制(政府不予干预)将会自动带来一套既公正又高效的医疗资源分配系统。然而,判断这样一个体系是否公正依赖于他自己对公正的理解。参见 Friedman, 1991, pp.259—305。

[2] 正如罗尔斯指出:"公正之于社会制度乃是第一要义,就如同真理之于思想那样。一个理论无论如何精美实用,如若不符真理,也必须予以否决或修正;同样的,法律和制度无论如何高效和妥善规划,如若不够公正,亦必须予以革新或废除。"(Rawls, 1971, p.3)

种,答案就有多少种,例如平等主义[1]、功利主义[2]、再分配主义[3]以及罗尔斯主义[4]。有趣的是,如果我们把这些理论的细枝末节撇开不谈的话,可以清楚地发现,它们相互重合,共同塑造了一种医疗资源分配的主流观点,我称之为医疗资源的国家主义的平等主义意识形态(statist egalitarian ideology)。说它是平等主义的,是因为它的核心理念是每个人都应当因需要而获得相同的医疗保健。说它是国家主义的是因为它强调政府必须通过强制征税,执行国家级的包揽无遗的医疗系统,以一种平等主义的模式来满足每个人的医疗保健需求。也就是说,个人对医疗的支付能力不应当影响其所接受医疗保健的质量。[5]

然而,这种貌似理想可爱的意识形态却是误导的、靠不住的,理由如下:

(1)公平的医疗保健不要求提供最好的保健。

有两种类型的平等医疗,平等的最佳医疗和平等的"适当"医疗(或者说"基础"医疗)。说前者不可能,理由很简单:资源是有限的。如果社会设立起为每个人提供最佳医疗的目标,其结果将是没有剩余资源以供其他重要目标之需。同许多西方哲学家一样,如今,亚洲有越来越多的人相信公平的医疗保健应当是最好的医疗。他们的道德直觉不能接受某人由于缺乏最好的药物或医生而受苦甚至死去。相应地,他们还认为最好的医疗必须包含广泛可用的高科技、高费用医疗,例如重症护理室等,因为有些病人只能通过这些特殊医疗设备才可获救。当然,我并不打算探究人们是如何形成这些信念的。本节只是简单地接受最佳医疗必然包括高科技、高费用医疗的广泛应用这一判断,在这个基础上论证公平的医疗

---

[1] Veatch,1991.
[2] Singer,1976.
[3] Beauchamp and Childress,1994.
[4] Daniels,1985.
[5] 说当代西方社会存在这样一种医疗资源分配的主流理念并不意味着西方生命伦理学界不存在相反的观点。例如,众所周知 H. Tristram Engelhardt, Jr. 作为一位古典自由主义的生命伦理学者,提出了有力的论证表明,政府并不具有道德权威在一个大规模的多元化国家中执行一种全盘包揽的平均主义医疗保健计划(Engelhardt, 1996)。不过,如果我们审视一下当代西方有关医疗资源分配的生命伦理学文献,我们可以很容易发现最具影响力的自由主义生命伦理学者以及他们的追随者大致都持我在这一章中讨论的国家主义的平等主义观点。在这个意义上我认为这个理念是当代西方的主流。

不要求提供最好的服务。

否认高科技、高费用的危重病医学在人类生命和健康的保护方面所具有的作用与贡献将是愚蠢的。没有设施良好的重症护理室，许多本可以治好的病人可能永远不会康复。然而，危重病医学实在是代价高昂。公共医疗领域的公共资源是有限的，实践上不可能要求政府用公共医疗资源来满足的所有医疗需求。资源总是有限的，而需求总是无限的。[①] 在亚洲，像菲律宾、中国这些发展中国家，公共医疗资源相比在美国这样的发达国家而言要稀缺得多。即使美国能够通过公共或私有资源来提供广泛可用的危重病医服务，对一个发展中国家而言，要通过公共资源达到同样的效果，在财政上也不可能实现。那么，对于像中国、印度这些发展中国家来说，无论公平的医疗意味着什么，它都不会意味着提供广泛可用的危重病护理这种意义上的最佳医疗服务，因为这实际上是不可能的。

医疗保健必然会消耗资源。一般而言，投入越多，收效越好。然而，人们应当意识到无论是普通医疗保健还是特殊重症医疗都不是万能药。它们的作用都是有限的。比较研究显示，医疗保健领域的财政投资增长与其对人们生活和健康状况的改进并不成比例。下面的表格是 2004 年的数字，反映了一些发达国家和发展中国家的人均预期寿命与国家医疗支出所占国内生产总值（GDP）的份额的对比情况：

	所占 GDP 分额（%）	预期寿命
印度	4.9	64.35
中国大陆	4.7	72
香港	5.2	81.9
新加坡	3.7	79.3
美国	15.2	77.8
英国	8.0	78.9
加拿大	9.8	80.2

来源：世界卫生组织及各国政府网站：http://www.who.int；http://www.fhb.gove.hk；http://www.yearbook.gov.hk；
http://www.indexmundi.com/india/life expectancy at birth.html；
http://www.medindia.net/news/view news main.asp? x = 20690；
http://app.mcys.gov.sg/wb/women health 5a.asp（2010 年 4 月浏览）。

---

① 参见 Fried, C.：1979。

该表格清楚地显示出国民医疗支出所占 GDP 的百分比,其增长并不与人均寿命的提高成比例。中国大陆总的医疗保健费用所占 GDP 的份额与香港较为接近,但中国大陆的人均寿命却比香港要低 10 年左右(这也许部分归结于香港人均 GDP 要比大陆高得多,但这也不会是全部原因)。更有趣的是,美国将 GDP 的 15.2% 用于医疗保健,这个数值是香港的 3 倍,新加坡的近 4 倍,但美国的人均寿命却维持在比后二者稍低的水平上。如果我们比较香港、新加坡和美国的母婴死亡率,香港和新加坡的情况要比美国好得多。

人均寿命当然不是医疗保健质量的唯一重要指标。毫无疑问,大量的医疗资源用于减轻病痛,对抗疾病和护理病人,此类工作在提高人均寿命上收效甚微。不过,人均寿命构成一项颇具启发意义的指标,表明医疗保健上资金投入的数量并不是决定生活质量的唯一因素。显然其他因素,譬如饮食、住所,都广泛影响着人们的生活和健康。因此,在分配资源的过程中,至关重要的是社会必须尽力避免高消耗低收益的政策措施。在这里,成本效益分析在决策如何高效分配公共资源上将大有帮助。在公共资源有限的前提下,建立更多高科技、高花费的危重症病房是否对人们的生活和健康最有利呢?

显然,回答这个问题必须视一个国家的具体情况而定。对有的国家而言,多投资于危重病诊疗也许不无裨益,但对另外一些国家而言,情况可能就不同了。例如,在菲律宾,正像 Leondardo de Castro 和 Peter Sy (1998) 在他们的文章中令人信服地论述的,试图把精力集中在高技术、高费用的重症护理室上是一种误导。多年来,痢疾和支气管炎已经成为菲律宾致病和致死的两大主因,然而患上这两种病的人并不需要在装备精密的重症护理室接受治疗,而只需要接受普通的诊疗程序。更重要的是,如果人们可获取饮用水、好的卫生设施以及新鲜空气的话,就可有效预防这些疾病。Castro 和 Sy 认为,正由于事实上如此多的菲律宾人罹患甚至死于这些所谓"普通"疾病,这就吁求在菲律宾建立一种防治这些疾病的真正的危急诊疗,尽管这种危急诊疗并不同于当代西方临床医学意义上的重症病医学。显而易见,至少对于发展中国家来说,由政府出资建立很多的高技术、高费用的重症医学并不是对大多数人的公平保健,尽管这类保健可能是最好的保健。

（2）公平的医疗并不意味着平等的医疗

除了呼吁最好的医疗外，许多人还声称公平的医疗保健就是平等医疗。的确，平等已经在提交卫生服务供给的议题中成为一个时髦词，正如其他类型的社会福利议题一样。许多人忽视了有关"平等"概念的大量语焉不详之处。尽管平等一词关涉大相径庭的许多方面，例如收入、财富、机遇、能力、成就、自由、权利等等，人们却只简单地要求平等。这样，"平等医疗保健"一词便成了一个强有力的意识形态口号，无论是在西方，还是在东方生命伦理学的讨论中。它鼓舞着社会的政治热情，对亚洲的生命伦理探索业已产生影响。

"平等医疗保健"——倘若这意味着政府必须确保每个人在其需要时都能获得平等的医疗的话——将给像中国大陆这样的亚洲国家带来十分棘手的困难。从丛亚丽那篇数据完备的文章（Cong, 1998）中，我们可以了解到，在1998年中国有大约12亿人口，而其中只有大约15%的人通过公共资源获取公共医疗服务。也就是说，大约有10亿中国人没有任何医疗保险，无论是公共的还是私人的。当然，我们在这里应当探讨公正的问题：为什么中国就是这15%的人，而不是其他的人能有特权享受公共医疗保健的资源呢？我们还可以追溯历史去探讨中国是怎样形成这样一个毫不公平的、甚至是十分糟糕的医疗保健供给之路的。然而，我们不能回避面对一个更为紧要的问题：中国医疗制度改革的理想目标是什么？是平等的医疗保健么？那么中国应达到何种水平或说何种质量的医疗服务？应当包含重症护理服务吗？为保证此种平等医疗，政府应加大征税力度吗？别忘了中国是一个地域、经济和社会状况十分复杂的国家，加之城乡经济差异巨大。从1995年的数字看，城市人均收入大约是500美元，而农村则是200美元，而60%—70%中国人口是居住在农村的。1995年城市人均医疗支出大约为20美元，农村只有6美元，而北京医科大学附属医院的重症护理室每天人均费用是200美元左右。也就是说，一个病患在重症护理室一天的花销就相当于中国农民一年的人均收入。15年之后的今天，情况当然有些不同：城市化的过程在迅速推进；人们的收入增加了，但看病贵、看病难的问题更加突出了；基本保险的人多了，但还有很多人没有保险。现在的医疗改革应该怎么搞？是否要走平等主义的路子？

危重病诊疗的惊人花费使得那种在西方广受欢迎的平等医疗理念丧

失了吸引力。例如,Norman Daniels 主张,政府必须确保每个人在基本医疗层面是平等的。依照他的说法,这一基本层面"将包括满足医疗保健需要的医保服务,或者至少满足重要的医疗保健需要"①。虽然他同意一个社会可能会容许一些奢侈医疗保健服务以飨消费之需,但是他强调"无论医保体系(health-care system)的上层如何获得资金,基础医保层面上不应当存在任何障碍(包括财政、种族或地理等等)"②。无疑,一些非常重要的医疗需求只能通过使用高技术、高花费的重症护理服务才可得以满足。Daniels 必须将重症护理服务包括进基础医疗层次中,否则就无法达到他所坚持的平等。那么按照 Daniels 的说法,政府必须确保每个人平等地获得重症护理服务,无论经济上或地理上存在怎样的差异。这对像中国这样的国家显然是不可能的。

平等的"适当"医疗或"基本"医疗——如果把"适当"或"基本"做出明确限定而强加到每个人身上的话③——即使在经济学上行得通,在实际操作中也无法行得通。问题在于:当基本医保层面被界定且建立起来以后,政府是否应当允许"稍好些"的医保层面(例如更短的排队时间,更好的医护服务,高质量的药物等等)通过特殊保险计划或非预算支付安排等途径供富人们消费呢?如果政府允许此种更好医保层面存在,平等医疗就被打破了。另一方面,如果政府禁止这种现象存在,那么富人们可能旅行至其他国家寻求更好的医疗服务,医师亦可能移民去其他国家寻求更好的职业发展,更不用提境内提供更好医疗保健的黑市存在的可能性了。这将会进一步带来国家资源和人才流失的危险。无论如何,在一个社会里维持平等医疗是极为困难的,即使平等医疗真的是公平医疗。

(3) 平等医疗意味着对自由的不合理限制

平等医疗保健受到质疑的另一个原因是个人和家庭的自由选择将会

---

① Daniels, 1985, p.79,斜体为原作者所加。
② Daniels, 1985, pp.79—80。
③ 事实上,要界定"适当医疗"或"基本需要"是十分困难的。这些概念的内涵承载着价值取向,取决于人们特定的价值判断与期望。另外,有些作者担忧满足一致的"基础"医疗保健需求将不可避免地产生一个无底洞,或者造成持续增加的医保投资,但收益持续减少。这样将会使社会被迫放弃其他重要的社会目标(Fried,1979, ch. 5)。本章认为即使这些概念可以得到适当的定义并在一个国家被普遍接受(比如通过民主决议),并且也不会造成无底洞,平等医疗仍然是实践上行不通的。

受到限制。如果政府强力推行此种平等医疗,人们为自己和家庭成员建立和追求更好医疗保健的自由就会受到限制。即使政府仅仅只想达到尽可能平等的基础医疗,为了排除基于市场的私人医疗保健对于基础平均主义医疗体系所造成的威胁,上述自由仍然要受到限制。否则后果将是富人大量投资于私人医疗部门,好的医生也会转向私人医疗部门,造成公共医疗部门质量下降等等。越是追求平等,自由就越受限。关键问题是:为什么人们不能自由使用他们自己的资源为自己和家庭成员寻求更好的医疗服务呢?具体来说,在何种情况下对平等的考虑可以高于对自由的诉求呢?

(4)平等医疗分配导致不利后果

试图尽可能追求平等医疗,其结果有可能出人意料。如果人们承认政府是保障每个人获得平等医疗的权威,政府将具有强大的甚至是独一无二的力量来聚集和分配医疗资源,人们也会在监督和限制这种政府力量的方面面临一系列困难。除此以外,还有来自于诸如有效抗击政府医疗机构的官僚主义、防止公共医疗保健费用上升、以及政府管辖的医疗供给体系中效率低下、表面文章、资源浪费和玩忽职守等挑战。简言之,如何能在追求平等同时又避免产生花费高、效益低、质量差的医疗保健体系呢?这也涉及到防治腐败的议题。政府权力可能会滋生腐败,如阿克顿勋爵警告的那样:"权力导致腐败;绝对权力导致绝对腐败。"分配医疗资源的权力也不例外。在追求平均主义的国家医疗保健体系中,政府的权力会变得过于强大。即使我们愿意为了实现每个人的平等而牺牲我们的自由选择(例如,为我们自己和家庭成员寻求更好医疗保健的选择权利),我们仍然可能遭受政府腐败导致的医疗保健不平等。①

简言之,现代西方社会的主流医疗保健理念把我们推向致力于既不现实又花费高昂的平等主义之中。其结果,正像我之前指出的那样:(1)完全平等的医疗保健现实中是实现不了的,(2)实现尽可能平等的

---

① 公共选择理论(public choice theory)是由 James Buchanan 建立的,他是1986年诺贝尔经济学奖的获得者。该理论特别有助于我们理解政府的性质。政府是政治家群体组成,正像每个人基于自身的动机、欲望和价值做出选择一样,政治家也不例外。我们的福利不能依赖于政治家的仁慈,因为他们倾向于从自身考虑而非公众利益出发来作选择。James Buchanan 告诉我们,如果政府被要求做越来越多的重要的事,大众对于政府决议的民主控制程度只能逐步减少。参见 Buchanan, 1987。

医疗保健也需要巨大的道德和经济成本。有鉴于此,我们需要重新考虑现代西方主流医疗保健理念的基本预设:即,医疗保健资源必须由国家平等分配。很多人仅仅因为相信医疗保健是人的基本需要,就理所当然地接受了这一假定。但是,他们忽略了"基本需要"和对"平等"的正当吁求两者在概念上是不同的。显然在上述吁求中道德的重点是放在"平等"上,而非"需要"本身上。

平等是现代西方自由主义者关于人的需要与福利理论中的一项主流价值。例如,罗尔斯(1971)和 Norman Daniels(1985)坚持认为社会正义要求公平的机会平等。他们声称,国家必须采取积极措施(如:通过教育系统和医疗保健服务)来增加由社会原因(如家庭背景)或自然缺陷(如疾病或者残疾)产生的弱势群体的机会,以此保证社会机会平等。照这种理论,机会的公平平等变成了社会目标,那么为了维护国家福利制度的平等,个人和家庭为其自身或家人寻求更好教育或医疗保健的自主行为就要受到限制。换句话说,按照罗尔斯和 Daniels 的观点,为追求所谓的"机会公平平等",就要牺牲个人和家庭的自主权。罗尔斯和 Daniels 的很多追随者都相信,这种平等主义观点是不证自明的。

但是很多西方和非西方理论都对此观点提出了强烈质疑。

首先,在非西方传统理论中,社会公正要求平等医疗保健这一点受到质疑。公正不等于平等。平等在其他一些道德视域或传统中绝不是主流价值,例如,儒家的价值体系就和自由主义大相径庭。鉴于自由主义的强势影响,流行观点会素朴地认为它就应该优于其他道德理论。本章认为,考虑到受自由主义影响的现行医疗保健理念存在着一些棘手问题,在决定医疗资源分配的恰当方式时,应当借鉴其他道德传统。例如,本章将表明,儒家所提倡的"爱有等差"而非"普遍公平"观点,就为现代医疗资源分配提供了意义深远的指导。儒家传统下的医疗保健体系可能比平等主义的自由理论影响下的体系更加合理。

第二,当代的主流正义理论,例如罗尔斯主义,功利主义,或自由主义是否真的在实践中意味着实行平等的医疗保健,这一点值得怀疑。[①] 罗尔斯机会平等理论的核心要求是"有相近能力和技能的人应该获得类似

---

① 当然为了证明这一点,还需要进一步的详细论证。

的人生机会"①。罗尔斯声称,国家必须维护"机会相对平等的必要社会条件",例如维持平等的受教育权,使得"那些具有同等天赋和能力,并愿意加以运用的个人,不论其原来身处社会体系的何种位置,即,不论降生于哪一个收入阶层,都应该有相同的成功前景"②。在罗尔斯看来,机会平等旨在排除社会偶然性的影响,正如也有不同原则适用于排除自然偶然性的影响那样。然而,尽管疾病和残疾影响了机会公正平等的条件,但这是属于自然偶然性。因此,从罗尔斯正义论的原始结构来看,很自然地应该把医疗保健归入第二条正义原则(差异原则)的范畴内,而不是机会公正平等的要求之下。罗尔斯建立差异原则的目的正是转移自然运气的影响,正如机会平等原则纠正社会运气的影响一样。

这就是说,根据罗尔斯主义的正义论,医疗保健应该用收入和财富这样的基本财产来购买,因为疾病是自然偶然性,而病人是社会弱势群体。根据罗尔斯的第二条原则,社会最弱势成员应该得到超出他们的收入和财富等级的不平等的特殊治疗。在中国大陆,低收入农民显然是社会的最弱势群体,也是医疗保健中的最弱势群体。因为没钱买医疗保险,他们只能得到低水平的医疗保健,甚至生病都没钱看医生。因为不得不自掏腰包,家庭成员的严重疾病常会让整个家庭都陷入难以承担的经济负债中,整个家庭都将长时间处于贫困状态。显然,中国需要的不是人人平等的医疗保障。依据罗尔斯的正义论,道德上站得住的是为低收入的中国农民提供特殊补助这样一种特定的"不平等"社会经济制度,以便改善农村人口的医疗保健状况。

此外,功利主义正义论也不应当要求平等的医疗保健。通常来说,功利主义要求社会制度或政策的构建应该最大限度地去造福社会中最大多数成员。几亿中国农民构成了中国人口的最多数。和城市居民相比,大部分中国农民处于不利的社会经济条件中。他们的收入、财富、机会、教育程度和医疗保健水平都相对较低。因此,向农村人口倾斜的不平等医疗制度无疑将在最大程度上提升整个中国社会的幸福指数。

古典自由主义正义论,比如诺齐克、恩格尔哈特的理论,也不要求医

---

① Rawls,1971,p. 73.
② Rawls,1971,p. 73.

疗保健的平等。相反,古典自由主义认为推行单一层面、包罗一切的医疗保健体系是不道德的。Engelhardt 指出,这样的体系"是集权主义的意识形态热情所导致的一种强迫行为,它没有认识到道德视界(它们构造保健利益)的多样性、国家权威在俗世的道德有限性和个人对其自身和财产的权威性"①。社会中的资源包括、但不仅仅包括公共资源,同时还有个人和团体财产。在大规模的社会中,个人和团体有权以他们认为适当的方式使用属于自己的资源,只要他人不反对,政府并没有道德权限对其行为加以干涉。因此,个人有权用自己的钱为自己或家人购买昂贵的医疗保健。强制医疗保健的平等在道德上是无法成立的。

三、儒家传统:"小家"与"大家"

儒家传统强调家庭的重要性,强调在家庭关系中塑造个人德性,如亲子之间的孝和兄弟之间的悌。相对来说,西方文化是以个人主义为特点的,而儒家文化则以家庭主义为特征。② 众所周知,儒家以仁为基本原理,亦即通过一种以人际关系为基础、以家庭为中心的方式将人性体现为爱与关怀。儒家传统中的这一原则不但适用于指导个人追求完满的善的生活,也适用于形成合理的政治结构,以及塑造适当的公共政策。理想的儒家人生是"明明德,亲民,止于至善",具体而言就是修身,齐家,治国,平天下(《大学》)。完善的社会在建立政府机制和制定公共政策时都应该符合"仁"的标准。既然仁是社会的主要道德原则,合理公共政策的最低标准是不应该与仁的原则相抵触。因此,依照儒家,社会应怎样进行医疗资源分配这一问题取决于怎样才能在医疗保健领域中最好地体现仁的原则。③

仁的基本含义涉及人与人的关系。从仁的观点看来,这种关系的本质在于"爱"或"关怀"。诚然,仁的原则要求了爱人。但是,这一原则不等同于博爱的平等主义立场。相反,儒家要求个人依据与他人的关系的本质,以适当的方式来爱人,也即爱有等差。以适当的方式爱人,就必须

---

① Engelhardt, 1996, p.375.
② 参见 Fan,2002。
③ 参见第 10 章。

考虑到人与人之间关系的差异和秩序。① 这是由于,在儒家看来,不同的人际关系承载着不同的道德意义,需要不同的方式和性质的爱与关怀,比如父子间的亲(亲密),君臣间的义(正直),夫妻之间的别(责任),长幼间的序(秩序),朋友间的信(忠诚)。简言之,按照儒家仁的观点,一个人像关心亲戚那样关心陌生人,或者像关心近亲那样关心远亲都是不妥的。

儒家主张先爱家人在道德上是有重要理由的。首先,儒家把家庭作为爱的根源。先爱自己的家人,才能把爱延伸到其他社会关系中。如果对家人不关心,就谈不上什么关心他人。此外,父母给与了我们很多,而我们最亏欠他们。儒家认为,没有感恩之心的人是禽兽,不是真正意义上的人。而且,把家人的幸福看得更重这是人的天性。"即使我们认识到人道德上来说是平等的,我们也得承认我们先考虑的是那些和我们有特殊关系的特定的人。"②最后,儒家主张以家庭为人类生存和繁荣的基本模式,是天命所在。重视家庭的人类天性源于神圣的自然规范。就此意义而言,儒家是反平等的(anti-egalitarian),虽然仁要求爱天地之间的所有人,但这绝不意味着要以平等地或相似地方式爱所有的人。

而对于特定的公共政策,比如医疗保健政策,仁的原则又意味着什么呢?儒家主张的"爱有等差"对公共政策的制定又有什么影响呢?有些学者认为不应当有影响。他们看来,儒家主张的"爱有等差"只和个人德性的培养有关,不能延伸到公共政策制定领域,后者的问题在于正义的本性和要求。但这样的观点是错误的。医疗资源的分配确实需要解决正义问题,儒家"爱有等差"的理论也确实和个人德性的培养有关。但仅仅把这一理论和德性的培养联系在一起,而否认它也是儒家中正义论的一部分,却是错误的。首先,如果仁是儒家首要的道德准则,那么它就应该在儒家的正义论中得到体现,就像效用原则会体现在功利主义的正义论中、绝对律令会体现在康德的正义论中一样。第二,如果"爱有等差"是仁的原则的本质要求③,那么这一观点就应该在儒家的正义论中得到体现。如果"爱有等差"的要求被置之于外,那么仁的原则也就不再是其自身

---

① Chan, 1955.
② Wong, 1989, p. 260.
③ 本质(essential),这里指其构成基本特点的必要条件。

了。第三，无论儒家正义论的具体内容为何，爱有等差的要求都着重于强调家庭价值和家庭对其成员福祉的责任，这也是我试图在下一节中论证的。最后，即使体现在儒家正义论中的爱有等差要求，不能直接对公共政策的制定给出很多具体建议，它也对公共政策做出了侧面的限制：如果一项公共政策使得我们不能做到爱有等差（比如，是违法的），那这一公共政策就是不道德、不公平的，不能被儒家所认可。这一观点也将在下一节中得到一步阐述。

另外一些学者可能会认为，"爱有等差"的思想并不涵盖人类生存的所有方面，因而更重要的道德要求是做"正确的事情"（义），而不是"仁"。我们知道，儒家的"义"这一概念，至少在其丰富含义的一个方面上，和西方"正义"概念有相似之处。所以，在谈论对于医疗资源分配的儒家立场时，似乎更应强调"义"而非"仁"。但这样的观点是片面的。问题并不是我们是否应该做正确的事（行义），而首先是什么是正确的事情，即什么是"义"的内涵。如果"正义"指的是给予每个人他所应得的，那么义的一个意思就是正义。但这是不是说儒家的"正义"观类似于自由主义的正义论呢？我的回答是否定的①。我们有充分理由认为爱有等差构成儒家正义观的一部分。②

有些学者用儒家中"国为大家"（国家本身就是一个大家庭）的观念来支持由国家强制推行平均主义福利计划。他们认为，既然儒家主张国为大家，所有人都是家庭成员，那所有人就都应该接受国家安排的平等待遇。毕竟，如果所有人都是我们的姐妹弟兄，那我们为什么要在考虑他们的福利时将他们区分成不同群体呢？诚然，儒家确实主张国为大家的概念，甚至天下一家：天下所有人（即，世界上的所有人，而非局限于一个国

---

① 参见第9章。
② 在儒家经典中，"仁""义"并置并不罕见，仿佛两者是无关的两个概念。"仁"强调爱或关怀，而"义"则强调正义或恰当。例如，《中庸》中所说的："博爱之谓仁，行而宜之之谓义。"又如《孟子》中所说："恻隐之心，仁之端也；羞恶之心，义之端也。"（《孟子·公孙丑上》）事实上，孟子是第一个赋予"义"的理想以前所未有重要性的儒家学者。Wing-tist Chan 认为，孟子这么做是因为他"强烈反对墨家的'兼爱'说（Chan, 1963, p.50）。因此他经常提倡仁义并举，对他而言仁是凝聚人们的必要因素，而义则是对之加以区分的必要因素"（Chan, 1963, p.50）。如果说仁和义的基本要求都是直接反对平等主义的兼爱的话，"义"更适合被视为儒家核心原则"仁"的派生概念：除了"亲亲"（这构成了儒家家庭主义的核心）之外，儒家也要求"贤贤"（这构成了儒家精英主义的核心）。

家)都是一家。就像《论语》明确指出的:"四海之内皆兄弟"(《论语·颜渊》)。在这一意义上,所有人都是一家人。但是,儒家中大家的概念仅在与小家的概念(即,包括祖父母,父母和子女的中国传统家庭)相对时才有意义。天下一家是因为天地万物都出自同一根源。但同时人又各自属于不同的家庭,在不同的家庭中被抚育成长。儒家认为,这构成了人类存在的正常方式。其秩序如《易传》所言的:"有天地,然后有万物;有万物,然后有男女;有男女,然后有夫妇;有夫妇,然后有父子;有父子,然后有君臣;有君臣,然后有上下;有上下,然后礼义有所错。"(《周易·序卦传》)亦即,虽然仁者以天地万物为一体,但从德性修养而言,家庭才是中心和起点:"君子之道造端乎夫妇,及其至也,察乎天地。"(《中庸》)

　　道德上以"小家"为起点并不意味着不需要考虑"大家"。显然,仁要求人们把关爱延伸到小家之外的其他人。亦即,儒家立场是处在以下两个极端之间的:一是平等主义所要求的像对待家人那样对待陌生人,另一是仅仅关心近亲、家人,而不关心陌生人。儒家希望我们关心家人和陌生人,同时更多地偏向自己的小家。当然,如果儒家可以在我们现在应该如何把爱延伸到小家之外方面提供明确的指导的话,将会大有帮助。但是,要求儒家通过一种演绎式道德体系来提供这样的指导是不公平的,因为儒家认为仁的德性从其本性上来说是直接的、关系性的、依情境而定的①,是以礼仪为基础的。然而,通过对于仁道的透彻体会,我们总可以从儒家传统的丰富理论、礼仪和事例中,获得一些实际可行的指导。②在探讨今天我们所面临的医疗资源分配的问题时,儒家传统被证明是

---

① Ames, Roger T.,1988.
② 在对比普遍主义立场以及儒家的爱有等差立场的一篇文章中,David Wong 写道:"我认为儒家伦理是有缺陷的,因为它没有提供明确的方法说明如何能够把等差之爱延伸到所有人。"(1989,p.265)对于关心家人和帮助陌生人之间的冲突,他的实际解决办法就是"试着改变法律制度,把帮助陌生人的负担从彷徨于亲友和陌生人之间的个人转移给拥有大量资源的实体"(p.267)。但是,这样的解决方法如果充分实施,就将把儒家社会转变为平等主义自由社会。虽然儒家支持一些大型"实体"比如政府征收一部分资源来帮助人民(正如我们会在本文下一部分中所说明的那样),但他们并不认为应该实行普遍的平等福利制度,让个人不需要在"陌生人和亲友"之间进行艰难的选择。关系到他们自身、家人和其他社会中和他们的福利时,个人和家庭必须以关系为基础,依情境的要求作出决定。个人及家庭在道德决策中的作用始终是培育儒家德性、维持儒家社会结构的基础。个人不需要做出和实践此类决策的社会不是儒家社会。如果说,儒家先贤在为其个人、家庭、邻里和其他人谋求适当利益时做出了很好的榜样,那现代人就不应该将此类重大决策全权交给实行平等安排的政府之类的"实体"而免除自己的责任。

富有洞见的,因为它对于人类社会养生送死的道德网络有着深刻的体察。

四、儒家医疗资源分配观:面向和谐多层次的医疗保健体系

受儒家文化影响的传统中国从未试图建立起平等的国家医疗保健体系。这和儒家对人类福利的一般观点和关于医疗保健福利具体观点是相一致的。从儒家观点来评价,现在西方主流的自由主义医疗保健理念所倡导的平等主义的医疗资源分配模式,必然是消极的。在绝对的平等主义模式中,政府强制进行医疗保健资源全面平等分配,甚至不允许更好的基础医疗层面存在以供自愿购买,这样,个人就无法用自有资源为自己和家庭获取更好的医疗保健。这个显然与仁的"爱有等差"的倾向相违背。儒家的道德立场和情感鼓励个人更加努力工作,以更好地照顾自己的家人,包括为他们提供更好的医疗保健。如果国家医保体系使人们无法实践这样的儒家价值观(即无法用自有资源为家人购买更好的基础医疗服务或者医疗保险),在儒家道德判断中,这显然不能被认为是正当的。相反,它违背了儒家基本的道德良知。

此外,儒家甚至不支持温和的平等主义医疗资源配置。温和的模式是说,政府保证尽可能平等的基础医疗保健,但非基本需求则交由自由市场机制解决。但问题是,谋求医疗保健需求的平等满足——不论这些需求到底有多"基础"——必定耗资巨大,因为人们的需求不可避免地有差异,并且差异可能极大。强求平等迫使政府征收沉重的赋税以达目的。这是儒家观点不可能赞同的。儒家理论支持共同体内部成员之间的守望相助①,但从未主张政府强制性征收资源并重新分配,以达成平均主义的福利目标或者医疗保健计划。相反,儒家一贯主张政府应该实行轻征薄赋的仁政②,比如孔子推崇古代圣王无为而治的榜样③,并有"苛政猛于

---

① "死徙无出乡,乡田同井,出入相友,守望相助,疾病相扶持,则百姓亲睦。"(《孟子·滕文公上》)
② "如施仁政于民,省刑罚,薄税敛。"(《孟子·梁惠王上》)
③ "无为而治者,其舜也與!夫何为哉?恭己正南面而已矣。"(《论语·卫灵公》)

虎"的慨叹。①

儒家总是极力主张人们应该与家庭成员共同努力,创造美好生活。儒家传统认为,人们依靠家庭来追求自身福利才是更自然、更可靠的方式。同时,儒家强调有德之人应该向有困难者提供帮助。儒家的道德教导明确指出,个人应该照顾自己的家庭,帮助有需要的朋友,支持遭逢不幸的邻居,向遭受灾难的人提供援助。虽然没有区分和分配这些不同的义务的明确的准则,但道德主体总能够以儒家先贤为榜样而得到指引。从儒家观点看来,社会稳定兴盛的基础是道德主体的德性,其中主要的德性包括:对长辈的孝顺(孝),对朋友的忠诚(忠),对需要帮助的人的同情(恻隐)。如果国家强加的平等福利计划免除了个人行善的责任的话,他们会失去建立恰当人际关系的热情和能力,而沦为国家机器上的一个随波逐流的部件而已。个人不再是有德性的道德主体,社会也不再是儒家社会了。

因此,儒家不支持任何国家强加的平等福利工程,而主张依靠行为主体的自主行动来追求富足。但这并不是说儒家不主张政府帮助那些有困难的人。对于国家在改善人民福利应该起的作用,儒家的立场介于平等自由主义者(主张国家通过福利制度达到机会的公正平等)和古典自由主义者(主张国家不干预)之间。显然,纵观历史,儒家学者都一贯鼓励甚至要求政府采取一定措施帮助特殊人群,尤其是(1)没有或缺乏家庭支持的人,比如寡妇、鳏夫、孤儿或无子女的老年人,(2)残疾人,和(3)遭逢罕见自然灾害(比如洪水,饥荒等等)的人。在儒家观点看来,这些人从国家得到资助的合理性是很好理解的。没有完整家庭的人失去了常人所有的普通家庭依靠。残疾人不能像正常人那样靠自己有效谋生,通常一生都是家庭的巨大负担。最后,自然灾害通常不可预料,受害者们不靠外界援助很难从灾害中恢复。在此儒家立场所传达的信息是双重的:一方面,政府应同情社会中不幸人群并给予援助;另一方面,政府援助应仅在意外情况下给予特定的人。政府援助仅仅是非常救济手段,而绝不是谋生的正常手段。中国有句著名的古语:"救急不救穷,扶弱不扶惰。"儒家认为,懒惰导致的贫穷是不值得帮助的。

---

① 参见《礼记·檀弓》。

简而言之，儒家不主张人们靠政府福利项目谋生。虽然国家关注民生、关心人民疾苦，但其目的从来不是维护公正平等的机会或者提供不顾及个人差异的平等福利。儒家认为，家庭有义务通过自主和努力来为家庭成员谋求更好的福利和医疗保健；而国家是无法保证平等的机会、平等的医疗保健，或者善的生活的。总之，儒家相信家庭关怀而不是国家关怀；儒家希望由家庭承担主要责任而不是由政府官僚机构包办一切。

这些传统儒家观点或教导对我们在现代社会中建立适当的医疗资源分配体系究竟有什么意义呢？尤其是如果儒家反对任何形式的平等主义医保分配，那它又会青睐怎样的医疗资源配置模式呢？我认为，儒家传统中，至少有以下三点是值得我们考虑的。

第一，儒家支持以家庭储蓄来支付普通医疗保健费用。在儒家看来，医疗保健主要是家庭的责任，并且所有的家庭成员都需要普通的医疗服务来治疗一些小病痛或者预防疾病（通常这些都可以由诊所中的家庭医生完成，而不需要医学专家，复杂仪器，或者昂贵的药物），所有家庭都应该为其家庭成员的基本医疗需要积蓄资金或者提前有所准备。既然这类医疗服务是经常需要并相对廉价的，那以此为目的的家庭储蓄就是表明家庭责任的一种很好的方式。建立这样的储蓄将很好地激励家庭成员关注自己的生活方式，保持健康，预防疾病，以免因病致贫，影响整个家庭。新加坡现行医保制度中的家庭储蓄账户的规定正反映了儒家家庭责任的这种理想；香港的家庭也是自行出资解决普通门诊费用的。

第二，儒家观点支持为住院和重大疾病的诊疗购买保险。一些严重疾病需要医学专家的治疗以及先进的诊断、治疗设备。考虑到这些花费，保险将是人们分享市场机制中利益和风险的最佳途径。政府当然可以协助建立一些医保计划或者建立公共保险，和其他私人保险竞争，供人们自由选择。儒家也许会建议，让个人和家庭自由支配自己的资源，以自由购买他们认为合适的医疗保险。在儒家传统中，家长有为子女提供健康保险的道德义务；并且如果年迈的父母无力自己承担保费，成年子女也有为其父母提供医疗保险的道德义务。个人为家人购买更好的医疗保险是合理合法的。

第三，儒家支持对特殊情况的政府援助计划。正如儒家思想要求对于不幸者要有恻隐之心一样，社会也应该考虑提供援助，帮助特殊情况下没有保障的人。但这类项目的对象应该是特殊状况的人,例如家庭不完整的人或者残疾人。儒家反对无区别地面向所有无保障个人的平等主义援助计划,而认为应该根据申请者的具体情况来决定是否对其进行援助。同时,儒家也鼓励人们通过自愿的慈善行动或私人基金互相帮助,而非依靠政府救济。最后,国家不应该禁止购买更好的基本医疗。公平的平等机会的呼求不应当凌驾于家庭责任之上。儒家传统的核心价值之一就是,家庭的自主性——亦即,家庭为其成员谋求更好的教育或医疗服务的自愿行为——不应受到国家的强制干涉。

不用说,这些只是十分笼统的概念和粗略的建议,需要发展成更细致的计划才能用于指导公共政策。但这些普遍的道德观念是清晰的:儒家传统所支持的医疗资源分配方式显著区别于当代国家主义平等主义理念所倡导的那种模式。国家主义平等主义理念要求平等,儒家观点则要求整体和谐下的爱有等差——和谐的多层次医保体系强调家庭责任,鼓励自发慈善行为和互相帮助,并以国家援助计划作为其补充(但需要强调这种援助计划绝不是以平等主义为目标的)。

五、结论:从平等理念向和谐德性的回归

自由主义在当代社会的影响力越来越大。世界上所有主要的传统思想都在自由主义和国家主义面前退却。但是,个人主义的自由主义强调个人独立、自主、人权的同时,却忽略了人与人之间的互相依赖(特别是在家庭中)是人类生存与繁荣的根本方式。更糟的是,国家主义的自由主义要求个人依赖国家,以维持人与人之间的平等福利。这种自由主义的强求平等不可避免地忽略了家庭在社会中的作用,用国别来区别世界上的人。的确,当个人主义和国家主义两者联合,家庭的传统作用就被国家取代了。国家不仅控制了它的国界,不允许自由迁移,同时还剥夺了个人私有的资源,强加上虚幻的平等政治理想。

儒家既非个人主义,也非国家主义,而首先和主要的是家庭主义的。儒家的基本出发点就是人不仅是独立的人,也是历史、社会和家庭中的人。既然我们生来就是父母的子女、姐妹的兄弟,我们无法选择自己最早生活的环境和自己在家庭中的角色。鉴于这些抽象的和具体的条件,我

们对家庭成员负有道德责任。在儒家看来,如下观点是大逆不道的:子女不对年迈父母负有比社会上其他人更多的责任,因为子女自己并没有要求降生到这个世界上来。① 儒家认为,主要根据个人决定或契约来认识人的道德责任是大错特错的②。

儒家传统下的道德主体不会一开始就向国家伸手要求帮助,也不会将国家视为终极关怀。在儒家视域里,尽管有从个体到天下的不同层次的理想(即,修身,齐家,治国,平天下),但是家庭始终占有至关重要的居间位置:家庭关心其成员并享有其成员的首要的忠诚。国泰民安,四海升平是儒家的理想,但是理想不能通过国家强制的平等主义福利制度来实现。儒家认为,虽然国家确实需要承担一些特定责任(比如维持社会秩序,保护公民人身安全,保护公民不受欺诈,在非常情况下提供特殊救济之类),但家庭也应该承担其他一些重要责任(比如为每位家庭成员谋求福利)。

当平等成为社会的主流价值,和谐这一传统德性受到了威胁。确实,儒家不是平等的哲学,而是中和的哲学。它主张,在以家庭为基本单元的社会体系中,个人按其应得的那样受到和谐的对待。儒家认为,和谐不仅是培育个人德性的关键价值③,也指导着社会体制和分配(《荀子·王制》)。儒家从不把平等作为基本的真实或价值。相反,儒家非常理解不平等是人类的基本状况,这不仅体现在个人天赋、知识、品德上,而且体现在家庭关系和社会地位方面。因而,儒家认为把不平等的作为平等来对待是不妥的。对儒家而言,妥当的社会目标不是保障平等,而是追求人类关系的和谐。实际上,儒家主张,既然家庭是人类社会基本的单元,家庭的共同目标就是每个家庭成员的目标和依靠,家庭享有其成员的忠诚。④

---

① English, 1979; Daniel, 1988.
② Wong, 1999.
③ "礼之用,和为贵。先王之道,斯为美。"(《论语·学而》)
④ 忠诚可以定义为愿意将自身贡献给某一团体的事业(Royce, 1969, p.902)。忠诚,作为一项德性,有着不可替代的重要性。撇开其他不谈,对于我们所面对的最艰难的实际问题,如,"我为什么而活?我为什么来到这个世界?为什么我要做得最好?什么东西需要我去努力?"忠诚提供了一种个人的解决之道。上世纪初,美国哲学家 Josiah Royce 评价说,"恐怕我们的国家已经忘记了忠诚"(p.899)。但我恐怕更危险的是,越来越多人把国家作为他们忠诚的对象。他们忘记了家庭的真正含义。

概言之，本章试图表明现代主流西方理念倡导的医疗保健制度是误导性的，因为它过分扩张政府的权力，追求根本不可能实现的目的。本章尝试运用儒家学说这一古老而持久的伦理资源来指导现实。儒家传统认识到了家庭在社会中处于中心地位。家庭为其所有成员的福利（包括医疗保健）负责，而国家作为延伸意义上的家庭（"大家"）应该仅在特殊条件下向特殊群体提供有限帮助。国家不应试图通过强制税收来再分配资源以维持平等福利，也不应以机会公正平等的要求限制家庭为其成员购买更好的基础医疗服务的权利。本章也证明了儒家思想资源在当代医疗保健制度领域中仍然具有重大的伦理意义和价值。

十二　何种关怀？谁之责任？家庭何为？

一、一个令人震惊的事实：当代东亚地区老人易于自杀

人人都期望垂暮之时能够安享晚年，但我们需要注意到一个不幸的事实：在全世界所有年龄组中，自杀率最高的人群集中于65岁及以上的老人年龄组。① 更奇怪的是，东亚地区的情况更为严重。在香港，20世纪90年代老人的自杀死亡率大约是30/100000，而全球一般人口的比例是15/100000。② 在台湾，老人的自杀率在1993年达到了32.1/100000。③ 在韩国，老人自杀率在过去20年中增加了五倍；在2003年，65岁以上人群的自杀死亡率为72.5/100000。④ 最后，在中国大陆，农村地区的老人自杀率据报比任何国家都要高。⑤ 简而言之，所有的统计数据都显示，东亚地区的老人自杀率明显高于西方国家的老人自杀率。⑥

这个事实一定让奉行孝道的东亚民众感到震惊。而且他们应该注意到，许多老人都是因为子女没有尽到赡养、照顾和关爱的责任而自杀的。众所周知，在东亚地区，一般的人际关系和特定的家庭互动本来是由儒家的道德价值所形成的。年轻人从小接触到普遍的敬老风气、家庭中的孝

---

① 参见 National Strategy for Suicide Prevention, http://mentalhealth.samhsa.gov/suicideprevention/elderly.asp. 本章所有引用的网址皆在2009年3月访问。
② 数据见 http://www.globalaging.org/health/world/2004/hk.htm。
③ 数据见 http://www.tahr.org.tw/site/data/report00/eng00/elderly.htm。
④ 参见 AsiaNews, 2003, http://www.asianews.it/view_p.php?l=en&art=3808。
⑤ Phillips, et al., 2002a, p.837。
⑥ 这个结论得到以下网页数据的支持：http://csrp.hku.hk/WEB/eng/statistics.asp?id=211。

顺礼仪、以及社会上照顾年迈父母并令他们幸福的相关公共政策,从而养成孝顺的德性。在家庭和社会,老人都享有很高的地位。虽然我们没有具体的数据,但前现代的东亚地区的老人自杀率绝无可能高于世界上其他地方的比率。我们如何解释当今东亚地区世界最高的老人自杀率呢?当然,一些因素如身体疾病、亲友离世、社会变迁、经济拮据和社会福利缺乏常常是老人自杀的原因。但我要说的是,这些因素并不足以解释东亚的问题。即使生活在艰难的条件下,如果老人得到子女的适当照顾,他们就不会放弃自己的生命。儒家文化中的正常情况是,子女遵照儒家孝顺的德性,好好照顾年迈的父母,尽力使他们幸福,老人则为有如此孝顺的子女而感到骄傲,并努力和孩子一起过有意义的生活。如果他们自杀,那么其子女就会被认为未能照顾他们,将使子女冤枉地背负一个不孝的坏名声,这当然是作为父母所不愿意看到的。另一方面,如韩国的研究所反映的,如果老人独居且得不到子女的照顾,他们结束自己生命的几率是那些与子女一起生活的老人的三倍。① 不幸的是,东亚现代化进程见证了不断增加的破碎家庭和越来越多的老人失去子女的照顾。在所谓独立和自力更生的现代价值观下,老人被迫独居或搬到老人之家。东亚地区较高的老人自杀率可以理解为老人在现代化进程中的悲惨命运的显示:他们因为得不到传统上应该获得的地位和照顾而放弃了自己的生命。

本章论证居家照顾(family care)的道德需要和子女对老人长期照顾(long term care)的责任。它是在北京、香港和休斯顿完成的三项关于长期照顾的研究成果的基础上形成的。这些研究反映了道德的差异性和复杂性。就背景文化框架和道德而言,休斯顿与北京及香港的情况有着很大差异,指引长期照顾的生命伦理学也很不一样。而且,在这三个地方也存在如何理解和应用当地传统道德的争议。然而,在所有这些地区,家庭对于一般民众生活、尤其是老人的长期照顾的关键重要性都是令人感兴趣的。本章展示了家庭的生命伦理学意义及其道德重要性的深层的儒学基础。本章还尝试为那些在北京和香港参与长期照顾和医疗保健的政策制定者们提供一些关于儒家对家庭的理解的重构性说明。它也尝试为大

---

① 《东亚新闻》,2003,数据见 http://www.asianews.it/view_p.php?l=en&art=3808。

家提供一般儒家文化传统的资源。在过去的两千五百多年中,儒家文化一直主宰着东亚社会,并坚持着家庭的社会和道德地位以及相应的意义。

本章第二节根据北京、香港和休斯顿三地的访谈结果,探讨支持居家照顾而非机构照顾的各种理由。关于居家照顾存在的困难和问题将在第三节展开分析,以说明这些因素不能构成具有说服力的理由对抗居家照顾和子女责任。在第四节,通过诉诸儒家关于孝悌德性的道德和理论资源,论证子女在老人居家照顾中的责任。在第五节将用儒家的家庭范畴考虑进一步为居家照顾辩护。最后一节包括对儒家伦理在指导中国医疗保健和长期照顾政策制定中的独特作用和重要性的评论。

二、居家照顾:怀旧还是复兴?

我用所谓居家照顾,指的是给予老人以家庭为导向的照顾形式,它包括两种模式。第一种模式是,已婚的子女及其家庭留在父母家里或者将父母接到自己的新家同住以照顾年迈的双亲。这是传统中国和其他东亚社会典型的老人照顾方式。第二种模式是指这样一种情形,即已婚的子女通过住在离自己父母家庭较近的地方(如住在附近的公寓或者与父母居住在同一公寓的不同楼层)以照顾年迈的父母。这种模式仍然可以称为居家照顾(而不是非家庭导向的社区照顾),因为子女可以每天探望和照看父母。在这两种模式中,老人可以住在子女或者自己家里,接受子女和孙辈的照顾,其中包括很多必要的方面,例如身体的、心智的和精神的。① 更重要的是,这两种**居家照顾**,无论哪种模式,都与像老人之家、养老院、老人设施以及疗养院等私立或公立社会机构提供的**机构照顾**形成强烈对比。要进入一个机构获得照顾,老人将被带离他熟悉的生活环境,与其他年老的陌生人一起被安排到一个新环境中,与自己的家庭和子女分离开来。

当东亚地区的老人之家迅速兴起的时候,我们有必要从不同的道德

---

① 在以前的一篇论文(Fan,2006)中,我首次提出"居家照顾"模式和"邻近照顾"模式作为两种不同的模式。现在我认为邻近照顾也可以归为居家照顾,因为在这个模式中,尽管子女没有与父母住在同一屋檐下,但是子女能够给老人提供的必要照顾和第一种照顾模式几乎是一样的。

和社会特性来重新考虑和反思机构照顾与居家照顾之间的区别。有人猜测,在当下社会,由于年轻人不得不忙于追求自己的事业并且变得日渐独立,他们无法向年老体衰的父母提供居家照顾。无论是好是坏,从这个角度看,居家照顾必然日渐萎缩和消失,最后只能存在于人们的回忆中。然而,我们在北京、香港和休斯顿完成的调研发现,居家照顾在这三个城市仍然是人们主流的选择。如果北京、香港和休斯顿具有代表性的话,那么当代社会的共同看法是,在老人自己或子女家里进行老人照顾大大优于在机构中进行照顾。这个观点也得到了那些由我们按照定性研究方法抽取访谈的、来自不同专业和职业的受访者的支持,他们包括老人照顾机构的行政人员、医生、护士、家人以及老人。首先,受访者们公认,机构照顾能够提供相当一部分居家照顾无法实现的好处,如训练有素的专业人员和先进的老人生活设施。然而,大部分受访者还是偏爱居家照顾。正如休斯顿一位护士所指出的,"家庭护理与疗养院护理是不同的……如果是家庭护理,老人仍然在自己的家里,而我认为老人只要能尽可能避免危及自己,就应该一直住在家里"(休斯顿,护士1)。即使是那些需要特别看护的老人,"居家照顾并在家里得到护理也是最好的"(休斯顿,家庭3)。简言之,一位香港的家庭成员清楚地表达了主流看法:"养老机构应该只作为最后选择……因为我爱我的母亲,只要有可能都应该由我来照顾她。"(香港,家庭1)

我们应该如何看待这种主流观点呢?它仅仅是缺乏支持理据的情绪反应吗?我们的受访者为居家照顾提供了丰富的理由,我将在后面讲到。当然,来自北京和香港的一些人估计,西方人不喜欢居家照顾,而中国人则认为居家照顾最符合人性。例如,一位香港医生说:

> 居家感(being home)是照顾质量的基础。你在养老机构不会得到这种感觉。这种感觉是人的本性中与生俱来的……是人类诚挚的温情……我相信世界上不同地方的人们对孝道有不同的理解。……"居家照顾"就像围坐在中式餐桌旁进餐:所有人都从同一个器皿中夹取相同的食物——这是一种分享的方式。我认为如果可以选择的话,大多数老人更愿意留在家中。如果西方社会为老人选择了机构照顾,我认为香港不应该成为西方社会。(香港,医生2)

有趣的是,来自休斯顿的受访者并没有更偏爱机构照顾。相反,他们几乎全都提出了支持居家照顾的理由。例如,一位休斯顿医生指出,"人们在家里能够获得在其他任何机构都难以得到的东西,就是爱"(休斯顿,医生1)。老人之家并不是真正的家。休斯顿的一位家庭成员说,在一个完美的世界,老人不应该住在老人之家,而应该和家庭成员一起住在真正的家(休斯顿,家庭2)。即使是那些把选择居家照顾还是机构照顾看成是取决于哪一种方式更为经济的人,也同意"如果老人和家人住在家里,家人在训练有素的职员提供补充帮助下照顾老人,那可能会更好"(休斯顿,家庭1)。这就是说,人们通常认为的中西方之间的文化差异并没有在我们的受访者中出现:北京和香港的受访者与休斯顿的受访者都偏爱居家照顾而不是机构照顾。仔细想想,这其实也没有什么奇怪的。如果说宣称所有人在孝道方面都是潜在的儒家乃是一种文化自负的话,那仍然可以适当说,一些人性的基本特征还是适用于全人类的。确实,来自三地的受访者都有他们充分的理由喜欢居家照顾而不是机构照顾。总的来说,他们支持居家照顾优于机构照顾的理由可以从以下五方面来阐述。

首先,居家照顾表现了敬爱、亲密、真挚、温暖和安全感,无论在性质上还是程度上,这些都是机构照顾无法做到的。常常有报道称"许多老人喜欢至少与其一个子女生活在一起……这是有关情感的需要,而不只是有形的支持……这种自然情感和关怀只有自己的亲生子女能够提供"(香港,行政人员5)。当只有一位双亲还在世的时候,对老人来说,与子女生活在一起而不是独居就更为重要了(北京,家庭13、14)。对于老人而言,待在家里始终是温暖和真挚的。他们由子女及孙辈陪伴,继续扮演着自己在家庭中原来的角色。确实,老人在居家照顾中能够得到一种必要的安全感:他们无需被迫离开自己熟悉的生活环境,去面对新环境的挑战和冲突。相反,"在老人看护机构,他们感到自己被移出了家庭单元"(休斯顿,家庭3)。他们不得不转变自己的角色,也很容易感到情绪低落,甚至会觉得被子女抛弃了(香港,护士3、4)。①

第二,与机构照顾相比,在居家照顾下,老人显得更有尊严,更具有个性和自主,也更自由和灵活。他们可以使自己的隐私得到保护。"在家庭进行照顾是最有尊严的方式。"(休斯顿,行政人员2)"这种感觉就是关于你能否控制某些事物——做房东和做租客的感觉是完全不同的。"(香港,医生2)②另一方面,如果依赖机构照顾,他们就会丧失这种尊严。即

---

① 我们的经验丰富的受访者就这方面给出了一些比较具体的观点。首先,一位香港的护士观察到,如果说把老人送到养老院是件好事的话,那是对护士或者老人的子女而言的,从老人自身角度出发,这绝非是一件好事,因为他们喜欢住在家里。如果他们不得不搬进养老院,他们愿意等待很长一段时间,以便住进一个位于附近的、离他们的家庭成员或子女比较近的养老院里(香港,护士3)。第二,那些住在养老院里的老人总感觉他们的子女抛弃了他们。同时,那些和子女们住在一起的老人通常会因为儿女陪伴在自己左右而感到非常骄傲……无论机构提供的照顾服务有多么好,有些重要的东西已经不见了——没有什么东西能代替家庭中的自然情感……那些没有子女照顾的老人常常说道,他们过着"艰难的生活"(香港,护士4)。不幸的是,正如一位养老院的管理者所观察到的,一旦老人在养老院中住了超过三个月,他们在家中的床铺就会被移走——他们无处可回……对于老年痴呆症患者来说,如果你三天不去看他们,那到了第四天他们就认不出你是谁了(香港,行政人员4)。第三,"住在家里,人们能感觉到温暖和真挚的情感……老人也很乐意为子女们做可口的饭菜。子女高兴,老人也就高兴。这种温馨和真挚感是政府机构提供不了的。当老人听到子女们放学后回家对他们的问候:'奶奶,我回来了',他们会非常高兴。即使有时候老人不能活动,他们看见孙辈们环绕左右也会非常开心。即使你有再多的钱,你也不可能从机构中获取这样的快乐"(香港,家庭9)。

② 一位来自休斯顿的护士说道,从她从事老人长期照顾的工作经验来看,"最可行的老人照顾方式就是在家里照顾他们,同时配备专门的看护……比起家庭成员,也许机构能提供更好的伙食,但只有家庭成员才最清楚老人嗜好的口味和食物。老人可以由他们自己的小狗陪伴着。他们每天做些什么也可以由自己决定——因为这是他们应得的"(休斯顿,护士2)。此外,一位来自休斯顿的家庭成员受访者这样说道:"居家照顾永远是最理想的选择,因为老人在家里能接受特别的对待,这是在由几百人组成的老年机构中享受不到的。所以我们可以想象,老人在家中总能接受到比较个性化、而非机构化的照顾。"(休斯顿,家庭8)类似地,一位来自休斯顿的行政人员认为,将他人当作独立的个体来对待是对别人的尊重。老人不应该在养老院里被当作一大堆人、机械地一个接着一个地来对待。他们当中的每一个人都是相当特别的,应该被当作特殊的独立个体来对待。他们的隐私权、他们的文化、他们的个人喜好都应该被尊重(休斯顿,行政人员1)。一位来自香港的护士说道:"当我老了的时候,我会存点钱,以后可以雇个人来照顾我,这样我就可以和子女们住在一起了。因为这关乎自由。如果你住到养老院去,你肯定会失去一些自由。如果我忽然想吃鱼丸了,他们是肯定不会满足我的——因为养老院里没有;如果我想喝奶茶,也是无法得到满足的"(香港,护士3)。类似地,另外一个看护人员说道,"老人不喜欢住到养老院去,因为这样他们就得失去某些自由……我可以随时随地去食堂吃饭。但是在养老院里,我必须按照规定在4点或6点吃饭……因为老人不想给自己的子女增添负担,所以他们决定要搬去养老院……"(香港,护士4)最后,一位来自香港的作为家庭成员的受访者说道,老人住在养老院里很难保全个人的自由和隐私。"住在家里和住在养老院里有很大的区别。人们需要他们的隐私权。如果人们有足够的隐私权,他们的情绪也会比较稳定。结识多一点人是件好事,但是要和这么多人相处就没那么容易了……住在自己家里的感觉和住在养老院里是完全不同的。"(香港,家庭4)

使他们曾经是社会上的重要人物，一旦接受机构照顾，他们不得不接受转回到像孩提时期的名称，被别人直呼其名和吆来喝去(休斯顿，家庭5)。

第三，与家人生活在一起，老人能够得到更多适应独特个性和宗教信仰的个人护理。"如果老人可以待在家里，他们就可以处于一种对他们而言最自然的环境，包括他们吃的食物、信仰的宗教、听的音乐，以及其他任何东西。"(休斯顿，医生2)①

第四，居家照顾对于那些患有痴呆或阿尔茨海默氏综合症的老人特别有好处。许多老人都面临一些痴呆的问题，难以适应新的环境。他们会想办法逃离新地方，或者他们的病情由于被安置到新环境而恶化。所以，对痴呆症患者最好的照顾方式就是让他们与家人一起生活、留在社区之中(香港，职业治疗师1)。"子女照顾老人会有更多个人护理，特别是如果病人患有阿尔茨海默氏综合症或痴呆，这样能使他们比较容易辨认出熟悉的面孔。"(休斯顿，医生3)②

最后，居家照顾的费用并不比机构照顾的多。相反，它在经济上是相当划算的，对家庭和社会而言皆是如此。对家庭来说，一种合适的居家照顾方式，能够以较把老人送到养老机构更为廉价的方式实现，因为在家里，能够省去机构照顾中实际包含的间接费用(休斯顿，医生2)。对社会来说，如果老人能够在家里得到照顾，那么就能节约公共资源。这一点对于那些尚未成为发达、富裕的社会，但已经面临照顾庞大老年人口挑战的社会(例如中国)犹为重要。③

---

① 一位香港的医护工作者观察到，那些有宗教背景的老人，例如佛教徒或基督徒，一旦进了养老院后通常就失去了他们的宗教网络，这令他们非常难过(香港，护士3)。一位职业治疗师注意到，男性老人特别喜欢住在他们原先的家里和社区里，因为他们喜欢和他们的朋友出去走走、聊聊、下棋、打牌、赌马等等。尽管很难找到相关数据，但是根据他的观察，越来越多香港的中产阶级将老人留在家中照顾，越来越多的低收入家庭则倾向于将老人送到养老院去(香港，职业治疗师1)。

② 我们有一位长期照顾患有老年痴呆症父亲的受访者指出，"尽管在养老院里有很多设备和专业护士，但是那里没有家庭的那种自然的亲情。老年痴呆症患者通常会不记得或无法认出他周围的人，但是他们认得他们的'自己人'(也就是他们的家庭成员)。我父亲经常提到'自己人'……家庭关系对中国人来说是很重要的。我父亲不只是把我当作一个朋友，我对他的意义远远超过一个朋友"(香港，家庭2)。

③ 一位来自北京的医生很清楚地总结了这个问题："养老机构照顾不合中国的国情。以北京为例，至少会有超过一百万名老人。我们需要建多少个养老院才能让容纳下他们呢？这些养老院是否都应由政府来资助呢？"如果由政府资助，我们根本没有那么多的公共资源来配合这一行为。那么是否这些社会机构全部应该由私人的营利机构来经营呢？如果家庭成员不得不把老人送到养老院去的话，他们就会负担不起这笔费用。"(北京，医生25)

三、为何居家照顾在当代社会变得困难重重？

虽然有这些充分的理由支持居家照顾，但是几乎所有的当代社会都见证了越来越多养老院和疗养院的建立。越来越多的老人被赶出自己或者子女的家庭，被安排到养老机构，与其他一些陌生的老人共度晚年。所以，在机构照顾的背后必然存在着某些因素。通过与受访者探讨这个话题，我们得到的答案是，居家照顾在当代社会难以进行，因此机构照顾就成为了次优选择。特别是，我们的受访者举出一系列导致居家照顾在当代社会变得如此困难的原因。

首先，在当代社会中，所有成年子女都必须走出家庭去工作，他们太忙碌以致无法照顾年迈的父母。几个来自休斯顿的受访者清楚地阐述了这个问题。第一，如果家庭成员在照顾的同时不得不外出工作，那么长期的居家照顾对于家人而言是一件太耗精力的事（休斯顿，医生3）。在当今社会承担居家照顾，对于大多数人来说都是不可能的，因为他们中的大部分都生活在夫妇都需要外出工作以维持家庭生活的家庭结构中。而且，你不能留下老人独自在家，因为那不是一个安全的环境（休斯顿，行政人员2）。对很多人而言，如果愿意作出妥协，在家里照顾老人，那就不得不放弃如此多的东西以至于这种选择变得不可取。一位家庭成员明确说："它只会为整个家庭增加负担……人们今天的生活方式是，每个人都工作并在家庭以外有如此多的活动，它实在是办不到"（休斯顿，家庭4）。其他家庭成员也回应了这种说法：在忙碌的社会全职工作中，你将不会有足够的时间去照顾家里的老人。你所能做的最好选择就是安排他们到机构，然后不惜一切代价在必需的时候出现在他们面前，直到他们身体好转——不管是在重新安排一段时期的工作计划，抑或是得到由于急事而不得不请假的默契（休斯顿，家庭3）。

而且，老人和年轻人有着不同的生活习惯；如果生活在一起，他们很容易出现意见不合、争吵和冲突。"一起生活决不是一件简单的事情。这非常困难。例如，让一个家庭中的两位女性住在同一屋檐下就十分困难。每个人都有她自己的意愿，这就会有不和和矛盾。"（香港，家庭6）还有代沟问题。老人喜欢早睡早起，制造很多噪音而且唠唠叨叨（香港，老人

2)。"把太多照顾老人的重担压在成年子女身上,会造成大量的不适、生气、烦恼和矛盾。"(休斯顿,家庭7)有时候家人会责怪老人不愿意帮忙做家务,而实际上是他们没有提供帮助的能力。这种情况在患有痴呆症的老人身上犹为明显。例如,"痴呆症的老人可能忘记关火,家人则责怪他们是有意不去做的"(香港,护理员3)。"无论家人如何关爱老人,过了一段时间之后,他们都会厌倦和疲累。"(休斯顿,病人1)家庭变得沉重(休斯顿,行政人员1)。到那时,老人将不得不发现,他们住到养老机构从而减轻子女的压力是十分重要的(休斯顿,病人4)。

第三,当代教育已经改变了它的传统导向——今天儿童教育的重心已经不再是关于孝道和家庭价值,而是关于个人独立、平等和自我实现,这些使得居家照顾在社会上难以实现。我们在香港的受访者中反复听到一种说法,就是以自由个人主义为特征的今天的教育内容是有问题的。在他们看来,香港过去以培养学生关爱和照顾父母的方式开展教育(特别是在幼儿园、小学和中学)。但是现在,香港变成一个总是鼓励人们争取个人独立、自由和自主的地方(香港,行政人员2)。一位老人抱怨说,过去所有子女都很好,现在只有一些孩子还不错,其他子女则想把自己的父母踢出家门——他们在家里甚至不提供足够的食物给父母(香港,老人5)。类似地,一位家庭成员宣称"有些子女真的不爱他们的父母。他们就是想把父母送到老人院,卸掉这个重担——他们倾向于把老人视为负担"(香港,家庭8)。因此,老人被推到一个非常脆弱的境地:例如,即使他们在子女教育上投入了很多,但他们不能确定子女所接受的是哪种教育,他们也不确定当自己年老以后,子女会否反过来照顾自己(香港,家庭4)。[①] 同样,一位北京老人抱怨,"现在政府的政策偏袒年青人;它几乎不关注老人"(北京,老人1)。

此外,社会福利体系促使子女逼迫自己的父母去申请福利和搬到福

[①] 一位来自香港、家中有老人的受访者这样说道:"政府应该投入更多的精力和资源,来营造更和谐、更好的家庭关系。说到老人的长期照顾,最重要的一个因素就是家庭关系……过去,我们有许多关于尊敬老人和提倡居家照顾和家庭关系重要性的广告。今天,这些都不见了……家长必须在黎明前出门工作,一直到子女们进入梦乡了才下班回家。这种生活结构很大程度上影响了父母和子女的关系。父母和子女之间几乎没有时间共处,反而是保姆似乎和子女们在一起的时间要更多一些。"(香港,家庭4)

利机构去。这至少在香港是一个典型现象。香港政府提供了一个福利项目——综合社会保障援助（Comprehensive Social Security Assistance）——每个人都可以提出申请。虽然这个项目有资产和收入限制，但是老人可以在申请该福利前轻易地把自己的财产转移到子女名下。① 子女需要填写一张表格，表明他们将不再赡养自己的父母，那么父母就可以拿着这封人们所谓的"不孝子之信"联系社工并申请综合社会保障援助，这个援助将会提供每月 5300 港元给每位老人。老人将把这笔钱用于支付他们在私营养老院生活的费用。质量较差的私营养老院能在香港生存，最近甚至还有增加，就是因为拥有这个市场，许多老人不想寻求高质量的看护而是希望省钱——利用综合社会保障援助的资金支付私营养老院的费用，有些老人甚至还能得到 1000 港元的回扣（香港，医生 3）。

因此，老人为了减轻子女的经济负担，只能申请综合社会保障援助。"只要有一位老人这样做，其他老人很快就会跟着做。今天他们已经不再把申请综合社会保障援助看作是一件羞耻的事。他们甚至会节省下一些综合社会保障援助的钱接济子女。他们认为不申请这个福利是一种损失。"（香港，行政人员 1）这项福利政策的确在败坏老人和年轻人的德行。正如另一位老人之家的行政人员所指出的，在这项政策之下，无论你是富裕还是贫穷，只要你被养老机构接收，你就可以申请综合社会保障援助……它就像一张使"所有东西"包括医疗保健都免费的票据。这项津贴比你实际应得的要多。它提供了所有的好处，正在被滥用（香港，行政人员 2）。同时，由于许多综合社会保障援助的受领者决定到中国大陆居住，他们在那里成了较高能力的消费者。他们能够负担得起那里许多老人之家的老人服务（香港，房屋协会行政人员 3）。

另一方面，现代社会没有提供任何援助以支持居家照顾。居家照顾是困难的，需要社会支持。然而，正如来自休斯顿的一些家庭成员所承认

---

① 在中国文化背景下，香港老人一直倾向于省钱并把它们给自己的子女。一位在私人养老院的经理告诉我们，他那里 90% 的老人领受综合社会保障援助社会补贴。在现有的法律下，只要老人的银行账户空了，他或她就有资格申请综合社会保障援助补贴，但是，他们家庭成员的收入和资产不计入申请补贴的评估范围。这位经理认为现在的法律是有漏洞的。他就遇到过这样的一个情况，有个老人决定把自己 300 万的现金给他的子女，然后再去申请综合社会保障援助社会补贴（香港，行政人员 4）。

的,当今社会不对家庭生活发号施令,但也不会帮助你照顾老人。家庭生活已经不像过去那样,因为由父母养育成人,所以要回报他们的辛劳。今天,子女们在照顾年迈父母的问题上面临着一个两难境地。如果不能很好地照顾家中的母亲或父亲,他们会感到内疚。但如果他们真的照顾年迈的父母,那么就会面临很大的压力,将有许多照料者被焦虑和抑郁折磨,甚至可能导致婚姻破裂(休斯顿,家庭5)。

最后,在当今中国社会存在一种倾向机构照顾而非居家照顾的文化转型。关于老人照顾应该采取何种方式的话题是一个与文化相关的问题。通常认为,中国文化与西方文化之间存在着差异。中国年迈的父母倾向于在家里由子女照顾到生命的最后一刻。而在西方文化中,大多数老人都喜欢独自居住。如果他们到了生活无法自理的地步,他们会自己搬到疗养院居住,而不是麻烦自己的家人(休斯顿,医生3)。然而,中国文化如今也在变化。很多人认为,中国的年轻人受到了现代西方文化的影响,不再愿意照顾自己年迈的双亲。"老人仍然怀着传统的观念。即使老的时候,他们也喜欢与家人生活在一起。但新一代受西方文化影响……年青人一结婚,他们为了享受独立的夫妻生活,就喜欢不跟父母生活在一起。"(香港,医生1)①因此,很多人对居家照顾的未来都抱着悲观态度。一位香港医生预测"也许还有一部分老人与子女住在一起,但他们决不是多数……文化转型正影响着当今年轻人的想法,因此他们现在更愿意独居或者只与自己的伴侣生活"(香港,医生3)。

毫无疑问,所有这些因素都与理解居家照顾为何在当今社会变得如

---

① 香港的老人照顾管理部门做过一个相关调查。据该调查称,70岁及其以上年龄的老人更加尊崇传统。他们希望与自己的家人住在一起,并不想被送到养老院去。然而,那些所谓比较年轻的老人,年龄大约在50~60岁之间,想法就很不同了。他们属于"婴儿潮"一代,他们的教育程度比较高,不再那么渴望在自己年老的时候和自己的子女住在一起。而那些年龄约在20~30岁之间的年轻人通常喜欢和他们年老的父母分开,自己单独生活(香港,行政人员3)。

另一方面,关于老人照顾的实际情况,美国人和亚洲人之间态度的差异是很明显的。根据不同的种族背景,这种不同的态度甚至存在于美国社会内部。例如,根据《纽约时报》的报道(2001年6月11日),在美国白人中,少于1/5的人照顾自己的父母或者为后者的照顾提供相应费用,相比之下,这个比例在美籍非裔、美籍西班牙裔和美籍亚裔中分别是28%、34%和42%。那些尽其所能为老人提供照顾的人反而因为自己做的还不够而感到内疚。几乎有3/4的亚裔美国人感到自己应该为自己的父母做得更多一些,相比之下,这个比例在西班牙美国人中是2/3,在美籍非裔中是略高于1/2,在美国白人中则低于1/2。在此我要感谢Daniel A. Bell提供这些数据信息。

此困难相关。但我觉得,这些并不足以为居家照顾向机构照顾的转型提供正当化证明。我认为,如果我们真正认同对老人而言,居家照顾确实比机构照顾更加优越,那么仔细考量这些因素,我们将会发现它们绝不是不可克服的困难。首先,忙碌从来不是未能实现自己重要目标的恰当理由。相反,正是因为人们希望完成重要的工作,所以才变得忙碌。如果照顾老人是每个人应该承担的首要道德责任,那么只要家庭能实现基本收支相抵,通过在外谋生以增加家庭收入将不再具有同等的重要性。如果有人不愿意为了居家照顾而辞职,那他就应该对工作进程作一些必要的安排和调整以实现居家照顾。这样做当然不容易,但还是有可行的选择。例如,为了便于照顾家中的老人,人们可以转做兼职工作或者工作时间比较灵活的职业。人们也可以总是选择下班后直接回家,而不是去酒吧。人们甚至可以雇用一位佣人而得到协助,正如许多香港家庭正在做的那样。当然,对于大多数人而言,它最终取决于他认为居家照顾究竟有多重要。

的确,老人常常在生活习惯和看法上与年轻人有所差异。但这些差异并不构成阻碍分享和谐家庭生活的理由。从儒家的角度看,三代同堂的家庭(老人、成年子女、未成年孙辈)形成了人生开始、发展和终结的自然的合适环境。它充分满足了每个人生理、心理和精神的需要。无论是老人、子女抑或子女的子女,都需要从家庭环境中每日亲密的交流和沟通中获得关怀和支持。那就是,这类型的家庭结构不仅对老人有益,而且对成年子女及其孩子有益。例如,老人的存在可以为小孩子(孙辈)提供宝贵的教育机会。除了能够从祖父母那里得到生理照顾外,小孩子还可以从他们身上学到生活经验和历史故事。这将有助于他们体会到作为整体的家庭的特征和完整性。当然,家庭中会出现不和和分歧,但是,它们应该被视为家庭生活的一部分而不能作为家庭破裂的借口。相反,家庭可以作为多样性的统一体,人们在其中不断向善、实现和谐。正如一位香港医生指出的,"人们非常关注以和谐为基础的人际关系,在中国社会尤其如此。独立也许不是一件坏事,但人们不应该忘记家庭生活中耐心和宽容的重要性"(香港,医生2)。最后,即使生活在同一屋檐下实在会遇到很多问题烦恼,那么人们也可以考虑靠近父母居住以便照顾。那样的话,人们就无需放弃家庭照顾模式而将老人交给机构照顾。

当今天的公共教育造成损害家庭价值和居家照顾时,应该改变的是公共教育的主旨而非居家照顾的模式。这需要对家庭属性以及我将谈到的子女责任作出恰当理解。至于像香港综合社会保障援助那样产生不公平、并因此对老人长期照顾产生了不良影响的社会福利政策,应该得到纠正和改革。在现代社会,如果子女在照顾老人上进退两难,这意味着现代社会的发展在此方面的方向是错误的,应该重新定位。最后,文化转型不应被作为放弃居家照顾的正当理由。起码对亚洲来说,文化正在发生变化,但尚未改变。至关重要的是确定需要做的正确事项,并成功完成。确实,如果居家照顾在道德上优于机构照顾,那么我们应该规划配套的政策并采取适当的行动,以恢复和巩固居家照顾。毋庸置疑,这要求来自个人、家庭、社区和社会等各个可能层面的努力。特别地,适宜的政策相当重要。在这点上,一位香港行政人员提议,我们也许应该为子女提供一些激励,让他们参与到居家照顾中。按他的观点,如果子女能够每个月用20个小时照顾父母,他应该能够得到一些优惠券作为奖励。社会应该奖励那些全副心思照顾老人而放弃自己工作的人,以此在社区中为居家照顾营造一种氛围。这可以被视作一种"诱导推销"方法(香港,行政人员2)。另一位行政人员认为"房屋开发也许会带来一些能够避免与传统价值发生冲突的新的服务模式。新模式或新方法的引入能被用作实现传统价值的延续"(香港,行政人员3)。

有人可能认为,我的分析低估了居家照顾的困难性。例如,Norman Daniels 总结了在传统和当代居家照顾中的两种不协调,根据他的观点,这导致了居家照顾在当代基本不可能。[①] 第一个不协调是人口变化造成的:与过去相比,现在长寿的人增加了很多,因此所施加的孝道负担简直无法与过去相比。第二个不协调包括了家庭环境和结构的改变:现在很少有留在家里的家庭妇女,而且离婚和分居的几率增大导致了家庭中复杂的父母关系和继父母关系。我同意,在当代社会,随着老人成为增长最快的年龄组,居家照顾决非容易做到。它同时要求家庭的特别努力与公共政策支持,包括适当的人口政策以改善社会的长幼比率(young-old ratio)。至于第二个不协调,幸运的是,东亚社会的家庭结构并没有如同西方一样发生巨大变化。东亚社会现在正处于选择走向何方的关键的十字路口:

---

① Daniels, 1988, pp. 24—25.

一切都取决于我们是否希望保持居家照顾的模式并为之制定相关的公共政策。① 简而言之,我仍然坚持我的判断,即东亚地区机构照顾日渐流行的原因并不是真正由于当代社会居家照顾的"困难",而是由于有些个人和政府只是口头坚持居家照顾的道义立场:应酬式地说说老人的居家照顾是子女应当承担的责任,但行动上无所作为,甚至背道而驰。所以,我们需要对子女为何应该负担这种责任有更清晰的理解。

四、子女的责任:德与孝的体现

西方自由主义者嘲笑诉诸子女责任以维持居家照顾的理想是一种试图让时光倒流的做法。② 对他们而言,除了上述提到的实际困难外,还存在关于孝道责任的多元信仰问题。在西方,并没有同种的传统或强制性的哲学思考能够克服这种多样性。③ 我不知道在西方是否有一种关于孝顺义务的统一传统。但幸运的是,在东方儒家文化圈,的确存在着这种统一的传统,而且至今未被抛弃,可为维持居家照顾的模式提供辩护。本章这一部分将重建这个传统的哲学思考以回应当代的问题。

按照儒家传统,子女照顾年迈父母是他们最根本和广泛的责任,包括生理、心智、社会和精神等方面,而它们只能由居家照顾来达到。关于这种孝顺义务的完整论述可以在基础性的儒家经典中找到,尤其是《论语》和《孝经》。首先,儒家认为,如果子女不承担这些责任,就无法培养自己的人生德性,也无法在生活中展现这些德性。父母必须通过子女对孝顺责任的履行来感受他们的敬和爱。这种儒家的理解建基于对一种行为主体的关键重要性的体认:不只是我年迈的父母必须得到照顾,而且是我自己、作为年迈双亲的子女,必须是他们的照顾者,以此体现我作为一个正常人所应该具有的德性。儒家所讲的德是一种力量,依靠这种力量,个人无需使用暴力对待他人,就可以建立正常的人际关系并过上真正的人的生活。这种力量只能由个人在培养固有的基本人类情感的过程中、在恰

---

① 就中国的情况而言,老人长期照顾的难点在于计划生育——一个子女政策。如果这个政策依旧实行下去不作调整的话,中国大陆的老人居家照顾将成为不可能完成的任务。
② Daniels, 1988, p.21.
③ Ibid., p.22.

当的家庭和社会实践中来取得：

> 故亲生之膝下，以养父母日严。圣人因严以教敬，因亲以教爱。圣人之教不肃而成，其政不严而治，其所因者本也。(《孝经·圣治》)

这就是说，正如父母爱自己的孩子一样，子女爱父母也是人性的一部分。现在的问题是如何培育这种天性。汉字"孝"的字型，就是儿子背着父亲的形象。孔子及其弟子强调"孝"是"仁"这一至善德性的本源(《论语·学而》)，它构成了儒家教育的根基(《孝经·开宗明义》)。确实，对儒家而言，孝不仅是至善德性的源泉，也是它的主要表现。一个真正的人，必须首先在家孝顺父母，在外尊敬长者，只有在尽到这些责任之后还有多余的时间和机会，才去研习其他事情(《论语·学而》)。有人也许会质疑这种儒家道德缺乏博爱，儒者的回应是，博爱的真正本质包括一个自然的层次，即首先照顾好自己的父母，才能去照顾其他人。正如《孝经》指出的，"故不爱其亲而爱他人者，谓之悖德。不敬其亲而敬他人者，谓之悖礼。以顺则逆，民无则焉"(《孝经·圣治》)。儒家的孝道给出了一个完整的伦理体系："夫孝，始于事亲，中于事君，终于立身。"(《孝经·开宗明义》)

子女照顾年迈父母的责任还阐明了人生道德互惠的价值。正如一位香港医生指出，"就像父母照顾了子女的前半生一样，子女应该照顾父母的后半生"(香港，医生2)。类似地，一位休斯顿护士表示，"当我还是一个无助的小孩时，父母对我尽其所能，我觉得现在应该轮到我来照顾他们了"(休斯顿，护士2)。这种互惠的感觉并不意味着父母和子女将对方看作增进相互利益的手段。相反，这是一种对人生从摇篮到坟墓的自然过程的适当道德回应，体现了一种个人所应该具有的深厚的感恩道德情感，作为对父母对子女的生命和幸福的慷慨自我牺牲和贡献的报答。自由主义者反驳说，要求子女的责任忽略了在父母和子女之间义务的基本不对称性——父母通过自己作为成年人所做的决定和行动承担起照顾子女的责任，而子女并没有要求被带到这个世界上来。[1] 然而儒家认为这种从

---

[1] English, 2002.

契约安排的角度来理解亲子关系是根本的误导(见下一节)。对儒家而言,如果人们对父母没有道德互惠感,那么这些人不仅犯了道德错误,同时也是道德堕落的。

此外,落实子女照顾老人的责任,可以成功地消除那些为了照顾老人而强加于当代社会的、道德不公平的和相应多余的社会福利项目。按照儒家的观点,政府通过强制征税为每个老人实施"平等的"社会福利在道德上是不公平的。如果我,作为子女,没有照顾自己年迈双亲的道德责任,那么我,作为一个陌生人,为什么有为照顾其他人的父母而纳税的道德责任呢?后一种道德责任绝不可能是基于我自愿的意图,因为我连对自己的父母都没有这样的意图,更不用说对陌生人了。另一方面,如果这种责任是基于我作为一个人的存在状态——即每一个人都应该照顾其他人,那么我作为父母的孩子的存在状态应该指派给我一种更为重要的、照顾父母的道德责任,因为我在家庭里与父母的关系比起我在社会上与陌生人的关系更为紧密和亲近。[1]

同时,正如之前谈到的,由福利项目资助的机构照顾不能为老人提供适当的照顾。在儒家看来,适当的照顾必须由子女认真履行五项责任来实现:

> 孝子之事亲也,居则致其敬,养则致其乐,病则致其忧,丧则致其哀,祭则致其严,五者备矣,然后能事亲。(《孝经·纪孝行》)

这些对父母的服务是对所有子女的普遍要求,与他们的职业或社会地位无关。对儒家而言,通过这些方式侍奉父母也可以对自己对待他人的态度和为整个社会的和谐关系作出贡献,产生积极影响。"事亲者,居上不骄,为下不乱,在丑不争。"(《孝经·纪孝行》)

在北京和香港,许多人认为老人照顾的福利(welfare for elderly care)是一个源自西方而非中国的概念,而且这个概念已经在当代社会产生了相当的消极影响。正如一位香港的家庭成员表示的,"中国人和西方人有不同的看法。西方人把老人长期照顾看作是基于社会福利的。他们太讲求个人主义,以至于年轻人认为他们在照顾父母的问题上没有任何职责。

---

[1] 参见 Wang, 1999, p.251。

他们觉得政府应该利用养老院来照顾老人。我们关于老人照顾的文化完全不同——我们依靠家庭,而非政府。如果我们继续接受自己的文化,那就不会有什么问题的"(香港,家庭4)。类似地,一位养老院的行政人员抱怨说,西方人如此"冷血",他们一旦超过18岁就独立生活并且只关心自己,而不赡养他们的父母。从这点上,可以或多或少地解释为什么有那么多的西方青少年过着堕落的生活(香港,行政人员4)。[①] 然而,尽管许多现代西方社会确实向老人照顾提供福利,但是西方人也认识到这个问题。正如一位休斯顿的护士说,"我不想让政府出钱赡养我的母亲。她是我的母亲……我知道很多人持和我相反的观点,但他们不会从政府出钱中得到更好的结果,因为在此之后国家将会向我们征收同样份额的税,而且不断加码,最终达到我们无法负担为止"(休斯顿,护士1)。

的确,这是北京、香港和休斯顿的受访者都共同赞成的观点,即老人照顾的福利不合需求,甚至是灾难性的。有人明白无误地警告说,福利越多,情况越糟。以香港为例,一位医生这样阐述了这个话题:"建造更多的养老院只会使事情变得更糟,因为养老院的概念本身就鼓励子女将年迈的父母送到养老院去。就像医院管理局为了减少在公立医院轮候时间所做的努力一样,将更多的资源投放到公立体系,就会有更多的人从私立医院转到公立医院,结果完全无助于缩短在公立医院的轮候时间。因此,政府应该尝试让人们明白照顾父母是子女而不是政府责任的道理,而不是一味建造更多的养老院"(香港,医生2)。类似地,一位家庭成员主张,现在政府把青年教得不如人意。他们很容易就能获得综合社会保障援助,并把年迈的父母送到养老院,而不是在家里照顾他们。但是子女是老人的"自己人"。如果自己人都不照顾你,你就失去了最重要的东西。

---

① 另外一个来自于香港的家庭成员抱怨道,西方家庭中缺乏一种温情:"也许我是个传统的人,我喜欢家里那种温情。西方国家是没有这种家庭温情的。我有个来自西方国家的朋友,她的子女都已经成年、搬出去独自居住。她告诉我,有一次,她家里着火,很多东西都烧毁了,她不得不扔掉它们。她说她收到了一张来自她子女的问候卡片后,感到非常高兴。我就对她说,'他们寄给你问候卡片有什么用呢? 你现在需要的是他们的帮助!'能收到一张来自子女们的卡片,她似乎已经非常满足了。为什么西方人会有'父亲节'和'母亲节'? 因为西方人的子女从来不照顾自己的父母,所以他们必须设立某个节日来使人们不至于忘记自己的父母! 对我而言,每天都是'母亲节'! 我们和那些人不同,他们只是在'母亲节'时请妈妈到饭店吃顿大餐,以示庆祝,节日过后就不管她们,忽视她们的存在。我们不庆祝'母亲节',因为每天都是'母亲节'……政府应该教育学生尊敬和照顾双亲的重要性。这是教育的责任"(香港,家庭10)。

即使你拥有一座用黄金和珠宝堆砌起来的公寓,也没有任何意义(香港,家庭7)。如果政府想为此提供帮助,就不应该建造更多老人公寓;相反,政府应该提倡家庭价值并嘉奖那些在照顾父母中表现良好的子女。①

五、为什么采取居家照顾？儒家的居家照顾观

有关子女照顾老人的责任的最后辩护必须由对家庭的适当认识来提供。毫无疑问,只要人们愿意,他们可以在非家庭的、国营或民办的机构中照顾他们的老人,如同孩子可以在家庭以外的环境得到培育和训练一样(如柏拉图《理想国》所描述的)。然而,儒家对于子女在家里照顾老人的责任的支持,最终依赖于儒家把家庭作为老人照顾以及儿童照顾的正常承担者的认识。相应地,儒家对子女责任的论证将最终依赖于儒家的家庭观的适度、强度和深度。

儒家提供了关于家庭概念的最完整和最具说服力的说明,这可以通过比较见诸文献的对家庭的不同理解来展现。恩格尔哈特展示了关于家庭的三种不同范畴的说明。作为自然范畴,家庭是一个社会生物学单元,是由一男一女组成的、进行长期的性活动、生殖活动和社会活动的联盟,能够满足基本的社会生物学需要。作为契约范畴,家庭是经由其参与者同意而创造出的共识统一体,并按照他们所赞成的价值和目标塑造成型。这种理解并不是把家庭看作一个生物学或形而上学的事实,而是将其视为一个社会统一体,它的结构以及权威和义务系统都是产生于一些自由和平等的个人的同意。最后,作为本体论范畴,家庭是一个把义务和权威赋予每一位成员的社会结构,这些义务和权威相对来说并不是由相互协商来形成的。在这个意义上,家庭是实现道德统一和实践相对于国家来说的部分自治的一个社会现实。② 尽管契约化的家庭观念在当代自由主

---

① 一个香港的行政人员指出:"对于那些致力于在家里照顾老人的人,政府应该给予他们一定的补贴。这种补贴现在还没有。例如,如果一个子女可以赚 $6000,但是她因为要照顾年迈的父母不得不辞掉了工作,她应该收到一定的补贴,例如 $3000 或 $2000。现在政府没有给予那些善良、孝顺的子女任何补贴。"(香港,行政人员5)

② Engelhardt, 2007.

义社会中获得越来越多的支持,但儒家对于家庭的理解则是与本体论的家庭概念保持一致的。契约化的家庭观念正确认识到家庭是道德统一体,但在儒家看来,其想法只是皮相之见。在这种想法下,家庭的道德统一体简单地建基于个人的相互赞成,却忽视了人类生活中一个基本事实:个人的产生和生活环境本质上是由其选择和同意之外的其他因素决定的。没有人能够选择自己是否被带到人间。也没有人能够决定自己的父母是谁。就像未出世的子女无法对自己是否在这个世界出生表示赞成或反对一样,父母不能与自己未出世或刚出生的孩子就将来自己年老时子女是否应该照顾其起居饮食而订立契约。儒家关于家庭概念的思考比这种契约化的想法深刻得多。儒家认为家庭是永恒的社会范畴,反映了宇宙深奥的运行机制,即所谓天地之道。

儒家思想当然超出了自然范畴,后者仅仅涉及社会生物学和人类生活的物质需要。儒家思想实现了一种统一体,而这种统一体也超越了仅是考虑家庭中所有在世成员利益的道德统一体。儒家家庭观具有形而上学的意义,这一点也清楚地反映在汉字"家"的形象上。这个汉字表明,家是一个特殊的地方,人们在那里举行家庭仪式,将精心挑选的牲畜献祭给祖先。① 因此,儒家的家的观念是一个神圣的象征,它通过表达天地之道,将祖先和后代连结到一个统一体中。它支撑起一张按照性别和年龄排序的强大的权威和义务之网。正常的家庭关系和活动就是在人类德性(如孝)中实现的普遍的道的化身。当子女成人、婚娶之后,这种统一体仍然不会瓦解。② 对儒家而言,老人永远处于家庭的中心,而家庭则是一

---

① 郑杰祥:2005 年,第 190 页。
② 现代西方哲学家没有认识到家庭的真正本质是终极的社会存在。例如,黑格尔分析家庭是社会的细胞,"在孩童时期这一统一体自在地且外在地、客观地、明确地存在着,因为父母将孩子作为自己所爱,作为自身实质体现来爱"(Hegel, 1967, p. 117)。然而,他认为当子女长大成人后,从伦理意义上说,家庭就解体了。"一旦子女受到了人格自由的教育,并逐渐成人,他们就被认为是法律意义上的个人,并能够拥有自己的自由财产,组建自己的家庭。儿子成为新家庭的主人,女人成为新家庭的妻子。他们现在在新的家庭中有了他们独自的命运,而旧的家庭则成为背景,仅仅作为他们根本的基础和来源。从根本上说家族是一个抽象的存在,没有任何权利"(Hegel,1967, pp. 118—119)。儒家式的家庭作为终极社会存在,即使在子女长大、出嫁后也不会消解。儒家式家庭典型地包含了一家三代,是最合理的一种根基式家庭模式。

个永恒的统一体。①

简言之,儒学的家庭观至少包括三个方面:其一,家庭作为一个形而上学实体,反映了宇宙的深层结构(天地化生,阴阳互补),蕴含着深远的规范价值;其二,家庭作为一个本体论范畴,没有这个必要的范畴,社会实在就无法得到完整的说明;其三,家庭作为一个社会-生物学存在,自然携带着一系列德性和义务,使得个人追求良好生活成为可能。孝道,在儒学的家庭观中,占有中心地位。确实,在儒家所鼓励的自然德性和义务中,孝道永远是核心的一个。正如《孝经》指出的,"天地之性,惟人为贵。人之行,莫大于孝。孝莫大于严父,严父莫大于配天"(《孝经·圣治》)。这就是说,如果子女能尽其所能,向父母展现孝顺的德性,那么就能帮助父母进入天堂,达到圣贤的层次从而实现永生。同时,将父母侍奉好也是儒家侍奉圣贤的重要方法。"昔者明王事父孝,故事天明。事母孝,故事地察。"(《孝经·感应》)通过侍奉好父母,个人可以侍奉好天与地,从而为儒家完整的宇宙中伟大的天、地、人三位一体作出贡献。这就是为什么儒家认为孝道是先王的"至德要道,以顺天下"(《孝经·开宗明义》)。②

---

① 儒家对家庭观念的说明有力地驳斥了一种个人主义对人类尊严的理解,后者片面强调平等、独立、自主,正如现代西方启蒙运动提出的观点一样。对于老人的尊严的理解,香港的一些老年照顾机构的行政人员从儒家以家庭为根本出发点的角度予以了清晰的说明。"中国人对于老人的尊严的解释不是'尊严就是独立或者自主'……相反,老人应该是家庭的中心。家庭因老人的存在而团结在一起"(香港,行政人员3)。同时,根据儒家的观点,一个人的生命不仅属于他个人,同时也属于他的家庭成员。家庭中所有成员以这样的方式共享他们的生命,即关于老人长期照顾的决定必须由整个家庭做出。关于老人照顾的问题,"最后的决定不应该只是由老人单独做出。相反,这应该是整个家庭的决定"(香港,行政人员6)。对儒家而言,最重要的事是,在老人的照顾问题上,子女们应该作出最具德性的决定。有趣的是,休斯顿的一位医生相当赞同这个观点:"自主的概念简直是胡说。世界上人们最不愿意做的事情就是被绝对地孤立和实行绝对的自主。我们是群居的物种,大家是互相依靠的。比起完全靠你自己来照顾自己,让你周围的人分摊照顾你的任务显然是更具尊严的一件事情。"(休斯顿,医生1)

② 有些人批判儒家学说关于孝道责任的论述,认为它侵犯了人类的平等权利。有一点相当重要,我们必须要认识到,儒家关于理想家庭和社会秩序不是建立在同一或平等上的。从天地之道而来的万物并不是平等的。在任何社会中都不存在内在的同一或者平等。儒家认识到每件事物本质上的微妙差异,强调只有通过这些差异性的和谐运作才能最终实现公平的社会秩序(例如可参见 Ch'u, 1961, p.226)。

六、结语

以上关于儒家对老人长期照顾问题的分析为我们提供了充足的资源来重新批判性地审视长期照顾问题。它的意义对于与该传统紧密联系的地区来说是很直接的,如北京和香港。在此背景下,来自儒家反思的资源,能够帮助我们打破文化帝国主义。这种文化帝国主义尝试按照美国和西欧的道德假设,重新打造香港和中国大陆的道德话语。正如本章所论述的,中国内地和香港在发展它们将来的医疗保健政策和长期照顾政策时,必须注意两个不同的层次。第一,必须批判性地重新评估所有已被视作理所当然的外来概念和术语,甚至应该批判性地重新评估被译成英语的儒家道德术语。这就是说,人们不能想当然地认为在英语、德语或其他非中文语言中,同类的道德术语具有和汉语中类似的不言而喻的效力。这是因为所有的道德和形而上学概念都镶嵌于一个理论和价值框架中。正如空间、时间、质量和能量在亚里士多德学派、牛顿学说和爱因斯坦物理学中意味着不同的事物一样,一些中国的概念,如德、孝、仁和家,在具有不同道德背景和形而上学假设的其他语言中并没有严格的翻译。本章的第二个批判性贡献是:我们应当仔细审视一个幼稚的假设,即对于仁慈、家庭、自由和正义,中西方思想分享着一致的理解。最后,人们必须认真对待儒家形而上学和道德理解的解释力和道德引导力。这些必须从它们自身中提取出来,以发展真正的中国长期照顾的生命伦理学和长期照顾医疗保健政策的辩护途径。本章的积极贡献是,它为植根于传统的新方法提供了资源,以应对生命伦理学和长期照顾医疗保健政策的挑战。

第三部分
市场、利益与仁政：医疗保健政策的儒家基础

"富与贵,是人之所欲也;不以其道得之,不处也。贫与贱,是人之所恶也;不以其道去之,不去也。"

(《论语·里仁》)

"人而无信,不知其可也。"

(《论语·为政》)

"君子谋道不谋食。……学也,禄在其中矣。"

(《论语·卫灵公》)

"见利思义,见危授命。"

(《论语·宪问》)

十三 平均主义是如何导致中国医疗腐败的？

一、中国当代医疗服务的问题

当代中国经济和科技发展水平的地区差异是十分显著的。在北京、上海、广州、深圳等地区，经济发展十分迅速，接近于西欧和北美水平。这些地区的医生、医院和医疗保健资源堪与世界发达国家媲美。与此相反，中国西部，特别是农村地区则资源非常有限，资金和现代高科技医疗技术的缺乏，严重影响到基本医疗的提供。而在两个极端之间，又有一系列不同层次的保健资源占有比率。在2003年，大概有70%的人口（79%的农民和45%的城市居民）需要自己掏腰包看病，只有30%的人口被各种医疗保险覆盖[①]。覆盖面最大的医疗保险是1998年由政府实施的城镇职工基本医疗保险。虽然它是一种强制保险，采用个人医疗储蓄账户的方式管理，但参保职工需要在指定的医疗机构就诊才能使用其储蓄账户的资

[①] 这是根据卫生部2003统计得出的数字，参见 http://www.moh.gov.cn/open/statistics/digest06/y25.htm（2010年3月浏览）。根据卫生部最近提供的资料，2008年的情况时，一半以上的城镇居民和职工已经加入了"城镇居民和职工基本医疗保险"，而且90%以上的农民已经加入了"新型农村合作医疗"。参见 http://www.moh.gov.cn/publicfiles/business/htmlfiles/zwgkzt/ptjnj/200908/42635.htm。这就是说，就具有某种保险而言，情况已同2003年大不相同。但这些保险的实际情况如何，有待研究。

金和公共的保险费。①

现在，医疗卫生服务如同中国社会的其他方面一样被市场的力量改变了。专业医师们逐渐发现，如果条件允许（比如在那些主要为外国人和发达地区的富人们服务的高级私立医院中任职），他们也会有机会获得像香港或欧美的同行们那样高额的收入。其他医生也意识到，至少他们能够挣到足够的薪水，用来购买在中国市场经济条件下能提供的那些琳琅满目的新商品和各种各样的服务。许多患者甚至包括一些医生都认为，以往医患关系中对医生的信赖以及医生的敬业精神正在被经济利益所带来的诱惑侵蚀。人们都在抱怨看病难、看病贵的问题。

目前中国的医患关系进入了转型时期。在公立医院中有三种腐败形式出现得日益频繁。前两个是环境因素导致的。与欧美不同，中国的医生不仅为病人开处方，还根据处方卖药。第三种形式曾经在前苏联国家以及泛太平洋地区的其他国家出现过。这三种形式可以概括如下：

（1）开大处方：医生给患者开超出其治疗其实际治疗所需的处方。尽管这样做有时是为了那些从偏远乡下来大城市医院就诊的人的不时之需，但多数时间其目的却是为了增加医生的收入。②

（2）开天价药和增加昂贵的医疗检查：其主要目的是为了医生和医院"创收"。尽管有时这样做是完全没有医学理由的，但多数时候属于那种可有可无、可做可不做的灰色地带。在多数情况下，这种情况发生在有

---

① 该保险计划是根据国务院44/1998号令而为城市居民制定的。它规定雇主与雇员要共同承担并建立医疗储蓄账户和公共的应急医疗意外保险。在这个计划下，医疗费用在可能从公共保险费中得到补偿之前将首先从个人的医疗储蓄账户中扣除。尽管国务院的规定没有要求受保者必须使用公立医院，但多数地方政府决定只有公立医院的医疗费用才能得到该计划的补偿。这些地方政策实际上赋予了公立医院垄断地位而且遏制了公立医院与私立医院之间的公平竞争。我将在稍后对此作更进一步的讨论。

② 更准确的说，医生开大处方的直接目的是为了增加其所在科室与医院的收入。从而使医院中的每一位，包括医生和行政人员，都会受益。在现行的政策下，医生的薪酬由两部分组成：基本工资和奖金。前者由政府固定，而后者则随医生所在科室和医院的收入而定。医生的奖金收入，至少在大城市的大型公立医院中，往往与其基本工资相当或者更多。值得关注的是，对于大多数的公立医院来说，大约一半（甚至以上）的收入是来自医生开出的处方药物。这种情况与措施被称作是"以药养医"。

医疗保险的病人、或者是富裕的自费病人身上。①

（3）"红包（red packets）"现象：要想得到高质量的医疗服务，患者需要付给医生额外的现金。这是为了能保证得到医生更好的照顾或者更好的主治医师的服务。②

前两种情况是医生对临床判断的歪曲：他们在没有明确证据提示的情况下提供治疗或诊断性检查，其风险是导致治疗过度或不必要的检查。这两种现象腐蚀了医疗行为，因为它们扭曲了医生对待病人的医学客观性。③ 第三种腐败现象显然与国家法律要求背道而驰。虽然这种做法本身可能不会产生不良的临床服务结果，甚至可能让患者获得更好的临床治疗，但是这种行为既违法、又违反执业操守：它会导致医生的声誉下降，以致损害社会对医生的信任。④ 诚然，亚洲的很多地区都有为了维持关系而送礼的传统，比如菲律宾短语"tang na loob"以及与其相关的行为就

---

① 开昂贵药物的问题在回扣现象影响下而变得更加复杂：一些医药公司和中间批发商会非法的根据医生开的处方而按比例给他们提供好处。没人确切知道这种现象有多普遍和多严重。一般认为，与红包现象不同，这种腐败形式牵涉的内科医生比外科医生多。公众知道的一些案例显示这种腐败可以涉及整个医院或者绝大多数的医生。也就是说，一些医院本身会与医药公司进行拿回扣的非法交易。关于导致开大、贵处方及回扣现象的中国医疗保健的大环境和医药政策的有用分析，参阅陈勇、林光祺，2004，第35—36,65页；相关法律问题，参阅王文军，2005，第52—53,60页；王琼书、赵育新、杜进兵，2005年，第54—55页。也可参阅包胜勇，2007。

② 因为这种行为是非法的，所以很难获得其普遍性或者严重性的准确数据。事实上，对于本章讨论的三种腐败现象，我从个人经历、与医生的私下交流、以及浏览国内网站上的相关内容中学到的要比从正式的学术论文中学到的多得多。在红包行为方面，以下几点值得注意：(1)它牵涉到几乎所有公立医院的很多医生，特别是那些大型公立医院的医技高明的医生。(2)该现象在外科部门比在其他部门更为普遍，特别是因为病人及家属想通过红包来保证有经验的医生来做手术，或者是想让他们更加小心地做手术。(3)多数红包是由病人或者其家属自愿提供的而不是医生要求的。(4)如果一个医生从没有机会收取红包的话，这个医生会被认为技术不够高明。(5)尽管每个人都知道这种行为是不合法的，而且是与公立医院的医疗操守相违背的，但极少有人将其检举或者告上法庭，除非发生了医疗事故或者渎职事件。

③ 在没有明确依据而开昂贵药物或者检查的现象在其他国家也有发生。在美国，这一现象因为医生的自我保护性考虑而变得更加复杂。昂贵的诊断检查或可有可无的检查有时会被采用，其原因主要是避免被人指摘没有尽力为病人的利益考虑。当然，医生有时也可能为了从中受益而发生此种行为。

④ 类似的现象也发生在前苏维埃国家和地区，例如匈牙利的给医生小费的情况。参见Adam, 1989, pp.315—322。这种匈牙利特色的"红包"行为是从1950—1954年当医生被视为公务员但工资很低时开始的。尽管当时的法律禁止医生收取病人的礼物而且处罚可能是高达两年的监禁，但收小费的行为仍然变得越来越频繁。最后，这种小费被认为是医生收入的一部分，而且在半官方的评论与媒体中得到了承认。

表达了一种互惠或者带有回报义务的感激或荣誉。① 但是，对中国的红包现象进行文化辩护是不恰当的。中国确实有送礼的文化，但为了表达感激或者维持良好关系而送礼和在桌面下为了一些本该合法透明就能获得的高质服务来贿赂医生是截然不同的两码事。

许多中国学者和官员认为这些医疗腐败及中国卫生服务的很多其他问题都是市场因素引起的。② 他们觉得医生及医生的敬业精神被利益考量而腐蚀掉了。其中很多人认为市场化导致医生过分关注收入，放弃了以往在医患关系中的那种忠诚。笔者认为这个结论不免以偏概全，不甚完善。应当说一系列公共政策产生的激励作用才是导致医疗腐败和医患关系恶化的真正的根源。本章第二节提出红包现象是病人及其家属对当前医疗制度的理性反应：面对一个他们愿意但却不能公开合法获得更好医疗服务的体制，他们不得已而为之。另外两种形式，开大处方和昂贵药，虽然肯定是腐败和不合理的，但却是医生面对政府错误的成本控制的一种可理解反应。第三节提出一些为消除这些腐败形式而需要改革的政策方案。第四节说明为什么那些必要的政策改革措施很难为传统的平均主义思想形态所理解；相反，所需的改革只能在传统的儒家道德思想中找到根据和动力。最后一节则总结建立一个与市场兼容的中国医疗伦理体系的必要性。

---

① Alora and Lumitao, 2001, p.12.
② 在许多官员，包括一些卫生部的官员和国务院发展研究中心的学者看来，市场化是导致当前中国医疗保障体系腐败的主要原因。这可以从国务院发展研究中心 2005 年 8 月份的一份调研文件看出（链接：http://dazhen.blogchina.com/2573588。2007 年 6 月访问）。事实上，"市场化"已经被当作当前中国社会现状很多问题的替罪羊，而且被用来指责中国自 1980 年以来施行的医疗制度改革的方向与运作。然而，当人们谈论"医疗市场化"时，它常常涉及一连串不同的含义而没有得到明确区分，包括：(1) 政府对五六十年代采用的中央宏观计划的废除；(2) 政府未能给绝大多数人提供一般的健康保险；(3) 一些政府部门试图通过操纵医疗卫生政策而为自己赚钱；(4) 政府对公立医院的投入不足；(5) 政府对公立医院的监管失灵；(6) 公立医院为了扩大规模或增加收入而采取一些非专业性的、不合理的、甚至是非法的措施；(7) 医疗人员通过非专业性的、不合理的、甚至非法的手段而获得高收入。我认为"市场化"这个术语以及用这个术语所表达的观点在最好的情况下也是不全面和不恰当的，即使当它们所表达的意思大体上是对的（比如 (1) 到 (5) 的解释），因为他们并没有对牵涉的问题做必要的辨识、澄清、以及阐述。在最坏的情况下，"市场化"被误解为导致问题的罪魁祸首（比如 (6) 和 (7) 的解释），而掩盖了问题产生的真正的政策根源。

二、医疗市场的扭曲

概括说来,中国导致市场扭曲和医疗腐败的主要因素有如下几个方面,都与国家不当的医疗政策有关。

首先,公立医院医疗服务的收费是固定的。在公立医院患者没有机会合法地花钱购买更高质量的服务或者更高水平的医生的治疗。这样,那些愿意出高价购买这些服务的病人就不能公开、合法地利用这些服务,公立医院中提供高水平服务的医务人员也不能得到相应的财政奖励。能够提供高质量服务的私立医院基本上不存在。于是,那些有支付能力的病人就转向通过非法的送"红包"方式在公立医院获得高质量的服务。[1]

其次,已有的少数私立医院同公立医院不在同一个公平的竞争层面上。目前整个中国大陆仅有大约1500所私立医院,而公立医院则在70000所左右[2]。大多数私立医院规模很小,生存困难,发展步履维艰,因为那些公共领域的竞争对手们除了享有政府补贴之外,还享受重要的政策优势。例如,地方政府往往要求城镇职工基本医疗保险要在指定的公立医院才能使用,这样公立医院就占据了几乎整个中国城市的医疗保健市场。医生们找不到合适的私立医院去提供自己愿意提供的、病人愿意付费的高质量医疗服务。也就是说,虽然有些病人能够而且愿意支付高额费用,但私立医院因为数量不够或者质量不足而不能提供这些病人所需的优质医疗服务。于是病人只能通过额外的非法付费形式在公立医院得到高水平的服务。并且许多病人仍然想使用医保,因而以红包来贿赂公立医院里的医生就成了唯一合理的选择。这就是说,红包是人们对政策缺陷的理性应对,虽然采取的是不合法的黑市方法。

同样,与其说大处方和高价药是中国医疗市场化的产物,不如说它们是政府在公立医院不合理的医生薪酬制度及有误导性的激励机制所带来的后果。首先,政府规定的医生的基本工资很低,同时允许甚至鼓励他们

---

[1] 这并不否认一些病人及家属可能通过红包来保证通常的职业照顾标准,而不是为了保证更好的照顾。他们担心在一个已经腐败的医疗环境下,如果不送红包的话,医生们就可能不会按照通常的职业标准来对待他们。

[2] Chen, Yang, and Shen, 2008。

通过提供更多的服务来获得奖金以增加他们的收入。① 其次,与药品和医疗设备相比,医生的服务价格是非常低的。② 这样医生就只能通过卖药和利用高科技检查手段来获得生活费用的补偿。③ 他们不得不寻找各种理由去开更多处方、用更昂贵的药物、以及做更多昂贵的检查。

腐败行为成为当代中国医疗服务的一大特征,是因为政策人为地限制了医生收取与其服务相当的报酬的能力、以及患者获取更好的基本医疗服务的选择。这不是市场化带来的必然结果④,而是错误的医疗政策导致了市场机制不能有效发挥作用的结果。这些政策导致了一些潜规则的出现并控制了医疗服务活动,引发了上述三种腐败形式。⑤ 中国的医生与医学界已经意识到腐败行为扭曲了医患关系并伤害了医生的专业化发展,但他们并不清楚腐败产生的根本原因。所以他们的一些压制腐败行为的努力并没有触动医疗政策这个真正的源头。具体地说,医生的服务薪酬并没有提高,误导性的激励机制并没有改变。但惟有这样的改革才能真正减少发生腐败行为的诱因。

三、政策改革的提议

与中国医疗服务相关的政策问题很多,比如如何建立一个适宜的农

---

① 例如,北京一个比较好的公立医院的医生的基本月薪大致如下:住院医生约2000元,主治医生约2500元,主任医生约3000元。相反,他们的月终奖金往往高于甚至数倍于他们的基本工资。奖金数额取决于他们的职位和职务以及所在科室的财政状况,通常手术科室得到的较多。

② 以北京的一个较好的公立医院为例,医生的挂号费(服务费)是非常低的:住院医生约5元,主治医生约8—10元,主任医生约10—15元。相反,高科技的诊疗检查则非常贵。一次CT扫描要400元,而一次核磁共振的检查费用可高达800—1000元。最后,对于多数医院来说,最普遍的增加收入的方法就是开处方"卖药",高达50%—60%的医院收入都是由此而来。

③ 在私下交流里,医生们常会将这种医疗政策对医生的作用喻为"逼良为娼"。

④ 在市场被极大地限制或者是不发生作用的环境里(比如五六十年代的中国),这些医疗腐败形式确实不存在。但是可注意的是,那些环境里也没有能产生更高经济回报的产品和服务的例子,也没有类似的产品和服务可供选择。大家不应忘记在那样的环境中,其他形式的腐败仍然在位高权重的部门发生。换句话说,市场确实在当前中国社会腐败的显著性中扮演了角色,因为在市场经济中,更好的医疗产品服务的供需存在为医生们通过它们来获得更高回报提供了更多的机会和诱惑。但是,市场最多不过是产生腐败的一个必要条件,而非充分条件。所以本章认为,政府误导并扭曲市场的不合理措施才是腐败发生的充分条件。

⑤ 付金明、李小龙,2005,第83—85页。

民健康保险计划;多大比例的公共资源应该分给公立医院;应该制定什么样的关于药物制作、流通和销售的政策等等。① 这里主要讨论如何修缮公立医院管理政策以治理医疗腐败的问题。中国的市场经济使原有在计划经济体制下制定政策的方法不再适用。很多迹象表明医疗服务市场上的腐败更多地源自政府失灵而不是市场失灵。这些问题同样启示政策的制定者和社会公众应当关心并反思:究竟什么样的政策才能促使中国的卫生服务在市场经济中健康发展。

首先,为了使卫生服务获得更多的资源,同时控制成本并满足群众的各种需求,政府必须鼓励公立医院和私立医院在更加公平的层面上展开竞争。经常有这样的情形:有钱的病人找不到一家高质量的私立医院来满足他们的需要。如果他们拥有政府主办的基本医疗保险,通常也不允许他们在私立医院使用。在这种情况下他们发现自己除了转去公立医院之外再也没有别的办法了。为了得到较好的基本照顾,他们不得不送红包去贿赂医生。政府应该制定一个特殊的政策引导病人不仅在公立医院、而且也可以在私立医院使用医疗保险基金和个人账户。②

再者,创建一个更加公平的竞争环境也需要取消大城市的大型公立

---

① 最近几年,中国药物制作和流通的政策和环境都是被误导的。目前中国有 4000 多家制药公司,8000 多家批发公司,和 120000 多家零售商(请参考 http://news.sina.com.cn/c/2006-02-19/07109140510.shtml, 2007 年 6 月访问)。在公立医院的药物开方和销售方面,政策规定对越贵的药物医院有越大的定价自由。这个措施鼓励了医院去购买更昂贵的药物和医生去开这些药物的处方。事实上,当下中国药物的许可、标价和流通程序看起来是相当糟糕的。同样,很多腐败也是因为政府对市场的干预而引起的。例如,政府给某些药物设置的价格如此之低,以致一些厂商都不再愿意去生产。相反,他们会转向那些利润空间不受太大限制的新药的制作上去。另外,很多批发商因为进行回扣交易而使药物的零售价格大幅提高。举个例子,一个出厂价 3 元的药卖给病人时可能就涨到 25 到 30 元,其中多数的利润落入批发商、推销代表、以及医院内外的很多管理机构的腰包。参见孟锐、周金娜,2006,第 12—14 页。本文并不想处理这些复杂问题。但是应该注意到,在任何运作良好的经济里面,任何商品的最后销售价都应包括中间商的利润,因为他们对维持经济的正常运行发挥着非常重要的作用。正是因为中间商的缺失才是导致庄稼烂在田里而不被买家有效利用。前苏联的马克思主义意识形态就没有意识到利润驱使对中间商将农产品从田里有效转移到消费者手中的关键作用。因为中间商的因素而增加的价格属于一个有效的分配体系中的必要成本。当然这绝不是为中国现行医疗腐败作辩护,只是想指出中国问题的症结更多的是在药物定价和监管体制上。

② 山东大学医学院的一项调查显示山东省的私立医院拥有如下的优势:(1) 相对低廉的住院费;(2) 良好的服务态度;(3) 方便的地理位置;(4) 灵活的开放时间;(5) 简单的手续;(6) 多种灵活的支付方式;(7) 与病人良好的交流;(8) 优越的医院环境。尽管如此,他们并没有被授权允许病人通过他们的医疗保险来支付部分费用。参见 Chen, Yang, and Shen, 2008。

医院拥有的不公平的政策特权。这些大型的政府公立医院拥有最多的医疗保健资源、绝大多数优秀的专家、以及中国保健市场最多的政策支持。它们被界定为非赢利的，所以不必缴纳所得税，尽管它们通过扩大规模和使用高科技的医疗器械获得了高额收入。① 此外，它们还获得与中小型医院一样比例的直接财政补助（大约占总收入的10%），②尽管其经济状况要比后者好得多，因为有钱的病人即使在病情不是很严重的情况下，也通常去它们那里接受医疗服务。这两种特权，再加上由政府医疗保险中所得的利益，使得大型公立医院在中国的医疗服务市场上处于不公平的垄断地位。同时，同其他小型公立医院一样，在这些医院里的医生们的基本工资也是固定的或者是限制在非常相似的范围。如此一来，这些医院里的医生（通常是各自领域里最优秀的专家）不得不开大处方、使用价格昂贵的药物并使用高科技的诊断技术，同时还接受红包以增加他们的收入。

为了使公共卫生资源得到有效利用，创建一个公平竞争的环境，政府需要认真考虑一下是否所有大型医院都应该保持为公立的和非赢利的。许多大型医院也许应该私有化，不再得到政府的资助。即使政府希望保留这些医院的免税地位，它们也不应该继续接受政府补贴。同时，这些医院应该获得制定医生的工资标准、定位服务对象、和制定相应的服务价格标准的自由。相对比，中小规模的公立医院和门诊部应该从政府获得更多的资金，以便更有效地支付员工工资和开展服务。他们的服务对象应该是中等、低收入家庭、以及没有良好医疗保险的人。这些服务价格必须在政府控制和监督之下。这样就可以建立起一个功能分开的医疗环境，有利于在不同类型医院之间展开健康的服务竞争，并有利于政府为穷人提供充分的基本医疗服务支持。

另外，公立医院医生的薪资结构应当调整，目的是减少医生们用不正当手段增加自己的收入的诱因：这就是说，医生的基本工资应该大幅度

---

① 参见杜治政，2005年，第1—5页。
② 根据卫生部的一次报告，政府的投入占公立大医院总收入的7%到8%（http://news.sina.com.cn/c/2006-02-19/07109140510.html，2007年6月访问）。事实上，这个比例对公立医院总的收入来说并不大。但是，对大型医院来说，它意味着额外收入，而对小型医院或者是社区诊所而言则是维持他们正常运作的非常重要的一部分资金来源，尽管远远不够。

提高,而奖金则应该取消。给医生们很低的基本工资,然后期望它们靠奖金来提高收入是有很强的误导性的。这样的工资制度诱导医生们在不必要的情况下,使用昂贵的诊断和治疗项目。很明显,大处方、高价药和不必要的检查项目都根源于这个结构不当的工资制度而产生的。① 尽管政府把医生的服务费用定得很低是为了控制病人的医疗费用,但这是不明智的。医学专业知识的价值是在提供医疗咨询时体现出来的,而不是通过使用高科技设备、销售药品表现出来。一个正确的判断或明智的忠告对病人的健康是非常关键的。所以应当制定一个合理的服务收费标准,以体现出医生的时间和精力的投入,而避免他们使用高价药或建议病人使用不必要的高技术方案来增加收入。此外也需要建立附加费用办法,让病人合理地为高于基本医疗的需求付费,同时让高水平的医生可以合法获得应有的经济奖励。

四、中国医学伦理重建:儒家道德思想的思考

在平均主义道德和政治意识形态的框架中,以上提出的政策改革建议的重要性还很难被充分理解。长期平均主义倾向要求医生工资很低,却要"全心全意"为患者服务。这一政策混淆了道德上应予以满足的公正合理的个人利益和应被禁止的不公正或不道德利益之间的重要区别。中国过去的经验已显示这一平均主义道德要求在实际中具有严重的破坏性。这种意识形态不仅不能组建一支为患者服务的无私医疗队伍,相反,实践的结果却是使中国医疗事业和医患关系充满了虚伪和腐败。

但是儒家关于报酬的诠释却能为必需的医疗政策改革提供充分的依据。从儒家对经济收益的道德思考出发,我们无法得出结论说:医生不应当根据他们的付出而得到丰厚的补偿,或那些医术超群、能力出众的医生不应当比其他人获得更多的酬劳。儒家道德总体上高度重视德性的培养和人与人之间的诚信(特别是专业人士和其服务对象之间的诚信关系),但它并不因此反对有才能的人利用他们的才华和能力为他们自己及家人谋求丰富的物质生活。作为中华民族生活中不可或缺的一部分,这些儒

---

① 参见邱仁宗,2005,第5—7页。

家道德资源需要加以重新认识和利用,来代替已经过时的平均主义意识形态,从而指导与医疗市场相关的国家政策的改革。

认为儒家思想不支持市场和合理盈利的观点其实是一种误解。确实,孔子曾讲过:"君子喻于义,小人喻于利。"(《论语·里仁》)①孟子亦曾鼓励君主以善行和正义来治理国家而非集中精力钻研富国强兵的技巧。② 但是,这些儒家教导应该在儒家鼓励德性以建设诚信、仁爱的健康社会风尚的框架下来加以理解。事实上,这些教导仅仅意味着道德主体不应该通过不正当的手段追求个人利益:如孔子强调"见得思义"(《论语·季氏》),认为"不义而富且贵,于我如浮云"(《论语·述而》)。同样,此种情况也适用于一个国家。如果一个国家繁荣的经济和强大的军事是靠不正当的手段、即违背仁爱和正义的道德法则来获得的,那就是不义。然而,这绝不意味着人们不应该谋求自己的合理利益。相反,孔子明确承认趋利避害是人之本性,他所关心的只是人们必须通过合适的道德的方式去获得财富和荣誉:"富与贵,是人之所欲也,不以其道,得之不处也;贫与贱,是人之所恶也,不以其道,得之不去也。"(《论语·里仁》)

合理的利益追求需要政府和个人双方的道德努力。从政府角度来看,富民是政府三大要务之一③。政府必须制定并施行适当的公共政策,税赋不能太重以便百姓有能力照顾他们的家庭成员:"王如施仁政于民,省刑罚,薄税敛,深耕易耨"(《孟子·梁惠王下》)。更具体地说,儒家思想认为政府不应该收取超过人民收入10%的税。④ 如果一个领导者能致富于民,维护人民的利益,那么他不但被认为是一个仁人,而且是圣人,是儒家最高境界之人:"博施于民而能济众","必也圣乎"(《论语·雍也》)。从个人角度来看,在合适的社会制度下,每个人都应该通过自己辛勤的劳动来获得合理报酬。如孔子所言,"邦有道,贫且贱焉,耻也"(《论语·泰伯》)。

---

① 本文所指的儒家思想主要是指原始儒家,亦即主要指孔子,孟子,与荀子的思想。
② "王亦曰仁义而已矣,何必曰利。"(《孟子·梁惠王上》)
③ "子曰:'庶矣哉!'冉有曰:'既庶矣。又何加焉?'曰:'富之。'"(《论语·子路》)
④ "哀公问于有若曰:'年饥,用不足,如之何?'有若对曰:'盍彻乎?'"(《论语·颜渊》)朱子注曰:"彻,通也,均也。周制一夫受田百亩,而与同沟共井之人通力合作,计亩均收。大率民得其九,公取其一,故谓之彻。"(《四书章句集注》)

儒家的传统思想崇尚那些为大众谋利益而不是谋取一己私利的高尚人格。这是因为儒家所持的是德性伦理观：关心的重点是德性和个人的道德品质，而不是像功利主义那样，只关注后果。譬如医生应该培养仁心仁术而不应该以牟利为目标。但这并不意味着技艺高超的医生不应该通过精湛的医术获取高额回报。儒家的传统思想认为目标和回报是不同的。善良的意图（目标）当然十分重要：在选择和实践一个职业的时候，首要的意图应该是履行职业道德、助人为乐，而不是谋取个人利益；这样可以避免涉入不道德的职业或行为。但同时，儒家思想也认为社会应该根据人们的工作成绩而不是目的来给予相应的报酬：工作做得越好，收入就越高。[①] 这就是说，不能根据意图来奖赏，还得根据工作质量来奖赏。这是儒家思想为思考当前中国的公共政策和医疗保健市场提供的一个非常关键的见解。

关于这个问题，《孟子》记载的一段对话值得我们思考。当一位学生询问孟子"士是否可以拥有奢华的生活"时，孟子回答道："非其道，则一箪食不可受于人；如其道，则舜受尧之天下不以为泰。"这就是说，报酬首先是与合理或不合理相关的：考虑是否给与或接受高额报酬先要看它是否符合道义（即正义），而不是看报酬多少。孟子认为君子与诸如木匠或制造马车的工匠等常人的目的是不同的：后者的目的是为了通过交易而谋生，而君子的目的是仁义与道德。但在同时，孟子也认为，社会不应该根据个人的目的向其支付报酬，正如社会不能因为小偷偷窃是为了生活的目的而允许其偷窃一样。社会应该按个人的工作向其支付报酬，工作越重要，质量越高，其获得的报酬就越高。

这澄清了君子不应该从自己有价值的工作中获得回报的认识是错误的。儒家思想要求人们培养品德、端正动机，但它也坚持认为应该根据工作而非目的来给与报酬。对于儒家们来讲，这不但对每个人是公平的，对社会也是有益的。毫无疑问，为了社会的和谐与繁荣，没有人愿意为恶意做坏一项工作的人支付报酬。相反，社会理所当然要处罚这样的人。同样不难理解，即使出发点是好的，但是工作质量不高，也不可以得到奖赏。

[①] "其有功于子，可食而食之矣"，"子非食志也，食功也。"（《孟子·滕文公下》）。朱子注曰："孟子言自我而言，固不求食；自彼而言，凡有功者则当食之。"（《四书章句集注》）

儒家思想会鼓励这样的人努力改善自己的工作。总之,儒家思想认为有价值的工作必须得到相应的奖赏,无论其出发点是高尚的意图、还是不太高尚的意图(例如为了满足个人物质需要)。① 也就是说,只要一名医生能够为病人提供稳定的、高质量的服务,即使其目的是为了个人的利益,也应该得到很高的报酬;相反,如果一名医生不能提供良好的医疗服务,即使其所作所为毫无私心,也不应该得到很高的报酬。

儒家思想认为只有这样处理才是公正的,因为:(1) 社会是以劳动分工和服务交换为基础的;(2) 不同类型的劳动和服务是不等值的。当医生提供有价值的工作并且能增进人们福利的时候,他们就应该得到来自社会的酬劳。这对于社会也是非常有益的,起到有效地示范作用。事实上,我们从典籍的记载中看到,孔子自己不但明确支持要对良好的工作成果给予高额报酬,而且认为即使这个人的初衷只是为了报酬,只要工作做得好也应该获得相应的报酬。这是因为,孔子认识到,好的工作如果得不到奖励,就不能对其他人起到激励作用:当他的学生子贡付钱赎回鲁国的一个奴役却拒绝接受鲁国的法律所规定的奖赏的时候,孔子感叹道:"赐(子贡的名)失之矣。自今以往,鲁人不赎人矣。""取其金,则无损于行;不取其金,则不复赎人矣。"(《吕氏春秋·察微》)相反,当他的另一名学生子路救了一名溺水者,并且接受了这个人赠与的一头牛的奖赏的时候,孔子说:"从现在起鲁国人都会解救落水的人啦。"②儒家的立场基于其对人性本质的深刻领悟:大多数人都不是一心想着为他人服务的完美无缺的圣人③;相反,他们都需要物质激励来完成高质量工作。从儒家的观点来看,向有价值的工作提供高报酬不仅是公平的、与德性传统相一致的,而且对德性的培育而言具有十分重要的作用。

简言之,儒家区分了基于志向的报偿("食志")与基于贡献的报偿("食功")之间的不同,强调正当的社会应当"食功"而不是"食志"(《孟子·滕文公下》)。所有有价值的工作都应该得到有价值的回报,不能因

---

① 在这里我将不讨论那些行为本身有价值但其动机却不好甚至是邪恶的例子,因为这种可能与我们现在讨论的给医务人员的报酬问题无甚关系。
② 这两个故事在很多中国古代典籍中都有,而其最完整的版本可在《吕氏春秋·察微》中找到。
③ 孔子曾感叹道:"吾未见好德如好色者也。"(《论语·子罕》)

为有德性的志向不在报偿就不回报他们的贡献。这一点对当代中国医生薪酬制度有重要意义。事实上,儒者总是应该把医疗行为看作是实践儒家思想中仁爱德性的重要方式之一,把医学视为"仁术",在治疗遭受疾病折磨的患者时持有仁爱之心。所以,儒家认为一个人选择当医生的主要目的应该是为了帮助别人而不是为了自己发财:通过行医发财不是医生的本质道德属性;相反,仁爱才理所当然是医学的正确道德取向。很多人都注意到,在历史上,无论患者能否支付医疗费用,儒医们都会尽力解救他们。但是行善的初衷并不妨碍医生从其高质量的服务中获得经济收入。如果病人能够并且愿意支付,那么医生收取合理的高价医疗费就并非不道德的。如果这些儒家思想是合理的话,中国政府就应该对目前的医生薪资结构进行改革,尤其要大大地提高他们的基本工资,并且取消不恰当的经济激励。这样的话,提供高质量医疗服务的医生就可以公开合法地得到相应的经济回报。①

　　一些人可能会担心,即使医生的基本工资得到很大的提高,他们仍可能通过收取红包或其他可能的腐败方式来获得更多的利益。他们认为人的贪婪是无限的,增加医生的报酬不能有效解决问题。但是这个担心所建基的前提是:大多数人(包括大多数医生)都是无限贪婪的。这个前提是错误的。儒家认为,大多数人具有合理的需要满足的欲望,但不是无限贪婪的。当医生们获得与自己的付出相符的报酬而得到一种有尊严的生活后,就有理由相信他们中大多数人不会再热衷于各种腐败行为(例如索取和收受病人的红包),因为那是不道德的、没尊严的、丢脸的事情,常常还会引起同事间的纠纷和医护间的矛盾。儒家认为只有极少数人是完全不受环境影响的:或许有一小部分医生品德高尚,不管报酬多低也不会有

---

① 有些人有误解,以为儒家支持平均主义分配制度,他们往往引用孔子的这一段话:"丘也闻有国有家者,不患贫而患不均,不患寡而患不安;盖均无贫,和无寡,安无倾。"(《论语·季氏》)其实,综观孔子的意思,他所说的"不均"应该是指"不均衡"、"不公正"(正如朱子的《四书集注》曰:"均,谓各得其分;安,谓上下相安。""各得其分"就是要求相同情况相同对待,不同情况不同对待),并非指对所有人进行平均主义分配。理由至少有二。其一,这一议论的语境是孔子反对季氏攻打鲁国的附庸小国,认为这一侵略是不正当的,其主要关心的是国与国之间的王道(公正)问题,要求不能以大欺小;其二,至于一国之内的公正、分配问题,孔子一向支持精英主义及适当的等级制度("亲亲"、"尊尊"、"贤贤"),不会要求不同的个人、关系、等级或阶层(如仕官与平民)都得到平均的、相同的分配。总之,只要我们完整领会,孔子思想是根本反对平均主义的。

腐败行为;同时在另一个极端上,也有一小部分医生无论报酬多高都会腐败。但儒家认为多数人是介于这两种人之间的,所以构建在儒家道德之上的公共政策应该针对那些会因为合理政策而端正态度、合理行动的大多数人来制定。

五、展望未来:市场与传统道德的紧密结合

21世纪市场经济条件下中国医学伦理学面临的首要问题是如何在急剧变化的时代重塑医生的专业伦理。今日环境与25年前截然不同的是市场机会越来越多以及物质生活水平越来越高。医生和病人都置身于充满新的诱惑和经济可能的文化形态之中。所以,中国医学伦理学至少需要认识到在市场经济中:(1)人们想要挣得更多,以购买更多的商品和服务;(2)人们期待能够多付一点钱来购买更好的商品和服务,其中包括医疗服务;(3)人为压低医疗服务价格,将导致医生行为在道德和经济方面的严重扭曲,并且将会损害医学专业伦理;(4)禁止为高质量的医疗服务支付额外的费用将导致医生行为在道德和经济方面的严重扭曲,并最终会损害医学专业伦理。

在一个全新的道德和经济环境中维持医患之间的信任以及医学专业伦理需要充分认识该环境的特征。只有依据当代的现实情况,致力于重塑可靠的专业服务,病人的利益以及医学伦理才能够得到维护。如果不能在政策上减少腐败在临床判断方面和医患关系方面的诱因,人们将无法避免腐败的发生。面向未来,中国需要将她不断增长的充满活力的市场经济纳入到有着几千年历史并且非常关注人与人之间诚信的儒家道德传统中来。这个传统仍深深影响着人们的期待,例如,中国人普遍相信信任在医患关系及医学专业伦理中应当起到关键作用。面对新现实的挑战,中国只有置身于自己的文化背景中才能成功。中国必须从传统的儒家文化渊源中汲取养分,才能将市场与中国的历史和现实结合起来,实现中国的美好未来。

十四 中国医疗卫生改革与儒家生命伦理四原则

一、当前中国医疗保健面临的挑战

中国正处于飞速发展中：经济腾飞，市场壮大，教育提高，科技进步。与此同时，发展中的中国所面临的巨大文化、道德和保健挑战，也都出现在中国。本章主要关注中国的医疗卫生改革及其相关的伦理、市场和政策方面的问题。首先需要指出的是，中国医疗保健当前面临着一系列供求关系上的困难和问题，具体如下：

1. 中国面临着越来越大的老年人口压力。一方面，退休人员的比例不断增长，这部分人群需要很多的医疗保健；另一方面，能够为医疗保健提供资金支持的劳动人口的比例却在不断下降。面对这种情况，中国将如何建立一个足以满足国民健康需要的医疗保健体系并使之持续稳定地运行？这是一个关系到中国医疗保健体系长远发展的极为重要的问题。计划生育政策下形成的当前中国家庭的"4-2-1"结构使得这个问题尤其迫切。西方国家是在普遍富裕之后才出现老年化的，而中国则是在普遍富裕之前就会出现老年化了。①

2. 应当采取何种措施来为农村居民提供适当的医疗保健服务？事实上，当前中国在医疗保健服务的提供上，农村与城市之间存在着不公平的"一国两制"。和城市居民相比，农民仅能分到极少的资金投入和医疗

---

① 似乎很多中国学者还没有充分意识到这个中国医疗保健体系所面临的"长远"难题。关于一胎化人口政策所导致的严重问题，参见易富贤，2007。

设施(部分农村地区甚至没有最基本的健康资源,比如清洁的用水和疫苗)。尽管现在大多数农民都已经加入了所谓农村新型合作医疗,但服务水平还是很低的。考虑到中国还有一半以上的人口是居住在农村的,这一医疗保健问题极其严峻。这本身也关系着中国的城市化进程及其方式:我们不能让如此众多的农村人口都到城里去、生活在没有医疗卫生保健的贫民窟中。因而,为农民提供适宜的医疗保健仍然是一个艰巨的任务。

3. 应当发展怎样的多层次的医疗保险计划以满足大多数城镇居民的需要？政府的城镇职工基本医疗保险制度创造了一种新的医疗保健模式,这种模式结合了普通社会保险和(新加坡式的)储蓄金制度来为城镇职工提供基本医疗服务。这一举措显著地改革了中国过去实行的公费医疗制度(针对公务员)和劳保医疗制度(针对国企职工)。在两种旧制度中,因为个人对他们的医疗保健不承担任何经济义务,无法节制过度医疗、浪费和日益上涨的医疗保健成本①。但是,这项新制度还有待扩充和完善,因为不少单位仍然坚持实行近似于公费医疗的老制度。最不幸的是,该制度设计仅仅涵盖了成年雇员,而不包含雇员所要抚养的家庭成员。这点在一个以家庭为中心的传统儒家文化价值观仍具影响的社会里看起来尤为讽刺。②

4. 应当采取何种措施来建立一个良好有序的医疗保健市场？为满足人们多方面的、不同的医疗保健需要,中国的医疗保健市场快速发展起来。但是,这一市场还称不上是良好有序的③,因为它存在几个严重的缺陷:

(1) 所有公立医院都被界定为非营利性机构,享有特权并在市场上保持着垄断地位。作为"非营利"医院,它们不仅不需要向国家纳税,还能持续地获得国家资助。它们不愁没有病人,因为新的城镇职工基本医疗保险制度的普遍设计是其受益人必须在这类医院中接受治疗,才能使用其保险。许多这类医院通过提供高科技的医疗服务,包括开具治疗上

---

① 高洁芬,2004,第47—48,62页。
② Fan, R. and Holliday, I., 2006, pp.95—107.
③ 曹永福、王云岭,2005,第9—11页。

并不总是必要的奢侈进口药品和特殊检查,赚取了巨额利润。因此,在当前中国,私立医院是很难与之竞争并取得发展的。①

(2) 尽管在少数几个城市,私立医院已经开始打破公立医院的垄断,但是在大多数地区,私立医院的影响仍然是微不足道的。在全国,仅有1500家私立医院,却有着不下70000家公立医院。② 那些私立医院的优点在于相对低廉的收费、良好的服务态度、便利的地理环境、灵活的开放时间、多样的支付方式以及与病人良好的沟通。但是它们也存在着许多缺陷,比如规模小、业务不精、设施不足以及没有资格接收使用医保付费的病人,等等。③

(3) 政府究竟应当如何管理医疗保健市场和医院,至今仍然没有适当的答案。医疗保健被国家视为民众福利的一部分,因而服务的价格设置低廉并且在适合人民负担能力的名义之下受到政府严格的控制。医生只能收取很低的诊疗费。为了给医院和自己增加收入,医生不得不在病人身上想办法,比如增加不必要的化验、仪器检查或手术处置等等。主要手段则是开大处方或开昂贵的药物,以便赚取批发价和零售价之间的差价。来自药品的收益甚至占到许多医院总收入的50%以上,这种情况被称作是"以药养医"。在这种环境下,一些医生甚至医院都与制药公司及其药物代表勾结,开具特定药品给病人以便从中获取回扣。④ 这已普遍引发出一系列的不良医疗甚至欺诈现象,如过度治疗、大处方、昂贵处方以及一些临床上看可有可无的奢侈或进口药物等。

5. 应当采取何种措施来应对当前医疗保健领域中出现的严重信任危机？在当前中国社会中,人与人之间缺乏信任已经成为普遍现象。病人怀疑医生主要关心的是赚钱而不是照顾他们的健康;医生们则担心病人会轻易找到借口来对他们进行诉讼以获取赔偿。因此,为了自保和求

---

① 杜治政:2005;Chen, Yang, Shen, 2005。
② Chen, Yang, Shen, 2008。
③ Ibid.
④ 杜治政,2005年。限制医生收取诊疗费是一个重要的道德和经济问题。可惜的是,在中国相关的论文中我尚未发现较多针对这个问题的讨论。以我个人经验而言,中国医生常常抱怨他们不能从咨询服务中获得任何收入,不论他们自身是否有充分的知识、技术和经验。他们被迫通过卖药来获取收入。参阅第13章。

得安心,病人和家属经常需要向医生送红包,而医生则经常采用防御性医疗。[①] 医疗保健领域里纠纷和诉讼不断增加。当然,这种不信任的氛围不仅仅局限在医疗保健,而且出现在政治、商业、教育等几乎每一个领域中。它使得人们的日常生活很不愉快、普通的行政管理执行艰难也阻碍政策和制度改革。在这种普遍不信任的氛围里,国家要如何做才能有效地遏制类似艾滋病这样的传染病的快速蔓延,或者成功地对抗像SARS或禽流感那样的突发疫情? 更为根本的是,不信任的弥漫标志着支撑中国人道德生活的基本价值和信念的衰落与缺失。因而,只有对中国人的价值观和道德生活作一番彻底的重整和重建,才能支撑中国作为一个大国在世界上的和平崛起。

最后一点尤其值得深思。无可否认,我们的行为与政策总是受到自己伦理观的影响,因而,最为重要的是选取一个正确的道德方向,来解决中国医疗保健所面临的这些严峻挑战。这将是走向成功的第一步。当然,道德反思并不必然一定要以某个原则来作为其出发点。实际生活中人们通常遵循的是具体丰富的道德信念、价值和规则,而不是抽象的一般道德原则。但这并不说一般原则只有理论价值,而没有实践意义。事实上,对一般原则的完整勾勒也可以告诉我们它支持怎样的道德实践和具体的道德规则,以及它为实践所确立的一般的伦理方向。如果我们选择了错误的原则来指导我们的行为,实践上的后果可能是无法补救的灾难。因而,就本章而言,以下格言仍然有效:只有从恰当的道德原则出发才能深入思考实际问题。因为道德原则归纳了特殊的道德行为并提供了一般的取向,我们在选择一套合适的道德原则作为道德指导时必须非常小心。这并不意味着任何意义上的道德决定论:并非一旦选定了正确的道德原则,所有的实际问题都将自动得到解决。我们仍然需要将我们的经济条件、政治现实、制度现状,甚至人们的心理状况纳入考虑,才能成功地将原则应用于指导我们的实际行动、改革制度、重塑政策。但是由于不同的道德原则所指示的发展方向大相径庭,因而,中国必须选择正确的道德原则来指导医疗保健改革的实际进程。

本章第二节将解释为什么当前两种颇具影响力的道德观点是误导性

[①] 参阅李生峰,2005年。

的、不适于指导中国卫生保健政策的制定。第三节将讨论应当如何重构传统儒家道德原则——仁爱、公义、诚信和和谐——以指导现实。第四节阐明这些儒家原则可以为中国解决上述医疗保健领域的挑战给出怎样的建议。最后一节是一个总结性评论。

二、两种误导性的道德视角

有一种源于西方的道德观点一直比较流行,即:道德思想是一种社会意识,社会意识由社会存在决定。这种看法尤其坚持这样一种观点:一个社会所接受和实践的道德原则、价值和德性都是这个社会的生产力水平以及由生产力水平所决定的经济关系和社会制度的反映。总而言之,根据这种观点,人们不能够自己选择一套合适的道德原则和价值观念并以之指导自己的行动和塑造社会制度。相反,社会道德是被决定的,并随着社会经济水平的变化而变化。

这种观点是误导的,因为它贬低道德在人类生活中的基础地位。确实,我们不可避免地受到我们生活于其中的文化和传统的影响,不可能无中生有地创造出具有丰富内容的道德。但是,如果认为我们从父母、亲人、邻居、老师和朋友那里习得的道德价值(如道德品质、具体的礼节、礼仪、规则和义务)都仅仅是由生产力和经济关系这些外在的社会因素所决定的,则是完全错误的。事实上,道德价值观与经济因素相比具有更为强大、更为高级的精神地位。例如,儒家道德价值观中的仁、义、孝诸德性早已深入人心,千百年来一直对中国人的生活具有深刻影响,这不是任何单纯经济或制度因素可以解释的。此外,这种"经济决定论"观点在当今社会转型和改革时期尤其有害,因为它会滋生道德惰性:它不但不鼓励人们根据适当的道德原则来重塑现实,而是促使人们轻易地向那些所谓的"发展趋势"屈服,而无论这些趋势在道德上是多么可疑、甚至堕落。

这种决定论思想导致的另一个问题是道德虚伪。如果道德是由经济基础决定的,那么当每一个个体在公有制的经济体制下理应为所有人服务的时候,一个完美、无私、公正和平等的道德也就在理论上相应地诞生了。人们为了显示他们不是这样一个理想社会中道德低下的人,就必须宣称自己拥有这种无私的品德,虽然他们内心仍然更为关心自己、自己的家庭、亲戚、朋友,和所属的团体。因而,这种思想模糊了合理的自我利益与不公平或不道德的自私自利之间的必要界线。结果产生出的并非"全心全意"为他人服务的道德主体,而是大量的虚伪和腐败现象。

另一方面,在当前中国,还有一种道德观点越来越得到学术界的接纳和欢迎,这就是自由主义的社会-民主观点。这种观点引入了平均主义的思想并醉心于创造越来越多的无法兑现的个人权利或权益。在本质上,它声称每个人都拥有一系列由政府保障的广泛的社会、政治、经济权利。在罗尔斯《正义论》的影响下,这种观点在中国自由主义学者中赢得了广泛的支持。的确,初看上去,这种观点极具吸引力,因为它似乎关心每个人的利益,尤其是社会中弱势群体的利益。

然而,我们应该看到,接受这种观点势必带来道德上、政治上以及经济上严重不利的后果。例如,这种观点认为,个人天生具有经济收入的权利,社会应当负担起满足其权利的义务,而无论其道德资格如何(例如无论他是否懒惰或者是否愿意通过工作来改变自己的状态)。这就是所谓"道德风险"问题。它常常会导致社会中的"搭便车"行为,对于辛勤工作的个人和家庭来说是不公平的①。此外,正如恩格尔哈特所指出的,一旦一个人手中掌握了某种不用自己支付的权利(如医疗保健权利),他和他的家庭往往会最大限度地运用这种权利,而不管运用方式是否谨慎或者合理。他们没有必要对此多加考虑,因为这根本不会增加他们自己的成本。② 此外,这种观点诱导政治家向人们"慷慨地"许诺好处,这些好处将不得不由未来的纳税人来支付,从而造成长期的政治和经济问题。③ 最后,这种观点也存在根本上的道德缺陷。既然资源是每个人劳动所得的成果,那么,对资源使用毫无区别的平等权利就很难找到根据。即使帮助社会中的弱势群体是道德上适当的,这也不意味着这些帮助只有在由国家保障的平等权利的基础之上才能得到合理论证。综上所述,如果中国套用自由主义的社会-民主观点来改革其卫生保健体系,其结果很可能是灾难性的。

---

① 参见 Fan, 2002a。
② EngelHardt, 2008。
③ Ibid.

总而言之，以上两种观点在道德上都具有误导性，极有可能带来灾难性后果。任何一种都不适宜指导当前中国的社会运作，包括医疗卫生改革。

三、儒家道德原则的重构

本节试图证明，我们应当重构儒家道德原则来指导当前医疗保健体系的改革和政策制定。重构主义儒学包括一系列道德原则，但与"经济决定论"的观点不同，这些道德原则并不为生产力所决定，而是具有永恒的道德价值。它们根植于人类本性，自然生成，由圣人阐发，并由传统继承下来，对人类生活和社会组织具有不可磨灭的深刻意义。简言之，重构主义儒学以家庭为导向而非以个人为中心，以和谐为导向而非以平等为中心，以德性为导向而非以权利为中心。它呼吁按照儒家基本的关照、德性和义务来改革政策，重铸社会经济体制。①

儒学应当重构，因为其真义已经被20世纪以来各式各样的反儒学思想和运动所歪曲和掩盖了。在20世纪上半叶，所有新引进的时髦"主义"——如达尔文主义、实证主义、实用主义、无政府主义、尼采主义和马克思主义——都将儒学诠释为代表封建主义的反动意识形态，并要求实行全盘西化。五四运动提出的"打倒孔家店"的口号持续影响了整个世纪。20世纪60年代发生的"文化大革命"将反儒运动推到顶峰。儒家的伦理结构和家庭主义，和儒家的礼仪体制一样，遭到了无情地批判和否定。然而，因为儒家文化在中国绵延几千年之久，根基深厚，源远流长，即使一系列反儒家的政治运动和激进知识分子的攻击也不能对其斩草除根。虽然儒家文化确实遭受了致命的打击，但其道德教导以及人际关系仍然是中国人日常生活的一部分。②

70年代后期中国的改革开放，打开了封闭的国门，面向了西方世界。国门的封闭，本来是半主动、半被动地发生的，但中国人开放的热情，却绝

---

① Fan, 2002.
② 本节及下一节的论证利用了我在2008和2010两篇中文论文里的部分论述。参阅范瑞平, 2008, 2010。

对真诚、虚心。当一个强大、繁荣、民主的西方世界赫然呈现在面前的时候,中国的知识分子一下子蒙了头,除了被迫重复我们的社会制度优越之外,再也找不出自己的真实可取之处。改革开放的前十年就是一个心甘情愿地向西方学习、走西化道路的十年。当时的学者们最为得意的工作,是懂外语、能把西方著作翻译为中文出版。尽管这些译著中包含着值得学习或借鉴的思想观念,但也常常充斥着大段大段连译者本人也弄不明白的"中文"。激进,是青年人的常态,也是那个十年难以避免的特征。

改革开放的中十年,知识分子进入"彷徨"心境。中国自然存在不少深层次问题,但西方也不再是一副纯真可爱的面容。知识分子群体变得沉闷、犹豫、分化,逐渐形成左派和右派阵营。他们之间越来越谈不拢,终究分道扬镳,各建学术阵地。改革开放的成就举世瞩目,但实用主义的发展路线也不断受到挑战。中国的未来之路究竟应该怎么走?向左还是向右?左派与右派不断交锋,争论不休。右派宣扬"自由"、"平等"、"民主"、"人权",不时高调提倡落实这些所谓"普世价值";左派则认为这些所谓"普世价值"不过是西方价值,强调中国应当走自己的独特道路;右派对于文革灾难、极权主义、人权问题痛心疾首,急欲建立"自由民主宪政"来医治匡正;左派则看到西方传统对于中国社会的外在性、偏激性以及照搬别人的肤浅性。左派还以民族主义的胸怀提议通融中国历史中的孔夫子传统、毛泽东传统和邓小平传统,以供新时代的中国改革之需。

21世纪以来的改革开放新十年,"反思"变得越来越明显。经济发展突飞猛进,中国社会日新月异。左派与右派之间的论战当然不可能偃旗息鼓,学者们也无法完全驱除浮躁之气。然而,人们开始日益重视五千年中华文明的宝贵资源、感受到传统价值的韧性、体会到自身文化的力量,终于有自信重新审视西方的主义、理论和原则,反思我们自己究竟是谁、究竟要过怎样的生活、社会究竟要怎样发展的问题。尽管儒家传统派尚未形成一大学术势力,但又一次确确实实登上了中国学术的大舞台。他们有自己的见解,既不属于右派,也不属于左派,而是属于中派。他们不是右派,因为他们和左派一样认识到,把现代西方价值看作"普世价值"不过是一种一厢情愿的幼稚。他们也不是左派,因为他们认识到,中国社会应当由自己的主流价值来指引,实行"一统之下的多元"。如果把互不兼容的传统不分主次统统融合在一起,那就难以为中国社会提供明确导向,甚至可能引起思想迷惑、政策混乱。说他们是中派,是因为他们继承中国几千年来的儒家文化正统,坚持儒家的基本义理和核心价值,重建"天理良心"的民众信仰,培育新时代的君子人格,宽容百家,与时俱进,建设"以人为本"、"和谐社会"的中国仁政。

从表面上看,这一切与"生命伦理学"或"医学与哲学"似乎都没有直接关系。医学是一门高度科技化、专业化的学问,哲学则是思辨的、抽象的学说。因而,可能有人以为,作为俩者结合的一门交叉学科,医学与哲学及其生命伦理学可以是游离于主流学术之外的一个"冷门",自成系统。事实上,医学关乎人命,哲学探讨人生,它们绝无可能绝缘于时代学术的主流之外。80年代,医学与哲学都在忙着追求和进口西方的科技、学说,从CT、核磁共振到罗尔斯、哈贝马斯和美国生命伦理四原则;从优生优育、生殖技术到安乐死,蔚为大观,一应俱全。我们不能否认那时的知识分子崇尚科技、追求真理的热忱。90年代,一场恶梦醒来,人人感觉世事模糊而又艰辛,理论变得真假难辨。冷静下来一想,日子总要过,还是钱实在。于是,哲学家、医学家、不管什么家,大家齐行动;即使不下海,也要湿湿鞋。理论上的彷徨并不耽误实践上的坚定,学术阵营的分化更不影响各自的致富门道;大家一起向"钱"看,八仙过海,各显其能。特别是,在新的医疗市场机制下,医生们捞外快的机会,似乎躲都躲不开——想躲的医生当然也很少。例如,药物回扣,由80年代的暗扣变成了90年代的明扣[①]。每个人都感觉自己赚的比别人少,每个人都想在物质财富上更上一层楼;同时,每个人也都在抱怨:楼价太高、腐败太多、交通太挤、空气太差、养孩子太累;还有更要命的:看病难、看病贵。

两千年以来,我们在医学与哲学领域开始了系统反思。越来越多的人认识到,医疗保健方面的问题,不是靠大喊"人权"、"自由"、"平等"就可以万事大吉的。肯定不存在一把锋利的万能之剑——不论是"中央"之剑还是"市场"之剑,一朝亮出,所有问题迎刃而解。在腐败严重、贫富差距加大的当今中国社会,生命伦理学家们可以很舒服地站在一个道德高地上,强调医疗保健的特殊性,要求政府多出血、甚至"全包干",提供全民"平等"医疗。殊不知羊毛出在羊身上,政府的钱还是来自人

---

① 包胜勇,2008,第91—93页。

民,其中涉及的道德风险千头万绪,往往好心办成坏事。其实是学艺不精,随波逐流。我们需要的是大量扎实、深入的研究。这当然需要我们学习、研究和借鉴古今中外、特别是现代西方的各种理论、经验、智慧和办法,但绝不能照搬。人们已经认识到,西方的学说需要联系全球化及当今中国的现状才能奏效。但人们还需要认识到,反思的最终标准一定要以我为主——以中国人几千年来所信奉的核心价值为指导。核心价值变了,不但中国特色、中国道路无从谈起,而且中华民族的伟大复兴也就成了为人作嫁的事情。认识不到这一点,反思的结果将是南辕北辙,甚至祸国殃民。

简言之,30年来改革开放走过了一个从"激进"、"彷徨"到"反思"的历程。许多中国人从自我摧毁的文化噩梦中清醒过来,开始重新审视自己的文化传统。随着改革的深化,当代中国大陆社会正经历着一场相对缓慢但稳定的儒家文化复兴。在这个背景下,本章试图将儒家道德原则重新整合成一个融贯的整体来面对当前社会实践中的挑战,特别是本章开头所提到的那些难题。我承认,我不能一劳永逸地从哲学上证明儒家道德在相互竞争的诸道德观点中是唯一正确的。正如恩格尔哈特令人信服的论证所表明的,人类的道德认识能力有限,我们不能单纯通过理性的哲学论证建立唯一正确的道德权威:任何这样的理论尝试都要么是建立在未经论证的前提上,要么就是循环论证或无穷倒退。① 我所能做的只是提供尽可能完整的儒家关于人性、道德和社会的思想图景,以展示其思想的真实力量和动人之美。重构主义儒家吸引力不仅来自于其思想的内在连贯,还来自于它与"经济决定论"和自由主义社会-民主道德观的鲜明对比、以及其对于当前中国市场、经济和社会的实际意义。

四、儒家生命伦理四原则

本节试图重构四条儒家生命伦理原则来指导中国的卫生改革、制度建设、政策制定、临床实践以及重建我们个人的道德信念。30年来,不管是主动地还是被动地、有意识地还是无意识地、系统地还是零散地,我们

---

① Engelhardt, 1996.

的确是在越来越多地言说和采用现代西方自由主义的生命伦理原则来引导我们的工作,其中尤其以美国生命伦理学家比彻姆(T. Beauchamp)和丘卓斯(J. Childress)所概括的生命伦理学四项原则最为突出:尊重自主(respect for autonomy)、不做恶(nonmaleficence)、行善(beneficence)和公正(justice)。这些原则当然不是一无是处、没有借鉴意义。但问题在于,我们很多人没有认识到或者有意忽略了它们作为一个整体学说所必然携带的西方道德传统、文化特征、社会状况以及个人主义生活方式的显著内容。对于这些原则,我们本来不应该采取"拿来主义"或"进口主义"的态度,以为找到了普适真理。它们其实根本不适合我们的价值承诺、生命习俗、人际关系、社会实践以及中国人由来以久的道德取向。我们需要做的,是借鉴这些原则,重构我们自己的伦理原则,用以指导我们的社会实践。

我试以儒家文化传统为基础,重构以下四条生命伦理原则,供大家思考、探索:**仁爱原则**,**公义原则**,**诚信原则**和**和谐原则**。这些原则具有悠久的儒家文化传统的深刻内涵,它们同当代西方自由主义原则决不只是字面上的不同。事实上,即使有些原则字面上好像同西方原则相差不多,实际上也是大相径庭,所谓"差之毫厘,谬以千里"。首先,仁爱原则当然包含一般的不做恶和行善的要求,但爱的基础在于人的恻隐之心、不忍人之心,其动力机制在家庭礼教、孝弟之行、推己及人,"老吾老以及人之老、幼吾幼以及人之幼","己所不欲,勿施于人",等等。这些建基于儒家的心性学说、家庭主义、关系主义的仁爱及其动力和机制是自由主义的个人主义行善原则不可能具备的。其二,儒家的公义原则是以"义"的德性为核心的,在社会分配问题上以美德考虑为依据,政府需要照顾"鳏寡孤独废疾者"等弱势人群,但也不能走向不论好坏、不管勤懒的平均主义。这就表明儒家的公义原则既不同于一味强调个人自由的右派自由主义的(libertarian)公正原则,也不同于一味强调人人平等的左派自由主义的(liberal)公正原则,而是一种尊德、尊贤的价值体系。其三,儒家的诚信原则超越了自由主义狭隘的讲真话要求,可以填补中国社会目前的信仰危机和道德真空。"诚者,天之道也;诚之者,人之道也。"修身养性、以诚待人、言而有信,不是为别人,而是为自己。人在做,天在看,头上三尺有神明。"行善之家必有余庆,行不善之家必有余殃",不是不报,时候未到。只有恢复自己的传统信仰,真诚生活、实在做人,才能真正深入反思、复兴中华。最后,和谐原则强调的是差异、合作、妥协,达到一个和平、怡悦的社会,而不是一味地坚持己见,不知通融,走向个人主义的对立和极端。

无疑,这些原则都需要进一步研究、论证和展开,阐明其来源、揭示其实质、重构其内容、例示其不同于西方自由主义原则的地方、并解说其现实意义以及为它们提供正当性证明。下面只能对每个原则提供一个非常初步的概括,而把具体、细致的工作留待以后来做。这将特别需要寄希望于有心的中国生命伦理学学者来共同承担。期待不久的将来,以儒家文化为基础而构建的生命伦理原则的学术著作,也可以如同比彻姆和丘卓斯的美国生命伦理原则的学术著作一样,传布全球各国,让别人学习、引用和借鉴。

(1)仁爱原则:仁爱源于亲情,应当适当地推及他人以及天地万物;但人的家庭之爱应当具有优先地位;仁爱既是普遍之爱,也是差等之爱。

仁爱原则是在儒家的主要德性——仁——的基础上所建立的原则。儒家伦理是一种德性伦理。德性不是权利,而是一种相对善的目的而言的必要的力量和品格。孔子和孟子基于对人性的理解提出了古典的儒家德性论。在儒家看来,人的原初状态并非是原子式的、自利的、离散的个体,然后以契约方式集合为社会。相反,人类从本性上讲就是家庭的动物,具有形成适当的家庭关系并在家庭中追求幸福的潜能。对儒家而言,仁是首要的德性,它首先意味着爱人。爱人是如何可能的呢?根据孟子,仁是上天植于人心的自然能力,亦即,每个人天生具有爱他人的情感能力:"人皆有不忍人之心","恻隐之心,仁之端也"(《孟子·公孙丑上》)。同时,孟子也认识到,虽然爱是自然潜能,但爱的情感并不是平等地施与所有人的:例如,人对自己侄子的亲爱,必然会超过对邻居孩子的亲爱(《孟子·滕文公上》)。朱子对此章的注释尤为清楚地展现出儒家的立场:"且人物之生,必各本于父母而无二,乃自然之理,若天使之然也,故其爱由此立,而推以及人,自有等差。"(《四书章句集注》)亦即,为了完满实现人类之爱,儒家强调,我们必须通过把仁从一种情境扩展到另一种情境、从一个人推及另一个人来培养仁之端绪。这就孟子所说的"推恩"(《孟子·梁惠王》),"仁者,以其所爱及其所不爱;不仁者,以其所不爱及其所爱"(《孟子·尽心下》),"人皆有所不忍,达之于其所忍,仁也"(《孟子·尽心下》),"凡有四端于我者,知皆扩而充之矣,若火之始然、泉之始达。苟能充之,足以保四海;苟不充之,不足以事父母"(《孟子·公孙丑上》)。儒家特别强调这种"推扩"的工夫,因为只有如此,仁才能从一种自然情感上升为真正意义上的道德德性,亦即,一种稳定的品格。

然而一个人又如何能够真正地控制自己的情感以便适当地把爱扩展到其他人乃至世界万物呢?孔子的教导是我们要"克己复礼"(《论语·颜渊》)。孔子认为,只有通过严肃的礼仪行为,一个人才能够培养、管理和控制自己的情感,从而合适地爱人爱物。因而,孔子无法忍受"居上不宽,为礼不敬,临丧不哀"(《论语·八佾》)。相反,统治者对待人民必须严肃认真:"出门如见大宾,使民如承大祭。"(《论语·颜渊》)①总而言之,礼仪表现的严肃性和怡悦性使得一个人有可能培养起一种爱人的品格,而不同类型的礼仪使得一个人有差别地爱其他人成为可能:有父子之间的爱(亲),君臣之间的爱(义),夫妇之间的爱(别),老少之间的爱(序)和朋友之间的爱(信)。这就是说,儒家最基本的德性"仁"要求普遍的爱,但不要求平等的爱。在不同的群体和社会关系中,爱是通过根据不同的礼仪行为培养起来并出现分化的。值得一提的是,儒家主张将这些礼仪转化到以家庭为中心和家庭和睦的具体社会制度和政策中去。

仁爱原则首先体现在"以民为本"、"为民制产"、"藏富于民"的儒家中华文明的核心价值之中。财富要留在百姓家中,这是仁爱原则的主要要求之一。孔子及其弟子主张政府税收不应该多于家庭收入的十分之一(《论语·颜渊》),严厉批评"苛政猛于虎";孟子始终认为"行仁政"的基本做法是让人民"有恒产"及"薄赋税"(《孟子·滕文公上》);荀子强调,富国之道在于"节用以礼,裕民以政"(《荀子·富国》);汉代的儒家学者在《盐铁论》中痛斥政府部门与民争利的错误行径。尽管历代朝政时好时坏,儒家的理想从来没有完全实现过,但其"以民为本"的"仁政"理想则是十分明确的,那就是要"藏富于民",而不是要"上缴于政",导政"政富民穷"。

这当然不是说仁爱原则反对政府做任何事情。儒家不是古典自由主

---

① 在这个问题的解释上我同意 David Nivison 的观点。见 Nivison 1996,p.105。

义者。有德的政府必须关照社会上的贫困弱势人群:缺乏家庭照顾的鳏寡孤独者应该得到政府的帮助,残疾人应该得到政府的照顾,自然灾害应该得到政府的救助,这些都是儒家一向的要求。但这些人道关照绝不能等同于要求确立个人的绝对经济权利,把百姓的资源统统集中在政府手中来做统一的、平等的分配,那样就成了"以政为本"而不是"以民为本"了。从儒家的观点来看,家庭是社会的基石;"修身、齐家"是每个人必做的功课:如果一个人不能爱自己的父母、并对自己的家庭负起责任,那么他是很难爱他人、并对社会负起责任的。因而,仁爱原则要求政府建立一个基本的医疗制度,让每个家庭在其中首先负起自己家人的医疗责任,政府应该努力为这种家庭价值创造条件,促其实现,而不是越俎代庖,包办代替。

(2) 公义原则:对利益的追求应当受到德性的调节和制约,有德有才之人应当受到社会的重用和奖赏。

在儒家看来,义是君子的另一项重要德性。首先,义是在任何情况下都作正确事情的能力。"君子之于天下,无适也,无莫也,义与之比。"(《论语·里仁》)从这个意义上讲,义就是适宜:"义者,宜也。"(《中庸》)其次,义是一种能够使个体在利益面前仍然关注行为正当性的品格:"君子喻于义,小人喻于利"(《论语·里仁》);"士见危致命,见得思义。"(《论语·子张》)如果见利忘义,那就不单是不义,而且是不公了(即只有"私"了)。最后,在儒家经典中,义的另一层含义是"尊贤":"义者宜也,尊贤为大。"(《中庸》)因为如果贤人在社会中得到尊重,那么其他人便会学习他们的品格,也去作正确的事情,最终就可以建立起一个正当美好的社会。① 综合起来,我把这一原则作了上述概括。

值得注意的是,认为儒家的公义原则不支持市场经济和合理收入的观点完全是一种误解。不错,儒家的确认为人不应该通过不正当的手段来追求个人利益:不要见利忘义,而要"见得思义"(《论语:季氏》);"不义而富且贵,于我如浮云。"(《论语·述而》)但这绝非意味着人不应该

---

① 《中庸》对于作为儒家德性的"仁"、"义"与礼的关系有一个很好的概括:"仁者,人也,亲亲为大;义者,宜也,尊贤为大。亲亲之杀,尊贤之等,礼所生也。"概言之,不同于无差别的平等主义,儒家的仁爱原则集中体现了道德家庭主义,公义原则则集中体现了道德精英主义。

谋求自己的合理利益。相反,孔子明确承认"富与贵,是人之所欲也"(《论语·里仁》),这是人性的基本特点。他所关心的是让人们必须通过合适的道德方式来获得财富和荣誉:一个正当社会要让每个人通过自己的才华和劳动来为自己和家人获得合理报酬,否则个人将感到羞愧:"邦有道,贫且贱焉,耻也"(《论语·泰伯》)。因而,政府必须建立符合人性的基本制度,推行适当的公共政策来让人民发家致富。如我在上一章所论述的,儒家的公义原则要求按照每个人的工作性质和成绩来支付工资。孟子明确指出,社会不应该根据个人的目的或理想来给与相应的报酬(《孟子·滕文公下》),不管这类目的多么崇高("大公无私")、理想多么动听("全心全意为人民服务")也不行,否则就会违背人性、制造虚伪、贻害大众。同样,荀子主张"无德不贵,无能不官,无功不赏,无罪不罚。朝无幸位,民无幸生。尚贤使能,而等位不遗"(《荀子·王制》)。这也就是说,有德者应有贵,有才者应有位,有功者应有赏。简言之,儒家认为一个符合人性的工作制度是:工作越重要,质量越高,所得报酬就应越高。医生所受的高等教育、专业培训及其治病救人的重要工作性质决定了他们理应得到较高的基本工资,而不应该让他们把医疗决策同自己额外的奖金收入挂起钩来;反之,只能造成一个"唱高调制度"而自欺欺人。而且,一名医生只要能够为病人提供稳定的、高质量的治疗,即使其目的是为了个人利益,也应该得到较高的报酬;相反,如果一名医生不能提供良好的医疗服务,即使他毫无私心,也不应该得到较高的报酬。这应当是公义原则的一个基本要求。

(3)诚信原则:一个人应当道德真诚,表里如一,信守诺言,言行一致,成为社会交往中的可信赖之人。

"诚"的首要含义是实,真实,实有,如朱子《中庸章句》所言:"诚者,真实无妄之谓,天理之本然也。"其次,在《大学》中,诚作为"诚其意"而被强调。君子的生活不允许任何自我欺骗:"所谓诚其意者:毋自欺也,如恶恶臭,如好好色,此之谓自谦,故君子必慎其独也"(《中庸》)。与之相反,"小人闲居为不善,无所不至,见君子而后厌然,掩其不善,而着其善"(《中庸》)。亦即,小人不是不知道善之当为与恶之当去,但不能实用其力以达到此境界。君子则不同,"诚于中,形于外",亦即,无论外在环境如何,君子都会将其所认可的正当的行为贯彻始终。最后,诚还有贯通天道与人道的含义:"是故诚者,天之道也。思诚者,人之道也。"(《孟子·离娄上》);"诚者,天之道也;诚之者,人之道也。诚者不勉而中,不思而得,从容中道,圣人也。诚之者,择善而固执之者也"(《中庸》)。"诚"与"诚之"(或"思诚")贯通一致,共同给出儒家理想道德境界的完整图景。简言之,诚是君子最深刻的道德品质,是儒家道德的完满体现。就此而言,诚不仅是内在的心理感受,而且也是道德主体修养——这种修养在儒家的语境下就是以人道合天道——的积极精神动力。

"信"的基本含义是诚实可信,信守自己的承诺。对此德性,《论语》首章反复申说,足见其重要性:"吾日三省吾身:为人谋而不忠乎?与朋友交而不信乎?"又如,"贤贤易色,事父母能竭其力,事君能致其身,与朋友交言而有信。虽曰未学,吾必谓之学矣"。概言之,孔子强调君子行事应当"主忠信"(以忠信为主)《论语·学而》:"人而无信,不知其可也。"(《论语·为政》)此外,信还承载着更积极的要求,要求行为主体,特别是领导者,除了拥有诚实的品质之外,还应当是可信赖的,亦即人们可以放心地将自己的福利托付给他。例如孔子自言其志为"老者安之,朋友信之,少者怀之"(《论语·公冶长》)。在治国上,孔子强调"民无信不立"《论语·颜渊》。《大学》也指出,"与国人交,止于信"。概言之,经典儒家主要在两重含义上使用"信"这个词:一是指言行一致,一是领导者忠实于人民的品格。确实,诚实与忠诚,对儒家而言,是信任的条件。

综合起来,我把儒家的诚信原则概括为上述表述。值得指出的是,儒家的诚信原则并不像康德的绝对主义那样要求一个人在任何情况下都要讲真话,那样反而会违背道德真诚。儒家道德高度重视美德培养和人与人之间的诚信,期望一个人能够成为在社会生活和交往中的可信赖之人,利用自己的才华和能力来为家人、朋友、及其他人谋求幸福生活。如第四章所述,一个诚信的人有时需要在某些医疗境遇中隐瞒信息、甚至说谎,这并不违背儒家的诚信原则,而是取决于具体的案例。儒家的诚信原则坚决反对的是为了一己私利而表里失衡、言行不一、违背诺言、甚至欺骗他人。的确,诚信现在已经成为使用最为频繁的经典术语之一,因为很多人已经感到无论是在一般的社会层面上还是在医疗保健领域里都缺乏诚信。许多学者已经开始重构儒家的诚信德性以在市场经济背景下重塑中国人的诚信品格。①

（4）和谐原则：一个人应当同他人和平、友好地相处；在做重要决定时，要按照德性的要求同其他相关的人一起协商、互相妥协、共同做出。

和，是儒家的又一个中心德性。和谐，是中国人几千年来处理家庭事务、社会关系以及行动决策的一个核心价值。它同现代自由主义所推崇的以个人主义生活方式为基础的自主原则在理伦取向和实践方式上都是大异其趣的。近些年来，不少学者似乎只看到现代西方自由主义的自主原则的长处，而没有看到其短处和偏激之处。以临床决策为例，自主原则过分强调了病人的独立性和自主性，忽视了家庭及医生应当承担的积极作用，甚至为他们的适当参预增添越来越多的法律、制度和经济麻烦，逼迫人们过上极端个人主义的生活。说白了，在保护"病人自主权"的要求和名义之下，医疗机构不得不制造越来越多的程序、规则和表格，为病人增加越来越多的负担（包括经济负担），其主要功能不过是保障医疗机构自身的安全和利益而已，而其更大的代价则是和谐的牺牲。

相对比，和谐原则正确地预设了人类生活的社会性以及人际关系在决策中的重要性。例如，临床决策通常需要病人、家庭和医生三方面携手合作才能适当地做出。绝大多数决策都需要家庭的参与，帮助病人分析、判断，有时甚至需要积极督促优豫不决的病人做出决定。对于一位好医生来说，尽管大多数决策可以留给病人和家庭来做，有时也需要站在病人家庭一方来规劝病人做出最有利于病人的决策；有时——例如在急诊情况下——甚至需要勇于独自做出有利于病人的所谓"家长主义"决策。所有这些，都需要充分理解医疗决策的复杂性、以及良好决策需要涉及病人、家庭和医生三个方面的和谐性，而不是过分强调病人本人的自主性。

和谐思想具有深厚的中国传统文化的底蕴。从六千年前的《易经》开始，中国人就认识到，宇宙万物是由两种终极因素（后来一般称作阴阳）的相互作用和发展变化所构成的。阴阳二者不必是对立的，但必定是不同的。个体，包括人类个体在内，是由阴阳构成的；但一位个体与其他个体相比较，总归是阳的因素多一些或阴的因素多一些。从这个意义

---

① 参阅梁红娟,郭照江,李刚,闵婕,2005,第1—4页。杨同卫,王云岭,2005,第5—7页。徐娜,陈晓阳,2005,第8—10页。陈丽,兰迎春,2005,第11—13页。李生峰：2005。

上说,中国人深切认识到,个体不是自足的存在者;一个个体必须要与另外一个个体相互结会形成一个统一体、互相补充才能成为一个自足的存在者,所谓"阴兼阳,阳兼阴"是也。这也正是三纲六纪、中国的家庭主义伦理的根基。三纲六纪的思想核心,不应该理解为权力关系,一方必须服从另一方;而是应该理解为一种统一关系、互补存在——个人必须要在这样一些关系中才能生存、发达和追求幸福。因而在这些关系中,自主、独立就不能强调过头;互补、和谐才是最重要的价值。

中国古代文献曾用三个类比来生动地表达和谐观念。其一是音乐:只有各种相关的东西以及不同的乐器配在一起,才能制成美妙的乐曲,所谓"和谐五声"。其二是烹调:要把不同的食物、调料混合在一起,用适当的火候和方法制成美味佳肴,所谓"和谐五味"。其三是健康:按照德性的要求,要把身体各部分、各种因素(特别是各类气)达到综合平衡才能保持健康,所谓以中和养身、延年益寿。① 对于这些"和谐"类比,有些人可能觉得模糊了独立性、抹杀了个性。他们所喜欢的比喻是西方的色拉(salad):不同成份在一起但依然能够相互独立存在。但他们忘记了色拉不是主菜。人要想吃得好,不能只吃色拉。更重要的是,他们没有注意到,中国的"和谐"观念不是"相同"观点。和谐之所以能够形成而且具有价值,正是由于不同个体、不同因素之间的协作和配合。如果强求一致,那就不再是和谐,而是去和而取同,"同则不继"。正因为如此,孔子才这样教诲我们:"君子和而不同,小人同而不和。"就临床医疗决策而言,和谐原则绝不是不尊重病人自己的意见;恰恰相反,如果不考虑病人自己的意见,和谐就根本无从谈起。受医疗家长主义的影响,现在中国的不少医生同病人及其家属谈得太少,甚至不把他们放在眼里;不少病人家庭对于病人也有过分保护主义的作法。但这些倾向恰恰需要一条适当的和谐原则来匡正和祢补,而不是走向一切听从病人决定、一切由病人说了算、不管情形如何、也不管结果如何的个人主义极端。总体来看,和谐原则应该比自主原则更能得到伦理价值的辩护。②

---

① 音乐类比与烹调类比可见于《左传·昭公二十年》;健康类比可见于《黄帝内经·上古天真论篇第一》及《中庸》。
② 在第3章中,我曾论述儒家的自主原则不同于现代西方的个人主义自主原则。其实,儒家的自主原则就是以家庭为基础的和谐原则。

显然，这四条原则不可能是对儒家道德立场的一个详尽的表达。但是，如果这些论证可以成立的话，那么我们就可以清楚地看到，这四条儒家生命伦理原则承载着一个与"经济决定论"和自由主义社会-民主论截然不同的生命伦理学。特别是，它们同比彻姆和丘卓斯所概括的生命伦理学四原则具有实质的不同。中国生命伦理学应当由这些原则来指导，而不是由其他原则来操纵。

五、医疗保健政策改革

儒家生命伦理四项原则对于中国当前的医疗卫生改革意味着什么呢？针对第一节探讨的难题问题，本节将根据这些原则的指导来概要地提出一些解决的思路。

1. 要为中国这样人口密集、老龄化程度日益增加的社会建立一个可维持的医疗保健体系，首要的问题便在于明确：谁将为医疗服务买单。若照自由主义社会民主制的观点来看，答案显然是政府。政府应该通过税收保证每个个体都按照其需要享有平等的医疗保健而不论他们的经济支付能力如何。这一答案听起来非常美妙。但正如我们已经提到，这种制度是在经济上无法持续的。在中国的国情下，更是根本行不通的。原因显而易见。首先，按人均国民生产总值计算，中国仍旧是一个贫穷的发展中国家，无法负担这种平等主义医疗体系所要求的巨额投入。第二，即使通过强加高额税收建立起这样一个制度体系，其巨大的经济负担也将损害国家的经济发展，从而反过来使得该制度体系无以为继，还不用说它将必然涉及的高额行政成本、以及运行这样一个制度体系将会导致的腐败和其他类型的道德、政治与社会危害。最后，日益增加的社会老龄化比例将使这一答案变成根本不可欲的东西。

儒家的仁爱原则基于道德理由不可能支持这样一种绝对平等主义的制度。仁爱原则赞成主要由家庭负责其成员的福利（包括医疗保健支出），而不是由国家来大包大揽。亦即，中国家庭应该自己保留和支配自己的资源，照顾自己家庭成员的医疗需要，而不是完全依赖国家来支付其成员的医疗保健。在制度方面，中国可以借鉴新加坡以家庭储蓄为基础的中央公积金制度。因为在儒家看来，积蓄资源以照顾家庭成员是每个家庭自己的义务。家庭当然并不一定要直接以自己的储蓄账户来支付医疗服务,他们也可以使用自己的储蓄来购买他们认为合适的医疗保险。相应地,政府的基本义务在于培育并维持一个符合诚信原则、良好有序的医疗保健市场。一旦这样的市场得到发展,市场自然会提供各种各样的医疗保险计划来供家庭选择。

毫无疑问,这一以家庭责任为基础的医疗保健制度将导致不同家庭之间享有的医疗保健质量的不平等。但是,我们必须认识到,没有医疗保健制度能够带给每一个人平等的结果,因为这种平等在现实上是不可能的。即使是像加拿大那样的理论意义上严格的平等主义医疗保健制度也无法阻止富有家庭飞往美国享受那里更方便、质量也更高的医疗服务①。儒家仁义原则所支持的家庭导向的医疗保健制度优点在于,它可以避免繁重的赋税,而将资源留在家庭内部,并通过市场的作用而使之得到更有效的利用。这并不是说政府什么都不做——政府当然要为全社会提供和维持基本的医疗保健,但不能以平等为目标。而且,为了保持家庭责任的完整和活力,政府的医疗保健援助应当仅仅提供给特殊人群,例如像孤儿这样没有家庭照顾的人群,或者在家庭遭遇无法避免的特殊困难情况下才提供。在后一种情形下政府提供的援助也最好是短期救助而不是长期福利。公共卫生资源应当首先应用于提高公共卫生的一般条件,例如健康教育、改善环境和提供预防疫苗。

2. 农村医疗保健问题更困扰着所有中国人。和城市相比,政府在农村投资的医疗保健资源少得多。但更令人惊讶的是,政府对农村家庭征收的税率比城市家庭高得多,即使农村家庭的人均收入远远低于城市家庭。这些,都完全不符合任何一条儒家生命伦理原则,无论是仁爱、还是公义、诚信、和谐。因而,当前迫切需要做的是根据儒家原则来改革政策。首先,应当改革农村不合理的税收制度并废除强加在农民身上的各种不合理费用。尽管政府这些年一直在朝着这个方向上做,但还是远远不够。同样重要的是,应当取消农村土地集体所有制,把土地还给农民家庭,成为他们的家庭私有财产。改革成效如何取决于政府将在何种程度上缩减自身规模——尤其是在农村基层——以及如何吸收儒家道德智慧,改善

---

① Iltis,2008.

自身管理。这也将取决于政府对儒家生命伦理原则的忠实程度。

政府近期为农民建立的新型合作医疗计划的尝试显示了良好的意图和开端。但这个计划本身也存在着许多问题,有待完善。① 如果没有进一步的改革,对于大多数农村地区而言,它很难成为稳定、可靠的医疗计划。政府也是时候考虑从供应者的角色转变为规范者的角色。如果政府能够帮助农村建立并维持一个良好有序的市场,那么将出现多样多样的私人保险计划供农民选择。重要的是,这项计划无法脱离整个中国的经济发展、城市化进程、以及改革方向的各种情形来进行。

3. 城镇医疗基本保险计划应当改革为基于家庭的计划——例如,为了体现儒家的仁义道德,保险计划应当涵盖所有家庭成员。此外,政府不应该操纵这个计划使之占统治地位。政府更合适的工作在于创造一个适宜的环境,其中有多种可靠的保险计划可以并存,而家庭也可以根据其特殊需要和期望加以选择。

4. 中国拥有一个巨大的医疗保健市场,但是,这个市场还尚未得到适当的管理。确实,目前关于中国市场存在着两种误导性的观点。一种观点认为为了利用市场获得最大利润可以抛弃任何道德;另一种观点认为市场的发展必须受到政府的限制,因为市场利益驱动机制必然会导致道德问题。这两种观点都忽视了支撑一个正常市场必要的道德价值。维持市场良好运作的前提是信任:如果相互之间缺乏信任,任何市场交易都不可能进行。正是个体拥有的诚信品德使得相互之间的信任成为可能。因而,真正的问题并不是政府应该如何限制市场,而是应该如何按照诚信原则来维持正常的市场秩序。

(1) 政府应当通过重新定位国有非营利医院以打破其垄断地位。② 许多大型医院或许应当私有化、成为营利性医院,并向国家纳税。同时,他们应该得到决定服务价格和选择服务对象的自由。此外,国家还应该有相当数量的公立、非营利医院为那些没有优越医疗保险或者不得不自己支付医疗费用的中等和低收入家庭服务。这些公立医院应当得到政府更多资助,服务价格也应当受到政府监控。通过这种方式便有希望在私

---

① 参阅陈英,2005。

② 参阅杜治政,2005。

立和公立医院之间形成一个良好的竞争环境,并为所有人——至少是大多数人——提供方便的、能够承受的医疗服务。

(2) 私立医院的发展应该受到鼓励而非制约①。应当允许私人资本和外资进入医疗保健市场。只要政府能够维护市场秩序,那么,私立医院与公立医院之间的公平竞争将会推动他们改进服务,同时也可以限制医疗保健成本的不合理增长。就目前而言,城镇医疗基本保险计划应该给开放给私立医院。私立医院应该拥有一个公平竞争的机会,这一点很重要。②

(3) 即使政府职责在于监督国有公立医院并监控他们的服务价格,政府将医生的服务费(特别是咨询费)控制在低水平上既不公平、也不明智。借助仪器的诊断或者手术并不一定要求有很高专业医学知识和实践智慧,卖药更不能体现医生的专业贡献。而提供一个正确的诊断或一个明智的建议对病人的健康往往具有重要意义。一个医生在一次诊断中所花费的时间和精力应该通过一个合理的价格得到尊重。那样的话,医生也用不着通过昂贵药品处方获利以实现其价值。③ 更重要的是,这本是儒家公义原则的要求。

5. 最后,对于信任危机我们还能够做些什么呢？显然,关健任务不是简单地呼吁信任,而是要为信任创造必要的条件。正如 Ana Iltis 所说,道德正直(moral integrity)是信任的必要条件。④ 如果我们无法培养正直,那么我们也不能实现社会中的信任。儒家的道德正直是诚信,就医疗保健中的诚信而言,它要求政府、医院和个人都遵守儒家德性。达到诚信原则的要求同时需要按照儒家生命伦理的其他原则去做,力求仁爱、公义和和谐。在政府层次上,政府官员应该忠实于爱人尊贤的德性,同时明确认识到政府服务人民的最好方式是创造良好有序的市场,而不是推行中央控制的、集中的包揽一切的体系,亦即,政府应当成为市场的规范者,而不

---

① Chen, Yang, Shen, 2005.
② Ibid.
③ 我并不是说一旦政府放松了或取消了这方面的限制,过度处方或其他形式的医生腐败就会自动消失。但是那样一种限制无疑是一种重要的心理和经济的诱因。道德上讲,我们并没有任何好的理由来抹灭医生职业培训、知识以及他们在病人咨询中所展现出来的智慧的价值。
④ Iltis, 2005.

是营利者,更不是垄断者。对医院而言,最重要的是明确一个医院的性质、目标和意义:医院是世俗的还是以信仰为基础的组织?医院应当照料什么样的病人?医院应当如何定位营利的要求?最后,医生个人应当认识到儒家生命伦理原则是对其职业有助益的原则。一个人只有真诚对待他人,才能得到他人的信任和尊重。

六、结语

当前中国医疗保健体系所面临的挑战是巨大的。但是,对中国人而言,一个更为基础的挑战在于如何重构我们自己的道德和文化信仰。当前中国人正逐渐放弃工具主义、"经济决定论"的道德观。另一方面,自由主义社会-民主制道德观的弱点也开始清楚显现。正如恩格尔哈特提醒我们的,要制定一个可维持的医疗保健财政计划,就必须避免过度的权利意识和平等主义意识形态。[①] 本章的观点是,对于当前医疗保健领域中的世界性危机,中国最好的应对方式是重构儒家的仁爱、公义、诚信和和谐的德性原则,以逐步建立一个以家庭为基础、以德性为导向、以一个正常的市场运作为机制的医疗保健体系。

---

① Engelhardt,2008.

十五　市场仁政与医疗保健

一、关注亚太地区的特点

中国大陆、香港和新加坡的医疗保健制度与西方国家有显著差异。简单来说，它们都在很大程度上依赖于个人或家庭的储蓄存款来补充医疗支出，而西方国家则大多依靠政府的医疗保健基金。本章认为这种亚太地区医疗保健体系和西方体系之间的不同应该被放在儒家思想背景中来考虑，因为前者正是在儒家思想之下来运作的。① 在儒家语境下，生命伦理学和医疗保健政策具有独特的内容、结构以及意义，它们常常与西方生命伦理学的个人自主和社会保障的假定相左。

西方人很难体会这种差异的深远含义。部分原因是，当前许多有影响力的东方诠释都已经悄悄地将儒家理论改头换面，使之更契合于现代西方道德和政治语境。② 此外，坦率地承认东西方生命伦理学上的根本不同将挫败建立一种规范的全球生命伦理学的企图。③ 东西方的道德差异因为东方的某些特定实践或方法而变得暧昧起来，因为亚太地区的政府机构常常采用两套标准(double-bookkeeping)。正像那些希望重塑儒家思想和道德承诺的学者一样，地方立法者也意识到很多儒家的道德及政

---

① "儒家学说仍然强有力地影响着亚洲人解释他人的行为和对此做出标准化的判断。这在政治领域也是如此。" Daniel A. Bell and Hahm Chaibong, 2003, p.42.

② 当代新儒家的一个主要观点是，儒学必须结合自由民主的理念，这样，儒家社会才能真正民主化。比如可参见 Liu Shu-hsien, 1996, pp.92—111。

③ 比如，Tom Beauchamp 和 James Children 声称他们在现代西方道德思想和经验的影响下提出的四条生命伦理学原则构成了共同道德的最小的基本共识，可以适用于世界上任何地区。参见 Beauchamp Tom and Childress James, 1994。

治理论容易招致西方批评。因而,出于回护的目的或者其他考虑,我们经常可以观察到这些地方的成文法与其实际应用有很大出入。① 最后,关于中国内地生命伦理学的发展方向,学界也陷入持续的争论当中:一部分儒家学者要求复兴中国儒家的文化遗产②,而另一部分学者则要求稀释和调整儒家价值,以便与西方自由民主观点所提倡的"全球伦理"相融合。

那些试图弱化儒家道德的独特性的流行诠释方式使得人们难以充分理解塑造着东亚很多地区的医疗保健政策背后的根本性的道德和政治前提。③ 本章试图通过引入"导向性市场仁政"(directed benevolent market polity)的概念来纠正这种错误。借助这一概念,我试图探讨儒家理念影响政治决策及塑造亚太地区的医疗保健政策的复杂方式。

二、超越社会民主和有限民主:亚太地区的导向性市场仁政

虽然亚太地区的社会和政治文化极为复杂多样,但很多国家,尤其是新加坡,体现了我所谓的"导向性市场仁政"的思路。

这些政体是被导向的,因为它们是由统治集团主控的。这些统治集团通过一定形式的选举获得认可,但这些选举只是某种公共的合法性仪式(亦即,确认政治地位的共同体礼仪),而不是西方意义上的实质性公民统治的模式。在儒家的理论框架下,政治组织就是许多家庭之间的家庭式联合。依中国传统说法,国就是一个大家。道德立场和政治派别的

---

① 香港医学伦理学可以充当一个很好的例子。它将以前从英国殖民时期建立的法律条文和儒学指导相结合,成为实际医疗操作中的准则。结果是,如果你查看一下普通法关于以个人导向的知情同意内容时,你会觉得该内容相同于英国法规的以病人为导向的风尚。然而,实际上,针对医疗操作的、由法律认可的医疗伦理规范则经常以十分家庭导向的术语来引导医患关系。参阅 Tse and Tao, 2004, pp.207—223。
② 例如蒋庆,2003。康晓光,2005。
③ "东亚的政治家最先公开、有力地支持如下观点,即儒学与东亚地区的工业化之间有着紧密的联系。最著名的代表是新加坡的资深政治家李光耀,他以'亚洲价值'的名义借用儒学观念来证明约束民主进程的合法性。东亚的权威政府也以相似的方式诉诸儒学价值,以此来与西方民主抗衡……儒学原理也许有助于解释这样一个事实,即当代东亚国家主要依赖非国家的中介——社群,公司和家庭——来提供财政支持和社会福利。与其他发达国家相比,这些东亚国家很少直接依赖国家的财政支持。"Bell and Halm,2003, pp.3, 17. [1—28]. 也可参见 Goodman, White, and Kwon, 1998。

两极分化是不被鼓励的,因为它们有害于家庭的和谐。仪式化选举强调被委任的政治精英的责任:不是尽量地使用其职权,而是要施仁政,"乐民之乐者","忧民之忧者"(《孟子·梁惠王下》),以保护和维持重要的社会结构和善,特别是依托于家庭的个人完善与发展。① 严格说来,新加坡、台湾和中国大陆通过正式的考试来选拔公务员的形式是对儒家传统的继承。在西方国家则没有对等的实践。

这些政体也是注重市场的。它们接受以下两个信念:(1)市场是促进财富增长的可靠手段;(2)财富是人类繁荣所必须的。较之公民自由权,比如政治抗议权以及持不同政见权,财产权被认为能够更完全地反映人的尊严。因此,市场被视为人们增加财富、丰富生活的适当工具。

仁是儒家政体的核心德性。仁政要求保证人民的安全和财富,但儒家不允许以平等主义或平均主义的方式来达到这一目标,因为这与儒家以家庭为导向的价值观相冲突。儒家哲学在两个关键方面是家庭主义的。首先,政治结构既不是罗尔斯意义上的假定的理性契约,也不是洛克意义上的辩护性历史契约,而是一种综合的道德视角,在此视角中社会被看作一个大家庭。就像公民自由平等权利和抗议权不能作为家庭生活的中心一样(至少对于传统家庭的功能来说),它们也不处于导向性市场仁政的主要考虑之列。其次,政治理论和管理将家庭视为基本的社会实体,由家庭来负责其成员的福利。人们通常依赖于家庭——而不是政府——来保障他们的福利,包括满足他们的医疗保健需要。

事实上,对家庭的关注正是很多亚洲社会生命伦理实践有特色的地方。首先,除非有相反的明确证明,病人被假定为是希望由他们的家庭成员来照顾和做出决策的。② 否则,举证的责任要由病人自己负担:病人必须自己明确指出是否以及何时希望被看作是一个分离的个体,而不是被看作完整家庭的一部分。③ 相应地,让病人难以接受的严重诊断应该首

---

① 关于怎样在东亚政体下监控权力和防止权力滥用有丰富的探讨。这是一个非常重要的问题,但远远超出本章的内容范围。本章的目标只是:提供我们所遭遇的东亚社会和政治现实的一种儒学重构。另外,本章也不讨论儒家经典能提供怎样的思路来解决关于权力滥用和权力制衡问题。

② 参阅第3章。也可参阅 Chan, H., 2004, pp. 195—206; Fan and Tao, 2004, pp. 139—148。

③ Cherry and Engelhardt, 2004, pp. 237—252。

先告知家人,而不是直接告知病人。① 此外,同意治疗的决定也依循家庭决策的模式作出,这就避免了使病人脱离家庭的支持和引导的不利后果。②

其次,家庭被认为应当对其成员的医疗保健费用负首要责任。最好的公共政策的例子就是新加坡的中央公积金制度,这一制度强制公民通过建立储蓄账户来积累家庭的财富,并以一种负责任但有很大选择自由的方式来使用这些资源。这些储蓄账户不仅为医疗保健提供了资源,而且因为它们在供给家庭中其他有需要的成员时无须赋税,且可以累加到后代和财产指定人的账户上,因此它们也是一种增加家庭财富的有效手段。③ 此外,它们也有利于塑造家庭内部适宜的相互关照的关系。

最后,导向性市场仁政注重财产权,也注重通过创造财富来提高生活水平。

市场仁政认为,实现人道主义关怀只能通过"提升策略"(leveling up)来进行,即通过增加财富来使所有国民达到较好的生活条件,但不能通过"抑制策略"(leveling down)来进行,即不应像加拿大那样,靠重税或者限制有能力的人购买更好的医疗服务来实现人道主义诉求。的确,新加坡和香港这些地区的个人所得税率明显低于西方国家。

三、儒家道德立场的独特性

儒家的世界观是基于仁的道德体验,这种体验是通过礼来教化和支撑的。具体而言,这种复杂的体验和立场包括至少如下三个方面的特点。④

首先,儒学并不是一种社会民主理论,它的首要关注也不是自由、平

---

① 参阅第 4 章。
② Cong, 2004.
③ Duff, 2001, pp. 135—154; Healthcare Research Group, 1999.
④ 这一节所呈现出的儒家立场主要基于孔子、孟子和荀子的思想。我将不涉及他们思想的异同,因为这与本章的讨论无关。

等、人权等现代议题。① 相反,儒家有它自己的道德关怀和核心的道德概念,例如礼和仁。在儒家思想中,仁和礼是相互联系的一对范畴:"克己复礼为仁"(《论语·颜渊》)。虽然每个人都具有仁的潜质,但必须经过礼的磨砺,才能成为可信赖的道德主体。作为核心的儒家德性,仁是自然地植根于家庭关系中的,特别是父母与子女的关系中的人类之爱的形式,如《论语》所言的"孝弟也者,其为仁之本与!"(《论语·学而》。儒家认为道德的基础就是这种自然情感及其推扩:"人之所不学而能者,其良能也;所不虑而知者,其良知也。孩提之童,无不知爱其亲者;及其长也,无不知敬其兄也。亲亲,仁也;敬长,义也。无他,达之天下也。"(《孟子·尽心上》)要想成为一个有德性的人,一个人首先必须照顾好他的家庭成员,然后应该努力去帮助邻人。最后,如有人能对民众广博施与和救济的话,那么他就是圣人了:"子贡曰:'如有博施于民而能济众,何如?可谓仁乎?'子曰:'何事于仁,必也圣乎! 尧、舜其犹病诸!'"(《论语·雍也》)

虽然每个人都被鼓励去培养德性,但只有君子才能完全志于仁②,喻于义③。因此,只有有德之人才能被选为社会的统治者,并且他们不是通过惩罚的手段而是通过德性的力量和适当的礼仪来实行统治:"道之以政,齐之以刑,民免而无耻。道之以德,齐之以礼,有耻且格。"(《论语·为政》)礼不仅仅是一般的行为规则,它还对儒家理想生活有不可替代的象征作用。礼所展示的是典范的行为模式和人类的本真存在方式。虽然每一种传统都有自己作为仪式或者礼仪的礼,但儒家立场的独特性在于将礼升华为塑造道德人格的必经之途。因为礼带有严肃和神圣的意味,这种意味能在参与者心中产生并维持一种敬畏的情感,这种情感能够帮助他们控制他们的激情,端正他们的为人处世。简言之,儒家对礼的观

---

① 以社会民主概念读解儒家思想,至少犯了现时主义(presentism)的错误,在更坏的情况下可能导致对过去的歪曲。虽然这种解读方式也有其意义,例如产生一种新的儒学(或可称为"改良主义儒学"),但它不能帮助我们理解影响东亚社会和人民的许多文化上的基因和背景。然而,当代一些最有影响力的新儒家致力于从儒家思想中发展出民主理论,例如可参见牟宗三,1985,1987,1988。对这种努力的失败的精彩论述,可参见蒋庆,2003。
② "志士仁人,无求生以害仁,有杀身以成仁。"(《论语·卫灵公》)
③ "君子喻于义,小人喻于利。"(《论语·里仁》)

点与西方道德和政治思想的核心观念有着根本的不同。① 儒家思想以一种独特的道德认识论将将德性与礼联系起来,在此意义上,一党统治的民主选举被认为是一种在道德上授予正当性的举动,这种选举可以同公共礼节、弹性政治及公民道德相适应。②

其次,儒家思想在肯定市场的同时也肯定私有财产制度。至少从孟子开始,儒家就一直强调"为民制产"。孟子认为一个剥夺人民私有财产的政府不能体现仁。对于儒家来说,"民之为道也,有恒产者有恒心,无恒产者无恒心。苟无恒心,放辟邪侈,无不为已。及陷乎罪,然后从而刑之,是罔民也。焉有仁人在位,罔民而可为也?"(《孟子·滕文公上》)另外,儒家思想也不支持通过课以重税达到平等的再分配。相反,儒家强调政府必须将资源留给家庭,让家庭自己来负责其成员的福利。孔子及其弟子明确主张政府征税不能超过人民收入的十分之一(《论语·颜渊》)。荀子就这一思想对于政府提出了更为具体的要求:"轻田野之税,平关市之征,省商贾之数,罕兴力役,无夺农时。"(《荀子·富国》)儒家思想是反对强求平等的,它肯定在产品与服务的交换中社会分工的必要以及随之而来的社会等级差异。因为不同的劳动及服务形式有着各自不同的社会价值,一个公正繁荣的社会必须保证通过市场机制来体现出这种差异,更好的工作应当得到更高的报酬。

最后,儒家道德观的出发点并不是罗尔斯式的相互之间漠不关心的个人,而是家庭的繁荣。家庭的价值并不能够被还原为其各个成员的利益的总和。③ 因为儒家对仁和礼的理解是落实在家庭的视野之内的,因而其营利的动机也被限制在和谐的家庭语境之中。换句话说,儒家不鼓励无限制的贪婪,营利动机需要进一步被适当的礼的形式来中和,这些礼将资源导向支持家庭的关爱。④ 新加坡家庭储蓄存款账户政策就是这一观念的范本。

---

① 对于儒家礼的观念的睿智说明,可参见 Hebert Fingarette, 1972;关于孔子所理解的仁与礼的关系,可参见 Shun, 2002, pp.53—72;关于20世纪中国礼学研究,可参见陈其泰,郭伟川,周少川(编),1998。
② 关于儒家精英主义和儒家认为应该通过科举考试来选拔官员而非民主选举的详细论述,可参见 Daniel A. Bell, 2006。
③ 关于儒家家庭价值观念的生动说明,可参见梁漱溟,2003。
④ 参见 Redding, 1996, pp.310—328。

总之,儒家关于仁、政治和政府管理的观点既不同于社会民主观点,也不同于古典自由主义的有限民主观点。儒家的这种观点经常被描述为支持权威资本主义(authoritarian capitalism)。然而,这种描述典型地忽略了儒家道德政治信念的内容和力量,这种道德政治信念要求维持德性在社会和礼仪中的作用。从这些信念出发,我们才能充分理解塑造着亚太地区医疗保健政策的道德与政治背景。

四、亚太医疗保健制度的独特性

中华人民共和国从20世纪50年代前期到20世纪70年代后期都实行的是一种平均主义的意识形态,从70年代后期以后逐渐转向了市场经济。世界亲眼目睹了中国社会生活方方面面的巨大变化,包括医疗保健。我们如何从伦理上和政治上来界定这些变化?我们应该如何评价中国的医疗保健改革?本节试图论证亚太医疗保健制度的独特性以及中国走向一种体现导向性市场仁政的医疗保健政策的适宜性。

回顾过去,就正式的原则而言,中国社会主义医疗保健模式仿效了自由平等的社会民主理念,后者在当代西方社会相当盛行。这要求政府通过公共资源的分配来为所有公民提供平等的医疗保健。为贯彻这一理念,中国政府建立了一系列医疗保健项目,它们有不同的资金来源,但都由政府严格控制。首先,中国于50年代废除了私有制,所有重要的生产资料都收为国有或集体拥有。政府逐渐设立了三种医疗保健计划:(1)公费医疗:由国家财政直接拨款,专门为政府雇员和政府机构员工提供免费医疗保健服务;(2)劳保医疗,由国企和公司提供资金,为其员工提供医疗保健服务,但同时,员工相应承担少许医疗费用;(3)合作医疗,在该体系下,集体所有制村庄为该村农民提供以赤脚医生为主的医疗服务,其资金建立在农民支付的保险金和政府的小额补助之上。① 到70年代早期,至少表面上,大部分中国人都已经被纳入这三种公共医疗保健体系之中。

随着经济改革的进行,合作医疗体系于80年代初解体了。当时,中

---

① "赤脚医生"是指一群年轻的农民,他们被挑选出来进行短期的医疗培训,之后就为当地的农民提供医疗服务,同时他们自己也参与农业劳动。参阅昆明医学院健康研究所,2002。

国农民家庭再次获得自主权,根据自己的意愿来决定生产、分配,不再严格受制于集体所有制和国家的控制。随着80年代初期人民公社解体,合作医疗体系也迅速瓦解,因为农民不再愿意继续投资这个体系。一些评论家为这个结果感到悲哀,因为在他们看来,农民又退回到了以前的状态,即用他们自己的家庭收入来购买医疗保健服务的状态。然而,合作医疗体系失去农民的支持并非偶然。首先,该医疗保健体系是建立在人民公社的基础上的,这种制度不仅剥夺了农民的私有财产,而且剥夺了家庭财政自主。其次,赤脚医生多半未受过严格的正规训练,其所能提供的医疗服务是非常有限的,有时甚至出现严重的误诊、耽误的后果。最后,虽然当时大力宣扬要为所有农民提供平等的医疗服务,但是领导干部的腐败情况也屡见不鲜。村庄里的干部们总是能获得较好的药物和治疗,但普通农民的医疗保健状况就相当差了。①

劳保医疗体系运行比较顺利,至少在一开始是这样的。但这是以对农村的剥削为代价的,并有赖于以工业发展为重点的中央规划,因此造成工人和农民待遇的巨大差别。1953年所谓"最后的儒家"梁漱溟就曾公开批评过这种区别待遇。② 直到80年代市场经济改革把竞争概念引入了国企,中国的医疗保健体系才有了变化。国企的经济生存力和劳保医疗体系不能再依靠国家全部拨款来维持。而且,随着医疗市场的发展和先进技术的引进,医疗成本居高不下。许多国有企业无法担负其职工的医疗保健费用,以致许多城镇居民也只能自己负担医疗保健费用。然而,就在同一时间,为政府雇员设立的公费医疗保健体系却没有任何改动。对此不公平的状况,民众不满情绪日益增加。

这些状况促使国务院于1998年颁发了关于建立城镇职工基本医疗保险制度的决定。③ 这一新的医保计划要求雇主和雇员同时出资来建立医保账户(这是免税且可继承的)和重大疾病医疗保险统筹基金。个人大约交纳工资2%到这个医保账户。起付标准以下的医疗费用,从个人账户中支付。起付标准以上、最高支付限额以下的医疗费用,主要从统筹

---

① 参见林闽钢,2002。
② 梁漱溟对此有工人与农民"九天九地"说,但梁的声音很快就被无情地压制了。参见 Alitto, 1986, pp. 324—330。
③ 《国务院关于建立城镇职工基本医疗保险制度的决定》国发〔1998〕44号。

基金中支付，个人也要负担一定比例。根据卫生部2003年的调查，基本医疗保险覆盖了大约30%的城镇居民（约占全国人口总数的9%）。该制度的发展并不如其所预期的普遍，一个重要原因是很多政府雇员（大约占城镇居民的4%和全国人口总数的1.2%）希望保持原先享受的公费医疗待遇，而不愿加入基本医疗保险体系。同时，政府也开始为农民建立新型合作医疗保健体系，这一合作医疗保险计划于2003年实施。

下列表格里所显示的是不同的医疗保健体系在2003年所覆盖的中国人口的百分比：[1]

	总计%	城镇%	乡村%
基本医疗保险	8.9	30.4	1.5
公费医疗保险	1.2	4.0	0.2
劳保医疗保险	1.3	4.6	0.1
合作医疗保险	8.8	6.6	9.5
私人保险	7.6	5.6	8.3
其他类型的保险	2.0	4.0	1.3
自费医疗	70.3	44.8	79.0

从这些数字看出，直至2003年中国都有70%的人完全自费看病，其中农村高达79%。然而，如果我们现在再查一下卫生部提供的2008年的数字，情况已大为不同：一半以上的城镇居民和职工已经加入了"城镇居民和职工基本医疗保险"，而90%以上的农民已经加入了"新型农村合作医疗"[2]。这就是说，就具有某种保险而言，情况已同2003年大不相同，也可以说取得了很大的成就。但这些保险的实际情况如何，却有待于我们进行深入细致的研究。

的确，如何评估改革开放以来中国医疗保健体系改革已经成为一个热点话题。2005年7月，国务院发展研究中心公布了一份关于中国医疗保健改革的报告[3]，认为总体上来说改革是不成功的。报告还认为，问题

---

[1] 该表格的内容出自《2003年国家卫生服务调查》，参见 http://www.moh.gov.cn/open/statistics/digest06/y25.htm。

[2] 参见 http://www.moh.gov.cn/publicfiles/business/htmlfiles/zwgkzt/ptjnj/200908/42635.htm。

[3] 参见 http://news.sina.com.cn/c/2005-07-29/12246561593s.shtml。

的根源在于政府医疗投入的减少和将市场经济体制引入了医疗保健领域。[①] 报告特别指出,在医疗保健体系中设立医保账户不是个好方法,不符合医疗保险制度设计的基本原则。在他们看来,医疗保险所依据的基本原则是社会共济,而个人账户的设立显然降低了医疗保险的互济功能。这种评价是有误导性的,因为它将西方个人主义观念强加到了亚太地区医疗保健经济上。即使认为政府医疗投入减少的确说出了一个问题,但批评将市场经济体制引入医疗保健领域在完全是似是而非的。不管怎么说,随着中国医疗卫生改革的深入进行,这场争论还会在当代中国继续下去。

新加坡、香港和中国的医疗保健体系不同于美国以及英国等西方国家所实行的体系,一个重要原因就是它们有不同的政治和道德前提,而这些不同前提又支撑着对个人和家庭责任的不同理解。在新加坡,个人收入的6%到8%必须要交纳到医疗储蓄账户中。在香港,个人收入的5%必须要交纳到储蓄基金中,这些资金可以用作医保费用或者在个人退休后作为养老金发放给个人。在儒家看来,这样的储蓄账户的建立同时体现了以家庭我基础的"仁"和"礼"的要求。事实上,当代中国社保基金账户的问题并不在于其设计的基本原理,而在于它并不像新加坡那样有效地以家庭为基础。中国的社保基金账户只针对雇员个人,并不包括他们的家庭成员,这是一个十分不利于家庭的做法。

建立家庭医疗账户从社会结构上来说可以避免西方已经存在的两种危险:

(1)政治风险:政治家随便作出医疗承诺,并将实现承诺的压力转加到未来,让国家未来的发展被过去的某些不负责任的政治辞令所绑架。

(2)道德风险:个人过度主张权利和使用"免费的"权利,从长远看使得医保财政成为无法持续的。

因为家庭账户本身是免税的,并且在家庭成员间转让时也没有任何税务负担,所以除了可以避免医疗保险制度可能产生的道德和政治风险之外,家庭储蓄账户制度还可以帮助实现多项道德目标。例如,可以培养个人作医疗决策时的责任感。另外,因为家庭储蓄账户可以为所有家庭

[①] 这些判断也得到了某些持持相应观点的西方学者的呼应。比如 Blumenthal and Hsiao, 2005, pp. 1165—1170。

成员所共享,有利于培养家庭成员对家庭的认同,将家庭看作是一个同舟共济的单位。因而,在中国,我们不应该取消基本医疗保险账户体系,而是应当扩展它的功能,使之覆盖所有家庭成员。

这种家庭导向的政策对亚太地区影响巨大,使得医疗保健计划同时倾向于公共和私人资金模式,而不是只利用公共资金。① 在新加坡,来自政府医疗保健开支只占到全国全部医疗保健开支的30%。虽然人们羡慕香港居民可以在公共医院享受免费就医的政策,但是实际上大部分香港人日常看病都会选择私人诊所,并用家庭积蓄来支付费用。这就是为什么香港的公费医疗开支还不足60%,这使得香港与美国的情况接近(在美国,只有44%医疗开支是公费的②),二者的公费医疗开支占总的医疗开支的比例都很低。相反,西欧和加拿大在医疗保健领域所实行社会民主政策则非常依赖政府资金(由政府保险所覆盖的公费医疗比率从德国的92%到加拿大和瑞典的几乎100%不等)。③

下列表格显示了分别来自新加坡、香港、中国大陆地区、美国和英国的医疗保健信息(如非特别标出,均为2004年的情况):④

2004	新加坡	香港	中国大陆	美国	英国
医疗开支总和(在GDP中所占比例)	3.7%	5.2%	4.7%	15.2%	8.0%
公共医疗开支(在总的医疗开支中所占比例)	30%	54.8%	38%	44.7%	86.3%
私人医疗开支(在总的医疗开支中所占比例)	70%	45.2%	62%	55.3%	13.7%
拥有私人保险的人群(在总人口中所占比例)	78% (2002)	69.1% (2002)	7.6% (2003)	68.6% (2003)	11% (2000)

---

① 参见 Goodman, White, and Kwon, 1998。
② Smith, Cowan, Sensenig, et al., 2005, p.189.
③ Anderson and Poullier, 1999, p.181.
④ 该表格中的信息来源于以下网页(2010年4月浏览):
World Health Organizatiion: http://www.who.int
Food and Health Bureau in HKSAR: http://www.fhb.gove.hk
Index Mundi: http://www.indexmundi.com/india/life expectancy at birth.html
Year Book of the HKSAR Government: http://www.yearbook.gov.hk
Singapore Government: http://app.mcys.gov.sg/wb/women health 5a.asp

上表显示新加坡和英国的差异相当明显。在英国，个人和他们的家庭仅需担负14%的医疗费用，但是在新加坡，这个数字则是70%。这表明，与英国相比，新加坡公民及其家庭要为医疗开支负担更多的经济责任，这就避免了过度使用医疗保险资源的道德危机。在新加坡，GDP的3.7%用在医疗保健事业上，而英国在此方面的投入是新加坡的两倍之多。[1] 如果我们看一下新加坡的各类健康指标，诸如平均寿命、母婴死亡率、患病率等等，都是十分好的。很明显，新加坡的医疗账户体系扮演了非常积极的角色，既照料了公民的医疗保健需要，又能很好地控制医疗成本。

在医疗改革之前，中国政府几乎控制所有经济资源。当时根本没有私人医疗机构或私人保险。个人不得不加入之前提到的三种医疗保健计划中的一种。虽然这些计划宣称要为所有人提供平等的基本医疗，但事实上不同计划所提供的医疗服务差异巨大。一小群人享受着对其他人而言相当不公平的公费医疗特权，甚至至今仍希望保留这种特权。改革引入私人诊所和医院，并在公立医院和私立医院之间展开了某种程度的竞争。中国人开始可以根据自己家庭经济状况来选择不同等级的医疗服务。事实上，要为中国的大多数农民提供适当的基本医疗保健服务仍然是困难重重的，因为这绝不仅仅是一个医疗保健问题。令人震惊的是，城镇和乡村居民之间存在悬殊的收入差距，前者的人均收入是后者的三倍。[2] 仅仅通过提供给农民一些福利是不能从根本上解决问题的。实际上，医疗保险制度改革只是所需改革的一个方面而已，财产所有权才是关键。[3] 简言之，中国应当遵循儒家的教导，发展导向性市场仁政，包括通过保障人民的私有财产权以富民，通过有效的家庭财政规划和有序的市

---

[1] 韩国的情况也很有参考价值：尽管实行了全民医保，但个人和家庭的负担率较高，因而在2006年，公共医疗支出只占55%，私人开支则占45%，保健总费用占GDP的6.5%，与香港的情况很相似。参见：http://apps.who.int/whosis/data/Search.jsp。

[2] 参见中国统计局"2005中国经济社会发展统计"：http://www.stats.gov.cn/tjgb/ndtjgb/qgndtjgb/t20060227_402307796.htm。

[3] 例如，经济改革到目前为止只是赋予了农民对自己土地的产品的所有权，而不是对土地本身的所有权。农村地区的土地经常由当地政府或者村庄领导卖给土地开发商，农民从中没有真正收益。从孟子的观点来看，农民至今没有可依靠的"恒产"——私人财产所有权，所以他们不能如己所愿地控制土地，相应地，也就很难提高生活水平和医疗保健质量。要保证农民拥有基本医疗保健服务、或解决农民的教育和住房问题，首先就必须保证他们得到土地所有权。

场机制来满足人民的医疗保健需要。

最后,一味怪罪市场对中国医疗保健体系的腐蚀是纯粹的误导。并非市场机制的引入导致了困扰着中国医疗保健体系的种种顽症。相反,中国医疗市场还远远谈不上充分发育。全国现在像样的私立医院仍然很少。此外,政府仍然保留了一系列计划经济时代的公共政策,这些政策在市场条件下产生了很多不好的效果。例如,公立医院的医生不能因其精湛的医术和工作表现得到褒奖,而这正是不合法的红包现象的原因之一。简言之,正是这些不适宜的政策歪曲了市场的正常运作,导致了中国医疗体系里的腐败。①

五、总结:关注道德差异

本章主要探讨的是儒家生命伦理学和儒家医疗保健政策的道德根据,但同时相当关注道德差异。新加坡、香港、中国大陆等地区现行医疗保健政策具有自己的道德前提和自己的生命伦理学理解,与欧美生命伦理的标准观点相去甚远。差异的核心在于儒家充分认识到家庭的中心地位并把社会理解为包含众多家庭的大家庭。这同时也表现在儒家对仁和礼在维持合宜的家庭关系和社会结构中所起的中心作用的推崇。

虽然西方文化也有对仁慈、家庭的关注,但是两者很难直接沟通。要完全理解儒家的"仁"和"家庭"观念,就不能不讨论儒家对"礼"的独特理解。在西方社会,对礼仪行为和礼仪正当性的关注从来不是道德生活的中心,更不是道德理论的主题。但是,从儒家的角度看,礼仪行为不仅仅是对社会习俗的表达,更重要的是,它是德性的修养方式和道德认识的必由之路。在儒家传统中,以家庭为本的礼仪体系不仅为个人提供了修身的途径,同时指导政府通过培育家庭关爱和家庭责任来促进社会和谐。只有首先认识到这些差异,我们才有可能对西方和亚太地区的医疗保健政策做出适当的比较分析,从而探索适宜于我们自己的医疗改革道路。

---

① 关于当代中国医疗保健现实中的具体腐败现象,参阅第13章。

十六　重建儒家医学专业伦理

一、中国医疗伦理思考的艰难转型

本章探讨中国医疗保健实践所面临的道德文化挑战，即如何能塑造一套适宜的医学专业伦理（medical professionalism），既能适应中国新的经济条件，又能维护医学专业的道德完整性。中国正在经历向市场经济的转型，然而目前对于医学专业伦理和医学道德规范的官方理解仍旧停留在先前非市场经济的框架中。简单舶来欧美道德标准的殖民主义作法也遭致越来越多的批评。这种批评在知识领域里汇集为一种去殖民化的倾向，相应地，许多人投入到重新开拓中国本土道德文化资源的努力中来。本章认为，在中国当前情势下，要应对重建医学专业伦理的挑战，仅靠推行舶来的西方生命伦理学是行不通的。而且，西方生命伦理学无法对利益（profit）在医学专业伦理中的合理积极作用提出可靠的道德解释。中国的生命伦理学需要发展出一套使用自身文化资源、并能融入自身文化血脉的医学专业伦理规范。[①]

西方的生命伦理学是美国文化传统在特定时期的产物。生命伦理学（bioethics）一词，产生于20世纪70年代。首次使用于1971年[②]，用以指

---

① 构建根植于亚洲文化资源的生命伦理学的共识自20世纪90年代起就在东亚地区开始发展起来。参见：Alora and Lumitao, 2001；Fan, 2002；Fan and Li, 2004；Hoshino, 1997；Ren-Zong Qiu, 2004；和Tao, 2002。

② 可靠证据表明生命伦理学一词由 Van Rensselaer Potter 最早使用。参见 Reich, 1994, pp.319—336；及 Potter, *Bioethics*, 1971。但是，Potter使用的生命伦理学一词，其定义为在有限资源和环境挑战下，与人类可持续生存相适应的生活方式。关于生命伦理学领域的发展，参见 Walter and Klein, 2003。

称对美国在20世纪后期的一系列文化变迁①所作的医学-道德上的回应和反思,包括了(1)美国医学专业精神的退化,使医学从行业(guild)退化成了交易(trade)②,(2)美国当时众多的人权运动强调个人(包括病人)是独立的决策者③,和(3)美国社会的世俗化。④ 尽管不尽准确,但一般而言,美国生命伦理学强调个人、自主权、和医疗资源分配中的公正。与之比照,欧洲的生命伦理学发展尽管受到美国的影响,但总体看来还是具有自身的特点:它强调人的尊严、人的权利和对卫生保障群体性的关注。⑤ 欧洲生命伦理学家不像其北美同行那样高度关注个体自主权,也不使用北美的道德语言来讨论资源分配问题。欧洲的生命伦理学有其欧

---

① 更详细地了解文化推动生命伦理学发展为一门理论和应用伦理学科,参见 Engelhardt, 2002, pp. 59—82。

② 即使这种做法妨碍了市场运行,很多法庭仍明确主张医疗业是一项交易行为,而拒绝承认它是独立的、自治的、可以制约其成员的行业。参见:The United States of America, Appellants, v. The American Medical Association, A Corporation; The Medical Society of the District of Columbia, A Corporation; et al., 317 U. S. 519 (1943); and American Medical Assoc. v. Federal Trade Comm'n, 638 F.2d 443 (2d Cir. 1980). 废除医学作为行业或准行业的地位使得医学职业道德的独立地位受到质疑。了解医学从行业变为交易的过程,参见 Krause,, 1996。

③ 一系列法庭决否决了在获取治疗许可过程中披露信息的专业标准,转而支持客观标准,亦即,一个理性谨慎的人在决定是否接受或拒绝一个治疗时所需要的信息。这些决议强调病人是独立个体。参见:Canterbury v. Spence, 464 F. 2d 772, 789 (D. C. Cir. 1972); Cobbs v. Grant, 8 Cal. 3.d 229, 246; 502 P.2d 1, 12; 104 Cal. Rptr. 505, 516 (Calif. 1972); and Sard v. Hardy, 397 A. 2d 1014, 1020 (Md. 1977)。

④ 美国的公众文化直至20世纪中叶仍然明确是基督教的。约翰·威尔逊说:"我们能找出无数证据证明新教是美国社会事实上的共同宗教"(Wilson, 1986);参见 Rouner and Langford, 1996, p. 113。这种基督教文化通常是受新教影响。参见 Huntington, 2004。20世纪前期,法院公开承认,美国是基督教国家。参见:Church of the Holy Trinity v. United States, 143 US 457 (1892) at 470; and United States v. Macintosh, 283 US 605 (1931) at 625. 自20世纪中叶起,由于一系列最高法院决议,基督教和宗教文化普遍受到边缘化。参见: Roy R. Torcaso v. Clayton K. Watkins, 367 US 488, 6 L ed 2d 982, 81 S Ct 1680 (1961); and School District of Abington Township v. Edward L. Schempp, William J. Murray et al. v. John N. Curlett et al., 374 US 203, 10 L ed 2d 844, 83 S Ct 1560 (1963). 美国的"世俗化运动"体现在众多法庭决议中,开始确立避孕和堕胎作为符合宪法的权利。参见:Griswold v. Connecticut, 381 US 479, 85 S Ct 1678, 14 L Ed 2d 510 (1965); Eisenstadt v. Baird, 405 US 438, 92 S Ct 1029, 31 L Ed 2d 349 (1972); and Roe v. Wade, 410 US 113 (1973); and In re Cruzan 58 LW 4916 (June 25, 1990)。

⑤ 关于建立欧洲生命伦理学的尝试,参见 Hottois,2000, pp. 87—102; and Rendtorff, 2000, pp.157—166。关于美国对于生命神圣性的倡导和欧洲对于人的尊严的倡导,两者的对比研究参见 Bayertz, 1996。欧洲对于医疗保障的群体性的强调,参见: Meulen, Arts, and Muffels, 2001。关于福利保障制度,尤其是医疗保障制度领域的自由选择和保障措施,相关的各种不同观点分析可以参见 Sachße and Englehardt,1990。

洲特质,而并非完全美国化,这一点是欧洲人致力于发展适合自己的生命伦理观的结果。①

这不仅仅是一个国家或文化认同的问题。美国与欧洲生命伦理学的差异反映了人类道德经验多样化的特质。与之相仿的是,当代中国一系列主题的浮现也赋予中国在医疗伦理学领域中的探索以独有的特点。关注这些主题有助于认识思想论证是如何依赖于特定的文化和哲学传统背景的。虽然这一事实并不能证明认可道德相对主义的正当性,但仍可提醒生命伦理学工作者们重视生命伦理学的现实多元化,必须进入相应的视角来评估多样的伦理学,以判断哪些观点相对更加全面和完整。这种对生命伦理反思的主张显然受惠于麦金太尔的启发,亦即,由传统构成的视角来切入道德反思问题。② 麦金太尔认为,道德反思应当基于传统、在实践中进行,这种哲学分析的进路历经了漫长的时期,建立起了对于实在作出说明的连续性的、协调性的知识文化传统。但与麦金太尔不同——他主要诉诸于托马斯·阿奎那对奥古斯丁与亚里士多德两大传统所作的哲学和神学的综合——本章试图诉诸绵延两千多年、经过无数代东方学者阐释的儒家传统。本章并不打算就为何儒家伦理传统优于其他西方学派提供一种全面的解释。对我而言,证明儒学传统能成功处理当代医疗专业伦理问题就已经足够了。确实,当代中国生命伦理学的任务是要阐明这样一个道德视域:一方面要汲取中国五千年来的文化道德反思资源,另一方面又要直面当代中国的医疗道德挑战。

当代中国的道德、生命伦理和政治讨论在很大程度上受制于三种道德理论和意识形态之间的张力。第一种是五花八门的欧美道德和生命伦理学理论,它们经由多种途经被输入中国——包括各类国际组织所发布的声明,这些声明只反映了西方的道德理解,而非中国自己的道德经验。2004年6月24日联合国科教文组织发布的有关人权及生命伦理的声明

---

① 事实上,欧洲人试图通过制定一系列伦理原则来表明自身的立场的独特性,这些原则与 Tom L. Beauchamp 和 James F. Childress 通过 *Principles of Biomedical Medical Ethics* 一书所制定的通行原则形成鲜明对照。典型的努力可参见:Dahl and Kemp, 2000。我对北美和西欧生命伦理学差异的理解大大受益于和我的导师恩格尔哈特教授的讨论。

② MacIntyre, 1990。

就是这样一个例子。① 第二种力量是历尽浩劫,但仍有活力的中国传统文化资源。在当前中国社会中,存在着复兴传统文化的倾向,包括将公共政策与中国的文化遗产尤其是儒家思想重新联系起来的努力。② 第三种是平均主义极左意识形态的残余,这种意识形态推崇计划经济,抵制市场经济。改革开放之前的极左意识形态强调平等,例如医生们要提供无私劳动,只能领取微薄的工资。在市场经济体制下,这种做法无助于创造力的培养,也不适应中国进入世界经济体制的需要。而且,这种意识形态在道义上模糊了本身职责和额外贡献之间的必要界限,也没有为医生对自身及家庭福利的合理关注留下空间。因而,这种意识形态无法形成一种有效的伦理力量,来鼓励普通医生勤奋工作。

此外,在二十世纪改革开放开始之前的时期,利益不被当作正当的动机;在当时的主流意识形态的支配下,不可能谈"适当的利益追求"。这种否认牟利动机合法性的企图已经被证明是在道德上不利的,并且歪曲了医学专业关系。试图牟利的医生据此被当作是所谓的落后分子,被指责为有资产阶级或资本主义倾向的人。结果是,辨别正当与不正当牟利的规范无从建立。另外,"文革"的不良影响之一是,摧毁了儒家"见利思义"、"取之有道"的精神。结果是,虚伪和腐败之风弥漫。在否定合理牟利的意识形态和制度体系下,即使医生欲通过提供更好的服务取得更好报酬,并且病人愿意付更多钱来买更好的服务,他们也找不到合法途径来满足这种合理需要。结果就是医生们慢慢被卷入到败坏的专业关系中去。

显然,适用于计划经济的道德规范已经严重落后于现实。随着中国对市场经济的开放,中国医学界的特点和医学专业伦理需要从根本上重新理解。即,在对个人利益越来越认可的文化、金融和法律环境下,需要

---

① 这样的观点可能会受到反对,因为中国频繁参与发表此类声明。但是,必须指出,中国这样的发展中国家意识到,他们一旦坦诚自己的观点,就有被指责为支持有政治性错误的道德理解的风险。因而,"官方"采纳西方主流道德观念可以最好地保护自己的利益,虽然他们实践的可能是另外一套东西。

② 近期,两本来自中国杰出儒学学者的著作值得一提:一本是蒋庆的《政治儒学》(2003),主张根据儒学精英主义而非自由民主进行中国的政治改革;另一本是康晓光的《仁政》(2005),主张中国建立以儒学价值观为基础的市场经济。

明确的医学道德规范和职业行为来指导当代中国医生。① 未来的中国医疗保健将依靠真正能整合中国文化资源的生命伦理学的指引,这种生命伦理学将提供一种在德性的前提下容纳对物质利益的合理追求的医学专业伦理。为了这一目的,本章下一节将回顾与生命伦理和公共卫生政策有关的儒学思想,特别是儒学对追求德性与谋求利益的关系的阐释。第三节将转而论述儒学对劳动分工的阐释,我们将特别关注作为中国社会主义改造工程产物的赤脚医生这一职业及其失败的缘由。这一节将进一步阐述儒学对于不同服务和产品不平等价值的理解、以及这种理解怎样能够纠正现行体制的弊端。第四节将介绍儒家德性心理中隐含的道德约束力,它体现为有德之人如何行善:既参与牟利又避免贪婪成性。儒家道德理论为在追求利益的市场经济体制下医疗行业仍能正直运作提供了基础。最后,本章将总结儒家医学专业规范的特征以及它是如何将牟利植入对道德规范的诉求之中。

二、儒学中的生命伦理学资源:德与利的协调

儒家道德思想为重建中国医学职业道德提供了基础,并且避免了简单引进美国和欧洲的道德和生命伦理学规范而造成的文化殖民。如前所述,我把这种发展传统儒家道德思想的努力称之为"重构主义儒学",其主旨是依据经典文本重新提炼儒家基本精神来应对当代中国所面临的文化、道德、法律及公共政策诸方面的挑战。这一重构的视角主要围绕以下几个方面的道德考虑来建构。首先,关于"德"的学说构成儒家道德理论的核心,德注重的是日常生活中体现仁的要求的行为和品格。第二,儒家传统充分肯定市场的作用,包括积累财富和丰富生活。第三,儒家道德学说认可追求利益的动机,不把从利益出发的行为一概认作贪婪。② 正是

---

① 专业伦理(professionalism)这个概念非常复杂,相关文献众多。本章关注的仅仅是借助丰富儒家文化遗产来构建医学专业伦理以帮助分辨中国医生的牟利行为哪些是恰当的、哪些是不当的,而儒学事实上越发显明地塑造着当代中国的道德反思。

② 大量的儒学著作都考虑到了这三个方面。本章的论证建立在孔子、孟子、荀子三者的经典儒家学说的基础上,忽略了这三者之间次要和细微的不一致性、以及他们和后来的儒家学者之间可能存在的更大争议。

这一立场使得儒家可以提出一种适应市场经济的医学专业伦理。总的来说，儒家伦理是以德性为导向的，并将物质报酬视为有德性的生活的内在构成部分。当然，儒家伦理还包含了其他方面的重要洞见，包括主张家庭是真实的社会存在，个人（包括病人）首要的是家庭中的一员，家庭是人类生存与繁荣的根本方式等等。不过限于篇幅，本章主要考察前面提到的三方面的道德关注，以探究儒家医学专业伦理的特质。

首先，儒家所理解的"德"在很多方面不同甚至迥异于西方传统及当代不少人所主张的道德理论。从儒学角度看来，德是引导、转变、缔造社会关系的道德力量。德给个人以内在动机，以协调人的自然倾向与人际关系。虽然德最早可能是用来形容以德性而非武力来治理国家的理想君王品质①，但在儒学经典中，德更一般地用以指任何有教养的人之品格。总之，儒家经典认为德是天赋于人的道德力量，应当通过适当的培养而使之发挥功用。② 德的培养被理解为行仁，然而为"仁"所认可的许多善（goods）恰恰是当代西方一些平等主义伦理学所怀疑的东西，比如，对个人福祉与利益的追求。③

为了重建一种儒家式的医学专业伦理，关键一点是明确认识到儒家学说是如何将牟利的动机合理地纳入一种有德性的生活之中。确实，孔子说过"君子喻于义，小人喻于利"（《论语·里仁》）。孟子见梁惠王的时候也有一段著名的议论："王何必曰利？亦有'仁义'而已矣"（《孟子·梁惠王上》）。但是，这样的言论不应当离开儒家思想的整体而孤立地加以解释。如果我们把孔子表面上鄙薄利益的评论放到合适的语境中理解的话，其重点只是强调有志于德的人不能以不正当的方式追求个人利益，

---

① 例如"为政以德，譬如北辰，居其所而众星共之"或"道之以政，齐之以刑，民免而无耻；道之以德，齐之以礼，有耻且格"（《论语·为政》）。又如，"君子之德，风；小人之德，草；草上之风，必偃。"（《论语·颜渊》）

② 例如"子曰：'天生德于予，桓魋其如予何？'"又如"子曰：'德之不修，学之不讲，闻义不能徙，不善不能改，是吾忧也。'"（《论语·述而》）

③ 关于古代中国德性学说的系统探讨，参见 David Nivison, 1996, pp. 17—57。还可参看 Ivanhoe, 1999, pp. 239—257。虽然该章主要关注的不是德与利的关系，但 Ivanhoe 正确区分了在早期儒学著作中"德"的普遍含义和特殊含义。"德"的普遍含义是指某物的特有功能和力量，与拉丁语的 *virtus* 含义接近。"德"的特殊含义他称之为"道德感召力（moral charisma）"，亦即，有德之人的精神力量，这种力量帮助他们吸引和获得周围人的支持（p.240）。这后一层含义构成了儒家"德"的概念的一个特点。

更不能将牟利当作个人追求的中心目标,而不是说人不应当以任何方式牟利。① 而且,同样的评论也适用于国家。如果国家的富强是以违背仁义的手段得来的,那么这种富强就是不义的。如果一个国家后义先利,单纯将军事上的强大或利益规定为立国根本,那么这个国家就是不义的。但是,以德性为人生目的并不意味着人们不能求利或致富。在孔子看来,财富和荣耀都是人的正常欲望,他所教导的只是这样的愿望应该定位于有德的人生之中:"富与贵是人之所欲也;不以其道,得之不处也。贫与贱,是人之所恶也,不以其道,得之不去也。"(《论语·里仁》)

从儒家的人类学观点看来,人是天生合理地被利益所驱动的,正是牟利的动机带来社会产品和财富的极大丰富。对利益追求的唯一限制是必须采取诚实的、符合德性要求的手段。这需要建立和维护一个相互信任的有序社会。公共政策必须有利于共同富裕:富民是政府的三项最重要的职责之一。② 如果统治者提高了人民的生活水平,那么他就不仅是仁人,而且简直是圣人了——这是儒学的最高道德境界。③ 但是,儒家思想决不支持以沉重赋税为中介造就社会分配平等。相反,如我在前面几章所述,儒家认为政府不应当征收重税,而应把资源留给家庭,让每个家庭自己照顾好其成员的福利。事实上,孔子及其弟子认为,政府不应该征收超过人民收入百分之十的税收。

相似地,儒家也要求个人以诚实的、不违背德性的方式追求利益,并且不以纯粹的物质利益为其生活目标。儒学强调在致富中个人和家庭的责任,由于懒惰而导致的贫穷不会得到同情。对儒者而言,"齐家"是德性修养的重要环节,这包括保证其家庭的收入和财富,使其家人能过安稳平静的生活。这既要求清明的政治,也要求个人的努力,二者缺一不可。总的来说,对儒家而言,对利益的追求必须结合到对德性的追求中,并且应当以后者统辖前者。可见,儒家道德思想和生命伦理学的一个特点就是对利益的积极态度,它非但不是需要被规制的消极对象,而且是德性生活的内在部分。

---

① "见得思义。"(《论语·季氏》)"不义富且贵,于我如浮云。"(《论语·述而》)
② "子适卫,冉有仆。子曰:'庶矣哉!'冉有曰:'既庶矣,又何加焉?'曰:'富之。'曰:'既富矣,又何加焉?'曰:'教之。'"(《论语·子路》)
③ "子贡曰:'如有博施于民而能济众,何如?可谓仁乎?'子曰:'何事于仁,必也圣乎!'"(《论语·雍也》)

三、劳动分工与阶层划分

儒家是反对强求平等的。它认识到在商品和服务交换过程中劳动分工的必要性,以及随之产生的社会地位层次差别的自然性。这一观点可以通过孟子对当时主张平等主义的农家思想("农家者流")的驳斥来展示出来(《孟子·滕文公上》)。农家主张"贤者与民并耕而食,饔飧而治"。孟子迫使与他辩论的农家信徒认识到,"百工之事,固不可耕且为也",例如,就算他自己种地,也不可避免地要用粮食和别人换衣服穿。如果他要自己缝衣服,就妨碍了他在地里的工作。同样,他也不可避免地要用粮食换取器皿。对于孟子来说,进行这样的交易并不意味着种地的人剥削了陶匠、铁匠,或者陶匠、铁匠在换取谷物时剥削了种地的人。相反,这样的交易是互惠的。简言之,儒家认为社会是建立在劳动分工和商品服务交换的基础之上的,因而儒家倾向于一种尊重市场作用的经济制度。①

不幸的是,现代中国的平均主义观念没有认识到劳动力分工的必要性以及由此而给医学和医学专业伦理所带来的社会和经济后果。这种认识上的失败生动地体现在二十世纪六七十年代中国农村的"赤脚医生"运动中。当时政府认为完成正规学业的医学院学生脱离了普通群众的生活,受到了靠行医谋求个人名利的资产阶级思想的严重腐化,因此不能无私地为病人服务。要培养全心全意完全投身于为病人服务的社会主义理想的医生,就不能让医生从普通农民的体力劳动中脱离出来。这就产生了这样一群医生,他们一边行医一边参加农业劳动。"思想先进"的农民被挑选出来接受非正式的医学培训之后,就给其他农民治病。行医的同时,他们也要参加农业劳作。这样,他们和其他的农民具有了三项平等:

---

① 对于中国经济的可靠历史研究表明:至少孟子之后的儒家都是支持经济私有制和市场经济的。参见:赵冈,陈钟毅,1991,1996。

同吃、同住、同劳动。① 这就是"赤脚医生"②这一名称的由来。这种"医生"有以下三个特点:(1) 行医不收钱,(2) 参加农业劳动,(3) 在收入待遇方面和其他农民一样。第一项要求,禁止有偿行医是防止赤脚医生因个人利益而腐败。第二和第三项要求把医生置于普通农民的生活之中。在 20 世纪 70 年代早期,中国农村约有 150 万这样的赤脚医生。③

不出所料的是,低水平的医学训练和通常不高的文化基础使得赤脚医生医疗水平非常低下。糟糕的确诊能力和频繁贻误病情对病人们造成了严重损害。70 年代后期的农村经济改革,让农民们有了更多的经济自由,他们对赤脚医生的劣质服务越加不满。在 1981 年,国务院决定对赤脚医生进行评估考核。结果在 1250000 名赤脚医生中,仅有 64 万(51%)的人达到最低标准,得到"乡村医生"的资格。1985 年,卫生部决定,取消"赤脚医生"行医的合法地位。④

当然赤脚医生的尝试及其失败有其历史原因。但从儒家的角度看,一个重要的因素是赤脚医生制度违背了不同类型的劳动和服务应当具有不同的社会价值的规律。儒家不仅肯定这一原则,而且支持建立在这一原则之上的精英制的社会制度:"或劳心,或劳力。劳心者治人,劳力者治于人。治于人者食人,治人者食于人。天下之通义也。"(《孟子·滕文公上》)这既承认了不同服务具有不同价值,也承认了提供不同服务的人具有不同社会地位:有效率地提供一项社会价值很高的服务能使从事该服务的人提升地位。医生的工作性质是不同于农民的工作性质的,强迫他们搞"三同",既贬低、损害了医生,也欺骗、耽误了农民。

不幸的是,过去的中国平均主义平等论观念一直试图取消医生们特殊的社会地位,并禁止从医疗服务中获取合理利益。这种情况一直持续到今天。如我在第 13 章论述的,医生合理合法的收入太低,诱使甚至迫

---

① "从赤脚医生的成长看医学教育革命的方向:上海调查报告"《红旗》3 (1968 年 9 月 10 日):20—26。
② 据一些研究表明,"赤脚医生"这一中国官方词语首次出现于上述 1968 年的那篇刊登于中国共产党官方期刊《红旗》的文章中。参阅夏新正,2003,第 110—118 页。简而言之,《红旗》中这篇文章解释了"赤脚医生"一词最早是上海郊区的农民用来称呼那些在稻田劳作,像其他农民那样没有穿鞋的兼职医生。感谢曹永福和许婷婷帮忙查找此文的原始出处。
③ 卫生部,《农村卫生保健文集 1951—2000》(北京,2001)。
④ 昆明医学院卫生协会,2002。

使他们使用很不专业、甚至很不道德的手法去赚取奖金、寻求回扣、接受红包。① 在私人谈话中,医生们把这样的制度说成是"逼良为娼"。这就是说,当今中国医学界特有的腐败行为实际上是制度本身的产物,因为这些制度限制了医生服务的合理收费,也限制了病人寻求更好的医疗保障。中国社会,尤其是中国医学界已经认识到这样的腐败行为扭曲了医患关系,破环了医学专业伦理。但是,这些腐败行为的真正根源,即,低估了利益的重要性和在道德界限内寻求利益的必要性,还没有被政府和社会充分地认识到。相反,主要应对方式是单纯的打压,而不是真正着手解决滋生腐败行为的制度症结。其中部分原因是平均主义观念仍然是很强的意识形态,而承认职业分工的必要性、正当性和利益驱动的积极意义的儒家观点还没有得到充分肯定。

传统儒家主张,价值更高的劳动应该得到更高的经济报酬。这意味着,医生应该得到和他的贡献相称的报酬。同时,儒家传统也主张,技术高超、能力优秀的医生应该获得更高的报酬。由此,儒家道德在人与人的关系(包括专业关系方面,比如医患关系)注重的是信任和德性,而不是平均或平等。此外,儒家也不会谴责那些拥有更多资源、想为其个人或家庭购买更优质服务的人,只有其资源是合法得来的。因而,即使中国政府不主张医院私有化,也必须要重新制定医疗服务薪酬等级,并不再禁止医院或医生为更好的服务索取更高的报酬。只有这样的改革才能减少腐败行为的诱因,也只有这样才能逐步我人们提供更多、更好的服务。

四、有德有利:重铸中国医学专业实践的道德基础

儒家以德性为基础的伦理强调德性修养和道德价值。儒家传统强调

---

① 评估医生的收入是否适当一方面需要比较医生与那些和他们受到同等教育的人的收入,另一方面还要考虑到人们在中国这样的发展中国家的生活水平。例如,医生的收入和大学教授的收入就是可比的。但这仅仅是一个方面。全球化对中国的影响是复杂的。一方面,中国由于向国际市场提供较廉价的劳动力而受益。另一方面,在今日中国可以通过国际市场购买到商品和服务。那些持有高等技能、能提供高级服务的中国人进入全球化市场之后,应该能得到相当于美国中上阶层的收入。因此,可以理解他们热切盼望提高自己的收入以便能从全球化市场上购买更多的商品和服务。这使得中国应当从经济报酬的平均主义转向与儒家观点相一致的立场,即那些提供更有价值服务的人应该得到更多报酬。

"医乃仁术",亦即医生在治病时应该培养和保持一颗仁心,应当追求济世,而不仅仅局限于个人利益。这似乎在德性修养与利益追求之间构成一种张力关系。但是儒家思想并不简单认为两种追求是背道而驰、绝不相容的。

孔子有句著名的话:"君子谋道不谋食。耕也,馁在其中矣;学也,禄在其中矣。君子忧道不忧贫。"(《论语·卫灵公》)这句话表面上把"谋道"与"谋食"对立起来,好像要求君子不要"谋食"。实际上,孔子看到了"谋道"就已包括了"谋食",而且是更有效地"谋食"。这是因为,在儒家看来,"道"包含着宇宙和人生的一切真理,是人之为人的根本:"朝闻道,夕死可矣。"(《论语·里仁》)但是"道"在本质上并不是神授的静态知识体系。相反,道是一种只能够通过人们的德性行为来构建、追求、完善的社会理想。从儒学角度来说,没有完美的德,社会就无法实现完全的"道";在儒家理想里,"道"包括修身、齐家、治国、平天下。这就是孔子与之前圣王心目中的"道"。

我们的问题是,德性究竟与利益处于怎样的关系中呢?在之前的引用中,孔子表述的观点是复杂的:一个人首要关心的是追求德性,但同时预见到德性会带来可观的物质回报。这是一种与天主教道德传统中双重效应学说相仿的道德洞见:在特定环境中,人试图做某事的同时应该充分认识到这件事可能会有其他方面的效应。但是,与罗马天主教教义的双重效应说不同的是,其他方面的效应,在这里即物质利益,并不是罪恶的。物质利益这一效应并没有被否认,而是间接地得到认可。

孔子关于德与利的评论涉及到道德主体道德心理发展上的一个关键点。在儒家看来,一个有志于成为君子的人应当把自己的一生看作是追求德性的完整的过程:"君子去仁,恶乎成名?君子无终食之间违仁,造次必于是,颠沛必于是。"(《论语·里仁》)孔子强调,利益,在道德人生中不应成为孤立的、更不应是主导的目标,否则人性容易流于贪婪。但孔子并没有说有志于成为君子的人就要拒绝任何利益动机。他所强调的仅仅是利益动机必须要置入起规定性作用的德性语境中才能得到正确的表达。物质回报的实现必须置于对德性的追求之中。也就是说,对利益的期许在道义上是得到充分认可的。利益动机是有序社会和人类繁荣的必要基础之一。

儒家伦理对利益的认可在《孟子》中有进一步的发展：

> 彭更问曰:"后车数十乘,从者数百人,以传食于诸侯,不以泰乎?"孟子曰:"非其道,则一箪食不可受于人。如其道,则舜受尧之天下,不以为泰。子以为泰乎?"(《孟子·滕文公下》)

这就是说,只要是符合道的,君子多得并不是问题,君子并不必需在物质利益方面保持"谦卑"、或与所有人保持平等。

以儒学观点看来,一种容纳利益动机的道德学说不仅仅能从德性的角度上证立,而且可以从效果角度上得到支持。儒学认为应该根据一个人的贡献、而不是他的意图给他报偿。有效率的组织社会的方式必然是更好的工作应该得到更高的报酬。不能因为君子志不在报酬就不给他应得的报酬,也不能因为君子接受了报酬,就认为君子所追求的就只是物质利益。

总而言之,报酬的多少不决定于个人向善的意图,而决定于她为社会带来了多少福利。孟子主张社会不应该以人的意图来决定给他的酬劳——正如我们不会给窃贼报酬,即使他偷窃的目的是为了谋生一样。与之相反,社会应该根据人的工作成绩来决定其报酬:工作越重要,质量越高,酬劳越高。儒家认为,为了造就有序繁荣的社会,低质量的工作即使是好意的也不应该得到高报酬,而好意的高质量的工作应该得到高的报酬,以便鼓励这样的行为。另外,即使并非出于好的意图,高质量的工作也应该得到高酬劳,用以促进更多高质量的劳动。这最后一点可以由一个儒家经典故事来证明[①]:孔子认为,一个人应该为其优秀的工作得到酬劳,即使其最初目的不是为了酬劳。因为报酬会鼓励其他人也这样做,这样就造福了广大民众。这并非功利主义观点,而是根据人类行为的社会性做出的判断。有序的社会应当引导人们以符合德性、有利于人类繁荣的方式追求利益。虽然我们需要培养德性,但大部分人都不会是谦谦

[①] "鲁国之法,鲁人为人臣妾于诸侯、有能赎之者,取其金于府。子贡赎鲁人于诸侯,来而让,不取其金。孔子曰:'赐失之矣。自今以往,鲁人不赎人矣。取其金,则无损于行;不取其金,则不复赎人矣。'子路拯溺者,其人拜之以牛,子路受之。孔子曰:'鲁人必拯溺者矣。'孔子见之以细,观化远也。"(《吕氏春秋·察微》)

君子，可以仅仅为仁义而慷慨地提供服务。① 因此需要利益动机来驱使个人，一边为社会创造财富，一边孕育德性。

　　如前所述，"文化大革命"期间，利益动机的必要性和恰当性被抹煞；值得一提的，西方学者对儒学和中国医学史的评论也常常忽略了利益动机的重要性。比如 Paul Unschuld 的《中华帝国的医学伦理》一书就是一个典型例子。Unschuld 正确认识到，儒家伦理并不禁止牟利，只是禁止不当牟利。② 而且，的确有一些宋明理学家认为医学实践不应当局限于专业行会，而是人人当为，为亲亲忠君所需。但 Unschuld 却错误地得出结论说："儒家社会试图给予每个人足够的医学训练，使得每个人在家庭之内就可以得到基本的医疗保障。超出家庭能料理的范围之外医疗需要交到公务人员手中，他们行医只是为了提供服务、而不是为了追求利益。"③ 虽然 Unschuld 的后一结论在儒家一般学说中毫无根据，却可以看出它与六、七十年代中国的平均主义诉求颇多相似之处。Unschuld 指出，"这种国家化医疗体系的理念[即 Unschuld 归于儒家的反对利益的医疗观]看起来很大程度上就是社会主义的——仅需要把'家庭中'和'家庭外'改成'基本'、'二级/三级'医疗保障即可——因而大可和中国的现行观念相比拟了。"④Unschuld 实际上曲解了儒家思想，用以支持二十世纪六七十年代中国实行的低层次的、平均主义的医疗观。这种医疗观已经被证明是一种失败，并且受到了越来越多的批评。⑤

五、儒家医学专业伦理

　　当今的中国医学界正发生着复杂的文化、道德、经济转变，其范围之广堪比美国20世纪中叶的世俗化运动。在之前的非市场经济体制下形成的规范受到质疑，道德真空出现了。显然，在新的道德、文化、经济环境

---

① 子曰："吾未见好德如好色者也。"（《论语·子罕》）子曰："困而不学，民斯为下矣。"（《论语·季氏》）
② Unschuld，1979.
③ Ibid., p.116.
④ Ibid.
⑤ 参阅 Tao, J. (ed), *China: Bioethics, Trust, and the Challenge of the Market*, New York: Spinger, 2008.

下，必须为中国医学专业构建相适应的新规范。在这个过渡期，儒家伦理在中国人的生活中继续起着重要的作用，而且仍足以充当褒贬当代道德政治变化的道德出发点。儒家传统需要在很多方面和医学专业实践重新接轨。虽然儒家传统的博大精深被广泛承认，但运用它来应对当代建立医学专业伦理的挑战，还只是一种刚刚起步的尝试。

儒学对德性的理解和对仁义和利益的关系问题的理解为当代中国医生以适当方式处理经济报酬提供了重要的洞见。第一，儒家总是将行医视为一种践履儒家中心德性——"仁"的方式。① 儒学中的"仁"包含了丰富复杂的内涵，包括植根于孝中的仁爱。② 医生在治病救人时应怀有一颗"仁"心，因而行医的本质目的是帮助他人而非谋求个人经济利益。这一道德指向为医学专业实践提供了正确的框架。历史上也记载了很多儒医以令人钦佩的精神治病救人，丝毫不考虑病人是不是能给其回报或能给多少回报。但是，"医乃仁术"并不妨碍医生们从提供高质量的服务中获利，相反，儒家认为适当报酬是必要的和合理的，只是对利益的追求应当置入对病人行善（行仁）的道德框架之中。

因为儒学将利益内化于德性生活中，所以，出色完成医疗保障这样的重要社会工作除了得到德性上的褒扬之外，也应该得到高报酬，这完全是恰当的。在择业和执业的过程中，医生的主要目的应该是行善助人而非个人物质利益。此外，儒家医生应该给那些急需救治却不能负担医药费的人提供免费治疗。③ 行仁的初衷让人不会违背良心做事。并且，对越是高等的劳动来说，怀有一颗仁心就越加重要。医生行仁无疑要比商人更重要。但正如之前论述的，这种行仁的道德要求及由此而来对急需者的无偿救治的义务并不意味着那些从事重要工作的人应该完全不要求任何报酬。在当代中国，儒家宣扬的慈善救治也只能在私立医生和私立诊所身上更好地实现。④

---

① 中国人常引用中国著名儒家范仲淹（989—1052）的一句话："不为良相，便为良医。"这句话正是基于"医乃仁术"的观点。参见吴曾，1984。

② 如邱仁宗所言，仁"不仅指一种内在性格（精神）状态（品德），或一种外在行为（举动），也是不断的'自我成就'，包含着自我和他人的不断互动的过程。"参见 Qiu, 2004, p.3。

③ 陈晓阳，曹永福，2002。

④ 虽然公立医院和诊所依法应提供无偿医疗保障，但由于资金有限，这实际上无法做到。实际上，当前的公立医院要求病人们先付费后治疗。

这样的结果也许让一些医学界人士惊讶。一方面,医生以仁心对待病人是义不容辞的;另一方面,在病人有能力支付时收取高酬劳,道义上也并非不恰当。① 只是医生不应以牟利为主导目标;牟利应被置于对德性的主导性追求之中。对牟利动机的定位在儒家评价君子时可以说是至关重要的。君子不应该回避利益或者觉得利益是不好的。相反,把牟利有效地定位到行仁中去才是一位君子,也才是一位好的医生的德性。

这里可以看到,儒家对理解适应市场经济条件下的医学专业伦理所作的特殊贡献,这些贡献基于儒家对于德性、利益、人类生活本性上的不相等和精英主义的社会结构等方面的主要思考。儒家的这一洞见不仅对 21 世纪的中国发展非常关键,也代表了一项尚未被西方生命伦理学及其医学专业伦理所充分认识到的道德真理。儒家传统强调培养医生的仁爱之心和对病人的关怀。同时,也必须认识到,如果好的医疗服务得不到好的经济报酬,那么医生职业就会腐败。没有摆正利益的位置会阻碍那些聪明有天赋的人从事医生职业。更糟的是,当有些人想要牟求合理的(却被禁止的)利益,而另一些人想购买更好的服务时,医疗黑市和腐败就会盛行。在提倡德性的同时,薪酬制度应该奖励优良的服务,这与医生们的服务动机无关。确实利益追求有可能会导致某些问题。但限制牟利或者谴责医生希望用好的医疗服务赢得高的报酬的想法是一种不恰当的反应,并且在实践中极具误导性。我所提倡的,是用儒家生命伦理把医学实践和医学专业伦理重新置于一个重视对医生德性培养而又兼顾医生的合理利益追求的道德视野之中,这样才能重建中国医学专业伦理。

---

① 例如,中国最早的名医扁鹊(公元前六世纪,中国第一位有史书立传的医生)列出了六类病人是无药可救的,其一就是爱财胜于自身健康的病人,即,不愿付钱进行必要治疗的病人。参见司马迁:《史记·扁鹊仓公列传》。这一条同样被后来的新儒家医生,例如 17 世纪的龚廷贤,作为他们的医学道德格言。参见 Unschuld, 1979, p.73。

第四部分

高技术社会的儒家关怀

"正德、利用、厚生、惟和。"

《尚书·大禹谟》

"无念尔祖,聿修厥德。永言配命,自求多福。"

(《诗经·大雅·文王》)

"志于道,据于德,依于仁,游于艺。"

(《论语·述而》)

十七 儒家视野下的胚胎干细胞研究

一、导言

人类胚胎干细胞研究(ESC)预示着21世纪医学界的重大变革。多能的人类干细胞能够发展为任何有效的身体组织,并由此可能被用于替代受损的器官组织(例如心脏病发作后的心脏组织),或是用于修补通常无法挽回的伤害(例如脊髓伤害),从而使病人获得痊愈。今天许多无法治愈的病例,如帕金森氏症、阿尔茨海默症、多发性硬化和糖尿病等,都可能通过干细胞研究获得补偿治疗。然而,在西方,胚胎干细胞研究却在道德上引起轩然大波。许多信仰西方宗教的人将此项研究视为严重的道德错误,因为它必然导致胚胎的死亡:为进行这项研究,科学家必须从人的早期胚胎获得干细胞,这就会毁灭胚胎生命。[1]

事实上,这种研究在西方遭受许多道德上的质疑,反对者和支持者各执一词,莫衷一是。首先,虽然支持者宣称,在受精卵分裂后形成囊胚期的胚胎干细胞系,这个所谓胚胎其实只是一个比句号还要小的细胞团。但反对者指出,无论它多么小,一个活的人类胚胎就是人类的一员,它在

---

[1] 2007年以来,科学家们制造出了"诱导性多能干细胞"(Induced pluripotent stem cells,一般称为IPS细胞),不少人兴奋地以为胚胎干细胞研究引起的道德争议从此可以寿终正寝了。诱导性多能干细胞来源于成人体细胞,通过把某些基因或蛋白转染(transfection)进入这些细胞来重塑这些细胞的程序(reprogramming),诱导它们成为多能干细胞,可以发挥胚胎干细胞一样的功能。这一技术的确是一个伟大的突破。然而,即使这一技术可以安全施行(如不会诱导产生癌症),胚胎干细胞也无法真正退出研究场所,因为科学家们不得不继续研究胚胎干细胞和制造新的胚胎干细胞系来进一步了解这些细胞是如何发育、分化和发挥功能的,从而为严重的疾病找到新的、综合的治疗方式。这就是说,从科学技术的角度看,胚胎干细胞研究还得进行下去,因而其伦理争议仍然无法避免。

概念上已经是人并且在道德上具有人的特殊地位。因此我们应该尊重它而不是杀死它。其次,反对者认为进行这种研究将贬低人的生命在大家心中的价值,从而威胁到社会中弱势群体的生存。再次,支持者宣称用做研究材料的只是丢弃的胚胎(来自临床不育治疗)。既然无论如何它们都会被丢弃,那它们当然可以用于研究。反对者则称,这些多余的胚胎首先就不应该产生,并且胚胎自然死亡和被人类杀死具有明显的区别。我们不能做本质上恶的事,哪怕它可能会带来善的结果。最后,支持者指出他们使用胚胎已获得了其父母的许可,但反对者反驳说,父母并没有权利同意毁灭胚胎,就如同他们没有权利毁灭他们的孩子一样。在反对者看来,为了进行研究去收集胚胎干细胞而杀死胚胎就和为了进行器官移植而杀死一个孩子获得他的器官是一样的。①

尽管人类胚胎干细胞研究的反对者们已经自信做出上述抗辩,但没有表明自己是否处于西方基督教的道德背景之外——虽然说基督教最初亦非一种西方宗教。② 在另一种道德背景下,例如在儒家传统中,胚胎的整个道德意义不可能脱离家庭背景就来确定,即使这个胚胎自身就有某种内在价值(即,仅仅由于其属于人,它就比一个动物或非人的对象在道德上更加重要)。也就是说,在一个具体情况下要决定如何对待胚胎,儒家不仅要考虑胚胎自身的价值,还要考虑它在家庭生活中的地位。显然,在人类胚胎的道德地位问题上,儒家学者与基督教徒所持视角是有所不同的。③

对于 ESC 研究这样的议题,如果不考虑任何特定宗教或文化的具体道德假设——例如基督教或者儒教,是很难提出实质性的回答的。事实上,从近代西方启蒙主义计划以来,西方自由主义哲学与伦理学所致力的方向就是提供脱离宗教或文化的答案。关于 ESC 研究,自由主义哲学试图通过建立一个所谓的"纯"理性论证来解决这个道德难题——"纯"就是指该论证不依赖于对胚胎道德地位的任何宗教或形而上学观点。他们的大致策略就是提供一个关于个人权利的陈述,个人被看作是与道德相

---

① 关于支持者和反对者之间鲜明的思想碰撞,参见 Genel and Pellegrino, 1999。也可参见 Green, 2001。
② 关于东正教对生殖、克隆、堕胎和生产的观点的系统性解释,参见 Engelhardt,2000,ch.5。
③ 关于基督教和儒家关于人的概念的综合比较,参阅第 22 章。

关事项的最终权威的来源。

本章旨在说明:自由主义的策略不能为 ESC 研究提供有说服力的伦理论证,因为它以一种伦理上的个人主义为出发点。本章论证:儒家伦理不是个人主义的,而是家庭主义的,能够为 ESC 研究的定位建立起更为恰当的道德策略。为此,第二节将比较说明儒家伦理家庭主义与自由主义的伦理个人主义在道德探究上究竟有何种不同。第三节试图说明为什么自由主义的伦理个人主义是一种片面的伦理策略,以及为什么它不能为 ESC 研究提供适当的伦理支持。第四节阐释儒家伦理家庭主义如何提供一种二维伦理策略,既避免了自由主义的片面立场,同时也与功利主义的利益最大化要求有根本区别。第五节展示 ESC 研究上的儒家道德决疑法(casuistry),并且探索如何通过德性导向的二维伦理策略来证明儒家特定观点和结论的正当性。最后一节是对不同道德传统的一个评论。

二、伦理个人主义与伦理家庭主义

儒家伦理是社群主义的(communitarian),而不是个人主义的。为了方便分析和比较,我将其基本立场总结为以下两个原则:

(1) 个体和其所属社群都有内在价值;

(2) 个体之间价值不平等。

在进一步阐释之前,有必要提一下当代社会科学中个人主义与整体论的争论。方法论上的个人主义认为(1) 整体不过是一群以某种方式相互关联的个体的集合(本体论命题),(2) 整体概念必须由个体及其关系的概念来定义(概念论命题),(3) 适当的社会解释必须仅仅根据个体及其关系、状态等来进行(诠释学命题)。① 方法论上的整体论可以接受个人主义的本体论命题,但拒绝概念论和诠释学命题。

虽然方法论领域中个人主义和整体论争论一直都很激烈,但道德领域中这种对立却不明显。部分原因是柏拉图和亚里士多德式的整体论伦

---

① 参阅 Little, 1991, Chs. 9, 11。

理观点的式微使得个人主义成为现代西方伦理语境中占主导地位的学说。① 然而,儒家道德观是社群主义的整体论。为了清楚说明儒家伦理原则,首先有必要将其与自由个人主义的道德原则作一个比较。自由主义伦理的核心是伦理个人主义,其主要原则可以归纳如下:

(1) 只有个体才有内在价值;

(2) 个体之间价值平等。②

自由主义的原则(1)意谓着只有个体具有内在价值,亦即,自身有价值,而非依赖于其他事物而有价值。此原则包含着一种社群工具主义观点,即社群只具有工具价值,而不具有内在价值。例如,家庭、组织或国家的价值取决于它为其成员个体带来什么。也就是说,社群存在的价值仅仅在于它服务个体。相应地,在伦理个人主义之下,社群的利益以个体利益为考量,而个体利益却不被社群的利益所决定。③ 从自由主义契约理论来看,个体是目的,社群则是工具:工具应当依据目的而被构造、修改或摒弃。

原则(2)显示了一种自由平等主义的立场:个体应被平等对待。尽管这个立场并不一定指的是收入的平均分配,但它揭示了一个基本的自由主义平等观念:社群中每个成员的利益对这个社群而言都是同等重要的。换句话说,每个成员都有权享受同样的关注与尊重,并且每个成员的利益要得到同等重视。在实践中,这种平等主义理论通常导致一些特定版本的平等待遇观的产生,例如机会均等,资源均等,能力均等,甚至福利均等,然而自由主义者对哪个才是更恰当的版本莫衷一是。该理论也同时伴随并支撑着一系列在实践中互相矛盾的平等个体权利。例如在与 ESC 研究相关的道德问题上,有两个时常被提及但相互矛盾的权利:不被

---

① 逻辑上,伦理理论可独立于方法论理论。伦理个人主义者不一定必须是方法论个人主义者,反之亦然。类似地,伦理整体论者不一定是方法论整体论者,反之亦然。不过本章无意探索这些复杂逻辑上的可能性。

② 或许并非所有自由主义伦理论著都明白表述了这两个基本的自由主义伦理个人主义原则,但它们无疑支撑着当代具代表性的自由主义伦理学家(比如罗尔斯和 Dworkin)的论证。关于这些原则在遗传伦理学领域中的应用,参见 Buchanan, Brock, Daniels, & Wikler, 2000, p. 379。

③ 本章交替使用价值(value),利益(interest),善(good),和值(worth)等概念,不加严格区分。

杀死的权利和控制自己身体的权利。

本章开头所总结的儒家社群主义道德与那些自由主义个人主义理论大相径庭。首先,尽管儒家承认人类个体独立的内在价值(即一个人作为人本身就是有价值的,而非因为他/她比其他动物有更高的能力、或在某方面是有用的而具有价值)①,但它不支持将社群只视为工具。儒家知道个体生活于不同类型的社群或共同体中,包括地缘的(如家庭、村庄、城市、国家)和非地缘的(如国际组织和宗教团体)。这些社群之间成员相互重叠,每一个都对不同的人有不同的道德意义。此外,人们自然会对不同类型的社群进行排序——即一种社群比其他社群的道德主张和利益更胜一等。比如说,传统的日本人把他们的国家看成是第一位的社群,基督教徒把他们的教会看成第一位的社群。对于儒家而言,家庭才是第一位的社群。在这个意义上,儒家个体可被称为伦理家庭主义者。②

提到家庭的伦理价值,儒家不得不与自由个人主义者意见相左。自由个人主义者仅仅视家庭利益为各个家庭成员利益总合。即便他们愿意算上所有的成员——包括现在活着的、已经逝去的和将要出生的,道德重点显然在现在活着的成员身上。与此相反,儒家家庭主义者认为家庭的利益高于现存个体成员利益的总合,因为家庭的利益包括先人和未来子孙的福祉。这就是为什么祭祖仪式和孝道教育在儒家传统中具有极大生命力的原因。在儒家看来,家庭是人类生存和繁荣的根本方式。家庭凝聚着基本的人际关系,对个体的正常和幸福的生活是不可替代的。与家庭的契约式解读相反,儒家认为家庭在本质上不是个人自愿启动的:父母子女及其他亲属血缘关系是与生俱来、无法由个人意志决定的;一个人应

---

① 人类个体的内在价值在儒家传统中早已建立。在所有自然生物中,人类被上天赐予了最高贵的元气,"天地之性人为贵"(《孝经》),不应该为其他生物牺牲。这已经在五经和其他先秦的儒家经典中有清楚的说明。本章主要探讨的是人类个体价值和家庭价值的关系问题。

② 儒家一直把家庭当作基本道德社群或共同体。从孔子开始,家庭生活就被强调为人类存在的本质活动。例如,当有人问孔子"子奚不为政?"时,他回答说:"《书》云:'孝乎惟孝,友于兄弟。'施于有政,是亦为政,奚其为为政?"(《论语·为政》)孟子说,"民为贵,社稷次之,君为轻"(《孟子·尽心下》)。尽管儒家有一套完整的个人道德体系,包括修身、齐家、治国、平天下的理想,但后两条(治国、平天下)与很多人不直接相关,而前两条(修身、齐家)则是对每个个体的基本要求。最后,儒家传统中家庭的道德性和重要性从儒家的礼制(如冠礼、婚礼、葬礼和祭祀)中得到高度彰显——正是这一系列的家庭礼仪组成了儒家生活的核心仪式和活动,并承载着深远的道德意义。

当期许与这些亲人和睦相处、共同奋斗以获得美好生活。不过,儒家认为个体和家庭都是本质价值或目的,既不能说家庭只是个体的工具,也不能说个体只是家庭的工具。打个比方,就像在亚里士多德那里关于公民和城邦的关系一样:尽管城邦是自然目的,公民和城邦之间不存在对立,因为城邦从根本上是为了公民的自我实现和完善而存在的。在儒家那里,个体和家庭目的应被整合到一个以德性学说为基础的连贯系统中去。

也许有人会质疑说,仅仅强调家庭还不足以从深层次上区分开儒家伦理家庭主义和自由主义的个人主义。儒家强调,从人的本性来讲,家庭对于个人完善自我无疑是必需和有价值的。因而,看起来似乎它最终还是从个人发展的角度来看待家庭的作用。但是,在传统儒家学说里,家庭还承载着一个特殊的道德价值和地位,它独立于个人的价值和地位:家庭的存在表现出一种形而上的、深刻的道德结构和意义,它是被"天"所设定的。这种儒家观点使得它与自由主义的个人主义截然区分开来。从消极意义上说,儒家的家庭主义意味着我们不应当创造不通过家庭就可以实现道德完善的人类个体,即使这种创造通过遗传工程在技术上成为可行的事情。这就是说,即便我们可以在技术上创造"新人",这些新人具有和我们显著不同的生理和心理塑造过程以至于不再需要家庭来发展其"自然"本性时,我们也不应该这样做,因为家庭承载着独立于个体的本质道德价值。失去这些家庭价值在道德上是可悲的、是有价值损失的。从积极意义上说,儒家思想希望我们去努力维护、巩固甚而加强有利于家庭生活的品格和情感。简而言之,即使遗传工程学可以在将来完成塑造个体的功能,但是应当塑造怎样的个体仍然取决于以哪种价值观作为最终准则。与亚里士多德学派忽视家庭的重要性不同,儒家希望塑造的是能过适当的家庭生活的成员。换句话说,即使我们可以在逻辑上设想(甚至实践中可能也有人实行)除家庭之外的各种形式的人类共生形式,儒家也会坚持男女组成的传统家庭才是人类繁荣的根本方式。

总之,儒家认为家庭承担着一些对人类生活而言根本的善,这些善不能被还原为个人利益。① 为了和个人主义伦理作比较,我将就个人和家庭利益如何定位的问题重构一个儒家的视角。② 对儒家而言,个人利益包括自身的存活与健康、完满的家庭生活(包括年轻时被父母疼爱和年老时被子女关怀)、以及主要的、合理的欲望或偏好的满足。显然,这三个不同的组成部分会在某些特定情况下相互冲突。假设在所有情况下个人利益都能被平衡实现,个人利益仍然会在一些具体情况下与家庭利益冲突。在儒家看来,家庭利益包括家庭的完整、持续和繁荣。家庭的完整主要是指家庭在道德上的完整,它包括所有家庭成员有德性的行为、在重大事项上家庭共同决策、以及良好的家庭声誉。如果缺乏这些元素,这个家庭就是在道德上不完整的。毫无疑问,儒家理想中的家庭是两性结合和男性家长制的。因而,家庭的延续是指家庭必须生出一个男孩去延续这个家族,这就是为什么孟子说"不孝有三,无后为大"的意思(《孟子·离娄上》)。事实上,完整地理解儒家的意思,这是指一个理想的家庭既要有女儿,也要有儿子。最后,家庭繁荣依赖于家族的物质财富和家族成员的和睦关系。儒家强调,对一个家庭的繁荣而言,除了要为家族成员的福利而谋求富裕的物质资源之外,通过每个人的道德操守形成恰当并且和睦的成员关系(人伦)同样非常重要。关于家庭的重要事项上,儒家推崇和谐的共同决策。这不同于民主决策,后者注重的是权力的分享,儒家的家庭决策则复杂得多,确切说来是一个沟通、交换、妥协和自愿牺牲的过程。总而言之,儒家之道首先和主要展现为共同经历的家庭生活,它是高度传承的、诗意的与整体的。它的独特、神秘与整体论的家庭价值需要以完整叙事的形式来理解,仅仅概念上的推理不能达到它的精髓。③

然而,当个人利益与家庭利益发生矛盾时,并不像一些人以为的那样有一条简单的儒家规范要求牺牲个人利益以保全家庭利益。事实上,对个人利益是否要服从家庭利益(或相反)并无一条绝对的原则。毫无疑

---

① 个人利益如何定义?关于个体价值的问题主要有两种不可通约的哲学观点。生命神圣论认为每个人的生命都有神圣的属性,承载着所有人类个体都被平等赋予的价值,与精神和肉体的能力无关(比如参见 Ramsey,1970)。另一方面,生命质量论把个体价值定位于一些重要性质上,"例如自我意识、理性、与他人发生关系的能力、体验愉悦的能力……"(Kuhse,1987,104页)。对这两个不同观点的精彩评论,见 Khushf,2002, pp.277—298。
② 限于篇幅,本章不拟对此提供系统的儒家文本依据。
③ 参阅第一章。

问,同亚里士多德学说一样,儒家伦理规范可被视为一个教育的过程与系统:每个人都应当学会协调个人利益与家庭利益。在这种意义上,圆满实现的个人利益并不会与家庭利益冲突。但是现实生活中个人常常达不到完美的状态,家庭亦然。比如考虑到各种特殊条件,对某个个体而言,不结婚或者不生孩子可能对他更好,但这种选择对他的家庭却可能是一种伤害。这种情况下应该怎么做呢?儒家家庭所能寻求的最好方式便是探究在具体情况下什么样的行为才是德性所赞许和要求的。① 答案没有一定之规,只有通过特定的儒家道德反思和决疑法才能完全理解儒家立场的真实含义(具体参见第四、五节)。

此外,儒家认为人不应该相同地或平等主义地对待其他人,而应该以家庭关系为中心依关系远近来区别对待。儒家传统推崇的五类基本人类关系(五伦)不仅仅适用于熟人,而且适用于所有人,包括陌生人。没有实质亲缘关系的人也会以拟亲缘的方式建立起相互关系,例如师生关系应像父子关系一样;当人们成为好朋友时,他们的关系应像兄弟姐妹一样(亦即长幼有序)。在儒家观念里,没有人是完全独立的。区别仅在于有些是近亲,有些是远亲②,如同张载的著名命题"民胞物与"所暗示的那样。或许有人会说依旧可以从儒家道德叙述里析离出最低限度的"平等主义"。他们可能会主张,要求"民胞物与"必然包含一个"平等主义"的门槛,在此门槛之下就不属于仁的范围了。然而,在儒家家庭主义里,平等的要求从来不曾成为强调的重点。首先,亲属关系先天就不平等。对于儒家来说,重要的不是强调父子应在权利上的平等相待,而是父亲对儿子慈爱,儿子对父亲的孝顺。也就是说,他们应培养不同的、不对等的、特定的美德。其次,人与人的关系越亲近,一方就应对另一方的利益给以更多的关怀。在儒家道德里,对自己的儿子和别人的儿子一视同仁是错误的,因为人天然地会首先关心自己的亲人。如果违背这种自然秩序,儒家

---

① 我认为即使亚里士多德也不希望对于个人利益和城邦利益可能存在的矛盾只有一条解决方案。对他来说,当然非公民(如奴隶)的利益应该被牺牲。但自由人的利益呢? 和城邦的利益相符,一个公民的全部美德应该是"关乎他人,而不只关乎自己"的普遍正义(1129b.30);为了成长,他"应该有良友"(1170b.15)。然而,他也把人的最高利益看作是展现至高美德的神性的生活,专注于理论研究或思考(1176a.15)。后者这个"最高"个人利益对城邦来说或许就不是最高利益了。那么应该为了城邦牺牲它么? 参见 Aristotle,1985。

② 参阅 Chan,1963,p.70。

会视之为悖德的表现。再次,每个人都处于具体的特定环境里,举个例子——如果母亲将自己肚子里的胎儿和已经出生的孩子同等对待——这是不恰当的。在儒家看来,这个母亲应当根据孩子的不同特点、处境以及与之相关的他人来决定如何以有德性的方式对待孩子。

那么在政治和政策的层面应该怎么做呢?难道政府不应该对所有的公民一视同仁么?这种要求又是一种对儒家真正精神的误解。儒家追求的是一个和谐的而不是平等主义的政治体系。首先,"公民"概念已经是一个十分一般(抽象)的概念,不足以涵盖儒家的"天下"理想。在儒家理想社会中,"老有所终,壮有所用,幼有所长,鳏寡孤独废疾者,皆有所养"(《礼记·礼运》),亦即,不同人群的不的利益应以不同的方式来满足。即使是对成年公民来说,"平等对待"也非良策。正如孟子认为,尽管个体有同等的道德潜能去完善自我,付出的努力也是不同的。在这种意义上说,儒家思想是一种道德和政治精英主义,亦即,应考量德性而给予相应的对待:德性高的人,应受到更多的社会尊敬。在儒家看来,公平与平等是不同的,不能把它们划作等号。"物之不齐,物之情也",把不平等的人扯直拉平,不是真正的公平,不是一视同仁。

简而言之,尊重家庭内在价值的儒家道德打开了伦理探索的一个新维度,即,对个人利益和家庭利益的平衡考虑。因为家庭具有内在价值,每个家庭成员在处理个人事务时都应该顾及家庭利益。有些个人事务会严重影响到家庭利益,就成为关乎所有家庭成员利益的事,需要由作为一个整体的家庭来决定。这实质上导向一种儒家传统中家庭共同决策(而非个体决策)的道德模型。所有重要的个人问题,如教育、婚姻和健康都应由整个家庭来共同决定,使之不仅对个人有好处,也对家庭有裨益。当家庭利益受到威胁,个人声称"这是我自己的事"或"让我自己处理"是不对的。共同决策是儒家式家庭生活的本质要求。此外,因为个体本质上也有价值,家庭在为成员作决策的时候必须慎重考虑其个人意见。在这点上,共同决策把自我决策整合进来,并将提升为更高层次的道德决策。[①] 与此相反,以个人利益和自我决策为中心的自由个人主义模型则是片面的。自由个人主义道德不能为 ESC 研究提供一个具

---

① 参阅第二部分的相关章节。

有说服力的适当答案和论证也就不足为怪了。下文将具体论述这个问题。

三、ESC 研究的自由主义观点的片面性

自由个人主义道德是现代西方启蒙运动的产物。它的基本准则已经表达在康德著名的格言中：人是目的，而非手段。但康德没有认识到某些社群或共同体，例如家庭，对个人发展至关重要而且具有形而上的内在价值，因而也是目的。通过将合理性界定为无矛盾的普遍化，康德式个体自主(autonomy)概念还带有普遍立法的意义。糟糕的是，当代自由主义者重新解说了康德的理性立场。面临着道德价值观持续增长的多样性和多元化(亦即当代社会中对于好的生活有很多不可调和、不能通约的、处于相互冲突的道德视角和观念)，当代自由主义将康德式自主概念重新定义为：在不伤害别人的前提下，每个个体都有权以自己认为恰当的方式来掌握自己的生活、决定自己的行为(自我决定命题)。这样，古典的自由主义自主概念已经转变为自我决定的、片面的(one-sided)、自我中心(self-regarding)的自我决定(self-determination)。这种道德观很难诠释遗传伦理问题，因为这些问题不可避免地关涉到家庭和他人的决定。

具体分析一下，自我决定又可分为两种：强的观点和弱的观点。弱的自我决定观点要求个人的自我决定不应被他人或社会强制干涉，但自我决定本身并不被看作是一项根本的价值。也就是说，这种观点主张只有个人有权决定自己的行为，社会无权干预其决定；但社会也没有义务把自我决定看作一种价值去鼓励或促进个人进行自我决定。另一方面，强的自我决定观点认为自我决定是个人的内在价值的体现。尊重个人不仅需要不干涉他们的自治，还要积极增强他们进行自我决定的能力。因此，两种观点的分歧在于自我决定是否是一项应该发扬的内在价值。[①]

[①] 一般来说古典自由主义者持弱的自我决定观点，当代自由主义者则持强的自我决定观点。见 Robert Nozick (1974) 和 Engelhardt (1996)。然而，和社群主义者辩论时，当代自由主义者有时宣称自己持弱的观点，比如 Kymlicka (2002，p.223)。无论如何，后一矛盾不影响本文的论证。

相应地,自由主义者会认为强调社群或共同体利益(如家庭)的观点有误导作用。对他们而言,共同体的重要性仅仅在于它们对个人利益的影响,而共同体的组织结构也应该在个人的价值、愿望和协议基础上以契约的形式建立起来。因此,契约型关系应该成为社会关系中主要的规范形式,而传统的建立在情感、血缘基础上的社会关系被认为是前现代的、落后的代表。不同于天主教传统,自由主义者缺乏属于共同体本身的共同善(common good)的概念,他们习惯从共同体里个人利益的角度来考虑共同善,或者将共同善看作实现个人利益的手段,例如通过合作的手段追求各自利益的实现。并且,所有这些联合都可以契约的形式规定下来。为了使这些契约能够运行,自由主义者只需要建立能保护个人自由和权利的正义原则,以保证个人可以自由地展开人生计划。事实上,当代自由主义哲学的主要任务也正是建立这样一种正义原则。

那么这种自由主义的道德和政治理念又是如何指导 ESC 研究呢?答案取决于自由主义伦理怎样看待人类胚胎的地位。自由主义在强调个人自由或自我决定的时候,通常指的是成年个体,只有他们才能够施行自我决定、制定契约。当代自由主义者认为实现尊重这样的道德主体的人生计划的唯一方式是将每一个主体看作是康德意义上的目的,换言之,任何人都不应当被作为手段来利用。确实,个人契约论模型在成人的社会、在多元化的背景下看起来是一个有效的机制。其基本准则就是:如果与你无关,那么你不应该干涉我的行为和决定;如果与你有关,我应当先征求你的同意。但是,在生育这件事上,事情变得复杂起来,因为当一个人和其配偶选择生育时,意味着他们选择了让第三个人来到这个世界上。但在这个人还没存在的时候,他们无法去征求她的同意。

这是否意味着成年人在道德上可以自由生殖胚胎,不管出于何种目的(如做研究或日后杀戮取乐)或形式(如传统方式的性交或体外受精的科技手段)?他们可以像造一张桌子一样造出一个婴儿吗?的确,就造一张桌子而言,一个人可以出于任何目的(如拿它当书桌、电脑桌或日后随意拆毁取乐)及手段(如传统方式或现代科技方式)来做。一些人马上会补充说创造一个胚胎与制作一张桌子有本质区别,因为胚胎有发展成一个具有自我能力的人类个体的潜能,而桌子没有。问题是:在自由主义那里,认可这种潜能是否对创造和对待一个胚胎的目的和方式产生道德约束呢？

在我看来，个人主义的自由主义者对该问题的回答是否定的，不论其所持是强的还是弱的自我决定观点。如果是弱的自我决定论者，他强调不论是谁，只要不牵涉别人，个人的决定和行动都不应该被别人强制干涉。假如我和我的伴侣合作造出一个胚胎做研究，只有我和我的伴侣有权作此决定并行动，因为唯一牵涉到的第三者是那个没有自我决定能力的胚胎。尽管它有自我决定的潜能，但这种潜能还无法约束我和我的伴侣，因为弱的自由主义自我决定论者不把自我决定能力视为一种价值，更不用说还仅仅是潜在的自我决定能力了。所以能对胚胎做什么将取决于我和我的伴侣对胚胎持有何种道德、宗教观点——而后者也完全取决于我和我的伴侣的自己决定。如果我认为一个为 ESC 研究而创造的早期胚胎并不比一张木匠用的、或当作试验的桌子更有道德特殊性，那么就没人有权阻止我做这件事。也就是说，在弱的自由主义自我决定论之下，认可胚胎的自我决定潜能对个体创造胚胎的目的或方式没有任何真正的道德约束力。相应地，ESC 研究（不论涉及的胚胎来自辅助生殖还是特意的胚胎克隆）在伦理上都应被社会许可。

另一方面，如果持有强的自由主义自我决定论的话，那么道德考量会呈现不同的架构，但结论并无实质不同。这里，自我决定或个人自主成为被推崇的内在价值。当然，这并不是说自我决定或个人自主是自由主义者所认可的唯一价值。自由主义者可以有其他内在价值，如友谊、幸福、知识，甚至一些家庭和宗教价值观，这取决于特定个体。但是一旦与自主发生冲突，其他价值都要为自主让道。这就是为什么自由主义者（除了持弱的观点的古典自由主义者之外）认为，例如，自愿为奴（voluntery slavery）在道德是错误的理由。这意味着，自由主义者必须把自主作为最高内在价值①。在这一点上，自由主义对儿童教育的观点很有代表性：自由主义教育的主要目的是提升儿童的自我决定能力，而不是培养他们成为具有

---

① 参见 Kymlicka, W., 2002。

某种良好品德的人①。这似乎意味着,对胚胎自治潜能的认可应对个体创造和对待胚胎的目的或方式具有道德约束力。

然而,从强的自由主义自我决定观出发,并不能在逻辑上内在一致地得出这个结论。首先,自我决定是一个主导的内在价值,即当和其他价值冲突时,自主权优先。第二,行使自我决定的个体生命也具有主导的内在价值,即如果没有一个压倒一切的强有力理由,她的生命权利不能被剥夺。第二个命题可以从第一命题中推导出来,因为拥有正常生命对于个人行使其自我决定来说是既是一个必要条件、也是一个充分条件。那么一个具有发育成行使自我决定的个体的潜能的胚胎生命的地位又该如何定夺呢?它是否只具有工具价值,因为它的存在只是能够成为成人个体生命的一个必要条件、而不是充分条件?——要想成功地成为成人个体生命,还需要其他适当的环境条件的配合。或许自由主义者可以区分内在的和外在的必要条件:对于成为一个成年个体生命来说,一个胚胎生命乃是内在必要条件;其他如温度、水、营养等,乃是外在必要条件,两者合起来才能构成充分条件。在这个意义上,自由主义者可以认为胚胎是有内在价值的,因为只有这个胚胎、而不是其他东西,能够发展成为具有自我决定能力的成人②。但是,自由主义者无法把胚胎看作具有主导的内在价值——作为一个内在价值,它必须同其他内在价值相比较而取得平衡,而这种平衡只能通过相关成年个体的自我决定来进行。这样一来,强的自由主义自我决定论者在这个问题上势必退为弱的自由主义自我决定论者:最终,问题将取决于每个成年个体的实际欲求、愿望和偏好来决定他们如何平衡这些内在价值,从而决定怎么对待胚胎,例如是否应该为 ESC 研究的目的而被创造和使用等等。

---

① 儿童的自我能力还没有发展完全,因此无能力与父母制定自己应如何被抚养的合约。崇尚个人自主的自由主义者也必须要为他们的孩子作决定。与虔诚的基督教徒把自己的孩子培养成基督徒或儒者给孩子灌输孝道不同,自由主义者认为最重要的是必须提升孩子自我决定的能力。对于自由主义者来说,个人具有自己选择、思考和修正他们人生计划的能力是至关重要的;也就是说,他们必须实践自我决定。相应的,自由主义理想不是把孩子导向与父母的人生规划、好恶观点相一致的人生道路,而是承担把孩子培养成能行使自我决定的主体的道德责任。只有这样,自由主义者才能够说,把孩子当目的对待(尽管在道德主体这个意义上来说,他们还不是真正的目的)。参阅 Buchanan & Brock,1989,pp.227—228。

② 尽管如此,在逻辑上非常清楚的是,如果胚胎只是可能的人,那么他们就没有实际的人的权利(Engelhardt, 1996, p.142)。

因此,在回答胚胎具有成为一个完全的、有自我决定能力的个体的潜能是否会对我们创造它的目的或方式产生道德约束的问题时,无论是强的自由主义自我决定论者还是弱的自由主义自我决定论者,答案最终都将是"不会"。从儒家的观点看,这种结论是极端的、包含内在冲突的。弱的自由主义自我决定论的结论并不完善:一方面,它给予个人一个社会不许干涉的、如此之高的自我决定权;另一方面,它却并不把自我决定当作一种应予发扬的价值,这就很难理解二者如何能够很好地协调起来。另外,强的自由主义自我决定论的结论似乎自相矛盾:它一方面把个人行使自我决定的能力定义成了主导性的内在价值,但其结果对于具有成为自我决定的主体的潜能的胚胎的产生和利用,却无法设置任何严格的道德约束。两种自由主义的答案都有道德硬伤。如果他们的论点被完全认可,那么社会不仅不应该去阻止任何 ESC 研究,还不应该阻止人工流产甚至杀婴,因为后者所牵涉的个体也都还没有行使自我决定的能力。这真是对自由主义者奉行的**只有个体**拥有内在价值的立场的讽刺。在儒家看来,这种情况说明自由主义缺乏足够的道德资源去指导 ESC 研究。

四、儒家二维道德策略:不求效用最大,但求品节德行

儒家的家庭主义学说为规范生育和 ESC 研究提供了丰富的道德资源。一方面,生育是个人利益的体现:每个人对生育后代都有自身的期待、愿望以及偏好。另一方面,个人的期望应该根据家庭利益加以调整。因为生育问题在很大程度上影响到整个家庭的利益,所以儒家认为每个家庭成员都必须参与到家庭共同决策的过程中来。家庭成员应共同考虑个人行为对家庭的完整性、连续性和维持家庭繁荣的特定影响、以及它对个人利益的影响,从而做出适当的决定。当个人自由主义者仅仅根据个体的价值来决定他们的生育行为时,儒家家庭主义者则同时考虑家庭的价值,这就是儒家的二维道德策略。从方法论来说,这种二维道德策略有助于避免上一节中所展现的那种自由主义片面道德观导出的极端结论。如果只有个体根本上具有价值,在生育或者 ESC 研究这样的情况下,个人和个人之间便会产生直接冲突。当出现利益冲突时,就会发生僵持的困境:一种要么全有要么全无的策略(all-or-nothing strategy)就不知不觉

地出现了:要么某些个体全无价值,因而对之做任何事都是允许的;要么所有的个体都具有相同的价值,因而什么都不能做。很明显,这种策略并没有真正解决冲突。与之相反,儒家家庭主义者则将个人价值和家庭价值同时纳入道德讨论中,这就使得人们有可能依据家庭价值而为冲突找到合适的平衡点。

  需要强调的是,儒家家庭主义者不是功利主义者,他们不会在个人生育行为中谋求家庭利益最大化。首先,儒家家庭主义者并不像功利主义者那样信奉伦理个人主义。虽然功利主义是目的论,而自由主义是义务论(这也是为什么他们通常都被看成是两类迥然相异的伦理理论的缘故),但两者共享着个人主义的出发点:只有个体具有内在价值。其次,儒家不像功利主义者那样持一种还原论的价值观。即使功利主义者不必严格遵守利益最大化公式——也就是说,当个人利益冲突时,并非一定要为了保全利益较大的个体而牺牲利益较小的个体,以实现利益最大化的目的——他们也必须诉诸所谓生命"质量"的视角来把人的生命价值定位于自我意识、理性这类质量之上。因而,在这种还原论的视角下,功利主义者可以得出明确的结论:(1)某些生命比其他生命价值更高;(2)某些生命没有存在的价值,死亡对于他们而言反而最符合他们的利益①。相反,儒家家庭主义者并不认为个人的价值可以完全还原为某些品质。对于儒家来说,正如孟子阐释的那样,每个人的生命都是神圣的,因为每个人都具有天赋的道德秉性。所以,人的价值不能完全还原成一些经验上可确定的、相互之间可比较的品质特征。

  那么儒家学说如何解决个人利益和家庭利益之间的潜在冲突呢?比如,如果家庭只有一个独子,那么家庭的最大利益是让这个孩子结婚生子,但是从这个孩子自身的利益出发考虑,保持单身并且没有子嗣可能是是更好的选择。再如,大多数情况下,被生下来显然符合胚胎个体的最大利益,但是在某些情况下,考虑到其他因素,堕胎可能对整个家庭更好。如前所述,面对这样一些冲突,儒家学说并非简单地宣布家庭利益永远高于个人利益或者相反,而是强调个人及其家庭必须依据德性来决定行为

---

① 见 Singer(1983,1993);Kuhse(1987,1991)。对功利主义观点的犀利批评,见 Khushf(2002)。

的适当与否。换言之,冲突必须依据具体情境和德性的要求而得到解决。

无论是追求个人利益或家庭利益,儒家最基本的道德要求是,每个人的行为都必须是恰当的、公平的和正直的,亦即是符合"仁义"的。在利益面前,义是道德主体的根本品质:"君子喻于义,小人喻于利"(《论语·里仁》);义使得道德主体在面对利益的时候能够做出符合道德的选择:君子"见得思义"(《论语·里仁》);最后,义的一个主要的含义就是使人际关系各如其本性地展现,"义者,宜也,尊贤为大。亲亲之杀,尊贤之等,礼所生也"(《中庸》)。

因此,杀掉一个人用他的器官去救活五个人这样的例子或许可以用来质疑功利主义的道德观——因为如果全面考虑后得出"不偏不倚"的结论是这种杀戮可以使利益最大化,那么功利主义者就应当承认这种杀戮是道德上正义的。但是这个例子无法用以攻击儒家道德观,因为杀戮违反了儒家最基本的德性——义。关键点是,儒家只有在不违背的义的情况下才会谈及家庭价值。换句话说,儒家并不支持以家庭的名义对个人行不义之事。

这就是说,如果因为儒家把家庭利益视作内在价值,而 ESC 这种研究很有可能会对家庭大有好处,就认定儒家绝对会支持牺牲胚胎来进行 ESC 研究,则是大谬不然的。如前所述,儒家主张以"礼"来调节日常生活。发生道德危机(比如个人之间或个人与家庭之间的严重利益冲突)时,必须根据德性来权衡具体情境。这种道德权衡本质上不是功利主义的。在这个判断中家庭利益的考量如何发挥作用是高度情境化的,需要引入儒家的道德决疑法(casuistry)。

五、ESC 研究的儒家道德决断法

的确,儒家经典文献很少直接提及堕胎或其他与 ESC 研究高度相关的论题。一般而言,传统儒家没有直接触及人类胚胎生命的道德地位问题,似乎这对儒家并不成为一个道德问题。但我们仍然可以从侧面发现两个儒家基本观点对解决 ESC 问题很有帮助。首先,儒家哲学并不否认上帝或上天的存在,但并不认为应当从上帝的直接造人行为中找到人的道德本质和人格地位的根据。儒家认为,人经由父母的行为而起源、出生、成长的生理机制本身就体现了上天的旨意,即"天命"或"天道"。也就是说,儒家认为父母合德的、正当的生育行为业已充分体现了一个人出生的"天道",并不需要神的额外介入,如"注入灵魂"之类。《中庸》说,"苟不至德,至道不凝焉"(《中庸》)①。孔子强调:"人能弘道,非道弘人。"(《论语·卫灵公》)儒家社会依靠父母的良好意愿和得体举止来完成一个人的生育和抚养工作。因此,儒家哲学不可能像犹太-基督教哲学那样从人格化的上帝角度严格禁止堕胎。第二,儒家并不是没有能力考虑早期胚胎生命的道德地位。相反,儒家的二维道德观要求思考早期胚胎生命的价值问题不能完全脱离其家庭的共同善的问题来进行。毫无疑问,堕胎或以其他形式牺牲胚胎的行为都不是什么好事,因为胚胎,作为人类生命的一种,在儒家传统里是具有内在价值的。但是当一个胚胎和既有的家庭成员或者家庭的整体利益产生冲突的时候,从儒家道义的角度出发,强调胚胎具有绝对不可侵犯的个体地位既是理论上不当的、也是实践上不智的。儒家道德决疑法要求既要考虑胚胎本身的内在价值、也要联系家庭的共同善来决定一个胚胎的地位。这可能就是为什么儒家传统并不着意强调胚胎的独立道德地位的缘故。

事实上,儒家对家庭价值的关注也有利于促进个体价值。例如,儒家会认为从道义上来说,一对聋哑夫妻试图用人工的生育手段来确保再生一个聋哑孩子(而不是一个正常孩子)是不正确的,因为这违背了家庭利益。伦理个人主义者很难争辩说这样的做法损害了这个孩子的个人利益,因为如果不允许这对夫妻这样做,这个孩子就不会出现(不管是否会有另一个不同的孩子出现),而她的出现(作为一个聋哑孩子)还是好过她的不存在;因而,从个人主义的伦理角度来看这个例子,即使制造聋哑是一种伤害,也是一种没有伤害对象的伤害——我们找不到受到伤害的一个具体个体。但在儒家的二维道德体系里,我们可以明显看到有意制造一个有缺陷的孩子的做法在道德上的失当之处:对家庭的共同善的破坏。有意生育一个聋哑孩子是对家庭的道德完整的破坏,因为这样的行为是对孩子的不义(不论哪个孩子)。同时,它也是在削弱家庭繁荣的能力——在相同情况下,一个聋哑孩子的生活将是困难的。这样一个案例

---

① 参见 Chan,1963,p.44。

恰好暴露了以权利为基点的个人主义伦理学在道德资源上的贫乏。

尽管如此，坚持人类胚胎生命绝不能为家庭利益牺牲，则是矫枉过正的、不正确的。强奸案例就是重要例证。那些坚持生命神圣观点的伦理个人主义者，在论证被强奸妇女可以堕胎的问题上，面临着棘手的难题：因为胚胎既然是一条无辜的生命，并且被强奸妇女本身并未因体内胎儿的存在而受到生命威胁（如此一来自卫[self-defense]的辩护就不起作用了），那么就没有任何理由可以夺走这条生命。但在儒家看来，在强奸案例上，尽管强奸本身是无可宽宥的邪恶、而且堕胎本身一般而言是道德上的坏事因而儒家一般而言不赞同堕胎，但可以在道义上支持受害妇女堕胎：这是因为，在这种情况下，不允许堕胎是对受害妇女及其家庭的不义。如上所述，家庭的道德完整性部分地取决于家庭的良好声誉。如果受害妇女的家庭决定将因强奸而受孕的胎儿保留下来、养大成人，这就等于成全了强奸犯的侵害，这自然会损害受害家庭的声誉。而且，这将会威胁到家庭的正常存续——这不仅仅是因为损害了家庭的血统纯正性，而且也侵害了家庭通过全家协商以定夺生育之事的主权和掌控权。的确，虽然儒家传统钟爱血脉后裔，但是通过家庭共同决策收养子嗣，也是习惯做法。然而强奸成孕的性质完全不同，它野蛮地毁灭了这个家庭的纯洁与和谐。最后，如果这个孩子被抚养成人，整个家庭将会陷入一场人伦灾难之中：这个孩子将很难融入这个家庭、形成良好的家庭关系、并为家庭的繁荣贡献力量。因此，在强奸案例上儒家家庭主张堕胎在道德上是合理的选择。

事实上，这些关于家庭利益的儒家思考，能够帮助人们以一种有德性的、非功利的方式处理相关难题。例如，如果面临这样的境地：在胎儿和母亲之间，只有一方而非双方能够存活，并且为了拯救其中一个必须要放弃另一个，那么儒者会坚持救母亲而放弃胎儿。这是因为，对于儒家而言，即使胎儿和母亲具有同等的个人价值，然而母亲却具有更为重要的家庭价值，在这种情况下不抢救母亲乃是道德上的不义。相对比，这个案例又会使一些伦理个人主义者陷入道德困境。他们的一个论证是，如果我们不接受功利主义的利益最大化原则作为一种公平的解决方法的话，那么就只能通过一种公平的随机选择方式来决定这种情况下谁应获救——

因为母亲和胎儿是具有同等价值的无辜个体。① 但儒家会觉得这种随机选择的方式是道德上偏执的、不理智的而且不公正的(不义)。因为母亲(而非胎儿)已经是家庭的一个实际成员,所以在这种两难境地下理所应当地应该先救她的命,即使她的个人价值与胎儿的个人价值相同。这并不是功效最大化主义,因为决定性的因素并非可计算的、可预期的价值。有可能出现这种情况:如果胎儿无恙长大,也许会比母亲做出更多的家庭贡献。甚至,这个胎儿可能会是这个家庭唯一的孩子。即便如此,这些考虑仍然不能合理地颠覆儒家关于家庭利益的道德考量,因为义的要求之一就是面对利益时,必须合情合理地对待每一个人。为了获得更多的家庭利益而不去挽救母亲的生命是不义的,因为儒家思想关于合理对待每一个人的要求包含着感恩和互惠(reciprocity):在这种情况下,放弃母亲的生命是不讲信义、令人发指的,因为这等于不感激、不回报母亲已经对家庭做出的贡献。儒家对这种适当的回报看得如此重要,以致于即使在不作为的情况下胎儿可以存活(虽然胎儿的继续存在会危及母亲的生命)②,儒家仍会主张人为堕胎以挽救母亲的生命,因为这是"仁义"的要求。

　　强暴案例可作为一个类比例证来让我们分析治疗性克隆:如果不做任何事,这个家庭成员会因无法治愈的疾病死去;在技术成为可能的前提下,家庭有理由用她自己的身体细胞为她造一个胚胎克隆,并用胚胎干细胞来拯救她的生命③。一些人会说这两个案例在道德上是不同的:第一个案例,胎儿并不是为了牺牲而孕育的,但第二个案例则是完全出于这一目的;所以治疗性克隆不只直接涉及牺牲人类胚胎的生命,还包括创造它只是为了毁灭它这个问题。因此,对于反对者来说,即便第一个案例可以证明牺牲胚胎生命是正当的,治疗性克隆仍然是可疑的。然而,我认为,

---

　　① Brody,1972,p.340.
　　② 在某些西方学者看来,即使胎儿继续成长会危及母亲,也不可以堕胎。因为胎儿无意杀死母亲,而堕胎则是主动的谋杀。虽然结果相似,"主动杀死"和"听任死亡"之间有着重要的道德差别。在儒家看来,它们之间的区别固然重要,但也不应当以此决定每个案例。有些案例是特殊的。儒家更为关注在具体的情境下应当做什么。
　　③ 治疗性克隆和生殖性克隆的道德意义截然不同。前者的目的不是创造一个人,而是提供干细胞用于治疗。由此得来的干细胞和病人免疫系统相合,因而这类克隆作为治疗性手段极具技术前景。关于儒家对生殖性克隆的观点,参见 Fan,1998。

儒家可以通过类似天主教哲学的"双重效应"学说的策略来为治疗性克隆辩护：在特定情况下，人意图做某件事而产生一个正效应的同时充分意识到这件事还可能产生一个副效应，但人的意图是正效应，不是副效应，那么这个行为（至少有时）仍然是道德上可以辩护的。对于治疗性克隆这个案例来说，家庭意在通过克隆和提取干细胞拯救一个成员的生命，也清楚地知道会牺牲胚胎生命。与天主教的双重效应学说类似，儒家也承认这里的副效应——胚胎的破坏——是坏事。但是与罗马天主教立场不同的是，儒家认为整个行为是可以在儒家立场上得到合理论证的：这个行为并不违背"义"的要求，因为它是出于好意并且拯救了一个实际的家庭成员的生命。

那么这些思辨可用以证明 ESC 研究的正当性么？为救人而牺牲胚胎的生命是一回事，而用它来做研究则完全是另一回事。然而，如果没有足够的研究试验，干细胞治疗法永远不会成熟。所幸 ESC 研究也分不同类型。首先，使用辅助生殖过程中多余的胚胎进行 ESC 研究的并不悖于儒家道德，只要使用辅助生殖技术本身是合乎道德的。当然，体外受精本身牵涉复杂的道德问题。本章设定在对家庭价值观、特别是家庭的完整性和延续性无威胁的前提下，儒家可以接受辅助生殖技术。这就是说，需要通过技术辅助手段得到的受精卵必须由丈夫和妻子提供，而且代孕可能是道德上不可接受的。满足了这些条件之后，尽管辅助生殖技术的使用会导致夫妻原本统一的生殖性行为的分离，但仍可被儒家认可为人类自然生殖能力的延伸。在这种情况下为了，为提高成功率而造出多余的受精卵也可看成是符合仁义的、可以得到双重效应原则的辩护的——因为家庭的出发点是为了确保能够产生一个孩子。在成功生育后，多余的"冷冻"胚胎是被丢弃还是继续植入以孕育更多孩子，应由父母自行决定。无论如何，在自然的生殖过程中，实际上也有大量的受精卵从未植入；并且，家庭应该具有决定生育多少个孩子的道德权利。

如果道德上可以接受丢弃体外受精成功后多余的胚胎，那么在不违反儒家仁义的前提下也应该允许把它们用于 ESC 研究。或许有人会说把胚胎丢弃造成的死亡和杀死它们以获取研究用的干细胞是两码事："听任死亡"与"主动杀死"之间存在着重要的道德区别；即使前者是正当的，也不能自动证明后者也是正当的。然而，尽管我认为"听任死亡"与"主动杀死"的区别在许多案例中(如安乐死)十分重要,但在这里并不重要。首先,即使用于 ESC 研究,这些胚胎不会因此遭受任何痛苦——早期胚胎还没有感觉痛苦的能力。其次,它们原本就会在很短时间内死亡,用于 ESC 研究并没有给它们带来任何损失。再次,做此项研究的目的是好的。最后,此项研究有极大的积极意义,对未来的个人和家庭有很大好处。因此,家庭应该具有决定把这些多余的胚胎用于 ESC 研究的道德权威。①

相关的进一步问题是:能否仅仅为研究的目的而创造胚胎(无论克隆或非克隆)呢？亦即,创造一个胚胎,仅仅为了提取干细胞来进行研究？我认为,从儒家观点出发很难证明这种行为的正当性。这种情况与治疗性克隆有天壤之别:后者的目的是防止一个实际家庭成员的死亡(家庭利益危在旦夕);前者的目的则是促进研究,造福未来的个人和家庭(也就是说,家庭利益没有眼前威胁);后者基本可以确定一个家庭成员的生命可被救活,而前者胚胎很可能就是作无谓的牺牲。一个人会有强大的儒学依据去捐精、捐卵以创造研究用的干细胞吗？儒家家庭主义的关怀可以提供制造和杀死这类胚胎理由吗？首先,对儒家来说,为将来造福于个人和家庭来做研究完全没有拯救当前特定需要治疗的一个家庭成员那样来得迫切。再者,未来是不确定的,我们不知道这类研究是否一定能够成功,而捐献和牺牲这些胚胎则是实实在在的。因而,从家庭成员中创造一个胚胎,然后以将来的个体和家庭的名义来牺牲它,很可能是一种道德伪善,难以得到儒家"仁义"的辩护。因此,很难从儒家道德资源出发证明可以允许单单为研究的目来制造和毁灭胚胎。

六、结语:自由主义与亚里士多德,亚伯拉罕与孔子

对于 ESC 研究这样的道德议题来说,自由主义个人主义道德立场显得太过抽象和绝对而无法提供具体丰富的道德指导。自由主义将自我决定提到很高的程度,但随之而来的就是自相矛盾。一方面,它强调只有个体能够拥有内在价值,把共同体仅仅限定为工具。另一方面,它的论证逻辑又无法为 ESC 研究破坏胚胎的行为提供任何真正的约束。这在某种

---

① 类似的,只要一例堕胎合乎道德,从被弃胚胎上获取干细胞应该也是可以允许的。

程度上透露了自由主义个人主义伦理的苍白无力。

　　向古典西方的亚里士多德城邦回归并非是一个有前途的解决方法。城邦对于个人完善来说自然是必需的，但它的内在价值体现在对人类作为政治动物天性的满足。然而如果问题是改变人的天性呢？特别是，如果未来的基因工程使得人类的繁衍不必再通过两性繁殖、可以摆脱家庭来过公民生活（亦即，利用生物科技手段实现柏拉图的理想国），那又会怎样呢？亚里士多德学说难道不应该支持这样的变化吗？但在儒家视角中，这种变化是道德上不允许的。儒家认识到，家庭作为人类生活的基本社群或共同体具有内在价值。在家庭组织结构中所体现的深远的爱是如此基础、珍贵而不可替代，因此家庭的道德性质和地位是永远不可交换的。最后，亚里士多德式友情只是一个单方面的、个人主义的自身之爱，而儒家仁爱学说所提倡的亲子感情（亲亲）是在本质上抵制个人主义的理解的。从儒家立场为 ESC 研究所作的合理性论证既不同于功利主义论证、也不同于义务论论证；既非从个体利益的总和出发、也非仅从人权出发，而是一个以德性为基础的两维伦理策略（同时将个人价值和家庭价值纳入考虑）。通过借助道德决疑法，儒家能够为基因治疗、ESC 研究引起的复杂伦理难题提供适宜的道德指导。

　　在这点上，亚伯拉罕式的对早期胚胎的宗教关怀和儒家立场之间的差异或许并不像乍看上去那么大。认为儒家学说完全不把早期胚胎当回事乃是极大的误解。但是，本章得出的一些结论仍然会令某些宗教人士不舒服——例如，儒家认可强奸案例中的堕胎行为，也支持治疗性克隆。

　　的确，孔子不是亚伯拉罕。儒家的道德意义不能被我们在西方宗教中所看到的那个先验的人格神所穷尽，儒家学说中的上帝也没有与人类订立盟约或契约，从而使复杂的道德判断成为一个简洁的神令（Divine command）系统，人类剩下的唯一重要的事似乎就是相信在这个神令系统必定可以实现真善美的统一，因而把罪恶问题（the problem of evil）从逻辑、智力和道德探索中排除出去，以逃离亵渎上帝的恐惧。亚伯拉罕听从上帝的每一道指令。但儒家对天命的理解与此不同：天命更加精妙隐蔽。孔子15岁开始学习，但到50岁才知天命（《论语·学而》）。也就是说，天命不是一个可以一劳永逸地传授的规则体系，它需要个人自身的努力去达到。人只有在充分修德的过程中才能逐步感知天命。最后,天命只能体现在天道运作之中,而天道运作又必须落实在德性行为之中。"苟不至德,至道不凝"(《中庸》)。对儒家而言,不可更易的家庭之爱是德性的根源。

十八 儒家伦理对于制定基因政策的意义

一、导言

随着医学生物技术的发展,相关的道德争论也日趋激烈。① 科学家有关基因、克隆和干细胞的研究不仅经常是社会新闻关注的焦点,同时也造成人们心态上的不安。一方面,随着基因研究工程或干细胞疗法上新知识和技术的进展,生物医学科学家们深信以后可以解决当前的许多疑难杂症,如囊肿性纤维化、泰-萨病(Tay-Sachs)、阿尔茨海默氏病、骨髓损伤和糖尿病等。可以预期,这些技术一旦成熟并得到应用,人类的健康状况将得到显著改善。但另一方面,这些医学上的奇迹却需要付出很高的道德成本,以至于很多人怀疑人类是否能负担得起这一代价。例如,围绕胚胎干细胞研究就有很多道德争论,因为该研究涉及破坏人类的胚胎。② 基因知识的更新发展也许为我们带来了改进社会和人类的可能,但也激起了基于优生学的恐惧和僭越上帝的谴责。③

有没有一种合适的伦理学,针对这些技术的研究和应用,在政策制定上对社会起指导作用呢?在这些相关政策制定过程中,道德哲学能否发挥相应的作用呢?显然,在当今这个世俗化的多元社会中,人们具有不同

---

① 本章使用"医学生物技术"(medical biotechnologies)指称一系列用于医疗目的的先进生物技术,例如试管受精、基因技术、人类克隆、干细胞疗法等。本章不仅关注干细胞治疗这类"再生医疗"(参见 National Research Council (2002) 和 Canadian Institutes of Health Research (2005)),而且也关注其他医疗生物技术,以为公共政策制定提供一个广泛的伦理学思考。
② 参见上一章。
③ 参见 Buchanan et al., 2000。

的价值观和伦理准则。① 当然,这样的社会中也保留着一些有虔诚宗教信仰的人,他们根据宗教信仰和戒律,严格地审视生物技术。他们通常不受任何无宗教信仰或其他的宗教团体伦理论证的影响。但大部分人是处在这种情形之下:他们不再完全忠于某一个宗教团体或传统道德体系,但仍严肃地关心这些传统或价值,即在一个社会中为大多数人所信奉、有强大凝聚力的主要宗教的一些存余或片段价值;②但他们同时又为那种强调个人平等、自由和制定公共政策的中立性的自由伦理原则所吸引,并在这种矛盾支配下感到困惑。③ 因为这些人是当今世俗多元社会中的大多数,并且由于这些社会是依据民主的方法制定公共政策,强调社会中大多数成员的功能,因而这些人构成了一股可能被道德哲学所影响、并能决定政策制定的强大力量。

确实,在生物技术广泛发展的深刻影响下,相关的道德问题必须在公共层面上被讨论和反思,以获得大多数人的理解并形成适当的公共政策。道德哲学家可以通过澄清基本概念和提供道德论据来进行道德论述,以帮助大多数人在关键时刻理解事情的原委。当然,宗教伦理家进行相关的宗教论证也是合情合理的。④ 但是,为了能影响到大多数人以提出有效的政策指导,从方法论上说,论证最好还是不要从带有浓厚宗教色彩的某些形而上学命题出发,既然社会上的大多数人已经不再能认真持有这种信念。本章特别强调以下两个道德方法论要求,它们对确定生物技术

---

① 这并不是否认现在仍然存在大量的宗教人群,诸如当代的伊斯兰教徒和基督教徒。但是,这些宗教群体并不是本章讨论的主要对象。

② 例如,在西欧和北美的大部分群体中,很多人都不是严格意义上的基督徒,但是他们仍然关心一些有基督教渊源的价值,如生命的神圣价值。类似地,在东亚社会中,大部分人并不宣称自己是儒家,但是他们也持有儒家的传统价值观,重视孝和家庭成员之间的相互依赖。

③ 人们发现它们吸引人是因为现代生活总是给他们灌输这些自由主义的观点,其中充满了现代社会能接受的政治合理性和正确的教条;它们使人困惑是因为他们发现自由主义在具体事件上得出的结论,如生物技术的发展和应用,与他们仍然珍视的传统价值有所冲突。

④ 对于国家的角色,当代自由主义者持中立态度:国家应该中性地对待不同的宗教及对美好生活的不同理解。对罗尔斯而言,这个立场包括了在提供道德论述时的独立的基础性要求:公民不应该将自己的政治争论、政治决定、他们各自特殊的宗教信仰,如他们所诉诸的神圣戒命、经文或宗教领袖等置于公共场所。相反,他们应该将自己的论证建立在与每个人都具有一致性的自由和平等的公共理性上(Rawls, 1993, pp.217—218)。因此,对罗尔斯式的自由主义者来说,不提供一个具有高度宗教性的论证成了合法性的伦理和政治要求。这对于宗教信仰者而言是不公平的。比如可参见 Wolterstorff, 1997。本章并没有支持这种自由主义的观点。它只是就伦理学对公共政策制定的有效建构方面做一个方法论的提议。

的公共政策制定的道德内涵具有启发意义：首先，道德论证必须能够为相关事项提供清楚的、实质的和内在一致的指导；其次，道德论证必须建立在能够被社会中大多数成员所理解和接受的某些基本的道德关怀和价值之上。

依照以上方法论要求，本章试图证明在当今世俗的多元社会中，无论是自由主义伦理论证还是基督教道德学说——它们是在技术的扩张面前人们最常诉诸的两种道德资源——都不足以为医学生物技术的政策制定给出有益的指导。本章试图提出，儒家的道德教导或许可以为我们提供一条出路，因为它建立在共通的人性基础之上，易于为人们所理解和接受。本章首先将在下一节中讨论 Ronald Dworkin 的当代自由主义伦理观点及其对基因技术的政策回应。第三节将讨论恩格尔哈特的传统基督教生命伦理观点及其所蕴涵的公共政策表述。第四节将简单介绍儒家学说及其对当代生物技术的意义和重要性。最后一节将提供一个更广泛的道德背景下的总结性评论。

二、自由主义生命伦理学——它能为公共政策的制定提供清楚、实质和内在一致的指导么？

作为"人人生而平等、自由"的启蒙运动价值的继承者，个人主义自由主义在当代道德论述中占据着主导地位。但它是否可以就政策制定为我们提供一个满意的指导，则是另外一件事。自由主义者的一般观点是，公共政策应该是组织社会的这种方式：在其安排下，自主的个人有平等机会去追求各自不同的观点、愿望和偏好。但是一涉及具体政策制定，这个看似明白无误的安排却往往无法顺利达成，因为自由主义者首先需要解决自身的分歧，亦即必须首先决定哪种政策最符合自由主义的这一理念。这一困难又可以追溯到作为自由主义伦理学基础的一些成问题的预设上，当然后者已经超出了本章的论述范围。我们目前关注的重点仅仅是这一困难如何妨碍自由主义者为制定医药生物技术政策提供内在一致的指导。

自由主义者关于基因技术的论证可以作为一个极好的例子，向我们展示为什么自由主义道德不足以指导医学生物技术政策的制定。Dworkin

提出的一番讨论是很有启发性的。① 在探讨基因技术对当代自由主义道德可能的威胁时，Dworkin 首先总结出两条根本性的、指导政策制定的自由主义伦理原则——同等重要性原则和特殊责任原则：

> 第一条原则坚持如下的客观重要性：任何人类生命一旦开始，就应该让其存在下去而非消亡，生命的潜能应该被实现而不是被浪费掉，这一点对每个人的生命都具有同等的客观重要性……第二条原则承认这一重要性，但同时坚持认为任何人，作为拥有其生命之人，都对其生命负有特殊责任，并由于这种特殊责任，每个人都有权自己决定什么样的生命才是成功的。②

这些原理阐述了自由个人主义的观点，即在社会中通过公共政策来保护作为根本道德价值的个人平等和自由。因此，在 Dworkin 看来，如此安排的政策既是平等主义的（依据第一条原则），也是自由主义的（依据第二条原则）。③ 就基因技术而言，Dworkin 认为自由主义伦理不应该对它的发展投反对票，因为这种制止阻止人们借助发达的技术过上幸福的生活或者是更好的生活的可能，这明显是有悖于第一条原理的。此外，第二条原理承认了个人必须自由决定对圆满生活的定义，因此，那些将基因技术相关的工作视为他们实现圆满生活的必要因素的人，如医生和科学家等，应该被允许投身于这些领域进行自由工作。④

然而问题并非如此简单。实际上，Dworkin 承认基因技术可以很大程度上模糊机会和选择之间的界限，而这一界限正是自由主义伦理话语的基础之一。但 Dworkin 进一步认为，这种挑战正好凸显他所谓的自由个人主义观点的重要性：只有以这一观点为背景，才能有效地回应此类批判性的挑战。⑤ 根据 Dworkin 的自由个人主义伦理视角，基因技术的关键挑战在于它将人带入到一个新时代：在这个新时代中，人们开始能够选择某

---

① 之所以选择 Dworkin 作为自由主义立场的代表，不仅是因为他是自由主义道德学说和法哲学的领军人物，而且是因为他的论述以一种直截了当的方式涉及到自由主义伦理学的根本原理，从而将自由主义论证中一些棘手之处袒露无遗。
② Dworkin, 2000, pp. 448—449; also pp. 5—6.
③ Ibid., p. 449.
④ Ibid., p. 452.
⑤ Ibid., pp. 444—449.

些对其生活有重大影响的东西——而之前他们只能被动接受这些东西——人们也因此担负上他们感到难以胜任的责任。但是，Dworkin 在回应从机会到选择的潜在性根本转变的时候，提出了"非变不可"作为对基因技术的清楚认同。[①] 这种回应方式并不出奇，因为正是自由主义伦理高度重视个人选择，基因技术对机会和选择之间的界限的挑战才会显得如此重要。Dworkin 的回应方式真正奇怪的地方在于，尽管他认识到这种选择能力的扩张会导致具有严重结果的错误决定，但他的批判道德理论却不能对此提出任何预防或指导措施，换句话说，他的理论缺乏能将对与错区分开来的实质标准。他的自由个人主义观点只是简单地将基因技术的威胁转化为宝贵的机会——应当对所有人平等开放的机会。在基因技术面前，"真正可怕的不是错误；而是失去控制错误的能力"[②]。对他而言，似乎这种恐惧只会趋使人们紧紧抓住使用这种技术的机会，因为真正错误的是限制人们选择的范围，至于人们实际选择什么则是无关紧要的。

我们认为，自由个人主义伦理并不像 Dworkin 设想的那样可以作为基因工程的批判性道德背景。首先，自由个人主义伦理很难在政策层次上提供内在一致的指导。正如 Dworkin 所表达的，自由个人主义者在基因工程技术的使用上不仅不赞同禁止措施，甚至也不支持家长式保护措施。个人应该被允许去决定是否要采用这种技术来实现他们自己所理解的圆满生活，只要他们被告知了潜在的危险就行。并且个人自己对其所选择的生活负责。但是，这种说明不可避免地提出这样一个问题，即如果某个决定对他人的生活产生巨大影响的话，那么这个人的选择还能得到合理辩护吗？比如，能否允许父母通过基因工程技术来选择未出世的孩子的某些特征，比如性情和顺，身材高挑，有音乐天赋，甚至耳聋、眼盲，假定拥有这样特性的孩子对他们的生活非常重要？在这种情况下，无论是允许还是禁止都违背自由个人主义的原则。如果允许的话，那就意味这种道德不像重视父母、科学家和医生等人的意见那样重视那个尚未出生、但已经被改造的孩子自己对圆满人生的理解。如果禁止的话，我们也会面临着同样的困境：这意味着这种道德偏向由该技术创造出的个体，而不

---

① Dworkin, 2000, p.446.
② Ibid.

给期盼孩子出生的父母、或者科学家和医生对他们各自的幸福追求以相等的地位。对这种批评,也许有人会说父母与孩子通常分享着相似的人生观念,或者医生和科学家能找到基因技术的中和应用以满足其发展基因技术的热望。但是如果真正从自由个人主义的立场来衡量的话,这些考虑都是无关宏旨的。因为,对自由个人主义者而言,最重要的事在于确保每个人都能在客观的平等关系中确定自己对圆满生活的定义,而政府本身必须对这些定义保持中立。① 由此,政府就在基因工程技术的发展和应用上陷入了两难。一方面,基因技术让某些人有机会按自己的想法塑造其他人,然而这却隐含着设计者和被设计者之间的不平等关系。但另一方面,禁止基因技术的发展和应用又违背政府不干预个人选择的自由主义原则。

简言之,自由个人主义不能为关于基因技术的发展和应用提供清楚的、实质的和内在一贯的政策指导,同时它也没有减轻公众对基因技术发展的可怕前景的焦虑。因此,自由主义的伦理阐释不符合本章开头我们建立起的方法论要求中的第一条标准,即能够为相关事项提供清楚的、实质的和内在一致的指导。如上所述,虽然自由主义的阐释从概念上清楚定位了基因技术的发展对自由主义的根据之一(即机会和选择的区分)的威胁,但它未能就此给出实质的公共政策指导。而当自由主义试图给生物技术的发展以实质支持的时候,其论证却不够清晰,而是模棱两可、甚至自相矛盾(因为它可能导致逻辑上互不相容的结论)。②

对很多人而言,总有一种不祥的预感伴随着生物技术所带来的转变,虽然大多数时候他们并不确定令他们害怕的究竟是什么,比如 Dworkin 所不在乎的扮演上帝的危险。既然不要扮演上帝的警告经常出现在有关

---

① Dworkin,2000,p.6.
② 通过比较 Dworkin 和哈贝马斯的相关观点可以更清楚地看到自由主义立场的内在问题。尽管在自由主义起点问题上哈贝马斯和 Dworkin 意见一致,即个人应该是他们自己人生历史的唯一作者,但是他就基因工程合法性问题所得出的结论却与 Dworkin 完全不同。哈贝马斯认为,基因技术在道德上是不能被允许的,因为它将破坏最根本的"关系上的对称性"(relational symmetry)。这种"关系上的对称性"为一个道德共同体的所有成员所共享,即所有人都是自由的、且处于平等的关系之中。相反,基因技术不但会造成设计者和被设计者之间无法撤消的不对称权力关系,同时还会导致"长成的"(grown)与"被造的"(made)之间的"习惯区别"的消失,从而摧毁个人作为人类一员的道德自我理解。参见 Habermas, 2003, *The Future of Human Nature*, UK: Polity.

现代生物技术的讨论中，或许宗教道德阐释能为我们提供有说服力的政策指导。

三、宗教生命伦理学——是可行的政策指导吗？

植根于某种宗教形而上学观点中的宗教伦理学在基因技术上的立场与自由个人主义截然不同。本节将集中讨论由恩格尔哈特提出的以东正教为基础的道德资源。不少基督教派别正在西方逐渐衰落，东正教作为最古老的基督宗教影响力则与日俱增。

在恩格尔哈特看来，东正教传统极为看重上帝之爱和与上帝统一这一终极目标。根据他的传统基督教生命伦理学观点，神学的神圣目标与性伦理之间的关系可以给出明确的道德路标，它们十分不同于仅由道德反思给出的指导，因为后者只能大致地、不尽如人意地回应这个破碎且充斥罪恶的世界。在基督教传统中，每个人都是由上帝创造而要么成为男人要么成为女人，并且男人与女人在本体论上有根本区别。婚姻本质上是上帝所设立的制度，经由这一制度，相爱的一对男女结合成一体以获得拯救。尽管为了生育或加深夫妻情感纽带的目的，肉体的性欲也是允许的，但是婚姻里的性爱必须首先指向纯粹的上帝之爱和与上帝的结合。这意味着，婚外第三方不能加入到只限在夫妻间发生的性活动或者生育活动中来，因此通奸、乱伦和人兽性交都是禁止的，而且色情、手淫、同性恋也是罪恶的。既然人类作为有意识的存在会因为没有控制好自己而犯了这些和性有关的罪而遭到谴责，那么那些受困于对这些罪恶的欲望的人应当寻求帮助，比如咨询、心理治疗或精神病治疗，以使自己最终能回到正路和上帝统一。此外，就人是不断领受着上帝的爱和怜悯的造物而言，其生命是完全奉献给上帝的，不能为其他人所夺走。因此，在任何情况下，剥夺他人生命，即使是为了保全产妇而剥夺其腹中胎儿的生命，都是一种背离神圣道路的行为[①]。

相应地，传统基督教伦理判断现代生物技术发展是否合宜的标准就是，这些技术是否遵循那种以与上帝统一为目标的性伦理。首先，以辅助

---

① Engelhardt, 2000, pp. 237—239.

生殖技术(这一技术包括了多种多样的与性活动有关的人为选择步骤)为例,可以看到传统基督教伦理对于类似的现代生物科技的态度。对基督教道德来而言,尽管生殖是婚姻的一个关键目的,但这并不意味着采取任何手段达到这个目的都是正当的,因为生殖行为关涉到夫妇之间的爱和亲密的结合,且排除了婚外第三方的参与。因此,对传统基督教伦理而言,只有不包括第三方的(无论是就配子的来源、还是就性行为而言)的辅助生殖技术才是道德上可允许的。相反,包含捐赠的配子或者试管授精的辅助生殖则被看作是通奸行为,应当禁止。同时试管婴儿技术也引发了其他很多道德争论,比如多余的授精卵和早期胚胎是否有人格等问题。①

对于包含类似错误(如果不是更邪恶的话)的人类克隆和ECS研究,传统基督教态度也采取禁止的态度。它认为,克隆人是错误的,因为类似于试管婴儿,这类新生命的创造过程中不包括婚姻的亲密;并且就它允许将生命创造简单化为无性的行为而言,这种行为更接近于一种罪,绝对与上帝的意志相违背。至于ESC研究,无论它是借助试管婴儿技术还是克隆技术,都是道德上罪恶的,不仅因为以上的原因,更是因为就其研究必须破坏胚胎而言,它涉嫌剥夺人类生命。此外,将人类和动物的生殖细胞结合培育出杂合体的行为也是相当罪恶的,即使仅仅是为了科学和实验的目的。②

最后,关于基因工程技术,最重要的一项不能被违反的禁令是,由基因技术创造的个人必须仍然是一个理性的道德主体,具有明确的性别,并有繁殖的能力。除了这一限制之外,与一般印象相反的是,传统基督教生命伦理并不禁止任何可以提高人类健康水平的技术,哪怕是种系遗传工程(germ-line genetic engineering)。实际上,该工程应该是受欢迎的,因为它有助于减少因为遗传疾病而选择流产的几率。③

确实,恩格尔哈特的宗教伦理阐释符合前述的方法论要求的第一个标准,即,给出针对问题的清楚的、实质的和内在一致的解决方案。尽管

---

① Engelhardt, 2000, pp.251—255.
② Ibid., pp.259—261.
③ Ibid., pp.272—273.

很多人可能发现自己支持恩格尔哈特对关于生物技术进步提出的审慎的禁令，或至少支持其中的一部分观点，但是植根于宗教的道德推理仍然不能为政策制定提供有效伦理论证，即，提供一种能影响到现代社会大多数人的伦理论证。确实，从伦理上来说，很多人持有与东正教接近的某些价值观（例如，他们奉行婚姻带来的终生相爱和相守，并珍视忠诚的美德。）然而，从形而上学上说，他们不接受植根于传统基督教信仰的准则（例如，把家庭之爱和夫妻间的忠诚依附于对上帝的爱。）另外，从认识论上说，他们也难将自己的生命和婚姻看做是追求拯救和与上帝结合的过程中的一部分，因为他们无从获知上帝。最后，从心理学上讲，即使不感到怨恨，无基督教信仰的人也会对被视为罪人而感到不舒服。在技术带来的不确定的威胁面前，无基督教信仰的人也会认为诉诸祈祷并不是明智的解决方式。

总而言之，恩格尔哈特提出的简洁的宗教伦理阐释是富有智慧的，并且实践中也是部分有效的，但是它无法满足我们提出的第二个方法论要求，亦即，道德论证必须建立在能够被社会中大多数成员所理解和接受的基本的道德原则之上。

四、回归日常生活——儒家思想指导下的政策制定

同基督教道德相比较，儒家思想更适合于指导政策制定，因为它能提供丰富的道德说明而无须完全依托形而上学方面的假设。尽管基督教和儒家都赞同在人际关系中孕育和培养的爱在道德生活中占据重要地位，但是他们对这种爱的根基的理解则是完全不同的。在儒家看来，是否以及如何使得人类之爱的经验最终奠基于神的超越存在，对宗教信仰和相关的神秘体验而言是一个极其重要主题，但对道德思考而言不是第一位的。为了满足制定政策的目的，有效的道德论证必须建立在大多数人共享的一般道德体验上，而非特殊人群的特殊经验。儒家认为人类之爱深深植根于家庭关系，而家庭关系是人类的共同经验。对道德生活而言，最重要的事情不是向上帝祈祷和遵守他的诫命，而是在人际关系中培养德性。对儒家而言，这种道德经验是普遍的，因为人际关系，特别是家庭，是人类生存的根本方式。人们或许可以合理地否认神的超越存在，但他们

不能合理地否认自己与其父母的相互关系。

儒家的"德"的观念虽然也会受到儒家特有的形而上学的影响,但这种影响不会强到破坏大多数人的普遍道德经验的真实性。在儒家看来,人类与动物的区别就在于人能通过德性修养而完善自身成为一个合格的道德主体。儒家的一个基本的道德洞见就是每个人都秉有天赋的德性端绪,这说明人们追求善是出于内在的道德本性而非出于外部的强迫。①这些德性的端绪就好比是种子,只要加以适当的培养,人就能在这些善端的基础上成长为有德性的人。诚然,如果没有培养,种子自己是不会发芽的,这对儒家而言,就好像人脱离人伦、作为一个孤立的个体不可能发展为道德主体一样。适当的社会关系无非就是所谓"德性端绪"的内在品质的外化而已:人们通过使自己的行为与自己在不同社会关系中的角色相符合而来培养自己的德性。因此,在儒家看来,人伦关系是个人德性培养的本质处境,而德性就是维持适当关系的必要品质。

在儒家学说里,仁及亲子关系被认为是最重要和最根本的,因为它们既是道德生活的起点,也是道德生活的根本成就。儒家这方面的洞见包含两个相互联系的层面。首先,仁可以被理解为"爱人"(《论语·颜渊》,《孟子·离娄下》),其典范就是父母和孩子间最基本和自然的情感。儒家强调这种情感是先天的,"人之所不学而能者,其良能也。所不虑而知者,其良知也。孩提之童,无不知爱其亲者,及其长也,无不知敬其兄也"(《孟子·尽心上》)。既然亲子关系是每个人都必然置身于其中的根本关系,因而成为道德主体的第一步就是首先去爱自己家庭成员,然后再推扩到家庭之外的社会成员。换言之,儒家之所以强调亲子关系在道德生活中的核心作用,是因为它开启了个人德性修养的初始过程。其次,我们还可以从更深的层面、以更整体的方式来理解儒家道德:仁不仅意指亲子之爱,同时也包括所有德性的总体,比如圣人所体现的那些品质也是仁。但是,只有一条道路(这条道路也只有一个方向)可以通达这个总体的德性,亦即,人们必须从仁之本开始:"孝弟也者,其为仁之本与!"(《论语·学而》)只要我们能坚实地建立起"本",之后德性发展也会随之而来:因为"君子务本,本立而道生"。又如《大学》所言的"物有本末,事有终始,

---

① 参见《孟子·公孙丑上》。

知所先后,则近道矣"。因此,除了肯定德性修养从亲子关系开始之外,儒家更进一步认为家庭关系中的情感是人类道德发展的根据。这也就是为什么儒家传统强调爱有等差,亦即,仁的推扩必须是以家庭为起点和中心的。简言之,在儒家看来,如果家庭关系被牺牲了,人类的道德将丧失根基。对儒家来说,家庭关系的出现是区分人与禽兽的重要标志。①

儒家对人类的爱和道德性的理解很容易获得大多数人的共鸣,因为这是大家共享的道德经验。相应地,必须重视生物技术发展对家庭关系可能具有的潜在威胁,以便尽早制定出相关政策,也是大多数人的关注。确实,现代社会大部分人都珍视家庭关系的道德价值,即使他们没有明确持有如上所述的儒家信念。因而,联系到一开始所述的方法论要求,相较于基督教道德阐释,儒家道德阐释更易获得广泛的支持。虽然儒家伦理和基督教伦理在价值观有很多共通之处,但儒家的论证并不像基督教论证那样,完全依赖于宗教前提,而是更贴近日常生活经验。

例如,和基督教一样,儒家也不赞同将克隆技术视作为一种生殖手段,虽然儒家传统非常重视家庭的血缘后裔。但儒家反对的理由并不是因为"无性生殖是一种违背上帝意志的罪恶"——这些以基督教信仰为根据的理由今天已经很难为大多数人所接受。人类克隆道德上真正成问题的地方在于,克隆人很难融入到适当的家庭关系中去。克隆人难以拥有确定的亲子关系,因为很难确定谁应被视作克隆人的父母。一方面,如果克隆的基因捐献者算作其父母的话,那么克隆人必然只能生活在单亲关系中,而不是像普通人那样同时拥有父母双亲。另一方面,就血缘关系而言,克隆人的基因捐献者的父母也应当被看作是克隆人的父母,这样一来,克隆人与其基因捐献者的关系就会类似于兄弟姐妹的关系,就如一对双胞胎一样(如果不考虑二者之间不寻常的年纪差距的话)。但这同样会产生非常棘手的局面。首先,这些仅仅凭遗传信息而确定的父母可能永远不会知道这个克隆孩子的存在。其次,即使他们知道,这些没有亲身参与生育过程的"父母"是否还能对其克隆孩子保有浓厚的自然亲情——这些自然感情对建立适当的亲子关系而言具有不可替代的重要

---

① 孟子曰:"人之所以异于禽兽者几希,庶民去之,君子存之。舜明于庶物,察于人伦;由仁义行,非行仁义也。"(《孟子·离娄下》)

性——就很难说了。同样不确定的是,基因捐献者应当怎么对待克隆人,是将之当作后代、还是当作弟弟或妹妹?正是这些麻烦的伦理问题和困难促使人们赞同禁止克隆人。

此外,基督教伦理不鼓励辅助生殖技术的应用,比如试管授精,因为整个过程中缺乏作为婚姻本质的亲密关系,儒家则认为家庭通过这种技术获得子嗣是合理的做法。因为在儒家看来,尽管夫妻间的相互忠贞和亲密关系是道德生活的重要部分,但这决不能成为阻止家庭通过技术谋求子嗣的理由。决定是否使用辅助生殖技术的关键因素是家庭的共同决定。但是,如果辅助生殖涉及代孕母亲或者使用的配子来自婚姻关系之外的第三者,那么它就是道德上不允许的。因为这两种情况都不可避免地会混乱家庭关系。很明显,在基督教和儒家无法达成共识的地方,儒家的道德考量能够获得更多人的支持。

儒家道德学说对 ESC 的研究和治疗也持开放态度,尽管在某些方面儒家仍有保留。首先,既然试管授精是道德上可接受的,那么总会有多余的受精卵或早期胚胎。在这种情况下,如果捐献者同意的话,应当允许从这些多余的受精卵或早期胚胎身上提取干细胞,以供研究所需。正如我们在上一章所论述的,第一,因为这种决定和抛弃的决定之间并没有实质的区别,无论如何它们都会在很短的时间内死去。第二,就 ESC 研究或治疗潜在的医学利益而言,这种决定是出于行善的目的。

其次,关于通过试管授精或克隆来制造胚胎以用于 ESC 治疗的合法性问题,我们则必须至少考虑如下两个因素。第一,国家可以通过有效的监管来保证如此制造的胚胎只能用于医疗目的,而不是生育繁殖。这样就不会造成家庭关系的混乱。第二,配子的捐献者必须和家庭成员间有直接关系或者他们自己就是治疗的受益人。在这种情况下,生物技术不会对合理的人伦关系造成直接威胁,该技术反而能增进德性的培养,因为"仁"本身就要求家庭成员之间相互关心。然而,考虑到成人干细胞的存在以及上述情况已经可以满足再生医疗技术研究和发展的需要,因而很难找到足够的道德根据,支持单独制造仅仅用于研究目的的胚胎,因为这将需要政府投入更多的资源来保护捐献出来的配子和胚胎免受滥用。

最后,儒家道德考量要求谨慎对待基因增强技术。很明显,我们有很多理由来支持基因治疗技术,以治愈那些顽症。但基因增强(比如为未出生的孩子挑选或者设计某些特征)就是另外一回事了。因为家庭关系和家庭之爱具有道德上根本的重要性,任何将破坏这种关系的建立和爱的培养的行为都被看作是道德上根本错误的。例如,通过基因技术来改变性取向——如果技术上成为可能——就是道德上邪恶的。此外,对那些看似没有对家庭关系和家庭之爱造成直接伤害的行为,儒家也会有审慎的考量。首先,亲子关系及伴随其中的自然情感是通过血缘纽带建立的。这种血缘纽带用现代的话来说就是基因遗传。在很多方面我们和我们的父母、甚至祖先有相同点,例如,我们有相似的外表、肤色、情感方式和其他一些特征等。那么是否有充足的理由以"增强"名义来改变这些基因特点呢?当然,如果一个黄种的中国人娶了白种的高加索人,以至于他们的孩子有了和他的父母都不相同的发色和肤色,这并没有什么道德上不可接受的地方。但这与通过基因技术而改变后代的生理特征是两回事。一种婚姻的选择通常有很多理由的支持(比如夫妻双方的爱,或者是两家的利益关系等),但是,是否有很好的理由能让一对夫妇选择通过基因技术来改变自己孩子的肤色呢?如果只是因为他们觉得不同的肤色可以使孩子看起来比起他们自己或者祖先更高贵,这难道不是对他们自己和祖先的一种不尊重吗?总之,儒家倾向于对于基因增强技术采取审慎的态度。自由主义者倾向于认为这种审慎的态度毫无力量,反而是一种羞耻的印记,因为审慎只是对胆怯的掩饰。[1] 但儒家有自己的深入考虑,我们将在下一章详细论述。

五、结语

在自由主义伦理因其对个体自主及多元社会结构的推崇而获得越来越多瞩目的同时,它不能为道德决定提供实质指导的缺陷也暴露无疑。当个人没有任何线索来指导其如何选择时,选择就变成最高原则。相应的,社会变成了这样一种机制,它在保护个人自由和权利的名义下鼓励冲突,而不是去倡导建立在道德教化基础上的和谐共处。

相反,儒家通过提供一个善的生活的总体观念,而为道德决定提供实

---

[1] Dworkin, 2000, p.446.

质的指导,引领人们去过一种善的生活。在这一点上,儒家和基督教有共通之处,他们都认为伦理方式就是建立在深刻的道德经验上的生活方式。他们的分歧主要在于对如何获得道德经验的不同理解上。儒家伦理认为,善的生活应该通过建立在亲子自然之爱的基础上的德性修养来达成。确实,这是一种共通的人类经验,即使在碎裂的、多元化的现代社会中亦是如此。以家庭之爱作为一个道德价值或者道德考量的起点,使得儒家伦理道德能为当代社会中大部分人理解和接受。因此,建立在儒家道德原则上的伦理阐释可以满足制定政策所需要的两个方法论要求,而自由个人主义伦理和基督教伦理却顾此失彼,无法达到这样的满足。

十九 基因增强的儒家反思

一、导言

在实践层面上，儒家对基因增强（genetic enhancement）的反思很有必要。数以亿计的东亚人，包括大部份中国人，仍然过着儒家式生活。他们对创新生物医学技术的态度和反应、以及他们的家庭、社会关系和交往方式，皆为儒家文化的道德信念与价值所塑造。这个事实的重要性不应被在西方语境下儒家思想是否应当被视作宗教的学理争论所困扰。如果你问一个普通的中国人是否相信儒教，这个人大概会被你弄得迷糊起来。这样的问题在当代中国社会的语境下意义十分含糊。例如，他会认为你是问先圣孔子是否类似于基督教的耶稣或是佛教的释迦牟尼；他会回答不。或者他认为你是问他是否会定期参拜如同基督教的教堂或佛教的寺庙一样的儒教崇拜场所；他的回答仍然是不。然而，若你问他是否相信和接受儒家基本道德，如仁、义、礼、智、信以及孝等，他就会回答是——他会说所有人都应如孔子所教，培育和践行这些德性，从而过一种真实意义上的人的生活。就此而言，至少作为道德生活方式，儒家仍然活跃于东亚人民的思想和实践之中。然而，他们对西方基因增强的兴起会作出怎样的反应？应该把基因增强视为对儒家生活方式的帮助还是威胁呢？

在理论层面上，儒家对于基因增强的反思也是有益的。儒家伦理学中有很多深刻的思想和道德资源可以用来探讨现代的道德问题。这些资源已被各式各样的现代伦理学所轻视和忽略了。首先，儒家并不试图提供代替具体规则的一般道德原则来引导每个人的行为。现代的功利主义和义务论都提供作为主规则（master rules）的一般原则（比如功利原则的功利原则和康德的绝对命令)。这些原则提供独立于具体情境、独立于具体规则的一般指导。对儒家而言,道德规范不仅是一般性原则,同时也是整个社会接受和践行于日常生活中具体礼仪规范。更准确地说,儒家认为道德引导应该取决于具体规则和一般原则之间的协同合作,而当两者有所冲突时,规则或原则都没有优先性或绝对性。相反,它们都只能回到德性的语境下才能获得自己的合理性证明:人们通过适当地观察和平衡这些规范或原则来实现美德。

其次,儒家有很好的理由反对任何"匿名"(anonymous)的道德阐释。"匿名"意味着没有充分认识到人与人之间的具体关系在道德实践中的重要性。现代的功利原则和康德的绝对命令,就是这种"匿名"的道德阐释。在功利原则下,用中立客观的计算方法来计算效用的总额时,是不会把具体的人与人的关系作为出发点的。这些关系甚至算不上相关因素。而且,虽然一些义务论者特别关注某些特殊关系,但这些关系的道德价值交给了道德主体的直觉或是与其他因素相平衡,而不具有任何基础性地位。相比之下,儒家认为如果不在家庭组织和社会关系中,人和道德的准则只能是空洞的和缺乏权威的。忽略这些关系在道德上的重要性就会导致"匿名"的、个人主义的道德阐释,后者在儒家看来是不适当的误人之说。

最后,儒家认为家庭在无论在本体论上、还是在道德上都是一个实在存在。亚里士多德主义伦理学(作为当代西方唯一占优势的德性伦理学学派)认为家庭只是城邦中一个自然单元,并不包含任何深奥的政治和道德意义。相反,儒家伦理学作为另一种美德伦理学,则视家庭为最重要的人类共同体,并认为家庭构成为理解儒家德性的首要语境。

儒家伦理思想所具有的这些显著的道德特征——非原则主义、反对"匿名"关系、以及以家庭为基础,将会如何影响儒家对基因增强的反思呢?我们该如何开始建构一种关于基因增强的儒家伦理呢?明显地,现今儒家理论的探究可以参考一些可用的非儒家理论和理性讨论,从而有效地建构自己的理论。实际上,在大量刊行的探讨基因增强的文献中,桑德尔(Michael Sandel)在他最近书中的观点很有助于探究儒家的相应论点。桑德尔提出了所谓"天赋伦理学"(或赠与伦理学,礼物伦理性,ethics of giftedness)的观点对基因增强展开了批评。他的天赋伦理学开始于一个合理的、有用的前提:孩子应当被视为馈赠。儒家毫无疑义地分享这个前提(后面我将论证这一点),以此为出发点,我们可以更好的组织儒家伦理对于基因增强的观点,并避免纠缠在一些桑德尔已澄清的枝节问题上。为此,我将先在引言中概述桑德尔的天赋伦理学,以便了解儒家能从中学到的东西,然后再发展和修正可资鉴取的观点来推进儒家本身对于基因增强的反思。

首先,桑德尔明智地否定了反对基因增强的几个肤浅的理由。安全和公平是两个经常被用作禁止基因增强的明显理由。桑德尔认为这两个理由都缺乏深度。基因技术的发展可以令增强的手段变得更安全,安全问题上的忧虑就会得到解决。另一方面,公正论证具有一个严重的瑕疵:增强基因所造成的差异并不比自然的差异更糟糕。如果我们主要的道德关心是基因增强技术的使用公平或平等分配问题,那么我们可以让所有人都能利用它,这样问题就消失了。① 如果我们要求的仅仅是公平分配的安全的基因增强技术,那么基因增强技术就不构成为一个真正的、深刻的道德疑虑。桑德尔正确地看到,"根本的问题不是去确保人们可以公平地利用这种增强技术,而是人们是否应该利用这种技术"②。

另一个常见的反对基因增强的理由是担心基因工程会破坏人类胚胎。桑德尔指出这根本不是一个问题,因为我们不用牺牲任何人类胚胎就能从技术上做到这些。例如,精液的分类技术(Sperm-sorting technique)可以令人们在怀孕之前选择婴儿的性别,所以保全生命(pro-life)的反对论证也失去了其效力。③ 另外,如果性别选择技术只是用于保持个别家庭内的性别平衡,而不会令整个社会的男女人口失衡的话,我们是否还有更深层次的理由去反对它呢?而且,如果可以被选择的不止有性别,另外还有身高、瞳孔和皮肤的颜色,那又怎么样呢?如果还能选择性取向、智力、音乐和运动才能,那又如何呢④?对于桑德尔来说,关键问题是弄清楚这些选择是否会削弱人性,而不是这些选择是否会造成暂时的

---

① Sandel, 2007, pp. 11—13.
② Ibid., p. 16.
③ Ibid., pp. 21—22.
④ Ibid., p. 23.

社会问题。①

　　桑德尔还理智地指出诉诸自由主义的自由、平等和个人权利也无助于解决基因增强所带来的道德问题。② 尽管大多数自由主义者没有在道德层面上批评基因增强,但哈贝马斯相信自己可以在自由主义的前提下提出有说服力的案例反对基因增强,而不需要借助于灵性的(spiritual)或神学的概念。对他来说,基因增强技术违反了个人的自由和自主权,因为在基因增强技术程控下的人们不再是"他们自己生活的唯一作者";③这种技术也侵蚀了平等的原则,因为它破坏了代际之间的"自由和平等的个人之间的本质的对称关系"。④ 但在桑德尔看来,哈贝马斯的这些观点并不正确。就基因特征而言,经过基因增强的孩子和以自然方式孕育的孩子都同样没有自主权——没有孩子可以为自己选择基因特征,不论他是否接受过基因增强。平等的问题并不仅仅发生在基因增强上,同样的问题可以类推到许多非基因操作上,如教育。对于桑德尔来说,伦理上的自主和平等原则不能解释基因增强为什么是错误的。⑤

　　事实上,站在基本的自由主义价值观立场上,大多数自由主义伦理学家对非强制性的基因增强应是没有异议的,只要进行基因增强的父母仅仅是出于提高孩子的能力的目的,并且对孩子将来生活计划的选择没有偏颇影响就行。通过教育提高智慧的孩子和经由基因变化的孩子在道德观上没有差异。实际上,就以个人自由和平等为基本精神的自由主义者而言,基因增强不仅是可允许的而且是义不容辞的。正如桑德尔指出,自由主义者有理由坚持其"自由优生学":正如政府要求父母送孩子去学校读书,自由主义者要求父母采用基因技术(假设它们是安全的)来提高孩子的智商。对自由主义者而言,重要的是通过基因增强提高的能力应当是一种适用于普遍目的的手段,对任何生活计划都有帮助。因此,桑德尔推断说,自由主义优生学(eugenics)根本不能反对政府强加的基因工程;

---

① Sandel, 2007, p.4.
② Ibid., p.9.
③ Habermas, 2003, p.79.
④ Ibid.
⑤ Sandel, 2007, pp.80—81.

"它只能要求应尊重接受基因工程的孩子的自主权"。①

桑德尔赞同自由主义的以下观点,即在道德层面上,基因增强和人们为孩子及自己寻求改进的其他方式之间的差异是微乎其微的。② 然而,桑德尔强调,这种相似性没有直截了当地给我们以理由来支持高科技的基因增强;相反,它给我们以理由来质疑我们惯常接受的非科技的、高压的养育模式,以及我们将要面对的崭新的、高科技的、令人兴奋的基因增强措施。对他来说,"我们的时代所熟知的'超级家长主义'(hyperparenting)所代表的是令人焦虑的过度掌控和支配,这种做法丧失了生命作为馈赠的意义。这种做法令人不安地接近于优生学"。③ 也就是说,基因增强应当被看做是"超级家长主义"的另一种类型。

这种结论促使桑德尔提出自己的"天赋伦理学"。在这一涵盖性术语下,他认为基因增强是一个深刻的道德问题。换言之,即使它可以安全地运用、人们自愿选择(即不强迫参加)、公平分配(即不存在社会公正问题)、并且在增强的方式上不影响孩子们将来的生活选择,基因增强仍然存在道德问题,不应当允许执行。这是因为,在桑德尔看来,基因增强表现出了一种"过度作为"(hyperagency),是一种重塑自然(包括人性)的举动,是想要以实现我们的目的和满足我们的欲望的普罗米修斯式的热望"。④ 因此,

> 消除偶然和掌控出生的秘密的动机减损了选择基因设计的父母的声誉,也腐蚀了以无条件的爱为规范的养育过程。……[基因增强是]应受反对的,因为它表达和确立了一种掌控和支配世界的态度,这种态度既缺乏对人类自身力量和功绩的天赋本质的理解,又没有抓住在与所与(the given)的沟通与平衡中所表现出来的人类自由。⑤

这就是说,基因增强引发的深刻道德问题不是关于个人自由或在社会和政治意义上的平等。相反,它们是关于人类自身力量和功绩的天赋

---

① Sandel, 2007, pp. 78—79.
② Ibid., p. 61.
③ Ibid., p. 62.
④ Ibid., pp. 26—27.
⑤ Ibid., pp. 82—83.

本质及人类对于给定世界的适当的态度问题,必然关涉到我们的宗教和形而上学信念。用桑德尔的话来讲,这些问题不可避免地与神学①和"宗教情感"②相关。现代哲学家和政治理论家处理这些问题时往往试图避开形而上或神学的信念,在桑德尔看来,这是一种误解。③ 桑德尔正确认识到,关于基因增强的伦理争论本质上是关于这种实践的目的(telos)、意义及相关德性的争论。④ 简言之,桑德尔强调,在基因增强行为中的真正的道德问题是,这种行为使我们无缘把自己的孩子视为上天的馈赠。在桑德尔看来,

> 将孩子看为馈赠,就是接受孩子原本的样子;不要把孩子看做我们的设计的对象、我们的意志的产物、或我们的野心的工具。父母之爱不应该以孩子偶然具有的才能和特性为条件。我们选择朋友和配偶至少部份上是基于其具有的吸引人的质量。但我们不能选择我们的孩子。孩子的质量是无法预见的,甚至最尽责的父母也不能完全为他们的孩子的情况负责。这就是为什么父母身份能够超过任何其他人际关系来给我们这样的启示:正如神学家威廉·梅(William F. May)所说的,"迎接未经邀请者"。⑤

桑德尔强调,"认识生命的天赋本质限制普罗米修斯式的野心,并有助于维护确定的人性"。⑥ 因此,尽管他从未直截做过有关声明,但他的结论是显而易见的,即人类不应当进行任何基因增强。儒家应怎样看待桑德尔的天赋伦理学观点呢?明显地,儒家分享了桑德尔上述理论中的重要几点。第一,孩子应当被视为馈赠。第二,基于安全、公平或保护胚胎的考虑而反对基因增强的论证都是肤浅的。第三,诉诸自由主义的价值,诸如自主、自由、平等来反对基因增强只能是误导的。最后,我们对基因增强的态度不可避免地与形而上学或神学相关联:它包含一种宗教情感。但是,儒家不能接受桑德尔对基因增强所做的一概否决的结论。下

---

① Sandel, 2007, p.9.
② Ibid., p.27.
③ Ibid., p.10.
④ Ibid., p.38.
⑤ Ibid., p.45.
⑥ Ibid., p.27.

一节里我将从儒家的角度评价桑德尔的理论,这将为第三节构建儒家的天赋伦理学奠定基础。第四节将探讨儒家在基因增强问题上的观点。

二、儒家对桑德尔天赋伦理学的评价

桑德尔在发展自己的天赋伦理学时,迅速地诉诸于"宗教情感"。但是,儒家想知道的是,这种情感究竟从何而来?显而易见,任何重要的道德观点都有其出处,诸如某个宗教、文化或者道德传统。儒家可以猜测桑德尔将孩子视为馈赠的观点是合理地出自基督教传统,其中包含着关于上帝以及人类作为其造物的本质的深刻阐释。然而,桑德尔并不承认这种来源。他宣称:"我们能理解天赋这个概念的意义和感受到它的道德份量,无论是否追溯其来源到上帝那里。"① 可以推测,他之所以不想使他的天赋伦理学建基于任何特别的宗教理解之上,是因为他不想使其失去看似跨接不同宗教的以及非宗教的形上学的吸引人的"普遍性"表象。鉴于当代西方社会存在着棘手的宗教分歧和多元化,这种想法是可以理解的。但是,我对他的"普遍性"策略能否成功表示怀疑。为了真正把自己的生命看作馈赠,人们必须追溯到有意识、有目的来源。譬如说,我们可以将朋友赠予的一本书理解为礼物,而不能把取自书橱的一本书作为礼物。一个唯物享乐主义者认为世界终极是物质的,物质间存在着因果联系,每个人都追求快乐;因而,他恐怕无法真的能为自己的生命找到超出因果关系之外的、有意识、有目的来源。他可能只能把自己的生命作为父母在追求快乐的性活动中的副产品——其中没有任何馈赠性质的东西存在!

桑德尔的"一般性"策略更有问题。虽然儒家与他分享孩子应被视为馈赠的观点,但是必须与他争辩以下这个一般命题,即他提出的"将孩子作为馈赠,就是接受孩子原本的样子;不要把孩子看作我们设计的对象、我们意志的产物、我们野心的工具"。② 就医学治疗和基因增强而言,这个命题究竟意味着什么?首先,声称"接受孩子原本的样子"至少存在

---

① Sandel, 2007, p.95.
② Ibid., p.45.

三种可能含义:(1)既不接受基因增强亦不接受侵犯性医学治疗;(2)所有的医学治疗都可以接受,但不接受任何基因增强;(3)所有的医学治疗都可以接受,而且有些基因增强也可以接受(即另外一些基因增强不可以接受)。事实证明,桑德尔坚持第二种观点,反对第一和第三种观点。基督教科学派(Chrisitan Scientist)可以被视作第一种观点的代表。一个虔诚的基督教科学派信徒不能接受对其孩子进行基因干预疗法以治疗唐氏综合症,即使结果是孩子必定会得上此病。桑德尔会认为这样拒绝一个有用的医疗而不是基因增强在道义上是不适当的。儒家可以被看作是赞成第三种观点。如果相关技术能够安全执行而不产生副作用,儒家不反对将孩子的智商从100提高到120。但桑德尔认为这在道义上也是不适当的,因为这已经是基因增强而不是治疗了。

什么促使桑德尔在治疗和增强之间坚持泾渭分明的界限呢?他当然明白,治疗和增强都涉及到干预自然,并且并非所有自然给予的东西都是好的。正如他所指出,"世界并不是完美的和完整的,需要持续地人工干预和维修",这就是为什么需要医学的原因。① 譬如,天花和疟疾不是馈赠,根除它们显然是一件好事。但是桑德尔强调,"恢复和维持健康范围内的正常人类功能应当支配或者至少引导医学实践"②。因此,"治疗一个有病或受伤的孩子不应当超越他的自然本性,而是应当使其自然发展"③。然而,另一方面,他认为在本质上增强与治疗是明显不同的方式——基因增强不再是为了健康的目的,而是代表着支配和统治的无限欲望。因此,尽管他认识到在某些地方治疗和增强二者之间界限模糊,但他强调这种状况不应该模糊掉区分二者的重要性。④ 简言之,在桑德尔看来,只要我们想增强我们的孩子的基因,我们就不能做到"将孩子作为馈赠,接受孩子原本的样子;不把孩子看做我们设计的对象、我们意志的产物、我们野心的工具"。

假定桑德尔对这些原则(principles)的阐释是正确的,儒家将认为他关于基因增强的结论存在着过度的原则普遍化或者不恰当地将原则绝对

---

① Sandel, 2007, p.101.
② Ibid., p.47.
③ Ibid., p.46.
④ Ibid., p.49.

化了。即使所有这些原则——"将孩子作为馈赠,就是接受孩子原本的样子;不要把孩子看作我们设计的对象、我们意志的产物,我们野心的工具"——在禁止基因增强上具有道德上的合理性,它们也不应被奉为一个独立于其他道德考虑的绝对结论,特别是当它们与已为社会接受的具体规则(rules)相冲突的时候。换句话说,虽然这些原则应当在关于基因增强的政策中发挥一定作用,但是它们必须在具体条件下结合着具体规则来运作。这意味着我们不能把它们看作绝无例外的、普遍的绝对原则。

显然,我们的社会已普遍接受这样的规则:当发现你的孩子得了一种病,就应当医治它;当然预防胜于治疗;如果可能你应该选择一个安全的、更有效的、更少受苦的预防措施。我相信桑德尔通常会确信并遵循这些规则。现在,让我们用疫苗作为示例。众所周知,鉴于在预防疾病方面的巨大效益,一系列疫苗经由政府要求而实施于孩子。父母在道义和法律上有义务安排他们的孩子接受疫苗。桑德尔对这样的安排不会有异议的,因为疫苗是维护健康的有效预防措施。现在让我们试想一下,一个简单的、安全的产前基因增强被开发,能够有效地提高孩子的免疫系统;因此,当这种增强完成后,孩子出生后就不再需要接种疫苗。[①] 难道仅仅因为这是"增强",我们就应该在道德上怀疑如此伟大的突破性技术的应用吗?我们现在在面对着原则与规则之间的冲突,即"接受你的孩子原本的样子"的原则与"为你的孩子选择一个安全的,更有效的,更少痛苦的预防措施"的规则之间的冲突。后一个规则要求我们应该接受这种增强,因为它是比接种疫苗更安全,更有效,更少痛苦的预防措施。然而前一个原则建议我们不应该接受基因增强,因为这种技术超出了治疗的范围而已经是增强了。就儒家而言,在这种情况下接受基因增强不但没有违背儒家伦理规则,而且是儒家的价值观念所鼓励的(具体论证参见第四节),因此他们会毫不犹豫地遵循后一个规则。但是桑德尔好像在这种情形下仍然想坚持他的原则。桑德尔的原则主义进路倾向于对基因增强做出一劳永逸的评价。

桑德尔认为:"父母专心致力于增强他们的孩子更多可能是做事过了

[①] 参见 Farrelly, 2007, pp.1—13。

头,所表达和确立的态度违背无条件的爱的规范。"① 然而,即使这是事实,这也仅仅意味着我们应该谨慎对待任何基因增强工程,不能沉迷于增强我们的孩子,而不意味着,为了防止"做事过头",我们应该绝对拒绝开发和应用任何安全的基因增强。如果父母拒绝接受安全的产前"增强"(以代替通常的产后疫苗)而坚持让孩子接受疫苗接种,很难理解这是如何与无条件的爱相符的。相反,人们倒是可以很合理地认为这是和任何无条件的爱相冲突的,因为父母在缺乏有力理由的情况下选择将更痛苦和更冒险的措施用于孩子身上。

为什么桑德尔如此确信他的一般原则,而忽视已然被社会接受的具体规则呢?我认为这是因为他不能提出一个详细的、充实的天赋伦理观所造成的。一方面,他认识到宗教和形而上学都不可避免地卷入关于基因增强的道德争论中;另一方面,他仍然想在构建他的天赋伦理学时与任何宗教或形而上学保持距离。因此,他不得不从一般原则中引出自己的结论,而不去考虑有宗教或形而上学背景的道德承诺和具体规则。因而,他对孩子作为馈赠的阐释必然是非常单薄和抽象的,他的论证最终也只能给出一幅简单的图景:一旦我们尝试在基因上增强我们的孩子,我们将使他们"成为我们设计的对象、我们意愿的产物、我们野心的工具",至于我们使用怎样的方式以及改变程度的高低则是无关紧要的事情。桑德尔之所以不能为他严肃的断言提供任何详实的论证,正是因为他只有一个单薄的天赋伦理观所造成的。

事实上,构建一个充实的天赋伦理学,必须借助某些宗教或形而上学的具体信念。为了充分说明孩子作为馈赠的本质,逻辑上我们不得不回答以下一系列相关问题:这种馈赠从何而来、它是何种馈赠、以何种方式给予的、以及它被给予的目的是什么?如同我对待一个普通的礼物一样,如果我看到一个附有信封的包装好的礼盒放在桌上,我会认为这是给我的礼物。如果我不想打开这个盒子或打开这封信去了解这是什么礼物以及是谁给我的礼物,我也就没有办法给这个礼物作出一个说明。在孩子作为馈赠的问题上我们面临着同样的局面。这些问题不可避免地与宗教或形而上学相关,因为成问题的并不是孩子的生物来源,而是涉及到他们

---

① Sandel, 2007, p.49.

的终极源头。由于桑德尔刻意压抑这些问题,更不必说回答这些问题,因此他对天赋的说明必然是不完全的。事实上,他的说明令宗教和非宗教人士都不满意。譬如,对那些将孩子视为上帝的馈赠的虔诚基督徒——他们会倾向于以宗教的方式回答以上问题——桑德尔的阐释显得太单薄而缺乏指导性。另一方面,对于根本不将孩子视为馈赠的唯物享乐主义者而言,桑德尔的阐释又显得包含太多预设而缺乏说服力。对儒家而言,桑德尔对基因增强的一概拒绝是一种普遍主义的傲慢。

不过,桑德尔有可能受到了基于基督教信仰对这些问题的实质阐释的影响。当然,我不知道他以何种方式或在什么程度上真正接受这种阐释,但这个阐释能帮助我们理解为什么桑德尔坚持治疗和增强之间的严格区分,以及为什么一概而论地拒绝基因增强。根据这种解释,孩子是上帝赐予的礼物,他们是上帝创造的有身体的人,直接由上帝赋予灵魂,以及为了崇拜上帝而被创造。上帝已为人类制定了清晰的规范,不仅规范他们怎么生活,而且规范他们身体的健康构成。对人类而言,修正阻碍实现这种规范的错误是正确的,但是按照他们自己的理解和渴望改造这些规范则是不正确的,因为他们作为馈赠存在的目的是为了荣耀上帝,而不是服务自身。事实上,只有通过深入追问这样一些问题,我们才能充分理解桑德尔某些戏剧性的表述,譬如,基因增强构成"重塑自然,包括人性,以实现我们的目的和满足我们的欲望的普罗米修斯式的热望"。① 只有提供这样具体的阐释,桑德尔的天赋伦理学才能是完整的和论证详实的。②

三、儒家天赋伦理学

如果孩子被视为馈赠,这种馈赠从何而来?这是何种馈赠?它是以哪种方式赠予的?以及它被赠予的目的是什么?对于这些问题,儒家的富有内容的回答不仅隐含在儒家经典中,而且具体体现在儒家生活方式中。儒家的回答和其他宗教回答有相似的地方,但也存在根本的差异。

---

① Sandel, 2007, pp.26—27.
② 当然我并不是说所有的犹太-基督教徒都必须为他们的信仰提供或接受这样一种解释。

我们最终将发现,存在多种天赋伦理学的传统,而不是只有一种普遍的天赋伦理学。然而,儒家天赋伦理学并不是只对中国人有效,而是包含着共通的人类道德经验。我们无意于支持任何道德或文化上的相对主义。相反,真实的情况是,除非我们深入某些人所承担的具体的道德传统,否则就无法为所有人提供深刻的道德思想。

如上所述,儒家思想是以家庭为基础的宗教和伦理学。儒家视孩子为祖先的馈赠。这个馈赠不是来自于某一特定的祖先,而是来自于家庭的所有祖先。① 事实上,儒家对天赋的说明必须在特定的儒家家庭体系中理解,其中成员之间紧密联系、彼此依赖。尽管儒家将整个社会看做是一个大家庭,然而就某一特定家庭(或家族)而言,本质意义上仅包括九代(即所谓九族):上四代(父母、祖父母、曾祖父母、高祖父母)和下四代(儿女、孙儿女、玄孙儿女、曾孙儿女)。在家庭里最近的两代关系最亲密(即父母和子女)。也就是说,当一个人的生命被看做是来自所有祖先的馈赠时,儒家同时强调了最近的先人是最关键的,特别是自己的父母。因此,作为一个儒家,我将我的孩子视为祖先的馈赠,同时我也将自己视作馈赠者。作为一个馈赠者,准备和提供一个好的馈赠是我的道德责任。

在儒家的理解里,通过祖先的介入,尤其是父母的介入,生命的基本元素(气)才被传递、发展而后形成孩子。这意味着我们的灵魂(魂魄)不是直接由超然的上帝创造和嵌入我们的身体的;相反,这是由我们的祖先

---

① 在儒家形而上学中,宇宙的基质是气,气既是物质也是精神。气本源于天,即最高实在。但古典儒家没有提及天是否在无中产生气的问题。就新儒家而言,宇宙是由最初的终极(太极)生成的气场,并处于持久的转化过程中。无论如何,对古典儒家和新儒家而言,存在着不同类型的气,人的生命是由最纯粹的和高贵的气(精气)形成的,因而与世界上其他生命相比具有最高价值。综合考虑,儒家对人类生命说明的推理方式是合理的:我的生命最初来自于天,因为是天直接赋予精气而创造了我的始祖的生命;我的生命通过接受来自父母的精气而形成,父母是接受他们父母的、他们的父母是接受他们父母的父母的精气而形成,如此类推,直到由天生成的我的始祖;因此,我的精气并非偶然地相似于我祖先的精气。要了解儒家思想的一般性介绍和它在中国的发展历史,可查阅 Chen, 1963。了解古典儒家对灵魂(魂魄)是由精气构成的观点的概要,可参阅陈立:1994。对于当代很好地阐释与家庭相关的固有的儒家美德的原意,可参看臧克和:1996。尽管一些当代的儒家学者否认古典儒家将天视为有人格的上帝,但相反的证据广泛存在于典籍和儒家格言当中。当然,必须承认儒家天的观念是极其复杂的,甚至是模棱两可的。道学家程颐做了很好的总结:"分而言之,则以形体谓之天,以主宰谓之帝,以功用谓之鬼,以妙用谓之神,以性情谓之乾。"(《近思录》)也就是说,承认天的复杂性不一定要否认它作为人格神的一面。本章将天看作人格神。

传输的,所以我的灵魂和我祖先的灵魂本质上是相似的。换句话说,尽管儒家相信是上帝或天规定和维护人类社会(以及整个宇宙)的秩序和性质,但他们并不把孩子的父母仅仅视为上帝造人的媒介。对儒家来说,天命要求每一个孩子都降生在由一个男人(来自一个家庭)和一个女人(来自另一个家庭)的结合而成的家庭中。因此,在儒家的天赋伦理学中,作为馈赠的接受者和给予者的孩子的父母们既要向上(对他们的祖先,特别是他们的父母)负责,又要向下(对他们的后代,特别是他们的孩子)负责。

儒者视自己的生命为来自祖先的馈赠,那么这是什么样的馈赠呢?孟子的人性观对回答这些问题是非常有帮助的。孟子的一个重要洞见——这也为后来儒者所普遍接受——就是:每个人都具有天生的德性修养的潜能。因此,一个人的生命,作为从他祖先那里获得的礼物,是已被授予能过好生活的潜在德性——人们应当培育这种潜在的善端,并成为真正有德性的人。仁是儒家的首要德性。儒家认为善的生活观念是爱人,但必须以自己的家庭为起点和中心。对儒家而言,只有通过对礼的学习、观察,和践履才能实现这种善的生活方式。礼意味着一系列调节人际关系和交往方式的具体规则。这些礼是以家庭为中心和导向的,体现了家庭的共同的善(common good)。在儒家看来,家庭的繁荣不仅仅是个人幸福的必要环节,而且也是德性生活的本质方式。因此,我的孩子,作为来自我和我的祖先的馈赠,不是一朵已然盛开的花朵——对此我只需要采取一种旁观的欣赏态度即可;相反,她更像是一粒种子,需要我去培育、提升、修补以及保存,以保证它以正常的方式发展和繁荣。

儒家的阐释清楚解答了人的生命作为来自祖先的馈赠的意义。作为馈赠的生命不仅仅是对生生不息的天命的遵从,也灌注着以家庭为导向的道德关怀,特别是家庭的延续、完整和繁荣。更确切地说,作为馈赠的生命指向的是一种以家庭为基础的德性生活,在其中重要的家庭价值(譬如家庭的持续性、完整性和繁荣性)得到保持和提升。为了维持这种儒家式生活方式,这些家庭价值必须代代延续。简言之,儒家的天赋伦理学与儒家的家庭价值观紧密联系在一起的,而后者已经延续了几千年,深刻影响了中国文化和中国人的生活方式。

四、儒家的基因增强观

儒家天赋伦理学提供了一幅完整的图景,包括孩子是何种类型的馈赠、从何而来、是以怎样的方式赠予的、以及赠予的目的。相应地,儒家对基因增强的道德问题所得出的实质结论与桑德尔原则主义的结论也有显著的区别。原因很简单。儒家天赋伦理学揭示了一系列在开发和应用新的生物技术(比如基因增强)时必须遵从的核心价值。这些核心价值包括尊重祖先,稳固基本人伦关系,维持家庭持续、完整和繁荣,以及在与家庭成员有关的重大问题上实行家庭的共同决定(而不是个人自主的决定)等等。对儒家而言,最终的规范是这些核心价值,而不是如桑德尔所坚持的"自然"规范或者治疗和增强之间的严格区别。如果事实证明一种基因增强类型符合这些价值(或者甚至能促进这些价值),儒家原则上是支持它的。如果事实证明一种基因增强类型贬低或损害这些价值,儒家有理由约束甚至禁止它。某种基因增强类型究竟是促进还是损害这些价值,只有通过仔细分析才能了解。对儒家而言,这样的分析必须按照儒家德性原则和具体的礼仪规则进行。因此,在得出任何实质性结论之前,我们必须对不同类型的基因增强进行甄别,并以儒家的原则和规则检验之。

如果技术上已经可能,假如一个中国儒家想从遗传上将孩子的肤色从黄色改为白色,或将发色从黑色改为金色,那么在道德上是否可以这样做呢?我认为这种行为将会与儒家尊重祖先的价值观相矛盾。很明显,儒家孝的道德原则要求一个人应该尊敬和爱戴自己的祖先。这种原则合理地意味着一个人不应该设法改变自己孩子的形象以至于看起来更像其他民族的人,而不像自己的祖先。鉴于自己的祖先是黄色的皮肤和黑色的头发,而不是白色的皮肤和金色的头发,所以将自己的孩子改变成白色的皮肤和金色的头发显然不是孝德的表现。当然,一些人或许想挑战这个观点,认为中国的儒家通常遵循具体的社会规则(即怎样改变他们自己使看起来更漂亮)改变他们在日常生活中的形象。譬如,中国妇女用化妆品使她们变得更白些;她们接受了眼睑整形术甚至鼻型整形术以便改善她们的形象。如果这些行为不被看做是不孝,那么为什么通过基因增强改变成白色肤色或金发就会有道德问题呢?

使用化妆品和接受眼睑整形术或鼻型整形术之所以没有不孝的疑虑,是因为这样的行为没有系统地或明显地改变一个人的形象。肤色白一些或者鼻子高一点并没有使这个人看起来不再像自己祖先的后代。即使一个人使用了基因增强的方式(如果这在技术上成为可行的)来作这些事,也不违背儒家的孝德。关键是行为背后的理由,或者说,行为者的意图。对儒家而言,出于美感的考虑,认为一个较白的肤色(但仍然是黄种人的肤色)、高一点的鼻子或双眼皮,比灰黄的肤色、较低的鼻子或单眼皮更有吸引力,是可以接受的。但是如果认为白皮肤和金发的西方人形象要比黄皮肤和黑发的东方人形象更漂亮,就是不合理的想法,是对祖先的不敬。因此,儒家关注的重点不在转变的手段(比如是常规的,还是基因的),也不在转变的性质(比如是医学需要的治疗,还是审美驱动的增强)。真正重要的是,这种行为与孝德之间的关系。简言之,想将孩子改变为白肤色和金发的就是认为白肤色和金发的孩子比黄肤色和黑发的孩子漂亮。这意味着这种人认为别的民族的祖先比自己的祖先漂亮。这是对自己祖先的不尊重。①

再比如,假定在技术上通过基因增强产生同性恋者已经成为可能,以及假定这样产生的同性恋者在某些遗传特性上同时得到增强,以致于他们平均来说比异性恋者聪明,能在事业上达到更大的成就。儒家是否在道义上允许产生这样"增强"的个体呢? 我认为不应该,因为这违背了儒家核心的家庭价值观,这种价值观将男女通过婚姻关系的结合看做是其他社会关系的基础。② 如前论及,儒家珍爱社会中和谐的、基本的人伦关系。没有这样的关系,社会结构会变得不正常,个人也很难过善的生活。儒家的德性具体表现在五伦中:"父子有亲,君臣有义,夫妇有别,长幼有

---

① 同样的观点可为非黄色人种的儒家所拥护,譬如白种人的儒家。如果这样的儒家想通过基因干预将他的孩子换成黄色的皮肤,这是对儒家思想的误解和对他的祖先的不尊重。另一方面,孩子的肤色因跨种族婚姻导致改变,对儒家而言是道德上可允许的。首先,儒家认为跨种族婚姻是自然的和正常的。其次,因这样的婚姻造成的孩子的独特肤色不是结婚的目的。最后,通过这样的婚姻形成的孩子的肤色,无论如何,至少和父母中的一方相似,亦即,仍然是由父母所传递和给予的礼物。综合考虑,跨种族婚姻所导致的肤色改变和基因增强导致的肤色改变性质截然不同。

② "有天地然后有万物,有万物然后有男女,有男女然后有夫妇,有夫妇然后有父子,有父子然后有君臣,有君臣然后有上下,有上下然后礼仪有所错"(《易·序卦传》)。

序,朋友有信。"(《孟子·滕文公上》)而男女间的正常结合是儒家关系网络的基点。因而,在儒家看来,无论这些同性恋者比异性恋者聪明多少,他们都是不正常的个体。无论是从儒家的德性原则出发,还是从具体礼仪规则出发,同性恋的生活方式都只能被宽容,而不应该被鼓励,更遑论被创造了。

这就是说,某些类型的基因增强将违背或损害儒家的价值,因而不应当被接受。我不能提供这些类型的详尽清单,但我希望上面的事例能够充分地阐明儒家的观点。关键的问题不是基因增强是否被采用,而是儒家的价值是否被损害。当然,儒家不相信生物技术的开发能解决我们面对的很多问题。期望基因增强能一劳永逸地解决我们在生活中遭遇的挫折和痛苦的想法太过天真。儒家强调,达到人类繁荣的关键方式是通过学习、遵循圣人制定的正确礼仪规则来培育德性。但是,儒家并不反对使用有利于改善民生的基因增强技术,只要它不违背和损害儒家的价值就行。譬如,关于桑德尔所担心的四种类型的基因增强(即肌肉增强,记忆力增强,身高增强,以及性别选择),儒家原则上并没有发现道义上的问题:这些类型的基因增强并没有直接违背儒家的价值。综合考虑,如果增加孩子的身高(或加强他的肌肉,改进他的记忆,选择他的性别)不以任何方式损害他过一种有德性、善的生活的能力,儒家为什么要反对这样的基因增强呢?最后,如果这类基因增强能够让她过一种良好的儒家式生活,这将增加一个积极的理由支持这类基因增强。毕竟我们的祖先馈赠我们生命是为了让我们过一种良好的儒家式生活。

五、结论

本章不是试图说明儒家思想所提供的天赋伦理学比其他道德传统所提供的更具有可辩护性。限于篇幅,这项工作尚待另外机会阐释。本章仅打算运用儒家的伦理观点和资源来论证对基因增强进行脱离任何传统的普遍主义说明,譬如桑德尔的论证,实质上是无根据的和不完善的。本章相应地提供了一种儒家的实质天赋伦理学及其在基因增强方面的应用,供读者考虑。总之,在儒家看来,最重要的问题是确定在基因增强问题上我们想要珍重和促进的价值是什么,而非找出治疗和增强之间的严格界限。

二十 我们应该如何对待动物：
儒家的视角

一、儒家伦理学中的一个困惑？

儒家伦理坚持"爱有差等"，认为对于不同的对象应施以不同的爱。在儒家经典《孟子》中有一章，人们经常引用来佐证这一特色鲜明的儒家道德观：

> 君子之于物也，爱之而弗仁；于民也，仁之而弗亲。亲亲而仁民，仁民而爱物(《孟子·尽心上》)。①

大多评论者认为"物"主要指"非人类的动物"②，我认为这样的解释是正确的。基于这样的解释，一般而言，孟子和儒家学者一致认为人对其父母、人民和动物应采取三种不同的态度，它们显示三种不同层次的爱：致力于事亲，仁爱于民众和善待动物。这一观点有两方面的含义。一方面，虽然三种态度都是爱的表现，但属于不同的类型，即所谓"等差之爱"（见下一节）。另一方面，这一观点也明确表达了人类应该关爱动物的立场。即使在我们今天的日常汉语中（我们的语言当然还保留着儒家道德观的实质影响），我们还会说人类应该爱护动物。这也就是说，儒家认为，

---

① 我同意 D. C. Lau 的观点，在《孟子》中，随语境的不同，爱的含义也不同，如"爱戴"、"节约"(Lau,1970, p. 192)。再比如《孟子·梁惠王上》提到的"爱"是"吝惜"的意思。

② 朱熹将"物"解释为"禽兽草木"。信广来认为并没有明确的证据来确定物的范围(Kwong-loi Shun,1997, pp. 50—51)。宋代新儒家的阐释多同时涉及动物和植物。但是本章只探讨对非人类的动物的使用，而不涉及植物。

我们不应该将动物排除在爱的范围之外。

有人认为,如果我们是严肃主张爱护动物的话,那么我们至少不应该食用动物或是为满足人类的其他需要而牺牲动物。他们主张,爱护动物的逻辑不应区别于对人类的爱;当我们宣称热爱人类时,我们当然不应当食人或以其他方式牺牲人类。这的确是一个富有挑战而意味深长的问题。就涉及人类而言,无疑,儒家主张一种强的保护主义观点。例如,在《孟子·梁惠王上》中我们读到:"子曰'始作俑者,其无后乎!'为其象人而用之也。"这就是说,以儒家的观点,即使是一些以人类为形象的事物,也必须受到高度保护和关心而不应被用来献祭。但另一方面,儒家并不是素食主义者,儒家社会也围猎、驯养、屠杀和食用动物。更重要的是,儒家并不制止以动物作为特别重要礼仪的献祭,尤其是在事奉双亲、招待宾客、祭祀祖先的礼仪之中。根据《论语·八佾》,当孔子的一个弟子希望在一个礼仪中停止以羊为祭品时,孔子不同意,明确指出"尔爱其羊,我爱其礼"。事实上,受儒家思想影响的当代中国人也持同样的态度。如果你在一个重要的中国传统节日期间去参观中国的庙宇或陵墓,你会很容易看到被用作祭祀的动物肉类。此外,如果你只用素食来招待宾客,那么许多人会认为你没有很好地款待你的客人。

这种十分不同的态度是否是儒家理论内部的一种混乱呢?一方面,儒家声称,我们要善待动物。但是在另一方面,儒家认为,我们可以食用或为了人类的某些目的而牺牲动物。在《论语·颜渊》中,孔子曾经指出"爱之欲其生,恶之欲其死。既欲之生,又欲之死,是惑也"。看起来儒家对待动物的态度似乎正表现出这种"惑"。

本章试图证明儒家在对待动物的问题上不存在这种困惑。与当代动物权利主义者所持的观点相反,本章认为儒家对待动物的礼仪是道义上可以接受的。我将集中讨论有关儒家传统中把动物作为献祭之物的问题。在现代人看来,这是一个比单纯食用动物更难辩护的立场。本章第二节介绍儒家三种不同类型的爱:亲亲;仁民;爱物,分别对应于儒家的三种德性:孝、仁、惜。对动物的惜爱的本质体现在儒家礼仪中,这些礼仪遵循一定的规则和约束来对待动物,但不能免除牺牲动物。这是因为,正如第三节所阐述的,儒家礼仪要求我们**尊敬**上天、神灵和人,但不要求我们尊敬动物。而且,第四节将论述,如果儒家为避免使用动物而改变礼仪的话,他们的礼仪就很难显示出对上天、神灵和人类的尊敬的深度。本章的结论是,统一的儒家德性要求在适宜的情况下牺牲动物。

二、三种类型的爱

为了更好地区分孟子所提出的三种类型的爱,我将它们分别称作对父母的亲爱,对人民的仁爱和对动物的爱惜。虽然这些不是孟子自己的用语,但它们符合孟子的精神,也适宜于我们在当代语境下重构儒家伦理。此外,这些术语仍被现代汉语广泛应用,形容具有鲜明儒家特点的伦理生活:一个人应该亲爱父母,仁爱人民,爱惜动物。

这三种爱的区别最好被看作是性质上的差别,而不是单纯程度上的差别。① 在我看来,他们不只是代表三种不同的情感态度,更重要的是对应着三种不同的儒家德性。很明显,作为一个术语,不论是中文的"爱"还是英文的"love"含义都很广泛。② 在哲学文献中,关于爱的本质也存在着很大的争议。即使我们仅仅关注私人之爱或者以特定的个人为对象的爱,对爱的理解仍然众说纷纭,例如爱是统一,爱是强烈的关注,爱是一种评价,或爱是情感,等等。③ 然而,这些分歧的意见却都分享一个共同的观点,即爱是内在的品质。然而,儒家的德性概念却包括有一个清晰的外在维度,即礼。在儒家社会里,礼是建立在具有一系列被大家共同接受和践行的传统仪式或行为模式的基础之上的。在儒家传统中,一个品德高

---

① 由于这些爱在性质上各不相同,所以很自然地也具有程度上的不同,即以不平等的方式对待不同的对象。这就是说,当孔子要求一个人爱他的父母、他的人民和动物时,他的意思不是说应该平等地去爱。我们必须区分泛爱(universal love)与平等的爱(equal love),儒家支持泛爱众,但不支持平等的爱。中国思想史上只有墨家向往这种无差别的、不偏不倚的、平等主义的爱,这也是墨家和儒家争论的焦点。在儒家看来,要求平等的爱也就是要求对所有人都具有同等程度上的爱,这是不真实的和无法接受的。儒家信奉的亲爱、仁爱和惜爱必须以不同的方式和有区别的程度来表达。有人以《孟子·公孙丑上》对"四端"的陈述和"孺子将入于井"的例子,来说明人具有平等地对待每个人的一般的道德能力,但这是一种误解。孟子已经说得非常清楚,虽然每个人都具有爱人的天然能力,但并非以同样的强度爱所有的人:你对自己兄弟家孩子的喜爱就要多于对邻居家孩子的喜爱,这在道义上是没有错的(参见《孟子·滕文公上》)。

② Alexander Moseley, 2006, "Philosophy of Love," *The Internet Encyclopedia of Philosophy*,可访问 http://www.iep.utm.edu/1/love.htm。

③ Helm, Bennett, 2005, "Love," Stanford Encyclopedia of Philosophy, 可访问 http://plato.stanford.edu/entries/love。

尚的人就是一个通过学习和践行礼而来追求善的生活的人。不同于被主要构想为内在品质的爱,德性是内在和外在的统一。德性是一种能够使内心情感和外在行为协调配合的能力。孔子特别强调"克己复礼为仁"(《论语·颜渊》),亦即在践行礼时,要控制自己不合适的情感,遵循礼的要求,培育合适的感情。① 因此,德性不仅仅是内在的意向,而且也有外在的表达:它是善良意志与正当行为的统一。② 由于这三种类型的爱要求在对待不同的对象时不仅要有正确的态度,而且要有正确的行动,所以将它们理解为德性最为准确。

一个人到底应该如何践行她对父母的亲爱、对人民的仁爱和对动物的爱惜呢?儒家具体的指导是建立在礼仪规则的基础之上的。这些规则不是普遍的道德原则(比如康德式绝对命令,功利主义的效用原则),而是高度情境化和具体的规范。总之,在一般情况下,你首先必须知道礼所适合的对象,然后再根据不同的情况和不同的人,施以不同的礼。出色地践履礼仪,需要长期的学习、实践,和经验的积累。比如,子女侍奉父母要做到"生,事之以礼;死,葬之以礼,祭之以礼"(《论语·为政》)。当然,支配礼仪的那些规则并不是绝对的,不是在任何条件下都不能违背的,也不是完全不可更改的。但儒家强调人们不应该出于个人功利的目的去违背礼。

同样地,对人民的仁爱也要求严格遵循礼的要求。比如在自然灾害时期,孔子要求统治者应当遵循以下礼仪:停止招募劳役,停止大兴土木,停止使役骏马为己之用,停止歌舞艳乐,不穿艳服,不带玉器,在祭祀时也应该用比往常使用的小一些的动物来作祭祀,即不浪费奢侈(《孔子家

---

① Nivison, 1996, p.105.
② 这里我试图超越解释儒家德性概念时的内在主义与行为主义的分歧。许多学者似乎为了强调儒家德性作为一种内在情态(disposition)的重要性而忽视了相关的外在维度,比如礼。对于这样的观点内在品质是,儒家德性的必不可少的特点。另一方面,Herbert Fingarette 坚持行为主义的理解,认为儒家伦理仅仅是礼(参见 Fingarette, 1972)。我认为这两种观点都是片面的和不完善的。为了拥有和表现德性,一个人的内在感受和外在行为必须在他的生活历程中达到和谐统一。这要求长时间的学习和实践。一个人可能有正确的态度却错误地做出了不相称的行为,例如,有人想表达"恭敬"的态度,却没有正确依礼而行,结果反而是给别人带来麻烦,如《论语·泰伯》所言的"恭而无礼则劳"。另一方面,一个人虽有表面上正确的行为,却没有与之对称的感情,也是不可以的。例如,孔子指出,"临丧不哀,吾何以观之哉?"(《论语·八佾》)在以上两种情况下,礼都没有被真正地拥有和实践。这种作为内外和谐统一的儒家德性观贯穿于《论语》始终。比如孔子既强调仁者"爱人"(《论语·颜渊》),又强调"克己复礼为仁"(《论语·颜渊》)。

语·曲礼子贡问第四十二》)。① 事实上,孔子建议我们,一个君子应该尽可能地将他生活中的所有事情都看做是对礼的参与,"出门如见大宾,使民如承大祭"(《论语·颜渊》)。

同样,在对待动物的爱惜上也必须遵循礼。在儒家经典著作中有许多例子是关于如何以礼对待动物的,例如,我们可以从《礼记·檀弓下》中读到一个令人启发的例子:孔子养的狗死了,他请子贡来埋葬它。孔子说:"我曾听说,一个破了的帷幕不应扔掉,可以用来埋葬马匹;一个破了的伞不应扔掉,可以用来埋葬狗。我很穷,没有伞。为了将狗下葬,你可以用我的席子,不要让它的头碰到了泥土。当为君王拉撵的马死去时,就是用帷幕埋葬的。"这就是说,孔子认为我们应当依礼对待动物,比如一匹马为我们所驱使,一只狗作为宠物陪伴了我们,因而我们都必须以礼待之。这就提示我们不应该杀它、吃它、也不应该把它作为献祭或为满足待客的礼仪而宰杀,这是因为这匹马或这只狗已经成为我们社会生活中的亲密朋友,是我们生活世界的一部分,它们是不同于其他动物的。事实上,在儒家传统中,确有其他的动物(也就是说哪些不是被我们作为劳力驱使和作为宠物的动物)被驯养起来以便于满足祭祀和待客礼仪之用。这就是说,对待它们的礼仪又是不同的。

的确,一些非常重要的儒家礼仪,诸如侍奉父母、招待宾朋、祭祀祖先都需要宰杀动物。儒家驯养一些牛、羊和猪都是为了满足这些需要。儒家能够一方面主张爱惜动物、另一方面又能合理地辩护在礼仪中使用动物么?首先一种可能的理解是,对动物的爱惜的本质当然不同于对父母的亲爱和对人民的仁爱,我们不需要以关爱人类的方式去关爱动物。这意味着,虽然我们应当始终关心人类,但在某些情况下我们不需要、也不应当去关心动物。《论语》为我们提供了一个很好的例子:

> 厩焚。子退朝,曰"伤人乎?"不问马。(《论语·乡党》)

孔子只是问有没有人受伤而没有问马的情况。这段文字并没有表明孔子这一态度的全部意思。一种可能是孔子希望我们在这样的情况下,

---

① 显然,为了满足这种情况下人们对礼仪式的要求,采用小的而不是大动物(比如用羊而不是牛)是为了节约有限的资源而不是因为吝啬。

要关注人多于关注动物。如果我们考虑到在当时的社会里马所具有巨大的财产价值,就可以更清楚地看到孔子如此反应的道德意义了。通过"不问马",孔子鲜明地表明,比起物的价值,人的价值更值得关心。假如我的房子着火了,你作为朋友来探望我,我肯定会期望你先问及我的家人是否安全,而不是关心其他事情,比如我的书是不是全部烧了。正常情况下,只有在确定了所有人都安全的情况下,你可能才会想起询问我的财产的损失情况。这两类关怀之间的轻重及前后顺序不容颠倒。

当然,马除了物的价值之外可能还承载着其他价值,如我们对它们的同情。孔子可能是要告诉我们,在这样的情况下,我们应该只关注人的生命而不是动物的生命。我们不能说孔子在这样的情况下毫不同情动物,但孔子强调在这种紧急情况下,我们只应该关注人的生命。如果我们既关注人的生命、也关注动物的生命,我们就可能丧失人的生命。关键问题是,即使我们关心动物,这种关爱与对人类的关爱也仍然有质的差别,是不可类比的。因此,在马厩着火这样的紧急情况下,我们不应该通过功利计算来决定,例如,我们应该救自己的马还是救一个偶然来到这里的陌生人;或者计算救一个陌生人和救十二匹马之间哪个更有价值。孔子强调的是,在这样的情况下我们只应该关注我们对人类生命的爱,因为爱人和爱动物是完全不同性质的事情。

三、敬的两重含义

上一节说明我们对父母的孝敬和对人民的仁爱体现在具体的礼仪中,我们对动物的爱惜也体现在具体的礼仪中。因此,虽然动物在许多方面受到爱护,但它们仍然不应该免除被我们食用或是在宗教仪式中作祭品的命运。有些人可能会对儒家的这种做法提出质疑。他们可能认为,如果儒家真的关心动物的话,就应当革新儒家礼仪,禁止食用和牺牲动物。他们还可能附加指出,为日常礼仪牺牲动物与马厩失火这样的紧急情况的性质是不同的。前者要求主动杀死和利用动物,而后者只是要求在紧急情况下忽略动物而已。有些人甚至可能相信儒家有思想上和道德上的资源来支持这种革新。例如,在《孟子》中我们读到:"君子之于禽兽也,见其生,不忍见其死;闻其声,不忍食其肉。是以君子远庖厨也。"

(《孟子·梁惠王上》)。

孟子的这段话似乎是在暗示儒家应该尽可能成为素食主义者。确实,在这一思路下,一些学者认为,在古代儒家食用动物是因为他们没有其他可供选择的途径去摄取足够的营养来维持生存。既然当代社会已经能提供足够的非动物食品供人们食用,儒家就应当成为素食主义者。① 虽然我同情这样的观点,但我并不认为它正确理解了儒家的立场。这种论证方式看起来好像是说,随着时代的变化,儒家需要重新平衡这三种类型的爱:过去,因为人们缺乏足够的食物,所以他们不得不牺牲对动物的惜爱而宰杀动物,以满足亲爱和仁爱的要求;但是今天,人们已经不再面临食物匮乏的问题,所以他们也没有牺牲惜爱动物的理由了。

这个论证预设了以下两点:(1),儒家对人类的爱和对动物的爱不是在任何情况下都没有冲突的,但是(2)如果食物来源充足,就总是可以无冲突地同时满足两者。我可以接受命题(1),但不能接受命题(2)。我怀疑命题(2)已经在一个关键点上曲解了儒家的德性伦理学。我认为,即使食物来源很充足,儒家爱人的德性和爱物的德性也不能在所有礼仪处境中都达到和谐一致。②

那么当代儒家是否应该改革礼仪以成全他们对动物的爱惜呢?当然,儒家并非食古不化者,虽然他们尊重礼仪制度,但他们也不反对适宜的、合理的改革,我们在《论语》中可以找到孔子支持礼仪改革的例子。如果从礼仪中省去动物祭品确实不会降低我们对礼的虔诚,那么我们对动物的惜爱自然要求我们省去动物祭品。③ 毕竟儒家的德性伦理学要求每个人学习和践行所有相关的德性,并且努力做到诸德性之间平衡统一。因此,为了更深入地探讨此问题,我们需要进一步分析这些德性的组成部

---

① 参见 Jiang,2005。

② 这里涉及到德性的统一性问题。为了便于讨论,我将简单地假设(不提供相关证明)儒家仅仅主张一个弱的德性统一性理论。儒家既没有主张所有儒家德性最终都是相同的一种德性,即没有分离的成分,也没有坚持德性之间总是相容和谐的。相反,儒家承认在特定的情况下不同德性之间彼此会冲突,但它们仍然是具有统一性的,因为这些冲突总是能够通过确定具体情境下的德性优先顺序得到解决。本章中关于三种类型的爱的讨论可以看作儒家弱的德性统一理论的一个例子,当然,本章并不讨论子女对父母的亲爱与对人民仁爱之间的关系。

③ 人类经验表明,爱会使我们倾向于认为所爱的对象自身就是有存在价值的。爱的情感包括希望所爱的对象幸福。相关讨论参见 N. K. Badhwar,2003,虽然在她的讨论中注重于人类之间的爱的关系,但我认为她的观点也可以合理延伸至包括对动物之爱。

分和深层结构。

敬,显现为我们现在所讨论的诸种儒家德性的关键构成因素。无论是对父母的亲爱、对人民的仁爱、还是对动物的惜爱,儒家传统都特别强调敬。事实上,孔子认为在践行任何礼仪时,人都应该保持敬的态度。① 对个人而言,学习和践行礼仪的过程就是"修己以敬"(《论语·宪问》)的过程。因此,敬,作为一种德性,已被儒家当作一个君子必须具有的品质,没有这种品质一个人将无法正确遵循礼仪及与他人和谐相处:"君子敬而无失,与人恭而有礼"(《论语·颜渊》)。就此而言,"敬"被看作行礼的真正精神所在:"礼者,敬而已矣"(《孝经·广要道章》)。为了更清楚地了解"敬"的含义,下面我们将探讨孔子在《论语》中提到的关于"敬"的两种不同的要求。②

首先,敬被用于指对天、神、和人所怀有的深深敬意。在这层含义下,敬的对象只能是神或人类,而不是动物。比如在《论语·雍也》中,樊迟问知。子曰:"敬鬼神而远之,可谓知矣。"此外,孔子强调子女必须以敬的态度来侍奉父母。比如父母有过时,为人子女当好言相劝,始终保持敬的态度:"事父母几谏。见志不从,又敬不违,劳而不怨"(《论语·里仁》)。最后,儒家传统要求君子必须敬自己的妻子、子女,也包括要"敬己身"。正如《礼记》所记载的孔子的下述一段话所言:

> 昔三代明王之政.必敬其妻子也,有道。妻也者,亲之主也,敢不敬与? 子也者,亲之后也,敢不敬与? 君子无不敬也,敬身为大。身也者,亲之枝也,敢不敬与? 不能敬其身,是伤其亲;伤其亲,是伤其本;伤其本,枝从而亡。(《礼记·哀公问》)

礼记的另一章中也以不同的表述提到了相同的观点,曾子曰:

> 身也者,父母之遗体也。行父母之遗体,敢不敬乎? 居处不庄,非孝也。事君不忠,非孝也。莅官不敬,非孝也。朋友不信,非孝也。战陈无勇,非孝也。(《礼记·祭义》)

---

① 为了论证方便起见,本章将敬看作是儒家德性的本质构成部分,而不是一个独立的德性。但我相信,即使将敬理解为一个独立的德性,我们也会得出了和本章类似的结论。
② 关于"敬"在儒家文献中的各种含义,可参见 Shun, Kwong-loi: 2008, pp.261—272。

综合以上观点,在儒家传统中,敬指向天、神和人。对父母亲爱之情,对人民的仁爱之情,必须以敬的方式来表达。

这一层次上的敬是不包括动物的。儒家并不希望一个人待动物以敬。如孔子所言:"今之孝者,是谓能养。至于犬马,皆能有养;不敬,何以别乎?"(《论语·为政》)又如孟子所言的,"爱而不敬,兽畜之也"(《孟子·尽心上》)。这就是说,我们在对待人类时不仅有爱而且还要有尊敬,但是对待动物时我们却只有爱而没有尊敬,因而敬是区别两种关系的根本因素。尊敬任何动物都是不合适的:说我们对猫或猪有尊敬之情,只能是一种滑稽的或讽刺的说法。总之,我们可以践行我们对动物的爱惜,但不能以敬的方式来进行。

然而,尊敬天、神和人并不是敬的唯一要求,在《论语》中我们很容易找到敬的另一种要求。这个含义上的"敬"不是指向存在者,而是指向"事务"——确切地说就是"敬事"。(《论语·学而》)整部《论语》都强调,礼是值得"敬"的人类活动,亦即,在践行礼的时候必须保持认真严肃的态度。当然,在行事活动中的恭敬态度,作为敬的第二种含义可能是衍生于敬的第一种含义来的——对神明或人类的深深敬意。更准确地说,"敬"最初可能是意指接近神明时的正确态度,对人和事上的"敬"是派生出来的。因为神明可以分辨出一个人是否真"敬",所以人们侍奉神明时必须虔诚恭敬。因此,"敬"的第二种要求并不完全独立于"敬"的第一种要求。如果你对天、神和祖先有深深的尊敬的话,你必然会真诚地、严肃地、仔细地准备针对他们的祭祀。事实上,在《论语》的许多段落中,当孔子和他的学生讨论敬时,都表现出关于敬的这样两重含义。例如,孔子指出他看不到在宗教仪式中不虔诚者的可取之处:"为礼不敬,居丧不哀,吾何以观之哉?"(《论语·八佾》)孔子的一个学生坚持认为人们在祭祀仪式中必须虔诚:"子张曰:'祭思敬'。"(《论语·子张》)然而,我们也可以在《论语》中找到一些例子,在其中"敬"并没有直接指向存在者,而仅仅指的是行为时严肃认真的态度。① 相应地,在对待动物时,即使我们不必

---

① 比如统治者应当"敬事而信,节用而爱人,使民以时"(《论语·学而》)。同样,大臣在侍奉君主时也要恭敬地履行自己的职责:"事君,敬其事而后其食。"(《论语·卫灵公》)一个有德性的人必须严肃认真地对待自己所从事的事情:"执事敬"(《论语·子路》),"事思敬"(《论语·季氏》)。

尊敬他们,但我们也应该严肃认真地对待他们,而不能残酷地随意牺牲他们,因为爱物也是一项重要的德性。

总之,敬是儒家诸德性的本质构成部分。为了践行我们对父母的亲爱、对人民的仁爱,我们应该深深地尊敬他们。但为了表达我们对动物的爱惜,我们不需要给动物以尊敬。人们只需要以严肃、谨慎、认真的态度对待动物就可以了。后者要求设立限制和规则来规制对动物的使用。比如,我们不应该任意地牺牲动物,也不应该残酷地对待它们。例如,在现代社会,我们应该支持改善猪、鸡、羊、牛等驯养动物的生存条件。但这种"敬"的要求并不意味着我们不应当为人类的目的而牺牲动物。简言之,道德上仍然允许夺取动物的生命或者牺牲它们的利益,但类似的行为绝不允许施加在人身上。

然而,当我们说对于人和动物的"敬"是有不同的要求的,爱惜动物并不意味着禁止在实行侍奉父母、招待宾客和祭祀祖先的礼仪时牺牲动物,这是一回事;但主张必须在这样的礼仪活动中牺牲动物,则是另一回事。如果一个人决定在践履这些礼仪的时候不使用动物,那又会如何呢?如果儒家废止在某些礼仪中使用动物的要求,这是不是可以使儒家伦理变得更加"道德"和"文明"呢?

四、再论爱与敬

在这一节,我将论证如果一个人决定在实行相关礼仪的时候不使用应该使用的动物,这个人将无法充分表达对祖先、父母和朋友的崇敬。换句话说,这个人将无法完全履行礼所要求的对祖先、父母的亲爱之情以及对人民的仁爱之情。这就是为什么儒家不主张单纯为爱惜动物的目的而改革礼仪的缘故。

在开始论证之前,我们有必要先引用孟子与齐宣王的一段著名对话:

> 齐宣王问曰:"齐桓、晋文之事,可得闻乎?"孟子对曰:"仲尼之徒无道桓、文之事者,是以后世无传焉,臣未之闻也。无以,则王乎?"曰:"德何如,则可以王矣?"曰:"保民而王,莫之能御也。"曰:"若寡人者,可以保民乎哉?"曰:"可。"曰:"何由知吾可也?"曰:"臣闻之胡

龁曰：'王坐于堂上，有牵牛而过堂下者。王见之曰：'牛何之？'对曰：'将以衅钟。'王曰：'舍之！吾不忍其觳觫，若无罪而就死地。'对曰：'然则废衅钟与？'曰：'何可废也？以羊易之。'不识有诸？"曰："有之。"曰："是心足以王矣。百姓皆以王为爱也；臣固知王之不忍也。"王曰："然。诚有百姓者，齐国虽褊小，吾何爱一牛？即不忍其觳觫，若无罪而就死地，故以羊易之也。"曰："王无异于百姓之以王为爱也。以小易大，彼恶知之？王若隐其无罪而就死地，则牛羊何择焉？"王笑曰："是诚何心哉？我非爱其财而易之以羊也。宜乎百姓之谓我爱也。"曰："无伤也，是乃仁术也。见牛未见羊也。君子之于禽兽也，见其生，不忍见其死；闻其声，不忍食其肉。是以'君子远庖厨'也。"（《孟子·梁惠王上》）

在这段对话中孟子试图强调齐宣王已经有了怜悯之心（即使对动物都有），他能够也应当扩展这种怜悯之心而及于他的人民。我们可以从这段对话中得出如下一些观点。首先，虽然这段对话的首要意图是关于怎样对待自己的人民而不是动物，但是在如何对待动物方面，它也有很多启示。此外，虽然孟子赞赏对动物的怜爱（人们不忍心看到动物受折磨），但他从未提议废除或革新礼仪，以使动物永远免于为礼仪而牺牲。再者，当他提到"见其生，不忍见其死；闻其声，不忍食其肉"时，他看起来是在陈述"敬"的第二种要求，即人应该以严肃、谨慎和怜悯的方式对待动物。最后，他似乎主张，对君子而言，正确的做法是可以吃厨师为他准备的肉食，但是不应走进厨房，亲自宰杀烹制动物。

这其中的一些观点颇令人困惑。君子不忍心看着动物死去，所以他远离厨房，与此同时，他又安排别人去宰杀和制作动物供他享用或行祭祀之礼。这种做法难道不是自相矛盾吗？这是在说那些在厨房工作的人没有君子品德高尚，因为他们忍心看着动物死去，还是在说他们的品德比君子还要高尚，因为他们为了君子牺牲了自己对动物的怜悯之心？

在我看来，孟子所言可以这样理解：如果一个人想要成为君子，那他就要（1）从事一个庖厨之外的工作，并且（2）远离庖厨。君子的使命是实现道，"君子谋道不谋食"（《论语·卫灵公》），"修己以安百姓"（《论语·宪问》）。并且，对儒家而言，实现道的方式主要是通过脑力劳动，而不是通过体力劳动:"劳心者治人,劳力者治于人"(《孟子·滕文公上》)。换句话说,因为庖厨中的体力劳动并非实现道的根本方式。故君子可以远庖厨。此外,如果君子经常在庖厨中看到动物被杀死,这也不利于培养他的不忍人之心,而不忍人之心是实行不忍人之政的基础。① 毫无疑问,当君子食肉时,这些肉不是来自于他的宠物或者他日常使用的动物。对于这些动物,他必须以礼相待,甚至要以合宜的方式埋葬它们(如第二节所述)。因此,屠夫和厨师不可能比君子的德性更为高尚。事实上,一个人为了宰杀动物是必须狠心的,经常宰杀动物的人可能会更少一些同情心。这就是人们为什么不愿让屠夫或军人成为君主的缘故。

但是,君子自己远庖厨,但却允许、甚至安排别人在厨房烹制动物,这种做法合理吗?这里涉及有三个问题。首先,我们必须夺取动物的生命吗?其次,谁应该夺取动物的生命?再者,应该怎样夺取动物的生命?第一个问题显然是最重要的,是回答后两个问题的前提。为维持人类社会的运转,有大量的工作需要人去做,都是道德上允许的;但是对特定的人而言,某些工作也许是道德上不合适的。因而,君子因为他的职责而不适宜从事庖厨工作,这并不妨碍他允许和安排其他人从事这项工作。这并不存在道德问题,毋宁说这首先是个社会分工问题。关键是,人类社会是否必须剥夺动物的生命。至于用什么方法剥夺动物的生命,在第二节中涉及了一些,比如人不应该宰杀宠物和提供劳力的动物,人也不应该残酷地对待动物等等。

儒家是否必须要剥夺动物生命,以实现和平衡本章开始提到的三种类型的爱呢?在我看来,儒家确实提出一些为人类目的而牺牲动物的道德理由。为了过上一种真正有德性的生活——这意味在儒家总体德性关怀之下统摄诸种相关德性——在某些情况下我们不得不夺去动物的生命。亦即,为了敬神、祖先、人,某些礼仪用到动物也是不得已而为之的。②

---

① "人皆有不忍人之心。先王有不忍人之心,斯有不忍人之政矣。"(《孟子·公孙丑上》)
② 明代的著名儒家焦竑(1540—1620)已经做了很明确的解释。在他的著作《戒杀生论》中,他认为他的同时代人有一个普遍的误解,即只有佛家(而不是儒家)才对动物持有同情之心。事实上,他强调,儒家圣贤认为除非有充足的理由,否则不应该屠杀动物。他的文章列举了大量的例子来说明儒家应该在三条原则之下对待动物:养之有道;取之有时;用之有制。尽管如此,他明确指出,儒家和佛家的确存在实质的不同:儒家"圣人不得已有故而杀,曰祭、曰养、曰宾"(焦竑:1995,第399—401页)。

我的推论可以概括如下：

1. 在实践对于天、神和人的孝顺和仁爱德性时，必须崇敬他们；
2. 在实践爱惜动物的德性时，不能崇敬它们；
3. 在特定的礼仪中为了表达我们对天、神和人的崇敬，使用动物是**不可避免的**；
4. 因而，我们应该控制自己对动物的自然怜悯之情，而按礼仪的需要使用动物。

很明显，第三点对我的结论是一个决定性的前提。为什么在一定的礼仪中必须使用动物呢？换句话说，如果一个人在表达自己对天、神和人的尊敬时，如果没有使用动物，为什么就无法真正表达呢？我们不能找到替代的表达敬意的方式吗？我将借助 Arthur Waley 和 Paul Woodruff 对儒家的敬的概念的富有洞见的评论而来重构儒家的思路。

首先，"敬"是一种对于比我们更高级或更伟大的对象（比如上天、神灵和祖先）产生敬畏的能力。敬重通常伴有某种畏惧的成分在内，但是这是一种有特殊含义的畏惧——它不是我们在普通生活中遇到的，比如畏惧一辆可能会撞到我的大货车，或畏惧某次可能失败的考试。这种普通意义上的害怕不带有任何威严、神秘或深奥的意味。相反，"敬"中所包含的畏惧必然涉及对于超过我们的控制和理解的终极实在的信仰。因此，对天和神灵的畏惧有一种压倒性的含义：我们生活在对它们的敬畏中，生怕轻慢了他们。① 这就是为什么儒家强调君子应当"畏天命"的缘故。② 用 Woodruff 的话说，"敬畏始于人类对自己局限性的深刻认识，"并且敬重之情"避免人类对神的僭越"。③

然而，其他人类和我高下仿佛，更不必提小孩子了。为什么儒家的"敬"还包括敬自己的子女呢？同时，儒家要求我们"敬己身"，这是否意味着我们应该畏惧我们自己呢？事实上，对于这个问题的最好答案已经隐含在我在第三节所引用的《礼记·哀公问》的那段话中了：我们必须敬

---

① 参见 Waley, 1992, p.61；Woodruff, 2001, p.8。
② 在《论语·季氏》中，孔子曰："君子有三畏，畏天命，畏大人，畏圣人之言。"可能因为大人的地位是部分由天所定的，而圣人之言则传达了天命，因此，君子除了畏天命之外，还要畏大人、畏圣人之言。参见程树德：1996，第1156—1158页。
③ Woodruff, 2001, pp.3—4。

我们的孩子,是因为他们是我们祖先的后裔;我们必须敬畏我们自己,是因为我们自身也是祖先的分支。这就是说,人从自己祖先那里秉有某些本质上值得敬畏的东西;从道德地位而言,个人不能完全地与他的祖先相分离。如果一个人敬重祖先,那么他应该同样地敬重自己和其他人。① 但是我们为什么要敬畏祖先呢?我想,这是因为我们的祖先同天的直接关系所决定的。儒家的史诗、神话表明,我们的始祖是由天直接"生"的,他们现在的存在也必定最接近于天。天是终极实在,自然令人敬畏。而我们的祖先正在天上关注着我们这些后裔的命运和生活,我们岂能不加敬畏于他们?② 同时,我们必须敬重自己和敬重他人,因为我们从祖先那里秉有某些本质上值得敬畏的东西。③

Woodruff 用不同的方式表达了类似的观点:

> 如果一个君王有敬畏感,这将提醒他还有比他更高级更伟大的天的存在——他只是天子,天的儿子而已,如同古代中国人所说的那样。我们最好记住,还有比我们更高的"某者",我们不过是他的孩子而已。这样一来,我们才有可能去尊重孩子。并且反之亦然:如果你不能尊重孩子,你就可能无法认识到还有比你更高的人或物。④

这就是说,如果我们不能敬重我们自己和他人,我们就不会真诚地敬畏天和祖先,因为我们都是天和祖先的后裔。另一方面,儒家认为我们没有必要尊敬动物,因为动物是在道德上比人类低等的生命形式。依照儒家的观点,认为动物和人类具有平等的地位、或者我们需要尊敬动物的观点是愚蠢的和荒谬的。毫无疑问,你可以认识到一些动物具有智力水平,你可以理解一些动物掌握某些语言,你甚至可以欣赏某些动物所展示出的忠诚。但是所有的这些都不会使你对动物产生畏惧感:它们依然完全

---

① 儒家对崇敬或尊敬的这种关系主义的理解与康德个人主义的尊敬概念形成鲜明对照:康德的"尊敬"概念是以个人自主和理性为基础的。

② 确实,儒家礼仪祭祀三种不同的神明:天神、地祇、人鬼。《周礼·春官·大宗伯》:"以吉礼祀邦国之鬼、神、示。"

③ 给定儒家视角下的上天、祖先和后裔之间的这种复杂关系,上天显然不会要求活人(甚至人的孩子)作为祭品。

④ Woodruff, 2001, p.4.

在你的掌控之中。在儒家看来,人对动物所应保持的最好态度就是对他们的同情(不忍之心),而这不包含敬重。

为了表达对上天、神灵和人类的深深敬意,一个人不应该让对动物的怜悯之情支配自己,而应该依礼而行。作为严肃、认真的态度,敬要求通过礼的实践来表达对神和人的崇敬。正如 Waley 指出的,儒家传统有两种最主要的致敬的方式:一个是"屈尊自己",比如点头、鞠躬和跪拜;另一种是以最贵重的所有物献祭。① 很明显,一个人能够献出的最有价值的东西就是生命,在祭祀的时候献祭动物正是为了实现这个目的。很难想象还有什么东西比动物更合适:因为以礼宰杀和使用动物有一种伟大的意义:增加我们畏惧神灵和人类的维度,同时也清楚体现了礼的庄严和深奥。在这种情况下,有什么理由能让我们在祭祀的礼仪中取消动物献祭呢?理由当然不可能是动物生命具有高度价值,因为人本来就应该拿出最具有价值的东西来献祭以表达自己的敬意。对动物的同情心也不是理由,因为这种怜悯之情不应当胜过对天、神灵和祖先的敬重之情。② 总之,如果我们为了爱惜动物而改变礼仪,我们将失去祭礼中极有价值的部分,减少敬畏的程度,降低祭礼的深义,由此丧失了祭礼应当表达的崇敬意。③ 这也就是为什么这些礼仪**必须**使用动物的原因,这也就是为什么孔子反对子贡去掉告朔中使用羊的提议:"赐也,尔爱其羊,我爱其

---

① Waley, 1992, p.57.

② 这并不是说儒家不支持尽可能减少动物的痛苦。其实,儒家献祭礼仪没有像犹太教和伊斯兰教那样要求严格的屠杀方式(例如让动物流血致死)。然而,儒家传统确实要求在重要的祭祀仪式上,主持祭祀的人必须亲自检查这个动物是否满足于献祭的要求;在最重要的祭祀礼仪中,一个人还必须亲自去捕猎和宰杀动物,以示自己对天和祖先最诚挚和最崇敬的祭拜。我们在《仪礼》和《礼记》的有关章节中可以清楚看到这方面的论述。

③ 有人可能认为这里有循环论证之嫌。如果我的论证依循着"天需要礼仪和礼仪需要一头牛"这样的形式,那么它确实有循环论证之嫌(参见 Blakeley, 2003, pp.137—157)。但是,我的论证不是采用这种形式,而是从儒家敬的概念出发,通过一系列的步骤来完成的,这些步骤包括:人要孝敬天和他们的祖先;他们必须通过提供祭品以显示他们的敬意;祭品必须是人类最有价值的东西;动物的生命正好满足了这种对祭品价值的要求。与此同时,这一论证也为批评者提供了足够的讨论空间。因而不想接受我的结论的人,应当具体指出我的论证在哪一个环节上有问题。

礼。"(《论语·八佾》)①

简言之,为了平衡所有德性的要求和履行真诚一致的德性行为,在某些时候,儒家不得不牺牲动物。这是因为"敬"作为德性本质的组成要素标志着对上天、神灵、祖先和人类的爱与对动物的爱之间具有根本区别。这种区别对儒家很重要,因为,如前所述,"亲亲"、"仁民"、"爱物"不仅是程度上的区别,而且首先是性质上的区别。儒家认为,如果模糊了这些区别的话,就会损害儒家根本的道德关怀,比如敬天,爱人。

当然,正确使用动物的方式是依情境而定的。在日常生活中,我们不应该让我们曾经作劳力使用过的动物成为祭品,我们更不应该以自己的宠物作为肉食的来源。但是,这并不是说我们在祭祀礼仪中就不能供奉肉类,或者不能宰杀牲畜款待客人。相反,我们饲养动物就是为了满足这些目的。另外,在紧急情况下,我们也许会牺牲我们的宠物和曾经为我们作为劳力使用过的动物来维持人的生命。在儒家道德伦理上人和动物之间的区别是明显的。

有一些极端的例子可以用来说明这一区分的道德重要性。假如你、你的孩子和你的宠物狗处于再也没有食物的危急时刻。如果你杀了你的狗提供狗肉,你就能挽救你孩子的生命;如果你不那样做,你的孩子将肯定饿死。在这样的情况下,儒家认为你不得不舍去你的宠物狗而救你的孩子,无论你的狗曾经对你多么有用、多么忠诚、无论你和这只狗的感情多么深。这是因为,以儒家的观点,你必须挽救你的孩子,你的孩子的生命是神圣的,你必须敬畏她的价值;而对你的宠物狗却不必如此。为了履行你对你孩子的崇敬,你必须克服你对狗的感情而牺牲它,以挽救你的孩子。相反,如果你不做任何事情,放任你的孩子和狗一起饿死,儒家会以为你是受到了对你的狗的自然感情的不当支配,从而作了道德上不正确的选择。虽然听起来有些吊诡,但意思绝对不错:在这种情形下,只有牺

---

① 在讨论《论语·八佾》的"告朔之饩羊"一节时,Richard Wollheim 精致地论述了礼仪活动(例如"告朔之饩羊"——在新月之日用羊祭祀祖先)赋予一种生活方式以意义和价值。然而,这样的意义和价值不能用功利主义或后果论的标准,如痛苦与快乐,来充分评估。相反,Wollheim 认为,礼仪活动的纯洁性和真挚性同人在伦理生活中的自我修养自然而不可分割地联系在一起(Wollheim, 1993)。就儒家而言,个人必须认真实践礼仪来表现和培养儒家的敬和爱。

牲爱惜动物的德性，才能做出真正有德性的选择。①

当然，这样极端的例子没有普遍意义。在日常生活中我们并不要求去作这样极端的选择。相反，儒家要求我们在日常生活中应该照顾好自己的宠物，当它们死去时，也应该有一定的埋葬礼仪。但是这个例子生动地提醒我们，明确认识爱人和爱动物之间的本质区别是极其重要的。无论情况多么紧急，为了生存杀人吃肉的行为永远无法在儒家伦理体系下得到合理证明，即使这种行为得到所有参与者（包括受害者本人）的同意、并且通过一个公平的程序来选择受害人。这是因为，人的生命是神圣不可侵犯的，而动物的生命则并非如此。

五、结论

综上所述，在礼仪活动中牺牲动物，在儒家而言，是一种有充分理据的德性行为。完全不关爱动物是不对的，但是在特殊情境下，使用和牺牲动物从道德上来说也是不可避免的。因为这些要求牺牲动物的礼仪承载着我们对神明或人类的敬意。我们没有办法在这些礼仪中省去动物，同时不减损这些礼仪的道德意义，不侵蚀儒家生活方式的完整性。

本章没有涉及类日常食用动物的问题。确实，儒家的有些礼仪中也包括分享肉食，但更多时候人们是在非礼仪的场合下食肉。对关心动物福利的人而言，是否允许以动物为食、或者怎样以动物为食是一个重要的问题。事实上，包括孔子在内的绝大部分儒家学者日常生活中都食肉。②这样的做法是道德上合理的吗？在此我没有办法深入论述。但是我想如果把这些实践放在更大的儒家生活背景下来考察——儒家生活方式的典型特点就是通过礼的慎重其事而给日常生活赋予深刻的道德意义——很可能得到合理性论证，正如祭祀中使用动物的情形一样。简言之，如果用肉食款待客人、侍奉父母和祭祀祖先是表达崇敬（包括敬畏）的必要方式的话，那么肉食的习惯也可以被纳入到德性生活中去。这就是为什么孔

---

① 据报道，在日本的闲谷孔庙有一块纪念献祭动物的纪念碑（Taylor，1986，p.36）。这也许是为了显示儒家对这些动物的惜爱。为了显示敬畏上天、神灵和人类的德性，这些动物不得不被牺牲掉。

② "食不厌精，脍不厌细。食饐而餲，鱼馁而肉败，不食。"（《论语·乡党》）

子认为每天吃肉不仅是道德上可接受的,而且应该以严肃、认真、适当的方式去准备、食用和分享。(《论语·乡党》)

最后,在儒家的道德视野下,人们应该如何对待野生动物呢?对于这一点,儒家传统有明确的规则和约束。比如《论语·述而》中提到"子钓而不纲,弋不射宿"。其中心含义是,我们不应该以浪费的、偷偷摸摸的方式去猎取动物,不能无理由地猎杀动物,也不应当猎取怀孕的或者有幼子要抚养的动物。事实上,儒家所坚持只是弱的人类中心论观点:虽然人类比动物具有更高价值,但人类应与动物形成适当的和谐关系,这也属于人类必须具有的德性。但这并不意味着永远不应该猎取野生动物。事实上,射礼是儒家六艺之一,它为诸种儒家德性——包括勇气、坚毅、合作和礼貌——的培养提供了场合。① 在有适当理由的情况下,狩猎也是允许的。就像在敬天和祖先的其他礼仪中一样,狩猎动物是与适当礼仪行为下的德性培养紧密关联的,也反映了人对其在自然秩序中的地位的理解。以适当的方式参加狩猎活动,需要人们表现出节制、同情、和对上天的敬畏等德性。②

本章的目的虽然是探讨儒家对于动物使用的道德立场,但我希望所传达的信息具有更广泛的道德含义。爱与敬属于人类普遍具有的道德关怀和道德前提。儒家对动物使用与有德性的生活方式之间关系的深刻理解,应当对所有人都有启发意义。

---

① 对于射礼的详细描述见,《仪礼·大射仪》,对于射礼的伦理意义的深入考察,见《礼记·射义》,对于儒家传统中狩猎的总结,见《白虎通·乡射》。
② 关于狩猎对于德性培养的工具作用,参见 Aldo Leopold, 1966。

二十一　从《易传》看儒家环境伦理学的进路

一、导言

儒家对环境伦理学的特质的理解非常不同于西方的主流观点。为了适当评价这些区别,需要深入理解儒家构建人类与环境关系的方式。如同前面各章,本章同样旨在为一种重构主义儒家立场辩护、并探索如何构建当代儒家的环境伦理学、认识论以及形而上学。本章所辩护的观点阐明了人类应如何在一种宇宙原理指导下采取与环境相适应的行为,这种适应并不是消极的,而是引导人类对环境进行适当的调控。

的确,儒家的环境观常常被说成是人类宇宙主义的(anthropocosmic),而不是人类中心主义的(anthropocentric)。① 然而,"人类宇宙主义的"这个说法十分模糊,在自然发生与人类规范之间模棱两可,难以概括儒家对于人类应当如何对待动物和其他自然物体的观点。相对比,伦理学上的人类中心主义就清楚地多,因为它把焦点集中于相对于其他存在者的人类的内在价值上。儒家的环境观能否在某种意义上同时是人类中心主义的和人类宇宙主义的呢? 当然,人类中心主义(anthropocentrism)、宇宙中心主义(cosmocentrism)、自然中心主义(naturocentrism)等等,都分别包含有形而上学的、认识论的与伦理学方面的命题。这些命题虽然各不相同,但并非相互独立,而是构成了人类关心的相互交叉的组合说

---

① Tu,1989,p.102;Tu,1998.

明。① 尽管如此，一种具体的伦理学上的人类中心主义并不必然能从某种特定的认识论和形而上学观点中演绎出来。因此，为了清楚地定位儒家环境论的观点，有必要首先区分伦理学上的三种可能的人类中心主义。

第一种人类中心主义的视角可以被描述为个人主义的人道主义(humanism)。亦即，人类个体可以依照任何她所判断为合适的、有用的或有趣的方式对待其他存在者(无论是有机的还是无机的)，只要这些存在者还不是他人的拥有物或财产就行。比如，为了好玩而折磨自己的猫或狗，并无道德问题。

第二种视角是契约论的人道主义。因为人类个体必须在群体、共同体和社会中互相合作，他们必须建立一些统一的道德标准来对待其他事物，这些标准可以由一些实际的契约或协议来决定。这些标准基于他们的欲望、偏爱或者他们在民主商谈过程中偶然得到的任何直觉、妥协、认可等等来确定。这种公共的(communal)人类中心主义阐释承认人类的中心地位并接受如下规则，即人们共同建立的任何标准在道德上都是可接受的。比如，狗在一个社会中可以被食用，在另一个社会中则不行；但两者并不冲突，都是道德上可接受的。

第三个视角是宗教的人道主义。人类之所以拥有较高的价值的原因以及他们对待其他事物的方式并不取决于人类个体的选择，也不取决于集体的协议，而是建立在某些具有外在来源的道德标准之上。"外在"意味着这些标准必须具有某些超自然主义的特性：例如，它们来自神的启示(如基督教中的上帝的意志)，也可以意味着宇宙的深层机制(如儒教中的天道天理)。总之，这些标准是超验的。有人可能认为，它们还是人的标准，因为还得通过人的语言来表述。但是，准确地说，应该是上帝关于环境的意志或天道是在人类的知识条件下被人们所领会的，人们对于它们的不同理解并不否定它们具有外在于人的、终极的来源。这类宗教人道主义标准(如基督教、儒教)肯定人类具有较高的内在价值，因而它们也可以算作人类中心主义的。但同时，这类标准也是宇宙中心主义的：人类被定位于一个在本质上超越于人的整个宇宙环境之中，这一环境包括其他十足，例如植物和动物。

---

① Ivanhoe, 1998, pp. 65—67.

简言之,这三种视角都是人类中心主义的,因为它们都认为相对于自然界的其他事物,人类具有较高的价值。因此,它们都是人道主义。相对比,佛教就不持有人道主义的立场,因为它将人类视为与其他实体具有平等价值的存在。总之,归之于人类的内在价值越高,伦理学上的人类中心主义的倾向也就越强烈。但是基于人类在对待自然界中的其他事物时的理由与动机的复杂性,评定一种人类中心主义倾向的强度的较容易方法,是考察其对于人类对待其他存在者的方式的限制。伦理学人类中心主义的第一个视角是非常强的人类中心主义,因其几乎未将任何限制加于人类之上;第二个稍微弱一些,因为个体的意志被集体的决定所限制;第三个视角是弱的人类中心主义,因为人类必须遵循上帝的意志或天道性理,必须考虑人类对自然的行为的正当性。

本章认为儒家对于人与自然的关系持有一种弱的人类中心主义观点,这种观点以儒家所揭示的宇宙原理(即《周易》中的卦象原理)为导向。之所以称其为人类中心主义的,是因为它承认人类具有较高的内在价值,并因此在宇宙中占据了较高的位置。之所以是以宇宙原理为导向的,是因为儒家所揭示的宇宙原理引导着这种观点。因此,儒家环境伦理的进路可以从儒家对于宇宙原理的论述中揭示出来,它们同儒家的宇宙原理一道表明了儒家观点的独特性与重要性。

儒家环境伦理的这一进路需要对儒家思想进行重构,这种重构承认如下前提:(1)存在着许多儒家阐释;(2)每一种阐释都是具体的,是从自孔子以来绵延了两千五百年的儒家丰富传统中拣选出来的;(3)本章所选择的儒家阐释具有广泛的认可性,本章论证其提供了关于儒家环境主义反思的最完整、最全面和最有力的刻画。刻画的力度取决于其解释力,亦即能否将相应的道德的、形而上学的和政治的论点锻造成为一个关于人类生活的统一的观点,而不是乞灵于现代西方哲学的资源。因此,基于中国传统及文化资源之上的重构主义儒学的环境理论应该能给出一个关于人类繁荣的根本方式的观点,且这种观点应该比与之竞争的同类观点更为精细和完整。这就要求重构儒家关于人道及人与自然的关系的各种成分。最终的成果必须在解释的力度上强于其竞争者,并且要与儒家核心思想声气相通。

为了满足最后一个标准,本章求助于《周易·易传》中的密切关联于环境的一章,来说明儒家关于人类与自然的宇宙原理背后的基本公设。①这一章即《易传·系辞下》的第二章,其生动地描绘了儒家关于人与自然的思考。②

二、弱的人类中心主义和以宇宙原理为导向的人类与自然的关系

儒家所揭示的八卦、六十四卦就是儒家所认识到的宇宙及其万物的生成和变化的根本机制,所以本章把它们称为儒家的宇宙原理。这些原理是如何被人认识到的呢?《易传·系辞下》的第一节是这样说的:

> 古者包牺氏之王天下也,仰则观象於天,俯则观法於地,观鸟兽之文,与地之宜,近取诸身,远取诸物,於是始作八卦,以通神明之德,以类万物之情。作结绳而为罔罟,以佃以渔,盖取诸离。

这一节告诉我们圣人包牺氏发明了八卦来显示宇宙原理。但其中还包含着儒家关于宇宙原理的一些根本理解和预设,我将把它们统称为儒家的公设。这些公设将清楚显示儒家关于人类与环境之间的适当关系。因而,我将通过总结《易传·系辞下》的公设来分析和重构儒家的环境观。

第一条公设显然是:(1) **宇宙原理构造和调节着整个宇宙,包括天、地、人、动物及万事万物**。本节告诉我们,通过观察天的模式、地的轮廓以及动物的标记,圣人伏羲揭示了易的原理(被形象地表示成八卦和六十四

---

① 《易经》分为经和传两部分,经(包括六十四卦和对它们的评说)早于孔子之前即被编定。传(易传,或称十翼),过去推测是孔子所著,但今天的主流意见认为是经多人之手在很长一段时间内写就的,可能是从公元前5、6世纪至公元前3、4世纪。参见 Chan,1963,p.262。基于本章的目的,关键点并不在于确定作者和写作年代,而是在于它们所揭示的究竟是儒家的还是道家的观点。本章试图说明其传达的主要是儒家的教导。

② 系辞主要是儒家的文本还是道家的文本,一直以来都存在着很大的争议。但双方都同意,系辞综合了包括阴阳家、道家和儒家在内的各家的理论。甚至道家一派观点的当代最热情的捍卫者陈鼓应也承认系辞中的伦理观首先是儒家的(陈鼓应,1994,第105页)。但是很多人似乎都相信,《易传》(包括系辞)中的形而上学和宇宙论从根本上来说是道家的。基于本章的目的,根本的问题是,如果一个儒家学者认为传的特点从根本上来说是儒家的,那么她是否仍然能够接受道家的形而上学和宇宙论呢?本文认为不能,因为道家的形而上学与宇宙论同儒家的道德前提是存在冲突的。下文将阐明这一观点。

卦），作为宇宙的原理。易的原理既是道德原则，也是形而上学原理，两者构成一种统一的宇宙说明。人类和环境的关系本身就包含在这一宇宙说明之中，这种相互关系适时地根据自然界的组成因素的变化而作出调整。相反，多数现代西方环境论者都是在一种个人主义的或原子主义的视野中以不变的视角来考察人类、自然、种属以及特殊的有机物。正如人类被认为是拥有权利的孤立个体，动物、植物、其他生物以及整个生态系统都同样被当作是拥有各自权利的分离实体。这种策略必然导致人类统治自然的诉求与从动物、环境系统和自然结构出发反对人类统治的诉求之间的对抗。为此就有了一些试图通过给予环境中的其他存在者平等的（如果不是更多的）关注的方式——特别是通过诉诸其他存在者的权利——来检查、限制和重新调整人类权利的努力。

儒家思想一般认为人类和自然处于共同的宇宙体系之中。因为人类个体和其他对象同处于一个宇宙框架之中，这两者都没有恰当的可以孤立存在的身份。人类准许自己建立对自然的权威与控制。然而，这种权威和控制并不是无限的，而是被宇宙原理所限制和引导的。这种以宇宙原理为导向的儒家思想与西方对环境的认识形成鲜明的对比，后者多数遵循一种片面的和不完全的进路，将人类、动物和生态系统看作孤立的实体。儒家的宇宙原理则提供了一种包容性的互动关系。①

从上面引用的这一节进一步看，儒家的第二条公设是：(2) **宇宙原理体现在人和自然的特质中，但并没有直接展示或书写在自然现象上**。对比人类在自然中发现的纯描述性的自然规律，宇宙原理是规范性的形而上学和道德原理，人们必须通过专心于宇宙运行来体认它，而不是通过描述来发现它，当然也不是只用想象来发明它。因此，不同于科学家观察自然以发现其中的自然规则，儒家试图穿透自然去挖掘贯通天道的宇宙原理。具体而言，理解这些原理就是去"以通神明之德，以类万物之情"。长期以来，道家传统将易的原则（通过《易经》中所展示的八卦、六十四卦和三百八十四爻）视为某种类似于西方传统中的自然法的东西：它们是自

---

① 参阅成中英的有关著作，如 Cheng, 1994, 1998。

然规律,反映了普遍的、永恒的自然秩序。① 如果说这些自然法则也具有某种规范意义或力量的话,那么它们是单纯通过自然的因果律和必然性(也即作为最终的自然力量的"道")来实现的。② 与之相反,儒家强调圣人能够通过自然去理解作为天命的宇宙原理,并把宇宙原理理解为植根于天道的道德要求,而作为终极实在的天则被理解为超自然的、有意识的、有意志的、有力量的上天或上帝。③ 因而,虽然《易经》一开始是一本用作占卜的书,但儒家则主要将其视作人类行为的德性指引。④

任何一个仔细读过论语的人都会不可避免地获得这样一个印象:对于孔子来说,天是一个准人格神。天承载着道德目的、意志和力量。这就是为什么孔子总是让执政者敬畏天命,以德治国。作为中国传统的一个极其有智慧的解释者,孔子继承了中国古代将美德作为一种力量的理解,古代的君王通过自愿地举行献祭仪式来获得这种力量,这些仪式的献祭对象是他们祖先的灵明以及上天⑤。这些仪式包含了一种个人与神之间的关系,并不仅仅是与非人格的宇宙存在者之间的因果性交互关系。不幸的是,后来的一些儒家学者逐渐受到了道家对天的自然主义理解的影响⑥,模糊甚至放弃了孔子将天视为一个超自然的人格神的原初观念。

---

① 这当然只是西方传统中的自然法(natural law)的一种意思。但在自然法的其他意思上,儒家的宇宙原理也不能理解为自然法。例如,宇宙原理不是神定法(如犹太-基督教的"十诫"及伊斯兰法),也不是一个理性自明的演绎系统(如托马斯-阿奎那所发展的自然法观点)。综合说来,儒家的宇宙原理既不全然是神定的、也不全然是自明的,更不全然是人造的,而是包含所有这些成分的一个特殊系统。它既不是自然法,也不是实证主义,而是儒家天人互动的原理。最终,儒家的宇宙原理需要儒家的礼仪来展开和体现。关于儒家法学与自然法的关系,参阅 Peerenboom, 1990。

② 这一形象说法可以用来传达道家思想中的宇宙:"一张没有织工的网。"参见 Kinsley, 1995, p.68。

③ 我这里所阐释的观点可能与某些现代新儒家的看法截然不同,他们热忠于对儒家的天的观念给出一个无神论的解释,以便使儒家听起来更"世俗"、更"科学"。我认为他们的观点歪曲了儒学的本性。对早期儒家中天的超自然的、有人格的或准人格的本性的解释,参见 Ivanhoe, 2007, pp.211—220。我使用"准人格"这个定语,只是为了将儒家对天的理解与犹太-基督教中的上帝区分开来。

④ "子曰:'加我数年,五十以学《易》,可以无大过矣。'"(《论语·述而》)"子曰:'南人有言曰:"人而无恒,不可以为巫医。"善夫!""不恒其德,或承之羞。"'子曰:'不占而已矣。'"(《论语·子路》)虽然这两段话可能是《论语》中仅有的直接提及《易经》的地方,但已经足以表明孔子的思想是与《易传》相一致的。

⑤ 关于此论题的出色研究,可参见 Nivison, 1996。

⑥ 更为详细的解释,可参见 De Bary et al., 1960, p.192。

他们开始在其形而上学和宇宙论论述中引进道家的某些概念,如太始、太一、太极,而不是诉诸儒家的天的观念。他们开始将天视作与地并列的东西,认为天是一组自然的客体和现象,这些客体和现象包括天、日、月、云、雷、电、雨,等等。他们将"天"改造为"天体"。自汉代开始,对儒家对天的超自然理解始终摆脱不了道家自然主义观点的侵扰和歪曲。①

如果认真对待《论语》和五经(比如《尚书》、《诗经》以及《易经》)的话,那么解释儒家天道观点的唯一连贯方式就是以超自然的人格神的概念来梳理它。六十四卦中所阐释的宇宙原理首先是道德原则,这些原则由天建立并以此来规范人类的一般行为,特别是合乎德性的行为。如果排除了这种有神论的解释,那么长期存在的儒家传统及其对德性的独特和持久的关注就成为不稳定的、无根基的和无理由的东西。如果我们不能将儒家的德性论述与道家的自然主义观点清楚区分开来,我们就不能够理解伏羲作八卦"以通神明之德,以类万物之情"的真实含义。事实上,在原始儒家传统中,重要的自然对象和现象都有对应一致的神,诸如日神、月神、星神、土神、山神、河神,等等。② 上天不仅创造和生成了自然客体和现象,还管理着治理这些自然客体和现象的众神。天首先和主要的是众神之主。③ 就像人的德作为一种力量可以通过适当的仪式从天那里获得一样,这些神的德也是从天那里获得的力量。因此,所有的德都是由天德滋养的。八卦和六十四卦提供了一些很有启发性的样式和原则,这些样式和原则不仅展现了人是如何理解这些神的德性并以此去敬畏自然对象和现象背后的力量,而且还展现了人如何去理解天的德性并以此

---

① 比如当代最有影响力的新儒家学者杜维明说:"相比于相信可以为人类理性所理解的宇宙永恒运作的模式,相信一个全能的但却因某些神秘的理由而违反自然法则的上帝更为困难。"(1989,p.95)在他看来,"有神论的上帝观念……在儒家传统的符号资源中是完全缺席的。"(1989,p.116) 在他早年的著作中,他已经声称:"既不相似于基督徒与其人格化的上帝之间的关系,也不相似于净土宗教徒与其阿弥陀佛之间的关系,而是以一种**类似道家对待道的态度**……儒家力图体现仁"(1978,p.10;着重处为笔者所加)。杜维明正确地指出了儒家天的观念不同于基督教的全能的上帝概念。但他错误地将儒家的观念与道家自然主义的理解混为一谈。有趣的是,道家自然主义对儒家宗教态度的歪曲甚至影响到西方的启蒙运动和它的世俗化的议程。关于这一事实及其对儒家学说的误解,可参见 Louden, 2002, pp.73—93。

② 参见《左传·昭公元年》及《礼记·祭法》。

③ 汉朝大儒董仲舒完全理解这一点,他说:"天者,百神之君也"(《春秋繁露·郊义第六十六》)。

二十一　从《易传》看儒家环境伦理学的进路　365

来指导自己的行动。

　　对《易经》的这种理解很好地体现在关于乾卦和坤卦的"文言"中。例如,文言曰,乾卦教导人践行四种主要美德的道德原则,这四种主要的美德是:仁、礼、义、正。对儒家而言,六十四卦应该以相同的方式来解释,它们已六十四种形象或隐喻,为人类在特殊情境下应该践行的德性提供指示。①

　　这就将我们带向了第三条公设,(3) 关于人类为了经济目的来利用自然,**宇宙原理给人类提供指引,指引他们如何利用自然以维持他们的生计**。这就是说,在提供道德指示之外,宇宙原理也提供其他与德性一致的实践和技术上的指引:子曰:"《易》,其至矣乎! 夫《易》,圣人所以崇德而广业也。"(《周易·系辞上》)卦象所表达的宇宙原理教导人们如何去拓展他们的生活领域去建功立业。以离卦为例,它指导我们作结绳而为罔罟,以佃为渔。这清楚地表明,对儒家而言,将动物作为人类赖以生存的食物在道德上是可以接受的。事实上,孔子教导我们人类比动物更有价值,如果人类和动物之间出现了价值的冲突,应当优先考虑人类,而不是动物②,更进一步说,动物在祭祀之类的精神活动中也有重要的作用:人类不应该因为怜悯而撤去应当在祭祀中使用的动物。③ 最后,系辞所展现的宇宙原理甚至具体指明了人类应该如何获取动物,才能更有效地利用它们。④

---

　　① 有些传(比如彖),可能被认为是证明了道家的自然主义的观点。我认为并不是这样。严肃地来看待文本,彖认为儒家的天的观念是一种超自然的、人格化的力量。例如,乾卦的彖的第一部分是这样说的:"大哉乾元,万物资始,乃统天。"这里的"元"表面上似乎可以等同于道家太初、太一、或者太极的观念。但这到底是某种道家的自然主义理解之下的物质性的东西或者能量,还是某种超自然的人格化的力量,如《论语》中儒家的天的观念所表现的那样? 我认为后一种解释与儒家的整个传统结合得更为紧密。Legge 的书中(1973, pp.50—54)非常有用地讨论了《易经》的其他传中所体现出来的天的观点。
　　② "厩焚。子退朝,曰:'伤人乎?'不问马。"(《论语·乡党》)
　　③ "子贡欲去告朔之饩羊。子曰:'赐也,尔爱其羊,我爱其礼。'"(《论语·八佾》)参阅上一章。
　　④ 本章将不会对离卦如何指导"结绳而为罔罟"提供技术性解释,同样也不会对其他卦是如何各自激发起人类行为的想法提供技术性解释。读者可以很容易从任何诠释《易经》的著作中找到之类解释。

三、自然是人类的花园

第三条公设体现了儒家对待自然的态度,这种态度具体表达了儒家自然观的一个要点,即人类应当适当地照管、培育和重塑自然以使之结出成果。这一公设在《系辞下》的下一节中得到进一步表达:

> 包牺氏没,神农氏作,斲木为耜,揉木为耒,耒耨之利,以教天下,盖取诸《益》。日中为市,致天下之民,聚天下之货,交易而退,各得其所,盖取诸《噬嗑》。

除了表达利用自然之物的观念之外,这一节还描写了从渔猎社会到农商社会的发展。自然是供人类使用的资源。虽然对它的利用有实质的、宇宙论的、规范性的限制,但自然是人类的资源则是毫无疑义的。

这一节的意思可以按照如下这一公设来解读:(4) **自然应该按照宇宙原理的指导而得到部分保存和部分改造,以便支持人类的繁荣发展,为农业和商业活动提供地盘**。在这个过程中,环境被重塑为适于人类生活和欣赏的一个广义上的花园,同时也能够支持利用自然及自然资源的市场经济。人类应该停止渔猎的原始生活。益卦中的宇宙原理激发了圣人神农斲木为耜,揉木为耒,并教给天下耒耨之利。以这种方式,他们将适合于渔猎的环境改造成了适合于农业的环境,因而也改变了人类花园的性质。事实上,人类总是依照自己对于主导规则、价值和模式的理解,来对自然进行定位、改造和重塑。我们可以想一下中国的盆栽或日本的盆景。即便是试图建立一种深度的生态自然而将自然按照从没有被人类触碰过的样子保存下来的努力,也并不是真的在呈现自然的本来面貌,而只是在显现人类花园的另外一种形式而已。① 处于按照宇宙原理行动的人

---

① 环境主义的深度生态学理解包含一种对于野地(wilderness)作为未被触及的土地的特殊的、浪漫的理解。至少有三种对野地的不同理解。第一种,野地意味着未经人类触碰的而且无人存在的。这样的野地已是生态上不可能的,因为我们的世界已经存在工业化的人类文明。第二种意义上的野地是经过人类改造的、但并不被明确地认作是一个花园(即便是一个杂乱无章的花园),虽然这些野地在很大程度依赖于人类的维护,以在特定条件下的特定生态系统中保持平衡(就此而言,这样的野地是必然包含着某种程度上的园艺的)。当我们接受野地的第三种含义时,我们就开始与深度生态学理解分道扬镳了。第三种含义上的野地必须被明确地认可为一种特殊形式的花园。

类的主宰力量之下,所有的自然存在物都受到人类有意无意的影响。即便是作出了不去行动或克制自己不去干涉自然结果的决定,也不可避免地体现了人类的力量和反思。在儒家的宇宙原理指导之下,人类的这些有效的力量和反思受到道德的主宰,促使人类按照规范的宇宙模式去做。同时,人类对于自然的权威性支配地位也是得到认可的,因为人类不仅是自然的实现者,而且是自然的园丁。人类有权利和义务去修整和改造自然。①

然而,一个人类社群不可能将他们所有的土地都改造成一个包罗万象、尽善尽美的花园。的确,尽管世界上存在许多形态万千的花园,但我们也不不能找到一个十全十美的公园。相反,每个文化中的花园都是特殊的,不同文化的花园反映了人类对人与环境之间的正当关系的不同理解。② 例如,法国的花园被建成几何形态的,因此他们的花园描绘了一种数学的特性,这种数学的特性反省了自然中深藏的理性以及理性之美。英国的花园显示了一种从人类的视角来看的自然的多样性外观,因而园丁所利用的样式不是几何形态的,而是展现了一种自然之样态和形式的无限丰富性。日本的佛教园林具有高度的结构性,以引起一种平和和沉思的感觉,这种感觉将我们从自身带向不朽。中国的道教园林用岩石和其他人造物摆出一个富含象征意味的园林,将观者从自身带向永恒的道。那么儒家的花园应是什么样的呢?

《系辞下》并没有为这个问题提供详细的答案,除了告知我们圣人遵循噬嗑所说的宇宙原理建立了可供人们交易的市场之外,它还传达了一条道德信息。除了经济、社会和政治的重要性之外,市场的必要性还提示了下面一条公设,(5) **作为自然的园丁的人类不应该在他们的经济活动中耗竭自然,而是应该按照宇宙原理来负责任地调整和培育自然的特性。**

---

① 首先,在儒家以宇宙原理为导向的观点之下,人类同其他任何动物一样都是自然的一部分;将人类从自然中抽象出来,当然是在一种极其重要的意义上肯定了一种"非自然的"人类自然观。其次,自然随时间而变易,因此使自然中的任何样式成为规范的努力都是人类的选择。在自然中没有任何东西是永恒的,所有的东西都在变化:生物体是有死的,甚至物种本身也是短暂的。另一方面,环境总是存在下来;除了毁天灭地的大灾难之外,在任何情况之下生态系统也能够继续存在。例如,可能因为小行星撞击地球,恐龙随着中生代的结束而灭绝了,但环境没有被毁灭,只是被彻底改变而成了新生代的环境。儒家观点认为,人类当然有权为了自己的利益和繁荣来改造和转化自然,但在这样做时应该理解和遵循宇宙原理。

② 参阅 Sass 1981。

因此，重点是遵循宇宙原理，进行负责的园艺工作。市场上所用来交易的东西是从自然资源中生产出来的，这些资源不必都来自相同的地方。市场不仅在不可避免的劳动分工中扮演着不可或缺的作用，同时还通过对来自不同地区的资源的合理使用而支持一种对环境的负责任的利用。如果某个社群被迫利用它的土地去生产维持其存在所必须的每一样产品，那么它就必然会破坏其所处的环境。市场联合了不同的区域，供应不同的资源，减轻了单块土地的负担。因此，圣人鼓励建立一个市场的做法是明智的。由此，不同的社群和共同体得以遵循宇宙原理以适宜的方式（这些方式可能区别很大）来保存和改造其所处的环境。

四、将自然秩序置于反映宇宙原理的人类秩序之中

正是人类确保自然得以维持在与宇宙原理一致的秩序之中。对自然的审慎、负责任的改造既反映了人类控制自然的力量，也体现了人类对自然的义务。因而，为了改造自然并使之全面繁荣，一个组织良好、勇于进取的社会是至关重要的。《系辞下》阐明了这一点：

> 神农氏没，黄帝、尧、舜氏作，通其变，使民不倦，神而化之，使民宜之。《易》穷则变，变则通，通则久。是以自天佑之，吉无不利。

这一节提示和支持如下的儒家公设，即(6)，**评价对环境的改变是否正当应该基于如下的标准：这种改变所包括的转变、重塑和再造是否有助于支撑和滋养人类的繁荣**。人类繁荣的核心并不是物质财富，而是与宇宙原理相一致的人际关系。成功的农业发展使和平而富足的生活成为可能。然而如果没有适当的教导和规训，人类就会因为安逸的生活而变得腐化而懒散。也就是说，经过改造的环境能够生产出有助于人类繁荣的物质财富，但物质财富并不是人类繁荣的充分条件。在儒家看来，能恰当地承担对自然的义务的社会建立于和谐的人际关系之上。这种观点生动地体现在《孟子·滕文公上》中：

> 人之有道也，饱食暖衣，逸居而无教，则近于禽兽；圣人有忧之，使契为司徒，教以人伦：父子有亲，君臣有义，夫妇有别，长幼有序，朋友有信。

这里提到的五伦被儒家学者树立为文明社会中五种基本的人类关系模式。《孟子》的这一章以及其他儒家经典表明，在儒家看来人类对环境的利用和改造是被上天许可的。值得注意的是，儒家在此真正关心的是对自然的利用和改造如何有利于五伦的兴旺和繁荣。五伦中所包含的德性为对自然的利用提供了最重要的标准，因为在儒家看来，人道本身就是天道的体现和实现。这并不说人类的社会关系优越于自然关系（包括其他的动物或者生态系统），儒家所强调的毋宁是说，只有人类社会才能在大地上充分实现宇宙的深层原理。

上述引文同时肯定了变易，认为变易是不可避免的，并且是有益的："自天佑之，吉无不利"。易本身包括了不易：该变时变，不该变时不变。这也正是《易》的精神所在。① 问题是这里究竟指的是何种变化呢？五伦是否也应当变化？这就涉及了下一节：

> 黄帝、尧、舜垂衣裳而天下治，盖取诸《乾》《坤》。刳木为舟，剡木为楫，舟楫之利以济不通；致远以利天下，盖取诸《涣》。服牛乘马，引重致远，以利天下，盖取诸《随》。重门击柝，以待暴客，盖取诸《豫》。断木为杵，掘地为臼，臼杵之利，万民以济，盖取诸《小过》。弦木为弧，剡木为矢，弧矢之利，以威天下，盖取诸《睽》。

可见，变易包括利用、重塑和重铸自然以创立适当的人类秩序，但体现适当人类秩序的五伦则是不可变易的，因为它们反映了永恒的宇宙秩序。第一句话可能稍微有些令人困惑，因为它涵盖了许多层含义。在儒家看来，合适的衣着对维持适当的人类关系及社会秩序而言具有非常重要的意义。男人与女人、管理者与被管理者、成人与儿童的不同衣着形式反映了他们在家庭和社会中的不同角色和责任。例如，丧服是儒家祭丧礼仪中的最为重要的元素：死者的亲属必须穿着不同种类的丧服以显示他们和死者之间的不同关系，由此体现出家庭关系的亲密程度和适当的人类秩序。所有这些都体现了永恒的宇宙关系——《乾》和《坤》，并加强了人类根本关系的不可变易性。这就是为什么这一节首言"黄帝、尧、舜

---

① 例如汉代学者郑玄指出："《易》一名而含三义：简易，一也；变易，二也；不易，三也。"参见，孔颖达：《周易正义·卷首》。

垂衣裳而天下治"。因此,这一章阐明了如下的原理,(7) **对自然进行适当改造的目的之一是保存适当的人际关系,这些关系反映了宇宙秩序。**

遵从宇宙原理,圣人剡木为舟,服牛乘马,这使人类远距离的交流和运输成为可能,因而也扩大了市场的范围;他们重门击柝,对付暴力之徒,保护了由自然转化而来的人类财产的安全;他们断木为杵,掘地为臼,人类因此可以享用可口的食物;最后,他们弦木为弧,剡木为矢,保护通过改造自然而建立起来的正当的人类秩序。这些人类社会和环境中显著的变化是通过人类实践宇宙原理中所体现的智慧来实现的,体现了人道、自然和天道之间在改造自然以服务于人类社会方面的重要的交互作用。

五、家园、礼仪和永恒

人类的秩序和繁荣是自然最为丰硕的成果,因而有必要诉诸人类秩序和繁荣以决定对环境采取何种适当的改造。而这一切只能在人类适当地理解和尊重宇宙原理的前提下才能实现。只有在宇宙原理的指导下,为了人类秩序的构建和繁荣而关怀环境,才有可能达到一种正确的环境主义。考虑到儒家将这些原理理解为天命所在——即预设了有德性的上天在照看着人类,最后一个问题是,儒家如何将他们的生活方式、他们的善和繁荣、以及他们对自然的改造结合为一种对终极实在——上天——的见证呢?这个问题将我们引向《系辞下》这一章的最后一节:

> 上古穴居而野处,后世圣人易之以宫室,上栋下宇,以待风雨,盖取诸《大壮》。古之葬者,厚衣之以薪,葬之中野,不封不树,丧期无数,后世圣人易之以棺椁,盖取诸《大过》。上古结绳而治,后世圣人易之以书契,百官以治,万民以察,盖取诸《夬》。

人类有躯体,需要家园的庇护。地球就是人类的家园,不仅是生者的家园,而且是死者的家园。人类必须将自然塑造为适宜的居所,不仅是对生者适宜,还要对死者适宜。在这个意义上,圣人都是伟大的建筑师:他们不仅为生者建造房屋,也为死者设计棺墓。在后一种行为中,他们将死亡这种自然事件转化为丧礼,不仅将人类存在嵌入历史维度之中,而且将人类存在与永恒者(即上天)维系在一起。对于儒者来说,死亡并不是生命的结束,毋宁说,死亡给了我们加入自己的祖先的机会,并因此而更接近于天。这一庄重的事情必须通过精心组织的礼仪才能办到:必须谨慎地选择和对待墓址、墓碑,以一方土地承托起家庭和共同体的记忆:"慎终追远,民德归厚矣。"(《论语·学而》)丧礼建立起了个人、家庭和上天之间的连续性。

这里,儒家仪式的一个更为深远的重要性是:它们不仅将相关行为者嵌入到儒家共同体的历史中,而且还将他们嵌入宇宙的历史和意义中。相关于儒家的环境主义,上引一节支持如下的公设:(8) **人类对自然的一种具有深远意义的改造乃是举行丧礼、挖掘坟墓、埋葬死者、树立墓碑**。离开对环境的人化,丧礼的意义就无从体现。事实上,儒家环境主义必须与儒家传统的基本要素和谐一致,这就要求儒家对自然的适当利用必须建立在有序的礼仪之内。最高形式的园艺(gardening)是将自然改造成宗教建筑、神祠和仪式场所。礼仪将美学与道德价值融合在对于上天实在的深刻的形而上学认识之中。礼仪提供了一种人道与自然及天道相互作用的模本,展现了一种原初的和谐之道。

尤为重要的是,儒家礼仪是由承载着自身历史的儒家共同体所践履的,由此开放了将这个天人合一的传统世代传承下去的可能性。因此,对自然利用、改造和负责任的塑造不仅能够、而且应该被放到礼仪中来理解。这就将我们带到了第九条儒家公设,(9) **书写文字的发明和应用与人类的礼仪成就紧密相关**。有赖于文字的发明,礼仪才能被记录下来,家族的历史才能被保存下来,圣人的德性才能被发扬开来,这些都保证了在对自然的改造过程中文明的连续性。相比于结绳记事,书写文字是人类文明的一个光荣的成就。它提升了人类记忆,推动了学习,促进了礼仪实践。圣人发明的书写文字和礼仪记录有助于维持和传承人类改造自然的正确方式,亦即必须根据相应的宇宙原理来改造自然,以人道贯通天道,并与上天达致最终的和谐。

六、结论

本章展示了人与自然关系问题上的九条儒家公设。这些公设的核心在于展现了人类与自然处于一个共同的宇宙体系中,这一宇宙体系被《易经》中所阐明的宇宙原理所调节。这些原理最好依照儒家的观点理解为一种道德要求,反映了超自然、准人格力量的德性;而不是理解为道家式的自然主义统辖下的因果必然性。人类依照宇宙原理将环境改造为人类的花园,由此将自然秩序置于人类秩序之中,以实现人类的善和繁荣。作为有限的和具体的存在者,人类不得不将环境作为自己的家园据有,在改造自然的同时,践履合适的礼仪以追寻宇宙的深刻意义,维持天人之间的和谐。

第五部分
人、仁、礼：走向国际生命伦理学

"人而不仁，如礼何？人而不仁，如乐何？"

(《论语·八佾》)

"克己复礼为仁。"

(《论语·颜渊》)

"礼之用，和为贵。"

(《论语·学而》)

"君子和而不同，小人同而不和。"

(《论语·子路》)

二十二　人与礼：人的概念问题

一、导论

什么是人(person)？人格(personhood)的本质是什么？我们能否找到一般标准来判断人格的存在与否？在当代生命伦理学中，这些问题是显著的难题，但却同一系列其他重要的生命伦理问题相关。因而，我们最终无法避免或绕开这些问题。生命伦理学已经探讨和建立了多种类型的人格标准(standards)和人格观念(conceptions)。本章试图从人格的礼仪根基出发来表述和解决这些问题。此外，本章认为，为了解决这些问题，非常重要的一步是从概念上区分人格标准和人格观念。人格标准是一个狭隘的概念。它设定了一个特殊的标准，以判断在相关情境下某个特定存在者能否算作是人。人格观念则是一个相对宽泛的概念。它通常包含一系列具体阐释，比如人的本质是什么、人从哪里来、人和其他的存在物是什么关系，等等。就此而言，人格标准是人格观念的派生物。尽管不同的人格观念有时可能会引申出相同的人格标准，但是它们仍然承载着对人格的本质和意义的不同理解，包括宗教、形而上学和道德层面上的不同说明。

本章将人格观念大致分为三种类型，不同的类型具有不同的认识论地位。第一种类型是人格的实质观念，比如犹太-基督教观念。它们建立在特殊的、内容丰富的宗教道德观之上，因而不能被所有的个体和社群普遍接受。第二种类型是人格的一般观念。它由关于生命伦理探索的可能性条件的先验论证所建立；在这种论证中生命伦理学被看作是理性的事业。第三种类型则是儒家的植根于礼仪的人格观念。它与前两种观念的不同之处在于,它凸显以礼仪为导向、以关系为基础的人性理解。在儒家看来,人格观念不能离开人们实实在在进行着的、承载着人类的深刻道德关怀的某些典型实践和规则而得到规定,亦即,它不可能以一般原则的形式被"固定"下来。

本章第二节将主要讨论犹太基督教的人格观念,我称之为"诉诸于创造"(appeal to creation)的观念。第三节探讨五种当代人格观念,我称之为"诉诸权利"(appeal to rights)的观念。虽然这些现代观念并非源于任何一种特殊的宗教观,但是它们仍然是人格的特殊观念,因为它们都采纳了一种具体的现代道德观点:人具有权利,特别是生命权,并在这个基础上发展出特殊的人格标准。第四节论证了为什么更宽泛的先验人格观念能够有望在多元化社会中被普遍接受为生命伦理讨论中的后备(fallback)观念。最后,第五节引入了儒家的人格观念,我称之为"诉诸礼"的观念。这种观念认为人格不可避免地是立足于实践、建基于关系、并且包含程度差别的。它不接受任何类型的原则主义的主张,即不赞同离开具体的礼仪规则来规定人格观念。从儒家的人格观念出发,最重要的理论任务并不是判定谁可以算作人来解决相关的生命伦理争议。相反,儒家的关怀和重点是在另外的地方。

二、"诉诸创造"的人格观念:犹太-基督教的观念

犹太-基督教的《圣经》传统从一个特别的出发点来理解人格。我把这个人格观念称之为"诉诸创造"的观念,因为它建立在人为上帝所造的信仰之上。虽然犹太教和基督教内部也有许多派别区分,包括从最保守的到最自由的,但是"诉诸创造"的人格观念的特征是为所有派别所共同接受的核心信仰。因而,我们可以合法地将这一观念称为"犹太-基督教的人格观念"。

按照犹太-基督教的理解,上帝是唯一的终极实体,是万物的创造者。因此,定义人格的本质不能离开神的创造。根据犹太-基督教的叙述,上帝按照自己的形象创造了人。正如犹太教的学者 Michael Wyschogrod 所

指出,"借助'上帝的形象'(the image of God)才能定义人"。① 上帝依照自己的形象造人,这一点构成了人格的根本特征。更为重要的是,人的生命或灵魂也是由上帝赋予的。在神造第一个人的时候,"神用地上的尘土造人,将生气吹进他的鼻孔里,他就成了有灵的活人"(创世纪 2:7)。神继续造人,神将灵魂注入每一个在母腹中受孕的新生命之中。因此,按照犹太-基督教的观点,真正说来,孩子并非其父母所生育的新的生命,而是神的创造。父母在创造过程中扮演的不过是中介的角色。因而,神圣创造构成了人格观念的核心。

概言之,犹太-基督教的人格观念有两个关键点。第一点是,上帝的形象反映在人的身上。第二点是,灵魂是由上帝在生命的开端直接注入的。因而,"诉诸创造"的观念就是犹太教信徒和基督徒所能采取的唯一合理的人格观念:人格被赋予所有的人类有机体(human organisms),从受孕那一刻算起。显然,这两点构成了是犹太-基督教人格的物种标准(the standard of species for personhood)的起点。它们不同于许多当代学者所认可的条件,比如道德尊严和权利。从"诉诸创造"的观点看,人的尊严和权利并非人格的首要条件。人格源于上帝的创造行为。相应地,像"感觉"或"理性"这样的特征作为当代人格标准,在犹太-基督教的视野中也是没有地位的。以理性为例,

> 有人说"上帝的形象"指的就是人具有理性。事实上以理性来规定是古希腊哲学的贡献,或许是它最重要的贡献。但它不是圣经定义的人的本质……圣经很难把理性定义为人的本质,因为理性是一种精神能力,不能将人的物质存在的独特性考虑在内。……最后,或许是最重要的,圣经不能将人的本质规定为理性,因为人的基本使命不是理解而是服从神的指令。当然,只有有理解能力的造物才能服从。但是人的独特性不应当在理解的范畴中寻找。②

因此,就犹太-基督教的人格观念把人格归于所有人类有机体(无论它是正常的、还是有缺陷的、也无论其成熟的程度如何)而言,它与当代的

---

① Wyschogrod,1996,p.4.
② Ibid.,pp.4—5.

人格物种标准有共通之处。但它与当代的物种标准的根本不同之处在于它以神的创造学说为前提。它的形成建立在对上帝的形象和灵魂植入的确信之上,还建立在基本的人类使命是服从上帝的命令这一特殊的诠释之上。犹太-基督教传统的这一特点决定了几乎所有的犹太-基督教派别都严格反对任何形式的剥夺人类生命的行为,包括卫生保健领域内的堕胎和安乐死。例如,在罗马天主教 1974 年的"关于实行堕胎的宣言"(Declaration on Procured Abortion)中,我们读到:

> 在可见世界中万物都是为人而造,人是上帝的形象,是世界无上的荣耀(创世纪 1:26—28)。……[人的]生命由创造者注入了[灵魂],最终又由他取回(创世纪 2:7,箴言 15:11)。它总是处在上帝的保护之下:人的血向上帝哀告(创世纪 4:10),上帝要求对此做出解释,"因为人是照上帝的形象造的"(创世纪 9:5—6)。上帝有正式的指令:"不可杀人"(出埃及记 20:13)。……教会的传统始终认为人类的生命必须从一开始就得到保护和珍视,如同在其后发展的各个阶段一样……①

这一段引文清楚地解释了为什么犹太-基督教的人格观念必然是人类的物种标准。虽然当代以权利为基础的人格观念也可能包含着物种标准,但两种人格观念有着根本区别。我将在下一节讨论这个问题。

三、诉诸"权利"的人格观念:当代观念

布罗迪和恩格尔哈特在他们编辑的书中收录了当代具有代表性的论人格观念的论文②,分别论述了五种不同的人格观念。本节将借助布罗迪和恩格尔哈特的总结,来探讨这些当代西方观念的本质。我把这些观念称为"诉诸于权利"的观念,是因为它们各自的人格标准都建立在一个特殊的道德观点之上:人无论是什么,首先都是权利的拥有者,尤其是生命权。亦即,人是这样一种存在者:如果没有压倒性的充分理由的话,不

---

① O'rourke and Boyle, 1993, p.35。
② Brody, B. and Engelhardt, H. T., Jr., (Eds.), 1987, Chap.5.

应当摧毁或伤害她的生命。

很明显,这些人格观念的前提和背景不是神圣创造的犹太-基督教宗教信念。相反,它们强调必须将人视为权利的拥有者以构建一种特殊的人格观念,再从中引申出特定的人格标准。其思路是构建一种本质上非宗教的推理体系:据以人们可以发现什么因素使得人成为这样一种存在者,一种不能被任意杀害或伤害的存在者。亦即,人们必须在预设权利的基础上寻求人格标准。结果是多元的。正如布罗迪和恩格尔哈特所总结的,对应于以权利为核心的人格观念,至少产生了五种不同的人格标准:物种标准、潜能标准、感觉标准、脑或心脏功能标准和对自身持续存在的自我意识标准。

物种标准认为作为人种成员的每个有机体都具有人格:人格可以从人的生物学物种上得到定义;亦即,可以从有机体的基因结构中得到识别。的确,它把人格归于所有的人类有机体,包括胎儿、婴儿、严重残疾者、严重智力障碍者和没有希望苏醒的昏迷者,因为他们都具有人的基因。但物种标准没有把人格归于非人类的动物、机器人、或外星生命。①

为什么属于人类物种的所有成员并且只有属于人类物种的成员才享有生命权和人格呢?如我们已经阐明的,犹太-基督教人格观念对这个问题的回答是诉诸于上帝创造论。但这里的人格观念"诉诸于权利"而不是"创造",是由关于生命权利的道德思考为这一标准提供了论证的语境。某些人也许认为这一观念是不恰当的,因为它代表了一种人类沙文主义:我们应当保护所有的人类,并且只有人类,因为我们自己是人类。但是正如 Philip Devine 所论证的,物种标准并不是严格意义上的沙文主义。以下说法并非没有道理:一个物种的成员并不拥有另一个物种的成员必须尊重的权利;然而,每一个主体都有尊重自己物种成员的权利的道德义务,特别是,不杀害对方的道德义务。在 Devine 看来,这是因为在其他条件相同的情况下,杀害自己的兄弟比杀害陌生人更坏,这"不是因为自己的兄弟在道德上比陌生人更有价值,而是因为兄弟之间的关系本身在道德上具有重要意义"。② 因此,我们不应该把物种标准看作人类沙文

---

① Devine, 1987, pp. 136—138.
② Ibid., p. 137.

主义。其论证的逻辑是:既然人是其生命权必须得到尊重的这样一种存在者,而我们的人类兄弟姐妹乃是我们必须尊重其生命权的唯一存在者(出于我们与他们之间的关系),那么,只有人类才是人(即享有人格)。

但对那些想要从物种的成员资格之外的特征出发证明生命权利的人而言,上述理由还不够充分、有力。比如,潜能标准宣称,任何实体只要拥有发展出正常成人所有的某些关键特质的潜能,她就不应当被杀害,因而她就具有人格。这些关键特征可能是自我意识或语言的能力,等等。如果一个有机体在正常条件下能够发展出这些能力,那么它就应该被看作是具有相关潜能的。从人格的范围看,这一潜能标准排除了智障人士和处于永久植物状态的人,因为他们不再具备发展出这些关键能力的潜能。但是,这种观点同时把人格归于非人类的智能物种和正常的人类胎儿。很明显,这一标准的逻辑是非常简单的:使享有生命权的存在者区别于不享有生命权的其他存在者的东西仅仅是某些特质,而不是特定物种的成员资格。这样一些特质才是生命权的基础,至于这个特质是个体当下拥有还是将来获得的,则无关紧要。同样无关紧要的是,这个特质是为人类个体还是为非人类个体所拥有的。①

第三种标准——感觉标准——把所有能体验到快乐、痛苦和情感的存在物都定义为人。如潜能标准一样,这一标准也不愿过于偏向人类这个物种。既然所有脊椎动物都能够感受痛苦和快乐,那就都有资格被视为具有人格。此外,即使严重智力障碍者和患有严重精神疾病者也仍然能够感受到某些形式的愉悦和痛苦,因此他们就保留了被视为人的资格。只有那些感觉能力完全丧失的人才不再享有生命权,不再具有人格,比如无脑畸形儿或处在不可逆的昏迷中的人。② 因而,与潜能标准不同,这一感觉标准并没有选择某一"高级"特征(比如自我意识或者语言使用)以为衡量人格的标准。相反,它是从"低级"的感觉特征出发,以表达其对生命权利的道德关怀。这一观念背后的道德论证可以概括如下:首先,权利关涉到对利益的保护和促进。其次,我们对拥有利益的存在者负有道德义务。再次,能感觉的存在者才有利益。因而,感觉能力应当被建立为

---

① Devine, 1987, pp.138—139.
② Sumner, 1987.

人格的标准。①

此外,脑或心脏功能标准则试图根据当下的死亡标准来为人格设定一个标准。它建立在一个特殊的形而上学假设之上:当一个人死去,他就失去了生命的权利,因为当他死亡的时候,他就不再存在了。从这个标准看,一个人要么是有脑功能的实体,要么是有心脏功能的实体,这取决于是采用脑死亡标准还是心脏死亡标准。因而,为了决定何时一个人类有机体可以获得人格,必须回答的问题是一个人什么时候拥有脑功能或心脏功能。这样一来,受孕时的胎儿还不是人,但是大约在怀孕三个月后,胎儿就成为人了。②

最后,以自我意识作为持续存在的标准,要求人具有自我同一的观念。在这个标准下,为了成为一个人,仅仅意识到自己的存在是不够的,还必须意识到自己是一个持续存在的实体。由此得出的人格标准是非常狭隘的。它不把人格赋予人类胎儿、甚至婴儿,因为他们还不具有任何连续的自我观念。③

Michael Tooley 为自我意识标准提供了一个复杂的道德辩护。和 Sumner 一样,他也从利益出发为权利辩护。对他来说,只有当相关主体具有某种特殊的利益时,权利才有意义(比如,说一只猫有受大学教育的权利,是无稽之谈)。Tooley 同时假定,除非存在者拥有欲望,否则它就没有任何利益可言。因此,只有当一个存在者至少在某些时候具有延续自己生存的欲望时,它才具有持续存在的利益。但是"在某个时间存在的个体不可能具有对于另一个时间的欲望,除非它至少在某个时间具有持续的自我或精神的概念"。④ 换言之,对自身持续存在的自我意识,就成为了享有生命权的人的本质特征。

总之,尽管这些人格的当代观念包含了人格的不同标准,但是它们都是从相同的道德观出发的:人是具有生命权的存在者。这是它们的核心观点。因而,它们都可以被算作是同一类当代人格观念。这种"诉诸权利"的观念独立于任何特殊的宗教信仰,比如犹太-基督教的"创造"信

---

① Sumner, 1987, p. 141.
② Brody, 1987, pp. 143—146.
③ Tooley, 1987, pp. 146—152.
④ Ibid., p. 152.

念,因而不少生命伦理学家希望持有各种宗教信仰的人都能接受这种观念。但问题是,从这种观念出发,我们很难决定哪一种标准应当被树立为主导的人格标准。限于篇幅,我无法在此具体分析比较每一个不同的标准。显然,每一种标准各自都能找到某些合理理由的支持,但同时却与另一些合理理由相悖。亦即,每一种标准都有其优点和弱点。因而,即使"诉诸权利"的观点能够被普遍接受,仍然很难解决诸人格标准之间的不协调问题,部分原因是"诉诸于权利"的观点太过空泛以至于没有足够的资源来解决争议。相应地,"诉诸权利"的视角也就不能在人格问题上为伦理和生命伦理实践提供有效指导了。

四、人格的先验观念:一般观念

恩格尔哈特主张从作为理性事业的生命伦理学观念中引申出一种人格的一般观念。对他而言,如果生命伦理学是一项理性事业的话,那么和平商谈、理论探索、和理性讨论就构成了生命伦理学的全部内涵。因而,作为理性事业的生命伦理学预设了能参与理性讨论的道德主体的存在。同时,生命伦理学讨论的可能预设了以下事实,即道德主体拥有伦理观念,遭遇伦理问题,参与生命伦理学论争,并且有能力表示拒绝或同意解决争端的方案。为了能做这些事情,这些道德主体

> **必须是有自我意识的**。为了构想道德共同体的可能性,他们还要有能力为自己和他人构想行为规则。他们必须是**理性的**存在者。这种理性必须包括能够理解什么是值得责备或称赞的,亦即拥有**最低限度的道德感**。仅当精神变态者(sociopaths)丧失了理解应受责备的行为的能力时——他们没有能力责备那些可能伤害他们的人,他们才不再是道德主体(道德意义上的人)。最后,这些存在者必须有能力认为自己是**自由的**。①

自我意识、理性、道德感和自由这四项特征识别出能够履行道德行为的道德主体。在恩格尔哈看来,这四项特征同时也应当被视为人格的先

---

① Engelhardt, 1996, p.139,黑体为原作者所加。

验观念的核心。它是"先验的",因为它所揭示的是必要的可能性条件。只是因为存在有自我意识、理性、道德感和自由的主体,生命伦理学作为理性的事业才得以可能。它是一般的,因其并非来自任何特殊的宗教或道德传统,既不诉诸创造,也不诉诸权利。如果生命伦理学能作为一种理性活动展开的话,这一人格观念就是必需的最小限度条件。没有这个条件,也就不可能建立作为理性事业的生命伦理学。只要生命伦理学事实上存在,这个条件就存在。因而,在恩格尔哈特看来,任何涉足生命伦理学和道德讨论的人都不能否认这个人格观念,如果他们试图进行理性的工作的话。

恩格尔哈特承认对人格观念的这种先验(transcendental)论证主要是康德式的。尽管康德把先验主张限制在理论知识的领域,并没有把延伸到道德领域,但是他确实指出了道德以自由为前提。假如"先验的"用来意指某种揭示了人类经验的主要领域的可能性条件的话,那么我们当然可以将它延伸到道德经验领域。先验论证的关键在于,作为定义的条件,先验条件是先天的。它们给出一个普遍的概念框架,在此框架内科学和道德得以可能。①

无可否认,这个观念包含了一个特殊的人格标准:人必须是道德主体。在这个标准下,只有那些有自我意识、理性、道德感和自由的存在者才有人格。然而,这个标准并不会使这一人格观念成为一个特殊的观念,因为这个观念诉诸于伦理学作为理性事业的存在,而不是诉诸于任何特殊的出发点。接受伦理学作为理性话语的任何人都必须接受这个人格观念。只有那些不把伦理学当作理性事业的人(比如那些相信强权即公理的人)才不会接受它。在恩格尔哈特看来,在生命伦理学问题上不信奉和平商谈与理性讨论的人已经超出了生命伦理学的范围。

在这种人格标准之下,并非所有的人(persons)都是人类(humans),也并非所有的人类都是人。如恩格尔哈特所指出的,

> 并非所有的人类都有自我意识、理性、有能力构想责备和称赞的可能性。胎儿、婴儿、严重智力障碍者、和没有希望恢复的昏迷者提

---

① Engelhardt, 1996, notes 82—83, pp. 94—96.

供了不是人的人类例证。他们是人类的成员,但本身在俗世的道德共同体中没有位置。①

恩格尔哈特的"俗世的道德共同体"意指一般的社会,在其中个人持有相异的、不可通约的宗教、形而上学和道德观念,包括多样化的人格观念,比如我们在前面所展示的特殊观念。俗世的道德共同体包括不同的、特殊的道德社群,在其中特殊的人格观念可能被采纳,比如犹太-基督教观念或儒家观念。然而,在一般社会层次上,每个人只需要接受一般的人格观念,以及它所包含的道德要求:必须尊重人。用康德的话说,人是目的,不是手段。然而,这个道德要求并不适用于非人的人类(nonperson humans),如胎儿、婴儿、严重智力障碍者和不可逆转的昏迷者。不同的道德社群会以不同的方式对待这些类型的人类,这取决于他们各自具体的人格观念以及特殊的道德要求:有些可能把这些个体看作人,有些可能则不。

虽然人格的先验观念与"诉诸权利"的观念分享着同样的要求——人具有不被任意杀害(亦即在无压倒性的道德理由的情况下)的权利——但两者的出发点是非常不同的。"诉诸权利"的人格观念开始于人是权利的具有者的预设,而人格的先验观念则预设了如下前提:为了让伦理学和生命伦理学能够作为一种理性事业存在,必须满足某些可能性条件。因而,对前者而言,人格标准在于物种、潜能、感觉能力、脑或心脏功能、以及对自身作为一个持续统一体的自我意识;而后者则关注使人能够胜任理性的伦理和生命伦理协商的能力——亦即,自我意识、理性、道德感和自由——并以之为人格标准。依据所选择的理由的不同,"诉诸权利"的人格观念对权利拥有者的资格也有不同的认定,相应地,对何者为人的问题就有非常不同的回答。"诉诸权利"的人格观念的核心洞见没有资源来调停这种分歧。然而,人格的先验观念却可以给出一种干净利落的解决:只有道德主体可以算作人。

这就是说,与"诉诸权利"的观念相比,先验观念可以提供一个相对确定的人格标准。但问题是,这个标准在伦理实践中只能作为一个后备

---

① Engelhardt, 1996, pp. 138—139.

(fall-back)观念来起作用:所有人都无法否认道德主体是人。但这一点并不能——事实也没有——要求人必须承认:只有道德主体才是人。亦即,在接受道德主体为人之外,其他存在者仍然可以被认作为人,取决于实质的宗教或道德观念。因而,人格先验观念在解决道德主体之外何者可以被算作人的问题上并不会有多少帮助。例如,虔诚的基督教徒和激进的动物权利拥护者都不会否定人格的先验观念。但在同时,虔诚的基督教徒坚持认为胎儿也是人,而激进的动物权利拥护者则会主张所有的脊椎动物都是人。单单借助人格的先验观念,两者无法在这个问题上达成一致。① 就此而言,人格的先验观念并不比"诉诸于权利"的人格观念命运更好。

简言之,当代生命伦理学曾期望借助人格观念解决某些棘手的道德难题,比如堕胎和动物利用等。然而,从本章的分析来看,这一抱负失败了。"诉诸创造"的人格观念有特别的宗教含义,不能被非犹太-基督教徒所接受。"诉诸权利"的人格观念不能提供主导的人格标准,因为所持的理由十分分歧。人格的先验观念不能为伦理和生命伦理实践提供切实可行的指导,因为它不是一个完整的人格观念。确实,如果一个人接受生命伦理学为理性事业的话,他必然会将某些特定品质——使理性活动得以可能的品质——接受为人格标准。但是这并不意味着他必须排除其他意义上的人格。问题的症结是,人们在不同的意义上理解人格,即使他们都接受道德主体为人。

我们能否找到更合理可行的人格观念? 儒家观念能否于此另辟蹊径呢?

五、"诉诸礼"的人格观念:儒家的观念

不同于犹太-基督教的圣人,孔子和他的后继者们并不是从创造的角度来理解人的本质的。他们所关注的是一种独特的人类实践,用儒家的术语来说,就是"礼",即一系列在儒家共同体中共同践履的家庭和社会

---

① 对此,恩格尔哈特可能提议说虔敬的基督教徒和激进的动物权利拥护者,作为人,在当代的俗世生命伦理学领域中应当进行和平协商。然而,这已经超出了人格观念的概念问题范畴。

礼仪(rites)。如果有可能从儒家话语中重构出一种人格观念的话,我愿意称之为"诉诸礼"的观念,以区别于前几种我们已经讨论过的观念。基本上,本章所讨论的人格观念是建立在一种基本的儒家信念之上的:人本质上是礼的参与者,而礼是在共同体中被共同遵守的。当代儒家学者Herbert Fingarette 曾把这一洞见概括如下:

> 创造和支撑人类终极尊严的充分条件,既不是个体的存在本身,也不是团体的存在本身。正是人生的礼仪特征才将神圣性赋予那些在礼仪活动中担任某种角色的各种人物、行为以及事物……在《论语》中,孔子并不谈论社会和个体。他谈论的是做人意味着什么,并且,他看到人是一种具有独特的尊严和力量的独特的存在,这种尊严和力量来源于礼,同时也体现在礼之中。①

显然,儒家的人格观念不是"诉诸创造"的观念。尽管儒家从不否认人是由超越的天所创生的,但并不认为人格的本质和道德地位的根据是由神圣创造的特定行为所决定的。相反,对儒家而言,每个人由父母所生这一事实本身就是天命或天道的一部分。也就是说,新的生命是由其父母的生育行为直接创造的,在这个过程中并不包含额外的干预,比如上帝直接赋予灵魂这样的环节。无论天对人类创生有多么重要的终极意义,父母的角色才是本质的。因此,对儒家而言,神圣创造远不足以支持一种合适的儒家人格观念。②

同样,儒家也不可能接受"诉诸于权利"或"诉诸于先验条件"的人格观念。

---

① Fingarette,1972,p.76.译文可参考芬格莱特:《孔子:即凡而圣》,彭国翔、张华译,南京:江苏人民出版社,2002 年。

② 更确切地说,儒家通常是以气的观点来阐释人类生命的。气被视为宇宙的基本要素,既是物质的,也是精神的。虽然气的理论有一个逐渐完善的过程,但是原始儒家,包括孔子,已经采用这一观念来表达他们对人之生的思考了(参见《论语·季氏》,《礼记·祭义》等)。基本上,儒家相信人类生命是由宇宙中最精微、最高贵的气所构成的,因而是最有价值的。每个人都必须受此精气才能化生。并且精气凝聚、转化、象变而为人的生命,是直接通过其祖先(特别是父母)的功用而完成的,并不是超越的上帝的成就。因此,虽然儒家相信上帝或者上天设定和维持着人类世界和整个宇宙的本质和秩序,但是父母不可能被贬之化为仅仅是中介的角色,相反,生命被看作是来自祖先的礼物。天命要求生命必须经由男女结合而来到世界之中(参阅第335页脚注①)。但对儒家而言,仅仅有这些条件还不足以使人自动成为一个有尊严、有力量的人。人必须通过践履礼来培育自身,以成为真正的人。

二十二 人与礼：人的概念问题

按照儒家的理解，一个人至少一经出生，就立即被置于一个由共同实践的礼所构成的生活世界的境遇之中。本质上，儒家的礼并不是一个人离开其他人来独自采取的行动——如同基督徒单独面对上帝的修道那样——而是总是同他人，特别是家人，相互依赖地进行的。因而，儒家之礼的构成性规则首要地确定了每个人在人际关系中的角色。这些关系包括儒家所特别强调的"五伦"：亲子关系、君臣关系、夫妻关系、长幼关系和朋友关系。的确，如果不去诉诸一个人在由礼所界定的这些关系中的角色，儒家人格是无法得到确定的。有些学者甚至宣称，对儒家而言，个人并非扮演或履行角色，而是就是这些角色本身。① 这一说法当然过分夸张，似乎提示儒家人格不过是其角色的总和。事实上，儒家角色的总和是有统一性的，是具有超越于任何具体角色的德性特征的。但这一说法的确突显了儒家人格观念的关系相关性。也就是说，由于儒家之礼的性质，儒家人格一定要在关系中的角色和特性中来理解。确定儒家人格就是在"确定一些关系，这些关系决不单单是物理的、生物的、或本能的，而是人的关系，是本质上具有符号意义的关系。"② 正是对于礼的参与和实践，人类才产生了具有符号意义的人的关系。

除了这种关系性特征外，儒家人格观念还是一个程度性观念，而不是一个全有或全无的观念。对于其他人格观念来说，一个实体要么是人，要么不是人，并无程度可言。但儒家人格观念不要强调这种绝对性。对儒家来说，人类个体的一生是一个德性教化和培育的过程，必须通过遵循和实践礼仪才能培养和表达德性，从而达成一个全幅意义的人格。在这个过程中，个体从礼的被动参与者逐渐转化为礼的主动参与者。Fingarette 认识到，

> 通过与他人一起参与公共的礼仪活动，个体获得了自身的转化。直到获得了这样的转化之前，这个个体并不是真正意义上的人，而只是潜在意义上的人——如新生婴儿、森林中长大的狼孩或者"野蛮人"。③

---

① 参见 Rosemont, 1988, p. 177; also see 1991, "Interlude: Modern Western and Ancient Chinese Concepts of the Person"。
② Fingarette, p. 76.
③ Ibid., p. 77.

这就是说,从人类存在的单纯的生物性活动转变称神圣的人类的礼的活动,这才使人类逐渐成其为人。这种"程度性的"儒家人格具有深远的道德和实践意义。这绝不是说儒家根本不把新生儿看作人。事实上,新生儿作为家庭中的新的一员,已经是礼的被动参与者——"被动"是指其他家庭成员安排他来参与。她还必然将是某些礼的主角。这是因为,儒家之礼是以家庭为基础的、共同的礼,它们并不需要每位参与者都是具有自我意识的或理性的参与者。儒家传统要求父母要敬他们的孩子,因为孩子是祖先之后。这一敬的要求并不是取决于孩子的成熟度,而是取决于孩子同祖先的关系。①

而且,青少年也或多或少地是礼的被动参与者。他们之所以学习和实践礼,并不是因为他们认识到这是使他们成为有德性的人的必要途径,而是因为他们的父母安排他们这样做。换句话说,他们能够"克己复礼"并不是因为他们认识到这是仁的要求,而是因为他们想取悦于父母或避免父母的责罚。②然而,通过连续的礼仪实践,久而久之,礼仪的本来目的和意义就会内化于心,他们就变成了礼的主动参与者,能够自愿地、和谐地行使礼了。这就是说,为了成为一个完整的人格,仅仅受孕、出生、吃、喝、拉、撒、享受感官快乐和逃避身体痛苦是远远不够的。而是必须参与礼——先是被动然后主动——把单纯的生物存在转变为神圣的人的存在。

简言之,儒家的"诉诸礼"的人格观念是以关系为基础的和与程度相关的。问题在于,我们能否从这一人格观念得出一项明确的人格标准用来指导生命伦理实践呢?我倾向于认为我们既不能也不该这样做。一方面,儒家没有兴趣发现或发明一个确切的时间点,依此判定一个实体成为一个完满的人。在儒家看来,一个个体总是有改善的空间,从而成为一个更为"本真"的人。礼的实践过程总是开放的、需要一生的努力。即使是圣人孔子,也是在70岁时才达到了完美的内外和谐:"七十而从心所欲不逾矩。"(《论语·为政》)

另一方面,儒家会认为在生命伦理学中确立一个单一的、绝对的、普

---

① 参阅第 20 章的相关论述。
② 参阅 MacIntyre, 2004, p.157。

遍应用的人格标准是不适宜的。试图通过诉诸这样一个标准来解决生命伦理学争议可能是误入歧途的。在儒家看来,在许多场合下,确立人格对于做出适宜的道德决定并不是最重要的事情。例如,要想决定是否应该终止一个妊娠,关键并不在于判断胚胎或胎儿是否是人。他当然已是人类,因为他已经生活在母体之中、并在一定条件下可以长大并出生到世界上来,谁也不能否认这样一些基本事实。但我们如何确定其"人格"的确切地位呢?儒家认为这种判断既不必要、也不适宜。不必要,是因为儒家在这种情况下一定要进行道德的判例法——既要考虑到胚胎的生命、也要考虑到家庭的共同善和人的德性——来作出决断。不适宜,是因为我们根本无法确切地决定一个胚胎究竟具有何种程度的人格。因而,在堕胎问题上,儒家既不可能是西方式的生命论者(pro-life),也不可能是选择论者(pro-choice)。儒家不会绝对地肯定人格就在形成受精卵那一刻开始,也不会肯定妇女可以自由使用任何理由去合法地堕胎。

总之,儒家的人格观念是以实践为导向、以关系为基础、和与程度相关联的。它以实践为导向是因为这种人格观念源于儒家礼仪、体现在礼仪实践之中。它以关系为基础,是因为儒家人格无法脱离个体在人际关系中的角色来得到界说。它与程度相关联,是因为人类个体总是可以通过更多、更好的礼仪实践来达到更"真"的人格。鉴于所有这些特点,人格概念在儒家生命伦理体系中的作用可能不会像在其他体系(诸如犹太-基督教体系)的作用一样。这一点,也许正是儒家的人格观念能够给其他体系的启发:决定谁是人、谁不是人也许并不总是必要的,更不总是有益的。

六、结语

西方人已经生活在日益多元化的社会中。他们面对着无法解决的伦理和生命伦理争端,试图建立一个合理的人格观念来帮助解决这些争端。这一理想是可以理解的,但却是无法成功的,因为不同的人格观念正是西方多元主义的一部分。我们无法期待一个唯一的人格观念——无论是"诉诸创造"的、"诉诸权利"的、还是"诉诸先验条件"的——能够得到所有人的接受。

同样,希望本章所引介的儒家人格观念得到普遍认可也是不现实的。但是,探讨儒家的人格观念显示了西方观念的偏颇性。这种偏颇性可以用原则主义(principlism)来概括:每一种西方人格观念都是建立在一项一般的原则之上的,独立于人们在日常生活中所真正遵循的实践和规则(如同儒家的礼仪及规则)。这些一般的原则诸如:"人是照上帝的形象创造的","人有生命权","伦理学和生命伦理学作为理性活动的存在预设了作为道德主体的人的存在"。这种原则主义策略势必减损了人类文明的礼仪实践特征,而且损害了生命伦理学的探讨。幸运的是,儒家以礼仪为基础的伦理学和生命伦理学不是原则主义。儒家认识到人格不可能脱离实践来界说,复杂的生命伦理活动不可能依赖独立于具体礼仪的几条一般的原则来指导,不管这些一般的原则在表面上多么合理、在媒体中多么时髦。这一点,对于当今跨国界、跨文化、跨共同体的国际生命伦理学具有极其重要的意义。本书最后一章将致力于讨论儒家的礼对于国际生命伦理学的启示。

二十三 礼是人类文明的基础：我们应当如何解决道德分歧？

一、我们应当如何对待道德分歧

世界各地都在探讨全球化问题。全球化对于生命伦理和医疗保健政策意味着什么？人们显然对于全球化既有期待、也有恐惧、更有疑惑。对于许多欧洲人来说，"全欧化"是一个值得骄傲的经验。最近，欧洲生命伦理学家 Kurt Bayertz 和 Angelo Maria Petroni 对于欧洲近来在生命伦理和医疗保健政策上的方法经验，作了详尽的探讨。正如他们所指出的，作为多个欧洲国家联合体的欧盟，在为其成员国提供指导生物医学研究和医疗保健政策的"标准的"生命伦理学规范方面，发挥着越来越重要的作用。这一点，在道德问题上以国家为中心和国家具有压倒性地位的当今世界中，构成了一个独特的现象。在道德问题的处理上，只有欧洲大陆产生了这样一个正式的多国联合的权力机构。因此，欧盟可以为其他国家树立一个榜样。既然生命伦理学问题往往跨越国界而在不同的国家对人们发生影响，那么，将生命伦理学问题置于整个大洲——如果不是全球——背景下来考量，可能对解决这些问题有所裨益。如果欧洲人真的可以以这种方式整合他们的生命伦理学，那么，为什么在像美洲和亚洲这样的大陆不可以呢？

欧洲人能够形成一种统一的生命伦理学，是因为他们持有足够多的生命伦理学方面的共识吗？Bayertz 和 Petroni 都告诉我们事实并非如此。在欧洲不存在公认的欧洲同一性或"欧洲生命伦理学"，相反，欧洲的同一性通常是多样性基础之上的统一。Petroni 指出，"欧洲在传统上便是一个多样性的大陆,她的悠久的历史文明、多样化的种族和宗教、牢固的边界的存在,使其成为一个由不同机构、语言、道德和法律组成的马赛克式的古老大陆。"① 同样,Bayertz 列举了欧洲国家之间相互不同的许多特点:宗教(一些国家信奉罗马天主教,一些国家信奉新教,还有一些国家是混合型的)、法律制度(英美法系与大陆法系)、社会心理("务实"与"原则")、伦理(功利主义、康德主义与笛卡尔主义)、以及不同的历史。② 鉴于上述分歧,欧洲各国之间在对待生命伦理学问题和医疗保健政策上存在重大的分歧和差异乃是不足为奇的(例如 Bayertz 指出的两个特别不一致的问题:人类胚胎的道德地位和安乐死③)。由此观之,欧盟所宣称的"欧洲生命伦理学"可能仅仅只是反映了部分欧洲人而不是全部欧洲人的伦理观。它也可能反映了一些欧洲人将其意识形态强加于其他欧洲人之上的霸权。

的确,正如 Bayertz 所观察的,如果"共识"意味着相关者百分之百同意的话,那么当代社会在任何重要的伦理问题上都不存在共识。④ 这当然不仅仅是欧盟所面对的难题。不存在任何国际层面上的共识,也不存在任何国家层面上的共识。甚至在任何地方层面上,也很难达成共识——简单想象一下当今任意一个国家的一个小城市、城镇或村庄的状况,就可以明了。在当今世界上,由于来自不同道德和文化背景的人们到处迁移(姑且不论媒体对各类信息的广泛传播),因而在考虑重要的伦理和生命伦理学问题时,到处都会遇到持异议的人。此外,关于政府是否有道德权威来推行某种具体的道德观,也存在异议。如果说没有合理根据来推行某种生命伦理学观念是错误的,那么在任何层面上——国际,国家或地方——进行推行都是错误的。因而,为了解决生命伦理学问题并制定医疗保健政策,我们应当如何对待道德分歧呢?

Bayertz 和 Petroni 在这个重要问题上提供了一系列的观点和论证。我们知道,从总体上讲,自由主义(liberalism)和古典自由主义(libertarianism)——现代西方两种最有影响力的社会和政治哲学——已经在当代社

---

① Petroni, 2006, p.238.
② Bayertz, 2006, pp.220—223.
③ Ibid., pp.218—219.
④ Ibid., p.220.

会被广泛采用来对付道德分歧。自由主义支持基于人权和个人自由的全球伦理和生命伦理学;古典自由主义则主张国家的有限道德权威,并支持一种非地缘意义上的共同体伦理和生命伦理学观点。古典自由主义所主张的国家有限道德权威的观点又是基于其对个人权利作为反面约束(side constraints)的理解。更具体地说,自由主义者试图通过促进个人自主权以作为一种基础价值来解决道德分歧,而古典自由主义者则将个人自主权视为后备性限制(fall-back limitation)。本章试图论证,无论是自由主义还是古典自由主义都无法充分解决生命伦理学分歧。本章一方面试图对 Bayertz 和 Petroni 的观点作一个批评性的回应,另一方面,试图通过借鉴儒学对人类文明的洞察,阐释基于儒家德性原则的本地化策略,并论证这个策略是在处理不同道德共同体和区域之间道德和生命伦理学分歧的唯一正确策略。

二、生命伦理全球化:自由主义观点

尽管存在着明显的跨宗教、跨文化和跨社群的道德多样性和多元性,人们还是提出了各种不同的关于全球伦理和生命伦理的自由主义思路。其中最受欢迎的是一种所谓最低限度的策略:建立一个最低限度的伦理道德以约束世界上所有的社区和个人。① 一般来讲,自由主义者认为:一系列的基本人权和个人自由组成了对所有人都有效的最低限度的道德。例如,美国自由主义生命伦理学家 Tom Beauchamp 就一直在论证"共同道德"(common morality)。在他看来,共同道德不仅仅是区别于其他道德的一种道德,相反,它是所有道德的核心概念,而且近年来人们偏向于用人的普遍权利的范畴来代表它。②

更特别的是,当代处理道德多样性的自由主义策略构建了一套近乎万能的正义理论来指导人们处理道德分歧和制定公共政策。例如,罗尔

---

① H. Küng, 1996, p.2.
② Beauchamp, 2001, p.613.

斯的政治自由主义提出的正义理论①。罗尔斯相信,这一理论使得"尽管人们合理地持有互不相容的宗教、哲学和道德信条,但仍然可以构筑一个由自由平等公民组成的稳定而公平的社会"。② 这一理论允许"现存民主社会的成员持有多元的相互冲突的、不可通约性的善的观念,和分歧的理论"。③ 政治自由主义的理想是:随着正义原则的确立,个人权利、自由和其他的社会产品能够在个体之间实行平等分配,那么,所有人都能在这个多元的社会中,实践任何他认为适合于他自己的(合理的)宗教、道德或者生活方式。

根据自由主义对个人权利和平等的理解,个人具有自主选择的能力,为自己决定自己的人生目标,包括宗教、道德和生活方式。自由主义强调的重点不是任何具体宗教、道德或者生活方式的实质或内容。相反,这些只构成一种价值背景(属于"精神的"和道德关注的领域),在其中各种特别的关注(如对于自然、性别和终极实在的关注)能够被编排为各种不同的结构。各种关注就像马赛克碎片一样,完全由个人选择、决定和安排。个人有权"自主"决定哪一种结构才是更适合,更令人满意或者更吸引他(她)的④。因此,自由主义关注的是作为价值源泉的决定因素的个人。它强调一种特殊的个体自由的概念,即促进个体自主权、自我实现和自我满意度的价值。结果便是,当代自由主义观点的基本价值是个体的独立、自主的选择及自我决定。于是,个体便从任何公共权威中——无论是宗教的还是家庭的——解放出来了。在自由主义文化中,如果一个人服从父母所安排的婚姻或者服从老师所安排的职业计划,那么他将被讥为幼稚无知。在医疗保健的背景下,自由主义者坚持知情同意的原则不仅仅

---

① 参阅第 9 章。人们普遍认为西方世界规范政治哲学的复兴始于 1971 年罗尔斯的《正义论》的出版,罗尔斯的理论建构了当代自由主义最有力和最具代表性的观点。他的理论在学术争论中占据主导地位以至于相关理论都可看作是对它的回应。所以,我们使用他的理论作为当代自由主义政治哲学的代表是合适的。
② Rawls, 1993, p.18.
③ Rawls, 1985, p.225.
④ 例如,正如 H. T. Engelhardt 所观察到的,"自由普世主义(liberal cosmopolitanism)发现了性的重要性:与他人一起自由决定从而共同获得亲密、满足、成就和乐趣。这一观点常常体现在这样一些常用语中,像'我希望他在其新关系中得到快乐','至少她在第四次婚姻中找到了满足',或者'和那些征得其同意的人做任何使你舒服的事情'。关注的焦点不仅仅是作为道德权威来源的同意,而首要的是自主性的自我实现"(2000, pp.141—142)。

是为了让病人可以拒绝他不想要的医疗处置,同时也是保障病人可以在多种可替换的治疗方法中进行选择的权利,因此,病人就可以自己直接做出医疗保健决策。此外,自由主义立场还鼓励病人预先为自己指定唯一的代理决策人。这样,如果病人失去行为能力的话,就可以由这个代理决策人根据病人自己的意愿和价值观为病人作决策。自由主义相信,通过这种方式,个人可以将自我决定的权威延伸到失去行为能力之时。简而言之,自由主义认为个体的自主权是基本价值,因此在道德决策的制定时应当得到首要的优先考虑。

但是,并不是所有人都将个体的自由或自主权理解为具有优先性的根本价值。正如 Bayertz 所观察到的,虽然欧洲伦理思想容纳自主权的价值,但是自主权并没有在欧洲传统的医学伦理中占据中心地位。当最近的欧洲生命伦理学会议强调个体自主权时,人们也意识到自主权应当受到对人的尊严的考虑以及对团结的关注等方面的约束。① 对处于儒家传统之下的中国人来讲,对个体自主权的考虑通常是置于家庭自主权的背景之下的。例如,接受还是拒绝某个治疗处置的决定权是属于病人的家庭而不是病人自己的。中国人认为家庭是社会最起码的自治单位。病人生病的时候应该放松和休息,家庭负有这样的责任——他们必须承担照顾病人的信托义务,包括负责与医生进行交流、做出医疗决定以及为病人签署同意书等等。此外,当一个绝症的诊断或预测做出时,病人往往不会被直接告知实情。将严酷的信息直接透露给患者是残忍和冷酷的做法。如果我们试图在自由的社会契约论模型的语境下(即:患者可以自愿选择或赞成这样一种家庭模式)重构这样一种医疗决策的儒家家庭模式的话,我们将改变儒家的生活方式。儒家思想认为人们是生活在自然的(恰当的)人际关系中的,比如说夫妻关系,父子关系和兄妹关系等等。这样一些关系是生存性的、而非契约性的,它们共同构成了人类生活的基本条件。在这些关系的基础上产生了某些特定的约束着所有人的自然道德义务,无论人们同意与否。例如,对于家庭而言,照顾好生病的家庭成员就是其自然义务。而且在生病的时候,一个人需要的应该是家庭的互相依靠而不是个人自身的独立。此外,只指定某位家庭成员(更不用说家庭之

---

① Bayertz, 2006, pp. 214—215.

外的人)为唯一的代理决策人,而不是让整个家庭代为决策,显得太过个人主义,因而是不适当的。这样一种做法打破了作为一个整体的家庭单位。既然当患者本人有行为能力时已经应当由家庭为患者做出医疗决定,那么当患者丧失行为能力的时候,唯一恰当的做法就是由家庭继续承担这项义务。如果指定某一个家庭成员作为自己唯一的决策代理人而撇开其他家人,这种做法在中国人看来是十分尴尬和可悲的。因为这样做意味着破坏家庭作为一个整体的团结与和谐。①

简言之,受儒家熏陶的中国人不能像自由主义那样接受自由或作为自我决定的自主权作为根本价值。相反,家庭决定才是根本价值。这一点构成了自由主义和儒家思想在道德与生命伦理学方面首要的根本分歧。

此外,对个体自由及其优先性的自由主义解释容易导致一种不现实的平等主义要求,即要求绝对的机会平等。作为自己的目的和生活计划的自主选择者,个人需要有实现它们的机会。正如自由主义者所认为的那样,如果每个人都是其目的的平等的自主选择者的话,那么每个人都应该有平等的机会来实现其所选择的目的。这就是自由主义正义论的逻辑。例如,罗尔斯论证说政府不应该仅仅保证形式的机会均等,还应该采取切实措施以维持实质的机会平等。形式的机会平等要求消除人们在寻找工作或职位时表面的或法律的阻碍(比如像种族、阶级、性别等不同)。实质的机会平等则要求采取积极的步骤(如通过公共教育制度)以增加那些由社会因素(例如家庭背景)导致的最不利者的机会。在罗尔斯看来,这样一些社会因素从道德的观点看是偶然的,因为没有任何一个人应该得到这些由出生的偶然性所赋予的先天优势。因此,罗尔斯的自由主义正义论要求政府采取措施以维护实质的机会平等,除非不平等有利于那些最少受惠者。② 这意味着政府应当提供不同类型的福利方案,范围涵盖从政府补贴的教育和税收再分配到一些更积极的措施,以保证实质的机会平等。在医疗保健领域,因为疾病和残疾影响着个体的机会,所以为了实现正义,应当建立一个全面的国家医疗保健体系以满足每一

---

① 对于儒家观点在这些问题上的详细讨论,参阅本书第一部分。
② Rawls, 1971, pp.72—74.

个人平等的医疗保健需要。只有那些对个体机会没有本质影响的医疗服务才可以保留在私人医疗机构中。①

当欧洲的生命伦理学家强调医疗保健平等分配时,他们与自由主义的观点是一致的。然而,儒家不能支持这种观点,因为它与儒家家庭自主的观点是相矛盾的。儒家要求以家庭为基础、由家庭独立自主地提供的机会,而不是由政府强加的所谓的"公平"平等机会。儒家支持形式平等——相同情况相同对待,但儒家反对由政府强加的实质平等——把本来不相同的情况和人强行扯平拉直。比如家庭的自主要求由家庭负责其孩子的教育和发展,不受政府的强制性干涉。② 显然,一个良好的家庭可以通过增加孩子在社会中的机会为他们提供显著的优势:一个安全的家庭环境、和谐的家庭文化、成功的角色榜样、私立学校、私人课程、优秀的同伴、境外游历、丰盛营养的饮食以及先进的医疗保健。所有这些都可能极大地提高孩子在社会中谋求合宜的工作和职位的机会。然而,罗尔斯的正义论可能会认为,这些家庭提供的优越机会无法对社会上的最少受惠者有利;因而,罗尔斯的正义观必然会要求政府干预这些机会。而且,仅仅帮助贫困家庭脱贫的提升策略(leveling-up strategies)可能无法完全满足实现实质的机会平等的要求,罗尔斯的自由主义将不得不支持限制优势家庭机会的压低策略(leveling-down strategies)。③ 这显然是与儒家家庭自主权相冲突的。

在儒家观念所理解的一个合理社会中,人们认为由父母提供给孩子不相同的机会是理所当然的。儒家的德性观念往往会指导并鼓励为人父母者增加其子女的机会,比如为其提供优质教育。的确,儒家最基本的道德原则"仁"要求爱所有人,但也要求爱有等差。尤其值得注意的是,一个人应当从家庭开始推扩他的爱,亦即,应当给予其家庭成员优先的对待。父母有义务努力工作为他们的孩子提供更好的生活机遇,孩子也有义务孝顺地照顾他们年老的父母。既然罗尔斯关于机会公平平等的要求不得不使用政府调控的措施来约束父母为子女谋求更好的教育机会或医

---

① Daniels, N., 1985.
② Fishkin, 1983, pp. 35—36.
③ 自由主义理论似乎要求机会平等、家庭自主、以及择优录取,但它们之间存在一系列矛盾和冲突。参见 Fishkin,1983.

疗保健服务的行为，它与儒家"仁"的主张就是根本冲突的。儒家仁政要求政府维护良好的社会秩序、限制特权、打击腐败、并为所由家庭保障基本需求，但绝不强求任何实质的平等。对儒家而言，即使家庭自愿购买更好的教育或基础医疗保健确实会导致实质性的机会不平等，那也是正当合理的。相反，就其不允许家庭为其成员购买更好的医疗服务而言，政府强制的平等主义医疗保健制度是违背儒家的道德情感的。这就是说，关于平等的自由主义理念与儒家家庭自主的价值观是不能协调一致的。人们越多追求平等，家庭自主权就越少得到尊重。最后，一个平等主义的医疗保健体系将无法避免昂贵的成本及税收负担。儒家思想总是要求施行仁政的政府减轻人们的税收和负担，并为人们追求其家庭成员的福利提供充足资源。①

自由主义者坚持认为正义原则明确表明个体的自由和权利不依赖于他们对于任何特殊的善的生活观念的辩护。换言之，自由主义者诉诸于分离正当与善的方法以捍卫其对于正义的解释。但这种尝试失败了。当代自由主义正义理论独立于任何特殊的善的生活观念的辩护是不切实际的。② 因为任何一个解释都要求一个实质的基本善的等级序列。进一步来说，即使我们假设这样一种方法是有效的，自由主义的正义理论和一系列的自由与权利也不能为众多生命伦理学问题提供内在一致的解决方法。因为，首先，这些自由权利和自由通常是以正常的成人为本位的，对非成人的人类个体的道德地位问题无法提供充分的具体指导。例如，在使用早期人类胚胎研究的问题上，就不确定自由主义权利观持怎样的立场。第二，在自由主义的解释中，关于个人权利与自由的定义在具体的生命伦理学背景下往往是模糊不清的。例如，在器官买卖的问题上，"人的尊严"意味着什么？当个体自愿出卖自己的部分身体时，我们是应该认为他是自由地促进甚至实现了自己的尊严呢，还是应该认为政府禁止公民对自己的身体和器官进行商业交易乃是保护了个人的尊严？

对这些问题的具体回答需要关于善的等级序列的具体认识，同时还涉及对于人类幸福之道的具体理解。因而，如果当代自由主义已经提供

---

① 关于这些问题的详细论证，参阅本书第三部分。
② 对于这一观点的进一步论证，参阅第10章。

了一个成熟的解决生命伦理学问题的道德方法,那么这个道德方法也不可能独立于任何具体的道德传统。一个成熟的道德方法不可避免地是植根于某个具体的道德传统中的道德视角的理论重构。一个道德视角包含着丰富的道德资源和内容,比如道德叙事、道德榜样、道德案例、道德责任和道德规则。当自由主义者争论说他们自己的观点独立于任何特殊的道德观点时,事实却在于,他们是根据自己所信奉的一般道德理论或一些抽象道德原则对各种各样的道德观点进行了重构。这就是为什么他们的观点听起来常常是残缺甚至是零碎的缘故——他们并没有深切关注任何融贯的道德传统,而是同时涉及来自几种不同道德传统中的观点。因此,自由主义只能从不同的道德观点中得到部分的或零碎的道德内容。

例如,当欧洲议会要求英国政府取消所有允许为研究目的而施行的人类胚胎克隆计划时,其理由是:这样一些研究导致了一种深刻的道德困境,也超越了研究规范的界限[1]。如果不把这样一种观点放在传统基督教生活观的背景之下的话,中国读者将无法理解这样一种论证的意义。但是欧洲议会并没有从传统的观点出发勾勒出完整的含义,因为它向往依赖自由主义的"普遍"理性达到其结论。由于它并没有利用任何完整的道德传统——基督教或其他——以至于它只能提供零碎的、甚至自相矛盾的道德观点。一方面,欧洲议会禁止制造人类胚胎供研究之用以便充分保护胚胎;另一方面,它却认为使用体外授精技术中产生的多余胚胎进行研究可以保证充分保护胚胎。正如 Petroni 所评论的,人们怎么能对这样一些既同意进行胚胎实验、同时又声明"保护"胚胎的"法律"给出真正有意义的说明呢?[2]

显然,自由主义的生命伦理学观点毕竟是有其出发点的。它们是西方某些特殊的宗教、道德传统和生活方式的继承,尽管并不是其中任何一个的完全忠实的继承。相应地,这些观点也并不是对所有人来说都是自明的,而仅仅是对于那些已经信奉这一观点的人来说才是自明的。这样一来,就其声称其观点能够不依赖于任何特殊的宗教、道德或善的观念而言,自由主义思想并不真诚。相反,尽管它的观点是零碎的,但仍然是对

---

[1] Bayertz, 2006, p.207.
[2] Petroni, 2006, p.258.

包含在特殊道德传统中的特殊道德或宗教观点的重构,因而,自由主义的主张并非置身于普遍的道德观点或"理性"中。声称自由主义的信仰能够为全球生命伦理学奠定普遍基础不但在道德上是误导的,在政治上也是专横的。因为很多人不会接受这样一些特殊的自由主义观点和信仰,所以如果在全球生命伦理学的名义之下到处强加它们的话,只会导致社会的不安和骚乱。

总而言之,当代自由主义策略无法解决道德分歧的问题。第一,其特殊的自由理念或作为其根本价值的自我决定并不被世界上许多非自由主义者认可。第二,其对于实质机会平等的要求与儒家的家庭自主观念相冲突。最后,它的特殊的自由观点及优先秩序不过是对某个特殊道德传统的继承而已,并没有得到普遍有效的证明。相应地,正如 Bayertz 和 Petroni 在他们的报告中提供的一系列欧洲案例所展示的那样,试图建立一个作为政府生命伦理学、大陆生命伦理学或全球生命伦理学的自由主义伦理学和生命伦理学的努力没有找到一个所有人都能认可的坚实基础。实际诉诸的基础免不了偶然性和特殊性。换言之,自由主义建立全球生命伦理学的抱负已经失败。

三、生命伦理共同体化:古典自由主义观点

和自由主义者一样,古典自由主义者也重视个体权利与自由。他们的理论同样也是关于权利(entitlement)的理论,然而,他们关于权利和自由的观点却与自由主义观点有着鲜明区别。本质上,古典自由主义的权利与自由不是需要被促进的价值,而是个体用来反对他人的限制——当个体拥有权利的时候,任何其他人、其他组织都不能对其加以侵犯。[①] 这就是为什么古典自由主义类型的基本权利和自由被称作是"反面约束"(side constraints)的缘故。于是,任何人都不能被强制去做其他人认为是有价值的事情(例如,一个人不应当被强迫为自己作医疗决策,即使某些人,比如自由主义者,认为自我决定是根本价值)。这就是说,作为"反面约束"的自由或权利不被看作必须追求的价值,而只是对于政府或别人干

---

① Nozick,1974,p. ix.

涉的限制。与自由主义者相比,古典自由主义者感到骄傲的是,就不把自由视作价值而言,他们的理论立场是内在一致的。因此,只要个体的行为没有涉及强制那些无辜的、未表同意的他人,那么古典自由主义就会给个体保留根据其自己的观点选择做什么和不做什么的足够空间。结果是,古典自由主义观点之下的政府职能必须是最小化的——仅仅是维持自由市场的秩序,在这种秩序下,经由同意,个人自由地达成契约,共同合作。

为什么个体会拥有像反面约束这样的权利呢?恩格尔哈特在考虑道德争议可能的解决方法时为这种古典自由主义的观点提供了一个深刻的论证。[①] 他的论证可以被概括如下。一方面,许多道德争议都依赖于对于不同的形而上的基本原则的信仰,比如说在有关堕胎、制造胚胎进行研究以及杀婴的道德问题上(亦即,涉及的相关实体是否应该与正常成人同等对待)。和大多数形而上学的争议一样,人们只有通过确定具体的前提和证据规则才可能得出解答。另一方面,即使基本的形而上学前提并不是争议所在,价值等级的不同排序也会造成不可解决的争议。同样地,除非诉诸乞题论证、循环论证或无穷后退,答案就无法得出。如果不知道如何对不同价值或利益(例如自由、平等、繁荣与安全)的重要性进行排序的话,就无法诉诸结果来解决争议。同样,如果不知道一个人将如何修正其偏好以及在理性和激情相关的偏好上做出权衡,并计算出偏好的时间折旧率,那么也无法毫无争议地诉诸偏好-满足来解决争议。诉诸无利害关系(uninterested)的观察者、假设的选择者、或者假设的订约者也是没有用的。如果这样一些决策者是真正意义上的无利害关系者,那么他们不就会选择任何东西。为了以某种方式进行选择,他们必须已经持有某种特殊的道德感或某种弱的善理论。在这里,直觉会遇到与其相反的直觉;任何一种平衡也会遭遇使用不同的方法达到的另一种平衡的抵抗。为了

[①] 比较当代两位著名的古典自由主义者,诺齐克(Robert Nozick)和恩格尔哈特(H. T. Engelhardt, Jr.),各自代表作的开头部分,能让我们得到一些有趣的发现。诺齐克说:"个体具有权利,有些事情其他任何人和任何组织都不能对个体去做(而不违背他们的权利)。"(1974, p. ix)恩格尔哈特说:"道德多样性是真实存在的——在事实与原则中。"(1996, p.3)诺齐克并没有对为什么个体具有作为反面约束的权利提供论证。恩格尔哈特则通过使用作为社会学事实上不可避免的道德多样性、以及认识论上的(不是形而上学上的)道德怀疑主义为这样一些权利提供了一个间接的(by-default)论证。

寻求道德理性的指导,一个人必然已经为道德理性赋予内容了。①

这就是说,恩格尔哈特清晰地阐明,就道德认识论而言,面对当代多元社会中各种各样不相容的、不可通约的道德传统、观点和理论,我们无法通过合理的哲学论证来建立一个对所有共同体和个体都有效的标准道德体系。也就是说,没有人能够仅仅通过理性证明某种具体的道德观点为唯一正确的。这样一来,当代多元社会还能否有道德权威呢?如果有,其来源是什么呢?在恩格尔哈特看来,

> 道德内容和道德指导的一般的俗世权威的唯一来源就是同意。换句话说,因为没有决定性的世俗论证可以确立任何一种具体的道德生活观较之竞争者都好(或者至少更好一些),还因为所有人无法全都转变到同一种道德观上来,因而世俗的道德权威只能是同意的权威。权威并非来自强制力量、或上帝的意志、或理性,而仅仅是那些决定合作的人们的同意。②

恩格尔哈特的基本观点是,既然没有人能够仅仅通过理性证明某种具体的道德观点为唯一正确的,那么每个个体就都有未经同意而不受干涉的权利。因此,通过一种道德认识论上(非形而上学上的)的怀疑主义,恩格尔哈特为权利作为反面约束的古典自由主义解释提供了一种间接的哲学论证。的确,恩格尔哈特所论证的古典自由主义的权利并不是价值,仅仅是间接应得的权利(by-default entitlements)。根据这种观点,以下说法是不正确的:每个个体都应当行使自我决定,因为自我决定是一种价值。相反,正确的说法应该是:如果他们愿意,每个人都有放弃自我决定的权利。对于古典自由主义者来说,关键在于未经同意则不受任何人的干涉。至于一个人应当同意什么的问题,古典自由主义的论证不能提供一个具体的答案。对于恩格尔哈特而言,你必须加入某个具体的共同体才能找到一个答案。

并没有很多古典自由主义者像恩格尔哈特那样注重具体道德共同体的道德内容和意义。但恩格尔哈特强调,除非加入一个拥有具体道德传

---

① Engelhardt, 2006; 1996, ch. 2.
② Engelhardt, 1996, p. 68.

统的道德社群(比如说一个宗教群体),否则个体将不能发现充实而有意义的道德。在他那里,一个真正的古典自由主义者同时也是一个真正的社群主义者。如果你足够幸运的话,你就能够进入恰当的共同体并找到恰当的道德。因而,不同于自由主义以谋求伦理和生命伦理的全球化为理想,恩格尔哈特的理想在于追求伦理和生命伦理的共同体化:

> 随着一个受相互尊敬的道德限制的、一般的、世界性的、维护和平的权威的诞生(也就是说,随着俗世的太平盛世的来临),人们肯定会有可能自由地加入各种团体,这些团体不必受任何具体的地理位置的限制。这里我们不妨想像,在以色列,那些持有不同信仰的人们会在他们各自的具体的宗教团体的规则基础上继续相互分化。在具体的团体中,个人可以追求他们自己的良好生活观。每个团体都可以以自己的方式来提供某种水平和类型的、与其良好生活的指导观念相一致的医疗保健。这些团体将会向他们的成员征税。一些团体(比如说宗教组织)将会确立丰富的规定和标准。我们将会生活在这样一个世界之中:个体将以不同的方式隶属于不同的团体。结果是,个体可能具有得到保健和其他支持的多种权利。①

每一个道德共同体都由其成员所共享的关于权利、善和德性的基础性道德观点所塑造,这才是真正意义上的社群主义。这样一些共同体很容易打破国家界线而成为跨国组织。比如说,真正的基督教徒不应该区分为美国人或者中国人。他们应该是同一个共同体中的成员,而这个共同体在实质上超出了地理位置的限制。毫无疑问,这样一些非地缘意义上的共同体在弱化政府的非正当权力上能够发挥极其重要的作用,而这样一些非正当权力依旧是当今世界中人们所遭受的苦难与不幸的主要来源之一。最后,当这些共同体认识到他们不能通过理性论证证明他们的道德观点同他们的对手相比更加真实的时候,他们应该宽容(在放弃暴力对抗的意义上)其他类型的道德实践,不应当试图强制地控制其他人。由此,不同道德共同体的成员能够在国家内部或者国际层面上和平合作。

恩格尔哈特怀疑主义的道德认识论观点是清晰明确和令人信服的。

---

① Engelhardt, 1996, p. 175.

面对当今的道德多样性和分歧,一位诚实的学者必须承认:除非事先假设一个正确的基本前提、诉诸循环论证或引入无穷后退的推理,否则无法通过一般的理性论证,将某个具体的道德观点树立为标准或典范。现在的问题在于,从这样一个怀疑主义的道德认识论观点出发,我们能走多远?恩格尔哈特将权利作为反面约束的古典自由主义观点的间接论证是一个合理的论证吗?我将在下一节中考察这个问题。在此,我有一个更为实用的考虑:恩格尔哈特能够将他的作为反面约束的古典自由主义的权利要求和他的伦理学与生命伦理学的理想(即共同体化)融合在一起,形成一个在实践中可行的综合性道德体系吗?我想他不能。其不可行之处在于,在实践中,他的共同体主义理想与个体权利作为反面约束的要求必定相互冲突。理由如下。

首先,今天的很多人并不实践一种共同体的道德生活。亦即,他们并不属于任何一个具体的、一致的道德共同体。正如恩格尔哈特自己所认识到的:

> 道德生活是如此混乱,以至于许多人对权利、善和德性持有相互矛盾的理解。那些不和他人共享相同道德观念、也没有关于自己生活的一致道德观念的极端后现代主义者正是这样一些人。这将意味着什么呢?生活对于他们来说是偶然的,包括激情也偶然的。他们是这样一些在其自传中不存在任何道德章节的人。他们拥有欲望、冲动、动力、需要、需求和利害关系,但却没有能塑造他们的生活并将其统一成一个整体的道德计划。①

这一看法固然精辟。但问题是,通过强调作为反面约束的权利能够使这些人停止作一个后现代主义的世界公民、转而加入某个具体的道德共同体吗?我认为答案是否定的——至少对于大多数人而言。这是因为,认同一个道德共同体的道德承诺需要有效的道德教化,但是这样一种教化在一个由作为反面约束的权利所规范的古典自由主义的伦理氛围中是不可能获得的。相反,对个人权利的强调更可能诱导个体寻求解脱传统道德共同体的限制的自由,成为自由主义的世界公民。对于大多数个

---

① Engelhardt, 2000, p.137.

体而言,作为反面约束的自由权利更易于被用于满足他们一时的生理冲动或奇思异想,而不是用于追求德性或宗教目的。正如恩格尔哈特自己观察到的:

> 因为性和自我放纵是很有吸引力的,因此,商业风气更倾向于支持对禁欲主义、基督教传统和正统异性恋的批判。对双方同意的任何性满足的普遍认可成为准则。通过诉诸当下的、简单的餍足(人数很多)、或者精致的自我满足(当然人数较少),人们关注的焦点变成完全此世的和后形而上学的。①

对于大多数个体而言,很自然地,自我放纵显得更简单和更有吸引力,而道德承诺则显得困难而苛求。这就是为什么传统的宗教和道德,比如说儒家,往往强调通过逐渐的道德训练和教化以形成一种优良道德习惯来克服人欲的重要性。期待可以不经过艰苦的道德训练就形成好的道德习惯,是不现实的。共同体的道德生活要求训练、培育和磨练;和自我放纵的生活相比,这样一种生活显然要难得多。考虑到作为反面约束的个体权利的基调使得自我放纵听起来既合法又充满自信(比如"即是它是错的,我也有这样做的权利"),那么,相信自由权利的个体倾向于自我放纵的生活也就不值得奇怪了。此外,根据这样一些"权利",许多个体能够更进一步地支持福利国家的理想,亦即,国家应当保证每个人的基本福利以至每个人都可以过他们所想过的那种生活。相应地,对自由权利的强调诱导了许多人成为当代的自由主义者,而不是加入道德共同体。事实上,它很有可能加速自由主义世界公民文化对世界各个文化共同体的侵蚀。结果,只会有更少的人继续严肃地对待具体的道德共同体及其道德生活。

总而言之,处理伦理和生命伦理分歧的古典自由主义策略的本意在于建立作为反面约束的个人权利,个人根据这些权利能够加入非地缘意义上的道德共同体以追求他们的实质的伦理和生命伦理目标。然而,许多个人如今已经不再属于某个一致性的道德共同体,而且,强调作为反面约束的自由意志权利无助于他们加入或维持某个具体的道德共同体。相

---

① Engelhardt, 2000, p.142.

反,它有利于世界范围内的自由主义世界主义的散播。在这一背景下,恩格尔哈特的整个古典自由主义体系(由作为反面约束的个人权利的要求和生命伦理的共同体主义理想两部分构成)在实践中是难以自圆其说的,即使其在理论上并不自相矛盾。

四、生命伦理本土化:儒家观点

如果说自由主义的全球化是无法辩护的,而古典自由主义者的共同体化是不可行的话,我们是否还有其他合适的策略来应对伦理和生命伦理的分歧呢?针对这个困难的问题,我希望能从孔子的教导中得到启示。到孔子的时代为止,中国已经拥有了几千年的文化传承,包括周代建立起来的辉煌的礼仪制度。礼最初是家庭祭祖活动中进行的神圣仪式或祭祀活动。[1] 通过赋予这些活动以神圣性、严肃性和崇高性,中国人将之建立为对人类区别于动物存在的生活方式的象征。于是,周人在夏、商的基础上使用了一套系统的"周礼",隐喻地意指那些广泛的行为模式,它们代表着已经被社会接受下来的人类的真实存在方式,包括所谓的仪式、礼节、庆典、规矩、习俗以及社会和政治制度。整个系统组织人们的生活,规范人们之间的关系,指导个体的行为,以及塑造社会制度。[2] 然而,周礼在孔子的时代开始衰落。一些富有而雄心勃勃的诸侯希望获得更多的政治权力,于是诸侯国开始发动相互战争,臣弑君,子弑父,他们不再遵守他们曾经严肃对待的"礼"了。随着礼崩乐坏,中国社会经历着道德的堕落、退化和混乱。于是产生了许多伟大的思想家,他们开始反思人类文明的性质并试图寻找解决现实困难的途径。孔子便是其中一员,并被证明

---

[1] 何炳棣,1992,第102—110页。
[2] 中国的"礼"可以划分为不同的体系。例如,它可以被划分为特殊的典礼和日常的行为模式。特殊的典礼包括家庭典礼(比如说婚礼)、村庄典礼(比如说饮酒礼)、国家典礼(比如说帝王的继位典礼)。日常行为模式包括一套关于个人应当在他们的日常生活中如何对待他人的系统的原则和规则(比如说孩子应当如何对待他们的父母)。此外,由秦蕙田(1702—1764)所划分的五种类型的"礼"的体系也常常被引用:吉礼、婚礼、宾礼、军礼、凶礼。参见秦蕙田,1994。重要的是,当英语中"习惯"或"礼仪"仅仅涉及特殊的典礼的时候,中国的"礼"是一个以家庭礼仪为核心的非常复杂而综合的行为模式、体系和规范。简言之,"礼"可以被认为是中国的伦理习惯、规范和规则的总和。在本章中,"礼"可以理解为仪式或行为模式——它们是可以相互替换使用的。

是其中最为渊博和最有智慧的,尽管他并没有提供一套精致的哲学论证。为了简明起见,我将孔子的反思大致总结成以下几点。

首先,人类文明是体现在人类的礼仪中的。孔子认识到文明人都是礼仪动物(相对于亚里士多德意义上的政治动物)——他们遵循合作的规则,而不是简单地根据本能去行动。家庭祭祖仪式的意象之所以被提升为对人类真实存在方式的一般隐喻,是因为这种仪式不仅有力地阐明了人类交往的和谐与美丽,同时也展示了人类发展的历史根源和道德完善:人通过与他人的礼仪性联合而达到对人类目的的实现。因此,正是凭借对礼仪的尊崇,人类得以将人的行为与动物性的本能反应区别开来:我们无法想象动物能够举行一个像样的婚礼、葬礼或祭礼。对孔子而言,如果没有这样一些有着丰富象征意义以及神秘意味的仪式、礼节或典礼,也就没有人类文明。这些仪式构成了人类文明的本质特征。从形而上的层面讲,仪式使得人类与超验的东西——那些无限地高于人类的东西——相联系,并由此赋予人类生命以永恒的意义。除了通过进行这样的仪式,人类自己没有其他途径可以通达超验的东西(无论是上帝、天、道,还是人类已故的祖先和父母)。从审美上讲,践礼为人类享受其生活的美好和崇高提供了契机。从道德上讲,遵循规则的践礼活动赋予了人类行为以其他动物在它们的本能行为中永远无法企及的神圣性。最后,在践礼中德性得到了培养,反过来,德性进一步推动了人类文明(详见下文)。因此,对孔子而言,如果不践礼的话,人类文明就得不到维系。①

其次,更准确地说,人类文明植根于对礼的构成性规则的遵从。礼是受构成性规则支配的活动,这些规则告知礼的参与者采取怎样的行动才是适当的。你不得不遵循规则,否则无法恰当地完成某项礼。例如,一个祭祀典礼的规则将会告诉你什么时候加入、应站的位置、该取的姿势、如何走动、需要说些什么……这并不意味着一个仪式中的所有行为都是由规则事先决定的——礼节仪式中的特定的具体行为并不是由礼仪规则决定的,正如交通规则只是引导而不是决定汽车的行进路线一样。规则就像路标:它严格约束一个人的行为——在一个禁止左转的路标那里,人们

---

① 关于从礼仪角度解读儒家思想的有益尝试,参见 Fingarette,1972。对儒家思想的简短介绍,参见 Ni,2001。

是不允许左转的；但是它也开放了人们行为的可能性——人们可以直走或者向右转而不会导致混乱。在这一点上，孔子的观点可能接近于后期的维特根斯坦，都把人看作是遵守规则的动物。对于孔子而言，很重要的一点是，判断行为适合与否的规则是构成性的，因而是高度情境化的。它们是真正实践中的承载仪式的规则，而不是哲学上的一般性的理论抽象。结果是，具体的规则对应着具体的礼仪，并在实践中依具体情况的变化而有所不同。例如，在人类礼节中诚实的规则从不像康德哲学所描述的作为绝对义务的"不说谎"那样抽象。在一个文化中，诚实的规则可能意味着你应当恭维你年迈的阿姨新买的帽子，即使它并不好看。而在另一个文化中，诚实意味着不要告诉那些身患绝症又心怀希望的病人真相。可见，诚实的规则随文化的不同而不同，因为人们在不同文化背景中实践的是由不同的构成性规则所调节的礼仪。

再次，只有当人们（尤其是儿童）受到适当的教育而能共同遵守规则的时候，规则才有意义。如果业已建立的礼仪和规则得不到人们充分尊敬的话，人类文明是不可能持续和发展的。正如已经说过的，只是因为存在着构成性规则对其加以定义，礼才是可能的。只有当人们的激情和冲动都受到规则的约束和塑造，以至于他们违反规则的善变冲动将无法以合法的或道德的理由为借口而伪装存在时，共识才成为可能。相应地，在孔子看来，为了维持人类文明，个体必须受到教育以控制他们的冲动，并使他们恰当地遵守规则。这就是他为什么强调"克己复礼"（《论语·颜渊》）的原因。确实，人类并非首先是自足的个体，然后偶然地通过契约加入社会之中。只有当他们的原始冲动经由适当性的规则得以重塑，人们才能在践礼的过程中成为了真正的人。未经教育熏陶的人还只是"原始质料"，他必须通过礼仪进行文明的教化，才能成为真正的人。一个人必须受到教育和培训使其遵循业已建立的礼仪和礼节规则以便指导他融入传统的社会行为模式和社会关系之中。[①] 这就是为什么孔子重视学习、尤其是礼仪学习的原因。

最后，礼仪在道德上也富有意义，因为它们是形成一种基础的人类德性所不可或缺的。儒家的德性理论就是以儒家对人类本性的理解为基础的。

---

① Fingarette, 1972, p. 34.

二十三 礼是人类文明的基础:我们应当如何解决道德分歧? 409

儒家对人类本性的反思认识到道德主体从来不是单子的、分离的、自足的个体,然后再通过契约联合起来。道德主体首先是由其所承担的家庭角色规定的:丈夫、妻子、父亲、母亲、儿子、女儿等等。家庭是个体成长和发展的最基本的场所;孩子如果没有父母的照顾是不能顺利长大成人的,年老的父母如果没有成年子女的照顾也是很难生活的。对于每一个人类个体而言,这样一种家庭方式的存在是给予的,而不是自我选择的。相应地,儒家认为人类在本性上就是家庭的动物,拥有形成适当的家庭关系并在其中实现自我的倾向和潜能。更为重要的是,儒家发现了家庭关系中人性极为重要和高贵的一面:相互同情的倾向。① 这种本能的同情构成了人类之爱。在儒家观点中,这种父母与孩子之间和兄弟姐妹之间的自然之爱是人类的德性基础,是仁之本(《论语·学而》)。仁作为德性不只是一种感觉,而且还是更为基础的潜能、力量和品格,在其中纯粹的感情被提升为稳定的德性。然而,亲亲之情毕竟还只是仁之本——亦即只是树根,还不是树干,更不是成熟的果实——因而此时的"仁"还是一种必须得到教导、培育以便完全实现的潜能。对孔子而言,培养和练习这种德性的唯一途径就是践礼。他明确地指出"非礼勿视,非礼勿听,非礼勿言,非礼勿动"是为仁之目(《论语·颜渊》)。因而礼的道德重要性就在于它是完成人类基础德性所不可缺少的。

仁作为基础德性所涵盖的爱既不是西方意义上的欲爱(erotic),也不是博爱(agapic)②。如果我们硬是要给它起一个名字的话,它是一种寓于

---

① 众所周知,孟子的"四心说"正是这种观点的代表:他通过论证每个人都有恻隐之心,即不忍人之心。儒家的这一基于同情的爱的观点也许与休谟的观点相似。但是一个重要区别在于:在休谟那里,爱仅仅是一种激情——一种简单的印象或感觉,而在儒家那里,作为爱的仁首先是一种本质,一种潜力,或者是一种必须得到培养和发展的德性。

② 在西方存在着两种主要的爱的观点:一种是来自欲爱传统,包括柏拉图的宴饮、性爱、优雅的爱和浪漫的爱;另一种则是来自信仰传统,包括上帝对人类的爱和基督的邻人之爱。欲爱是基于属性的、需要理由的:x 爱 y 是因为 y 拥有某些具有吸引力的、值得欲求的或有价值的属性,这给予了 x 爱 y 的理由。另一方面,博爱则不是基于属性或要求理由的。博爱的基础不是被爱对象的可感知的价值,而是施爱者自身的本性。换句话说,信仰之爱是以主体为中心的,而不是以对象为中心的:x 发现 y 所具有的属性可爱是因为 x 爱 y。这种爱的结构是,爱是其自身的原因,是原始的,而不是派生的。例如,上帝爱人的原因不是因为人有值得爱的价值,而是因为上帝的本质就是爱。进一步讲,个体的吸引力在基督教的邻人之爱中没有任何作用,这种爱要求爱罪人、陌生人、病人、丑陋的人,甚至敌人,如同爱人和正直的人一样。关于这两种不同类型的爱,参见 Soble,1990,pp.4—13。

关系之爱。亲子之爱是儒家关系之爱的原型。一方面,一个父亲爱他的儿子并不是因为他的儿子具有某种珍贵的属性而吸引了他。即使这位父亲知道他的邻居的儿子比他的儿子具有更大的价值,他仍然会爱自己的儿子胜过爱邻居的儿子。儿子对他的父亲的爱也是一样的。因此,这种类型的爱不是欲爱。① 另一方面,父亲对儿子的爱和儿子对父亲的爱的理由仅仅是:"他是我的儿子"或"他是我的父亲"。因此,这种爱也不同于上帝对人类的爱或基督的邻人之爱。上帝对人类的爱是超越任何人类理由的。上帝爱人类并不是因为人类是上帝的创造物。相反,上帝爱人类是因为上帝是上帝——上帝的本质就是爱。因此,博爱是以主体为中心的爱,而儒家的爱却是以关系为中心的。结果,儒家建立起一种对爱的新的阐释——关爱(关系之爱,relational love)——既不同于欲爱,也不同于博爱。对西方人而言,重要的问题在于:为了维持一个良好的社会,我们是否应该促进欲爱(像人对上帝的爱)或博爱(像上帝对人的爱)?然而,典型的儒家问题则是:我们应当如何促进关爱以塑造一个良好的社会?

儒家的答案是礼乐教化——为了恰当地实现关爱,必须对不同的人实行不同的礼。寓于关-爱本性上就是不平等的,亦即,不可能无差别的或同等程度地爱所有的人。平等地爱所有人意味着对所有人都实行相同的礼,这与爱有等差的儒家立场和儒家的礼仪制度是根本冲突的。再者,在儒家观点中,关爱根植于父母子女之间或兄弟姐妹之间的亲情纽带。这种爱阐明了人类本性中最好的部分——仁,人类关系的道德本性之所在。② 尽管这种爱是在家庭内部自然赋予的,但它是可以培育、促进和扩

---

① 有人也许会争论说"我爱我的儿子"是因为我的儿子拥有"成为我的儿子"的属性,以至父子之间的爱仍然可以被认为是一种欲爱。但是,这种类型的属性——如果我们可以叫它属性的话——并不是价值方面的,而是关系方面的。在这样一种"关系"类型的例子中,我爱某人是因为她和我拥有某种特殊的关系(比如说她是我的姐妹、我的同学或我的朋友);在非关系类型的例子中,我爱某人是因为她具有某种价值属性(比如说美丽、财富或知识)。因为这两种类型的例子关联不同的道德和实践的重要性,所以有必要对其进行区分。无论是欲爱还是博爱都是不偏不倚的——与主体的身份无关,而在关爱中,主体的身份是一个重要的相关因素。关爱更多的是与忠诚或爱国主义相关,而不是不偏不倚。相关主题,参见 Oldenquist, 1982, pp. 173—193; MacIntyre, 2002, pp. 43—58。

② 众所周知,从词源上讲,汉字的"仁"由"人"和数字"二"构成,意味着两个人之间的关系构成了人的实质。加以引申,它也意味着一个人的正常生活就是与他人和谐生活在一起。

展到家庭之外的其他人身上的。儒家要求仁爱扩展到包括所有人,尽管这种爱应当从家庭内部开始,并根据人们之间关系亲疏而有所不同。有的学者批评儒家并没有找到如何将家庭之爱(如:照顾好家庭)扩展到所有人(如:陌生人)的明确方式①,但这种批评错过了儒家礼乐教化的本质。儒家所强调的五伦关系塑造着中国传统社会的一般模式:"父子有亲,君臣有义,夫妇有别,长幼有序,朋友有信。"(《孟子·滕文公上》)②这些不同的德性,——亲、义、别、序和信——体现着不同的关爱,对应着不同的礼仪。一个孝顺的孩子每天早晨依照礼仪向她的父母问安、委婉和气地对待父母、全心全意地照顾父母;忠诚的朋友之间会依照礼节经常互访、一起饮酒、在需要的时候毫不犹豫地帮助对方。简而言之,关爱就是化之以礼的爱。正是在礼仪的践履过程中,爱得到了体现、培育和提升。

对于当代社会所面临的伦理和生命伦理分歧,儒家立场能为我们提供怎样的解答呢?从上述讨论中我们可以得到几点启发。第一,我们需要从礼的角度来理解道德分歧的性质。诉诸其所实行的独特的礼,我们可以更好地理解某个文明、文化或者道德体系的独特性质。在这种意义上,伦理和生命伦理上的分歧可以理解为礼的多元化:不同的文明、文化或者道德体系有其自己约定俗成的礼。人们在堕胎、杀婴、女性割礼、一夫多妻制、同性恋及安乐死等问题上的争议,就可以理解为这种性质上的分歧。例如,安乐死的拥护者所实行的关于医疗决策或医患关系方面的礼,可能与其反对者所实行的截然不同。第二,对于维持人类文明而言,最重要的是在共同遵守的礼仪当中所体现和追求的德性,而不是个人权利。相应地,对人类文明最具破坏性的因素是德性沦丧、礼崩乐坏,而不是道德分歧。事实上,道德分歧在人类社会中是恒常存在的。它不仅仅是在涉及持有不同传统的道德共同体之间发生,也会在持有相同道德传统的道德共同体内部发生。即使在一个道德共同体中,个人质疑某些构

---

① 参见 Wong, D., 1989。
② 理想状态下,当人们培养并实践这种关系之爱时,没有人是完全的陌生人,因为至少可以在两个人之间找到长幼有序的关系;类似地,也不应该有敌人,参见 Chan, 1963, p.71。对儒家而言,五伦可以涵盖所有的人际关系。关于儒家情感关系的最新研究,参见 Hahm and Bell (2004)。

成性之礼的道德立场也是寻常之事,并且通常也没有办法诉诸一般原则而直接解决道德争论。对于一个道德共同体的团结而言,某种决策程序通常是必要的。事实上,这样一些程序构成了维持道德共同体的礼的内在部分。它们是关于礼的礼,或许我们可以称之为"原礼"(metarites)。这样一些特殊的礼在一个共同体中的成功应用常常依赖于这个共同体所承认的权威人士的显著作用。这些程序的严重或持续失败将导致共同体及其传统的瓦解。因此,一个道德共同体不可能不适时改变结构性的礼仪规则。儒家非常清楚泥古不化只会走向死胡同。但改变必须依据"原礼"做出。对儒家共同体而言,这通常意味着由儒家圣人依据仁的德性来对礼进行修订,而不是由个人按照功利主义的计算来随心所欲地决定是否遵从礼。孔子明确表示,对礼的修订,乡愿不足为凭:"麻冕,礼也,今也纯,俭,吾从众。拜下,礼也,今拜乎上,泰也。虽违众,吾从下。"(《论语·子罕》)

　　持有不同道德传统的不同的道德共同体之间的道德分歧比起同一个道德共同体内部的分歧更为严重和难以解决。从礼的角度上看,激烈的跨共同体的道德分歧在于他们对某些礼的道德地位具有不同理解——在某个共同体那里,某些礼被认为是邪恶的,应当禁止的,但对于另一共同体而言,这些礼却是可以接受的和应当保留的。自由主义和古典自由主义都试图提供一般的道德原则以处理跨共同体的伦理和生命伦理的分歧。在儒家看来,他们的策略之所以不能成功,是因为他们既没有认识到道德分歧与礼的本质相关,也无法理解某些特殊的礼的道德意义。如前所述,不论是自由主义自主决策的个人自由原则,还是古典自由主义的作为反面约束的个体权利原则都没有充分考虑到礼的因素,也没有认真对待礼的分歧。与其表面上普遍的、形式化的宣称相反,他们实质上倾向于西方个人主义类型的礼,而不是非个人主义类型的礼(比如儒家家庭主义的礼)。在这个意义上,他们的理论原则预设太多、太过偏颇。如果我们一定要一个一般的原则来指导解决跨共同体的道德分歧,那么从儒家的立场出发,我们就需要一个更宽泛的弱化原则——它不应该以任何个人主义或非个人主义的类型的礼为基础,而是能提供一个各类型的礼都可以在其中自由表达自身的空间。这并不意味着我们支持相对主义。并非所有的礼都无轩轾地可被认为是道德上善的。儒家所推荐的宽泛原则应该包含一个最低限度的道德标准,以确定道德上可接受的礼的必要条件。儒家能提供出一个满足这些条件的原则吗?

我认为仁的弱化原则是最有希望的候选者。儒家仁的全面阐释渗透了儒学的精神特质,包括以天道为中心的形而上学、家庭主义等等。但用于解决跨共同体的道德争议,仁的原则就不能带有这些厚重内容,而是要抽象出一个仁的弱化原则。这个原则只突出一个基础性的道德洞见:人类应该互爱。所以这种仁的弱化原则也可以称为"爱的弱化原则"。尽管很多道德传统和理论都包含有爱的原则,但这个从儒家道德资源那里勾勒出来的爱的原则具有如下特点:(1)爱是从家庭关系中产生的一种情感,在家庭中得到培养,并通过礼的共同实践而扩展.到其他关系;(2)爱不仅仅是一种激情,同时还是一种德性——一种倾向于在共同的礼仪实践中爱人的品质;(3)作为德性的爱不是以个人权利为导向的,而是以对他人的义务为导向的。无论是自由主义还是古典自由主义的自由权都是以个人权利为导向的、自我中心的、自我关涉的;而这种爱的德性却是以义务为导向的、以合作为中心的、朝向他人的。但是,作为弱化原则,它并不像儒家传统教养那样对道德主体有一系列的具体要求。它所要求的仅仅是最低限度的、必不可少的道德意识:即同情他人的苦难、关心他人的感受和期望,并将这种道德意识贯彻到礼的实践之中,无论所实践的是何种类型的礼。"一种最低限度的必要的道德意识"意味着,如果缺乏它的话,也谈不上爱人了;(4)爱本质上是关系性的。针对不同的对象,爱也有差别、层次和优先秩序的分别。因而以仁为基础的爱的原则并不要求无差别的普遍之爱,尽管并不一定排斥后者。①(5)就践礼是人类文明的本质所在而言,作为德性的爱人(仁)是共同实践礼的最低条件,换言之,这种爱的原则直接切入到人类文明的根基。(6)这个原则暗示道德共同体之间的道德分歧或冲突可以在共享的礼的基础上解决。

在我转到对第(6)点的具体讨论之前,有必要再次强调这个弱化原则的"开放性",并解释为什么同自由主义原则相比,它更加敏锐和适合

---

① 对儒家而言,只要一个人对不同的对象用不同的礼来"以礼相待",那么她就已经是在实践"爱有差等"的爱。因而,如果有人声称无差等的普遍之爱,她可能不过是在做简单的空谈,甚至是伪善的空谈。

于当代社会的道德多样化。这一原则比自由主义作为自我决定的个人自由原则相比更为开放,是因为它可以容纳那些不将自我决定视作核心价值的礼,只要这些礼能够体现爱人的要求就行。这一原则也比古典自由主义作为反面约束的个人权利原则更为开放,因为它允许共同体内部的成员自己决定是否需要把自主或同意建立为至高原则来指导礼仪实践;只要这些行为以本土的观点来看表达了爱人的要求,就是道德上可以接受的。简言之,因为这个原则无论对个人主义还是非个人主义类型的礼都没有偏见,所以它不仅对世界上不同人群所实行的道德习惯和行为更为友好,同时也更深刻地接受了道德多样性和认识论上的怀疑主义这些当代境况。为了应用这一原则,人们并不必须要从五伦出发来理解人与人之间的关系。只要一个人同意人应该以一种至少在最低程度上包含爱或同情的方式与他人相处,就已经是在应用这一原则了。

但这一原则并不是相对主义的。在认真对待道德多样性和认识论上的怀疑主义的同时,这一原则为现实礼仪实践设置了一个基础性的道德规范,为其划定了道德上可接受和不可接受的范围。它反对那种认为任何类型的礼在道德上都无分轩轾的相对主义观点。一个道德上可接受的礼必须能够表达与践履者相关的关爱。因而,在这一原则之下,某些礼在道德上必定是不可接受的,因为它们完全不包含对相关参与者的相应的爱。例如,如果一群人定期抢劫另一群人的资源,那么我们就很难说前一群人能够满足爱或同情的基本要求,而使得其行为成为道德上可接受的。

然而,在应用这一原则来解决不同道德共同体或区域之间的礼的冲突的时候,我们也不应该抱有太大的野心。对于大多数的跨共同体或跨区域的伦理和生命伦理的分歧和争议而言——诸如有关人工辅助生殖、干细胞研究、人类克隆、堕胎、医生辅助自杀、安乐死和同性恋等等——这一原则不能被用来决定哪一个共同体或区域所实行的乃是道德上最理想的礼。不同的共同体或区域所实行的礼有不同的体现爱的方式,因而很难比较究竟哪种礼最大化地体现了爱。这一原则只是在接受跨共同体和跨区域的道德多样性和认识论上的怀疑主义的基础上起作用。简言之,这一原则基本的道德导向是(a)尊重本土所实存的礼,只要在本土的观点看来,这些礼体现了关爱就行,同时(b)依据道德上可接受的共同践履的礼——可接受的标准即爱的弱化原则——来解决跨共同体或跨区域的道德分歧与争议。充分理解(a)尤其重要。我使用"本土的礼"(local rituals)而不是"共同体的礼"(communitarian rituals),是因为某些地区域内实行的礼可能被不同的道德共同体所分享,虽然他们给予这些礼以不同的阐释。在旁观者看来,某些本土的礼看起来可能缺少关爱,但从本土的观点来看,这些行为表达的恰恰是爱。既然爱是一种呈现于对礼的共同实践中的基本德性,因而相比于旁观者的观点,本土的观点应当得到优先考虑。相应地,根据爱的一般原则,通过本土的观点检验的礼就是道德上可接受的,哪怕旁观者很难接受这样的行为。尊重本地习惯意味着人们不应该试图强行改造它们,或者迫使政府立法禁止它们。的确,在应当如何对待其他文化的问题上,我们已经有很多必须吸取的教训——例如David Solomon 提出的所谓"输出问题",即把自己的文化强行出口到其他国家和地方。[①]

当然,尊重当地礼仪习惯并不意味着承认它们都是理想的道德实践。每一个道德共同体或传统都有自身的理由来决定哪些礼是必须实行的上佳之礼。爱的弱化原则只能决定哪些礼在道德上是可以接受的,但不能判断哪些礼是道德上理想的——后一个问题将由各个共同体基于其自身的富有内容的道德传统来回答。爱的弱化原则在如何对待其他文明、文化和道德体系时怎样给我们以具体的道德指导呢?(b)是回答这个问题的关键。作为礼的动物,人类应该依靠业已存在和共享的礼——这些礼必须符合爱的弱化原则——来解决争议。正如在一个道德共同体内部人们应当诉诸特殊的程序性的礼("原礼")来解决他们的道德分歧,跨共同体和跨区域的人们也应当诉诸他们共享的礼来解决问题。无可否认,不同共同体或者不同区域的人们经常不是依循体现了爱的弱化原则的礼、而是以非常糟糕甚至野蛮的方式来对待对方,比如战争就是一个典型的例子。幸运的是,人类至少拥有四类符合爱的一般原则的跨共同体和跨区域的礼:对话、契约、慈善和市场。这些礼既是相同道德共同体或区域内的成员所共同践行的,也是不同道德共同体或区域所分享的。如果我们把局限于共同体或区域内部的礼(比如儒家的家庭主义的礼或基督教的礼拜仪式)称为"一阶的礼"(first-level rituals),这些由不同共同体或区

---

① Solomon,2006.

域所共享的特殊的礼则可以被称为"二阶的礼"(second-level rituals)。"二阶的礼"符合仁的弱化原则,并能有效应付跨共同体和跨区域的道德分歧。

1. 对话。至少在一些较小区域内,比如村庄和城镇,既使属于不同的道德共同体,持有不同的道德传统人们生活在一起,他们也免不了频繁地接触和交流。确实,人是能够对话、并且需要对话的动物。有时候,人们甚至不远千里万里地往来交流。① 因而,对话是一种真正的跨共同体和跨区域的二阶的礼。对话是一种人们坐下来相互倾听并试图达到共识的礼。它满足了爱的一般原则的最低要求。正如一个道德共同体或区域内部的成员是基于论证和程序来解决他们的道德分歧的,人们也由此进行跨共同体和跨区域的对话,尽管后者更加艰难——论证更为多元化、程序更为松散、权威也更为软弱等等。但是,跨共同体和跨区域的对话仍然是经常诉诸的重要手段。它甚至能够提供相互学习的机会。当然,当涉及不同的、不可通约的宗教、形而上学和道德体系时,这种相互学习是艰难的,但是仍然不无可能,因为对话作为二阶的礼包含真正的交往,而不是一个自我封闭的、静止的游戏。它是活生生的和发展的,并且其影响可以渗透到一阶的礼之中。这也许就是为什么孔子教导人们"毋意、毋必、毋固、毋我"(《论语·子罕》)的缘故。

概言之,对话作为一种自然而然的二阶之礼,对于解决跨共同体或跨区域的道德争议是很有帮助的。例如,如果基督徒和佛教徒住在同一个中国村庄的话,他们免不了要接触对方,换言之,一场或隐或显的对话已经展开了。当然,每一方都有他们自己的一阶的礼——包括它们所重视的礼、可接受的礼、可容忍的礼以及必须禁止的礼。通过对话,他们可能为有争议的事项设立一些具体的安排,比如允许每一方在一阶的礼的方面自行其事(例如,当佛教徒和基督徒一起用餐时应当如何安排饮食,以照顾双方的饮食习惯和禁忌)。以堕胎问题为例,他们有可能达成各行其是的共识,即对于佛教徒而言堕胎是允许的,但对于基督徒而言则是禁止的。当然,这种解决方式只是诸种可能中的一种。他们也可以达成共识说,对于村庄里的所有人来说(不论他是基督徒还是佛教徒),仅仅医

---

① 子曰:"有朋自远方来,不亦说乎?"(《论语·学而》)

学理由的堕胎才是被允许的;或者仅仅是医学理由的堕胎和因强暴导致怀孕的堕胎才允许的;或者根本就不允许堕胎,等等。关键是解决的方法应该取决于对话的结果。如果像古典自由主义者那样,试图将"每一方都按自己的意志来行事"作为一个不需要对话的先天规则(或权利)强加于双方身上,这无论是就道德层面还是实践层面而言,都是毫无根据的做法。适当的一般原则应该对具体的礼保持敏感,并与具体的规则相关。超越礼的原则或者权利根本无法为跨共同体的实践提供适当的指导。

2. 契约。人们都理解契约的重要性。例如,尽管儒家不鼓励在家庭成员或关系密切的亲戚之间订立正式的契约(因为他们认为这样做会损害家庭关系的亲密本质),但他们完全理解为互利的目的而与他人订立契约的必要性。一个人甚至可以使用契约来促进他所支持的价值或理想的礼。在处理跨共同体或跨区域的道德争议的时候,契约可以被看作是一种二阶的礼。例如,如果一些群体中的人真的无法接受某些非洲国家实行的女性割礼,并为此而在道德上深受困扰,那么他们可以向那些国家的人提出一个交易:如果你们停止对你们的女性家庭成员进行割礼的话,我们将会和你们作这样或那样的生意。这种方式不仅仅遵循了爱的弱化原则,而且可能还会比法律禁止更有成效。再如,如果信奉儒家的人真的想要在医疗实践中促进知情同意的家庭主义,他们可以建立第一流的非营利医院,并要求每一个自愿选择就医的病人都由一位家庭成员陪同,并由整个家庭为其作医疗决策。

3. 慈善。人类的同情可以超越亲戚、邻居和朋友,而延伸至所有的人。有丰富的证据证明人类是可以跨共同体和跨区域地互相帮助的。慈善是一种人们可以在不同道德共同体和区域间实行的礼。它同样也可以被用来帮助解决跨共同体和跨区域的道德分歧。例如,杀害婴儿经常是贫穷造成的悲剧。那些杀害婴儿的家庭认为这样一种悲剧的作用相对地减少了对整个家庭、甚至对婴儿自己的伤害。如果其他人能够志愿帮助这些贫穷的家庭的话,作为一个道德问题杀婴问题肯定能够得到极大的缓解。

4. 市场。人们在市场上进行相互交换。因而市场行为也构成了一种特殊的礼,这种礼能容易地被所有人共享,而不论他们属于哪个道德共同体以及他们有何种不同程度的道德分歧。市场在解决跨共同体和跨区域的道德分歧问题时至少在两层意义上是很有帮助的:第一,通过在市场上进行交易,人们得到了更多的相互接触和使用契约来对付他们的道德分歧的机会;第二,市场的一个规律是,在其他条件同等的情况下,投资将转向边际成本(marginal cost)较低的区域。结果是,如果贫困区域的市场发展起来的话,相比于富裕的区域,人们将得到更大的边际效益。通过这种方式,市场能够在一定范围内帮助缓解与贫穷相关的道德问题。

简言之,爱的弱化原则的基本倾向在于人们应当试图通过和平共享的礼来解决他们的道德分歧。跨共同体和跨区域的礼(对话、契约、慈善和市场)为人们提供了通过遵循爱的弱化原则来解决他们道德的和生命伦理的争议的最好的契机。① 在这种考量下,儒家解决跨共同体和跨区域道德和生命伦理的争议的策略既不是自由主义的全球化,也不是古典自由主义的共同体化,而是本土化。自由主义的全球化试图通过政府权力将自由的特殊价值强加给所有人,但事实上人们所实行的很多类型的礼是与自由主义的个人主义价值根本不相容的。因而,自由主义的全球化抱负在道德上是错误的。相反,在本地化的策略那里,政府的作用应当受到严格的约束。例如,为了尊重以关系为根本的仁爱,政府不应当强制推行任何平均主义的福利政策,因为这些由政府创造的"超级规则"(super-rituals)并不是真正的礼——它们不能被属于不同道德共同体或不同区域的人们所共享。

同时,这个策略也不是古典自由主义所主张的共同体化,因为它并不像古典自由主义者那样将以个人主义为导向的伦理原则(即个体自主或同意)建立为普遍的程序要求,并强加于所有的共同体和所有的区域。爱的弱化原则要求尊重本土的礼,只要根据本地的观点,这些礼体现了关爱就行。它也支持本地人依赖于他们所共享的礼(如对话、契约、慈善和市场等二阶的礼)来达到对同一区域内不同道德共同体之间的道德争议的具体解决。这一策略被恰当地称为本土化,因为它是解决同一地理区域内不同道德共同体或不同道德观点之间的分歧和冲突的最友好的策略。

---

① 通过共同践行这些二阶的礼,那些来自不同道德社群的个体也许能够在一定程度上克服它们作为"道德异乡人"(moral strangers)的状态,即使不能成为"道德朋友"(moral friends),也能在相互理解的意义上成为 Kevin Wildes 所说的"道德熟人"(moral acquaintances)。参见 Wildes, 2001, p.139。

五、结论

　　Bayertz 和 Petroni 的文章为我们提供了在道德多样性和道德分歧背景下合理解决生命伦理问题的一些欧洲经验和教训。非欧洲人也能够从这些经验和教训中学到东西。但是,Bayertz 和 Petroni 还未完全认识到自由主义策略的道德缺陷及其负面作用,虽然 Petroni 极力反对中央集权(centralization),倾向于个人自由和自由市场。通过将个人的自我实现看作首要价值,并将政府推行的福利计划看作主要手段,自由主义的全球伦理正在削弱对话、契约、慈善和市场等价值,并且蚕食着当代社会中的家庭完整和本土文化。一个像欧盟这样基于自由主义全球伦理的超政府机构将把事情搞得更糟。

　　自由主义和古典自由主义都没有意识到人类文明与礼的本质联系。他们没有认识到人类是礼仪化的存在。在这种意义上,本章提供了对西方道德理性的一种儒家式重构:真正说来,那种制约康德式共同体以及罗尔斯原初状态下的订约者们的理性并不是个人主义的康德式普遍化(universalizability)或罗尔斯的最大最小化(maximin),而是体现在礼仪行为中的儒家式的关爱。也就是说,康德和罗尔斯的哲学人类学是错误的,儒家才正确地把握了人类及社会的本性。在这些考虑的基础上,本章提出爱的弱化原则,以期通过人们和平共享二阶的礼——对话、契约、慈善和市场——来解决跨共同体和跨区域的伦理和生命伦理分歧。最终,与古典自由主义相比,我的建议更有实践上的可行性;与自由主义相比,这个建议更能亲合于多样性和自由选择的背景。它并没有束缚于个人主义的道德原则,而是对多种可能同时开放。它支持对话、契约、私人慈善以及自由市场作为应对跨共同体和跨区域的道德冲突和争议的共同礼仪。

　　也许有人会批评说,这种爱的弱化原则含有将儒家观点强加于人的倾向,所以对于不同的道德共同体来说它并不是足够弱化的。他们也许会论证说,一种古典自由主义的自主或同意原则作为一个纯粹的程序规范是更为非实质性的(substance-free),因而更符合要求。我承认我的原则是以某种实质的爱(substance-love)为前提的。但需要强调的是,实质与程序之间的差别并不是绝对的,而只是相对的。同自由主义的个人自由原则相比,古典自由主义的个人自主或同意原则是更加程序化的(或者说更少实质性的),因为自由主义将自由视作价值,而古典自由主义则否。但与爱的弱化原则相比,古典自由主义的个人自主或同意原则更加实质化(或者说更少程序意味),因为它偏向于个人主义类型的礼和实践,而爱的弱化原则却没有这种偏向。实质与程序绝对二元划分也许是一系列启蒙理想中的一种。正如古典自由主义正确指出的,这些理想无法单纯地依靠理性建立起来。相信一种道德规范能够完全独立于任何具体的善的观点和人类繁荣的具体方式建立起来,是自欺欺人的。事实上,尽管爱的弱化原则包含对爱的实质理解,但是这种理解仅仅维持在最低的必要限度上。确实,关于关系之爱对于人类文明的重要性,儒家提供了最深刻和最丰富的理解,其深度和广度是其他道德传统所难以企及的。但是,一种基本的关爱却是为所有道德传统所珍视的——至少,同个人自主或同意的规范相比,它得到更为普遍的认同。因此,最低限度的、必要的爱应当被建立为调节跨共同体和跨区域的人类关系的基本规范。这一点恐怕很难为任何道德共同体所合理地拒斥。无论如何,举证的责任将落在那些不愿意接受这一规范的人身上来向我们解释他们的道理所在。

参考文献

《周易》、《尚书》、《诗经》、《周礼》、《仪礼》、《礼记》、《论语》、《孟子》、《孝经》、《荀子》、《大学》、《中庸》、《左传》、《黄帝内经》。

包胜勇:《药费为什么这么高?》,北京:社会文献出版社,2007年。

曹永福、王云岭:〈论当前我国医疗市场对医患关系的影响〉,《医学与哲学》2005年26卷2期,第9—11页。

岑大利:《中国乞丐史》,台北:文津出版社,1992年。

陈鼓应:《易传与道家思想》,台北:台湾商务印书馆,1994年。

陈立:《白虎通疏证》,北京:中华书局,1994年。

陈丽,兰迎春:〈诚信教育与医德医风建设〉,《中国医学伦理学》2005年18卷1期,第11—13页。

陈其泰、郭伟川、周少川编:《二十世纪中国礼学研究论集》,北京:学苑出版社,1998年。

陈寿:《三国志》,北京:中华书局,1959年。

陈晓阳,曹永福:《医学伦理学》,济南:山东大学出版社,2002。

陈英:〈新型合作医疗制度与农民健康的人本主义关怀〉,《医学伦理学》2005年18卷2期,第73—75页。

陈勇、林光祺:〈药品集中招标采购:政策研析与改革建议〉,《医学与哲学》2004年25卷9期,第35—36,65页。

程颢、程颐:《二程遗书》,上海:上海古籍出版社,2000年。

程树德:《论语集释》,北京:中华书局,1996年。

董仲舒:《春秋繁露》,北京:中华书局,2002年。

杜治政:〈约束大医院无限扩张的冲动——建立和谐医患关系的重中之重〉,《医学与哲学》,2005年26卷11S期,第1—5页。

范瑞平:〈人的复制与人的尊严:多元化的社会与儒家道德共同体〉,《中外医学哲学》,1998年1卷3期,第73—93页。

范瑞平:〈"以民为本"还是"以政为本"?〉,《医学与哲学》,2008年29卷12期,第16—19页。

范瑞平:〈研究方法论的转向〉,《中外医学哲学》,2009年VII卷1期,第1—11页。

范瑞平:〈医学整合与伦理重建〉,《医学与哲学》,2010年31卷2期,第13—15页。

范忠信:〈容隐制的本质与利弊:中外共同选择的意义〉,载郭齐勇(编)《儒家伦理争鸣集》,2004年。

付金明,李小龙:《从"胡卫民事件"谈医院潜规则和社会伦理问题》,《中国医学伦理学》,2005年18卷6期,第83—85页。

高洪兴:《缠足史》,上海:上海文艺出版社,2007年。

高洁芬:〈论转型期我国完善医疗保障制度的必要性〉,《医学与哲学》,2004年25卷12期,第47—48,62页。

葛洪:《抱朴子》,诸子集成,长沙:岳麓书社出版社,1996年。

郭齐勇(编):《儒家伦理争鸣集:以"亲亲互隐"为中心》,武汉:湖北教育出版社,2004年。

何炳棣:〈原礼〉,《二十一世纪》11,1992年6月,第102—110页。

黄宗羲:〈明夷待访录〉,《黄宗羲全集》,杭州:浙江古籍出版社,2005。

焦竑:〈戒杀生论〉,《焦氏笔乘》,《四库全书存目丛书》本,台南县:庄严文化事业有限公司,1995年。

蒋庆:《政治儒学》,北京:三联书店,2003年。

康晓光:《仁政——中国政治发展的第三条道路》,新加坡:世界科技出版社,2005年。

昆明医学院健康研究所(编):《从赤脚医生到乡村医生》,云南人民出版社,2002年。

李杜:《中国古代天道思想论》,台北:蓝灯文化事业股份有限公司,1992年。

李瑞全:《儒家生命伦理学》,台北:鹅湖出版社,1999年。

李生峰:《医患冲突与诚信的缺失》,2005年26卷3期,第25—27页。

梁红娟,郭照江,李刚,闵婕:"诚信应成为现代医德理论的重要范畴",《中国医学伦理学》,2005年18卷1期,第1—4页。

梁峻:《中国医政史略》,呼和浩特:内蒙古人民出版社,1995年。

梁漱溟:《中国文化要义》,上海:上海人民出版社,2003年。

廖育群:《岐黄之道》,台北:台湾洪叶文化事业有限公司,1993年。

廖育群、傅芳、郑金生:《中国科学技术史·医学卷》,北京:科学出版社,1998年。

林闽钢:《中国农村合作医疗制度的公共政策分析》,《江海学刊》2002年第3期。
马伯英:《中国医学文化史》,上海:上海人民出版社,1994年。
孟锐、周金娜:《药物政策与药品获得》,《医学与哲学(人文社会医学版)》,2006年3期,第12—14页。
牟宗三,《道德理想主义》,台北:学生书局,1985年。
牟宗三:《政道与治道》,台北:学生书局,1987年。
牟宗三:《历史哲学》,台北:学生书局,1988年。
钱穆:《黄帝》,台北:东大图书公司,1987年。
秦蕙田:《五礼通考》,台北:圣环图书公司,1994年。
邱鸿钟:《医学与人类文化》,长沙:湖南科学技术出版社,1993年。
邱仁宗:《生命伦理学》,上海人民出版社,1987年。
邱仁宗:《医患关系严重恶化的症结在哪里》,《医学与哲学》2005年26卷(11),第5—7页。
盛洪:〈论家庭主义〉,《孔子与当代中国》,陈来、甘阳主编,三联书店出版社,2008年。第203—234页。
司马迁:《史记》,北京:中华书局,1997年。
孙思邈:《千金方》,北京:华龄出版社,2002年。
王利器:《盐铁论校注》,新编诸子集成,北京:中华书局,1996年。
王利器:《吕氏春秋注疏》,成都:巴蜀书社,2002年。
王琼书、赵育新、杜进兵:《医务人员收取药品回扣的法律理性思考——兼谈〈执业医师法〉和〈药品管理法〉立法缺陷》,2005年26卷12S期,第54—55页。
王肃:《孔子家语》,北京:中华书局,2009年。
王文军:《医师收取红包、回扣(提成)的法律责任》,《医学与哲学》2005年26卷12S期,第52—53,60页。
王先谦:《荀子集解》,新编诸子集成,北京:中华书局,1996年。
吴曾:《能改斋漫录》,上海:上海古籍出版社,1984年。
魏子孝、聂莉芳:《中医中药史》,台北:文津出版社,1994年。
夏新正:"农村医疗保障合作制历史调查",《中国现代史研究》10, no.5(2003):110—118。
徐娜,陈晓阳:"当前医疗广告的道德缺失与伦理重建",《中国医学伦理学》,2005年18卷1期,第8—10页。
羊春秋:《新译孔子家语》,台北:三民书局,1996年。
杨同卫,王云岭:"诚信:从道义、功利走向责任与权利",《中国医学伦理学》,2005年18卷1期,第5—7页。

易富贤:《大国空巢》,香港:大风出版社,2007年。
臧克和:《中国文字与儒家思想》,南宁:广西教育出版社,1996年。
张载:《张载集》,北京:中华书局,1978年。
赵冈,陈钟毅:《中国经济制度史》,北京:中国经济出版社,1991年。
赵冈,陈钟毅:《中国土地制度史》,台北:联经出版事业公司,1996。
郑杰祥:《早期中国文明:新石器文化与夏代文明》,南京:江苏教育出版社,2005年。
朱苏力:《制度变迁中的行动者——从梁祝的悲剧说起》,《比较法研究》,2003年第2期,第1—15页。
朱熹:《四书章句集注》,上海:上海古籍出版社,2006年。
朱熹、吕祖谦:《近思录》,上海:上海古籍出版社,1994年。

Adam, G. (1989). "Gratuity for Doctors and Medical Ethics." *Journal of Medicine and Philosophy* 14. 315—322.

Alitto, G. S. (1986). *The Last Confucian: Liang Shu-ming and the Chinese Dilemma of Modernity*, 2nd edition. Berkeley: University of California Press.

Alora, A. T. and Lumitao, J. (Eds.) (2001). *Beyond a Western Bioethics: Voices from the Developing World*. Washington, D. C.: Georgetown University Press.

Ames, Roger T. (1988). "Rites as Rights: The Confucian Alternative." in Rouner (Ed.). 199—216.

Ames, R. and Rosemont, Jr. (1998). "introduction." *The Analects of Confucius: A Philosophical Translation*, New York: The Ballantine Publishing Group.

Amundsen, D. W. (1995). "History of Medical Ethics: Ancient and Medieval Europe." in Warren T. Reich (Ed.). *Encyclopedia of Bioethics*. V. 3. New York: Simmon & Schuster MacMillan.

Anderson, G. R., and J. Pierre Poullier. (1999). "Health Spending, Access, and Outcomes: Trends in Industrialized Countries," *Health Affairs* 18(May). 178—192.

Annas, J. (1993). *The Morality of Happiness*, New York: Oxford University Press.

Aristotle (1985). *Nicomachean Ethics*. (Trans.). Terence Irwin. Indianapolis: Hacket Publishing Company. (《尼各马可伦理学》,廖申白译注,北京:商务印书馆,2008)。

Asher, M. (1995). "Compulsory savings in Singapore: An alternative to the Welfare State," NCPA Policy Report 198.

Badhwar, N. K. (2003). "Love", in H. LaFollette (ed.). *Practical Ethics*. Oxford: Oxford University Press.

Bayertz, K. (1996), *Sanctity of Life and Human Dignity*, Dordrecht: Kluwer.

Bayertz, K. (2006). "Struggling for Consensus and Living without It: the Construction of a Common European Bioethics." in H. T. Engelhardt, Jr. (Ed.), Global Bioethics: the Collapse of Consensus. Salem, MA: M&M Scrivener Press. 207—237

Beauchamp, T. and Childress, J. (1994). *Principles of Biomedical Ethics*, 4th edition, New York: Oxford University Press.

Beauchamp, Tom. (1996). "Comparative Studies: Japan and America." in Kazumasa Hoshino (Ed.). *Japanese and Western Bioethics*. Dordrecht: Kluwer Academic Publishers. 25—47.

Beauchamp, T. and Childress, J. (2001). *Principles of Biomedical Ethics*, 5th edition, New York: Oxford University Press.

Beauchamp, T. (2001). "Internal and External Standards for Medical Morality." *Journal of Medicine and Philosophy*. 26(6). 601—619.

Bell, D. A. (1998). "A Confucian Democracy for the Twenty-first Century." in ARSP-Beiheft 72. 37—49.

Bell, D. A. (2000). *East Meets West: Human Rights and Democracy in East Asia*. Princeton: Princeton University Press.

Bell, D. A. (2006). *Beyond Liberal Democracy*. Princeton: Princeton University Press.

Bell, D. A. and Halm, C. (Eds.). (2003). *Confucianism for the Modern World*. Cambridge: Cambridge University Press.

Bell, D. A. and Halm, C. (2003). "The Contemporary Relevance of Confucianism." in Bell, D. A. and Halm, C. (Eds.). pp. 3, 17.

Blakeley, Donald N. (2003). "Listening to the Animals: the Confucian View of Animal Welfare." *Journal of Chinese Philosophy* 30.2 (June 2003).

Blumenthal, D. and Hsiao, W. (2005). "Privatization and Its Discontents—the Evolving Chinese Health Care System," *The New England Journal of Medicine* 353 (September). 1165—1170.

Brock, D. W. (1996). "What Is the Moral Authority of Family Members to Act as Surrogates for Incompetent Patients?" *The Milbank Quarterly* 74.

Brody, B. (1972). "Thomson on abortion," *Philosophy & Public Affairs* 1 (Spring 1972): 335—340.

Brody, B. and Engelhardt, H. T. Jr. (1987). *Bioethics: Readings and Cases*, Prentice-Hall, Inc., Englewood Cliffs.

Brody, B. (1987). "The Criterion of Brain Functioning," in Brody and Engelhardt

(Eds.). 143—146.

Brody, B. (1990). "Quality of Scholarship in Bioethics." *The Journal of Medicine and Philosophy* 15:161—178.

Brooks, E. B., and Brooks, A. T. (1998). *The Original Analects: Sayings of Confucius and His Successors*. New York: Columbia University Press.

Buchanan, A. (1981). "Justice: A Philosophical Review." in Earl E. Shelp(Ed.). *Justice and Health Care*. The Netherlands: D. Reidel Publishing Company. 3—21.

Buchanan, A. and Brock, D. (1989). *Deciding for Others: The Ethics of Surrogate Decision Making*. Cambridge: Cambridge University Press.

Buchanan, A., et al. (2000). *From Chance to Choice: Genetics and Justice*. N. Y. : Cambridge University Press.

Buchanan, J. (1987). *Economics: Between Predictive Science and Moral Philosophy*, College Station: Texas A&M University Press.

Cassian, St. John. (1994). "Second Conference of Abbot Joseph." In P. Schaff and H. Wace(Eds.). *Nicene and Post-Nicene Fathers*. (Second Series). Peabody, MA: Hendrickson Publishers.

Chan, H. Chan, H. (2004). "Informed Consent Hong Kong Style: An Instance of Moderate Familism,"Journal of Medicine & Philosophy 29(April). 195—206.

Chan, W. (1955). "The Evolution of Confucian Concept Jen." *Philosophy East & West*. 4(January). 295—315.

Chan, W. (1963). *A Source Book in Chinese Philosophy*. Princeton: Princeton University Press.

Chan, J. (1999), "A Confucian Perspective on Human Rights on Contemporary China." in J. R. Bauer and D. Bell(Eds.). *East Asian Challenge for Human Rights*. Cambridge: Cambridge University Press. 212—237.

Chen, X., Yang, T., & Shen, X. (2008). "Medical Resources, Markets and the Development of Private Hospitals in China." in J. Tao(Ed.). 45—54.

Cheng, C. (1994). "On the Environmental Ethics of the Tao and the Ch'i." in L. May, S. Collins-Chobanian and K. Wong Upper(Eds.). *Applied Ethics: A Multicultural Approach*. Saddle River: Prentice Hall. 158—166.

Cheng, C. (1998). "The Trinity of Cosmology, Ecology, and Ethics in the Confucian Personhood." in M. E. Tucker and J. Berthrong(Eds.). *Confucianism and Ecology: The Interrelation of Heaven, Earth, and Humans*. Cambridge: Harvard University Press. 211—235.

Cheng, F. et al. (1998). "Critical Care Ethics in Hong Kong: Cross-Cultural Conflicts as East Meets West. "*The Journal of Medicine and Philosophy* 23 (December 1998). 616—627.

Cherry, M. and Engelhardt, Jr., H. T. (2004). "Informed Consent in Texas: Theory and Practice." *Journal of Medicine & Philosophy* 29, 237—252.

Chrysostom, St. John. (1984). *Six Books on the Priesthood*, (Trans.). G. Neville, Crestwood, NY: St. Vladimir's Seminary Press.

Ch'u, T-T. (1961/1986). *Law and Society in Traditional China*. Westport, Conn.: Hyperion Press.

Collins, J. (1999). "Should Doctors Tell the Truth?" In H. Kuhse and P. Singer (Eds.). *Bioethics: An Anthology*. Oxford: Blackwell Publishers. 501—506.

Cong, Y. (1998). "Ethical Challenges in Critical Care Medicine: A Chinese Perspective." *Journal of Medicine and Philosophy* 23 (December). 581—600.

Cong, Y. (2004). "Doctor-Family/Patient Relationship: The Chinese Paradigm of Informed Consent." *Journal of Medicine and Philosophy*. 29 (April). 149—178.

Cronin, D. A. (1958). *The Moral Law in Regard to the Ordinary and Extraordinary Means of Conserving Life*. Rome: Typis Pontificiae Universitatis Gregorianiae.

Dahl, J. and Kemp, P. (2000). *Basic Ethical Principles in European Bioethics and Biolaw: 2 Volumes*, Copenhagen: Rhodos International Science & Art.

Daniels, N. (1985). *Just Health Care*. Cambridge: Cambridge University Press.

Daniels, N. (1988). *Am I My Parents' Keeper*? Oxford: Oxford University Press.

De Bary, W. T., Chan, W., and Watson, B. (1960). *Sources of Chinese Tradition*. Volume I. New York: Columbia University Press.

De Castro, L. and Sy, P. A. (1998). "Critical Care in the Philippines: The 'Robin Hood Principles' vs. Kagandahang Loob." *Journal of Medicine and Philosophy* 23 (December). 563—579.

Devine, P. E. (1987). "The Species Principle and the Potential Principle." in Brody and Engelhardt (Eds.). 136—141.

Dresser, R. (1989). "Advance Directives, Self-determination, and Personal Identity." in C. Hackler et al. (Eds.). *Advance Directives in Medicine*. New York: Praeger.

Duff, J. (2001). "Financing to Foster Community Health Care: A Comparative Analysis of Singapore, Europe, North America and Australia," Current Sociology 49 (3). 135—154.

Dworkin, R. (1978). *Taking Rights Seriously*. Cambridge: Harvard University Press.

Dworkin, R. M. (2000). *Sovereign Virtue: the Theory and Practice of Equality*. Cambridge, Mass. : Harvard University Press.

Edelstein L. (1967). "The Hippocratic Oath: Text, Translation and Interpretation." in O. Temkin and C. L. Temkin(Eds.). *Ancient Medicine*. Baltimore: The John Hopkins Press.

Engelhardt, Jr. , H. T. (1991). *Bioethics and Secular Humanism: The Search for a Common Morality*. London: SCM Press.

Engelhardt, Jr. , H. T. (1996). *The Foundations of Bioethics* (second edition). New York: Oxford University Press.

Engelhardt, Jr. , H. T. (1996a). "Consent and Its Role in Modern Biomedical Decision-making." Houston: Baylor College of Medicine ICU Reading Material.

Engelhardt, Jr. , H. T. (2000). *The Foundations of Christian Bioethics*. Lisse: Swets & Zeitlinger.

Engelhardt, Jr. , H. T. (2002) "The Ordination of Bioethicists as Secular Moral Experts." Social Philosophy & Policy 19. 59—82.

Engelhardt, Jr. , H. T. (Ed.) (2006). *Global vs. Regional Bioethics: An Exploration of the Possibility for Moral Diversity in Health Care*. Salem, MA: M & M Scrivener Press.

Engelhardt, Jr. , H. T. (2007). "Long-Term Care: The Family, Post-Modernity, and Conflicting Moral Life-Worlds." Journal of Medicine and Philosophy. 32(5). 519—536.

Engelhardt, Jr. , H. T. (2008). "China Beware: What American Health Care Has to Learn from Singapore." in J. Tao(Ed.). 55—77.

English, J. (1979). "What do Grown Children Owe Their Parents?" in O'Neill and Ruddick(Eds.). *Having Children: Philosophical and Legal Reflections on Parenthood*. New York: Oxford University Press. 351—356.

English, J. (2002). "What Do Grown Children Owe Their Parents?" in LaFollette (Ed.). *Ethics in Practice: An Anthology*. Oxford: Blackwell. 152—155.

Erickson, Steven (2006). "Family Life, Bioethics, and Confucianism." in S. Lee (Ed.).

Faden R. and Beauchamp, T. (1986). *A History and Theory of Informed Consent*. New York: Oxford University Press.

Fan, R. (1996). "Three Levels of Problems in Cross-cultural Explorations of Bioethics: A Methodological Approach." in Kazumasa Hoshino(Ed.). *Japanese and Western Bioethics*. Dordrecht: Kluwer Academic Publishers. 189—199.

Fan, R. (Ed.). (1999). *Confucian Bioethics*. Dordrecht: Kluwer Academic Publishers.

Fan, R. (2001). "Bioethical Perspectives vs. Bioethical Theories: Need for a New

Strategy for Bioethical Exploration. " in Julia Tao, Ed. , *Community and Society: Reflections on the (Im) Possibility of Global Bioethics*. Dordretcht: Kluwer Academic Publishers.

Fan, R. (2002). "Reconstructionist Confucianism and Bioethics: A Note on Moral difference." In H. Tristram Engelhardt Jr. and Lisa Rasmussen (Eds.). *Bioethics and Moral Content: National Traditions of Health Care Morality*. Dordrecht: Kluwer Academic Publishers. 281—287.

Fan, R. (2002a). "Reconstructioninst Confucianism in Health Care: An Asian Moral Account of Health Care Resource Allocation. " *Journal of Medicine and Philosophy* 27. no. 6. 675—682.

Fan, R. (2006). "Confucian Filial Piety and Long Term Care for Aged Parents, " HEC Forum 18(1). 1—16.

Fan, R. (2010). *Reconstructionist Confucianism: Rethinking Morality after the West*. New York: Springer.

Fan, R. and Holliday, I. (2006), "Comparative Healthcare System Models in East Asia, " in Leung and Bacon-Shone (Eds.), *Hong Kong's Health System, Reflections, Perspectives and Visions*, pp. 95—107.

Fan, R. and Tao, J. (2004). "Consent to Medical Treatment: The Comlex Interplay of Patients, Families, and Physicians. " *Journal of Medicine & Philosophy* 29. 139—148.

Farrelly, "Virtue Ethics and Prenatal Genetic Enhancement, " *Studies in Ethics, Law and Technology* 1. 1(2007) :1—13.

Feinberg, J. (1970). "The Nature and Value of Rights. " *The Journal of Value Inquiry* 4. 243—257.

Fingarette, H. (1972). *Confucius—The Secular as Sacred*. New York: Harper & Row.

Fishkin, J. S. (1983). *Justice, Equal Opportunity, and the Family*. New Haven: Yale University Press.

Fletcher, J. (1967). Situation Ethics: The New Morality. Philadelphia: Westminster Press.

Foote, P. and Wilson, D. M. (1980). *The Viking Achievement*. London: Sidgwick & Jackson.

Frankena, W. K. (1962). "The Concept of Social Justice, " in R. B. Brandt (Ed.), *Social Justice*, Englewood Cliffs: Prentice-Hall, Inc. .

Fried, C. (1979). *Right and Wrong*. Cambridge: Harvard University Press.

Friedman, D. (1991). "Should Medicine as Commodity? An Economist's Perspective. " in T. J. Bole III and W. B. Bonderson (Eds.). *Rights to Health Care*, Dordrecht: Kluwer Academic Publishers. 259—305.

Gadamer, H. G. (1992). *Truth and Method.* 2nd Revised Edition. New York: Crossroads.

Genel, M. and Pellegrino, E. (1999). "Should Federal Funds be Used in Research on Discarded Embryos?" in *Physician's Week*, Vol. XVI, No. 37 (October 4).

Goodman, R. White, G. and Kwon, H. (Eds.) (1998). *The East Asian Welfare Model: Welfare Orientalism and the State.* London: Routledge.

Gray, J. (1989). *Liberalisms.* London: Routledge.

Green, R. M. (2001). *The Human Embryo Research Debates: Bioethics in the Vortex of Controversy.* New York: Oxford University Press.

Griffin, J. (1996). *Value Judgment: Improving Our Ethical Beliefs.* Oxford: Oxford University Press.

Guo, Q. (2007). "Is Confucian Ethics a 'Consanguinism'?" *Dao* 6(1). 21—37.

Habermas, J. (1995). "Reconciliation through the Public Use of Reason: Remarks on John Rawls's Political Liberalism. "*The Journal of Philosophy.* Vol. XCII, No. 3.

Hahm, C. and Bell, D. (eds.) (2004). *The Politics of Affective Relations: East Asia and Beyond.* Lanham: Lexington Books.

Harvard Team (1998). *Improving Hong Kong's Health Care System: Why and for Whom?* Hong Kong Special Administration Region Government Publication.

Healthcare Research Group. (1999). Health Services in Singapore: A Strategic Entry Report. San Diego, CA: Icon Group International.

Healy, E. (1956). *Medical Ethics.* Chicago: Loyola University Press.

Hegel, G. W. F. (1967). *Hegel's Philosophy of Right*, (Trans.) T. M. Knox. London: Oxford University Press.

Hide and Nelson (1995). *The Patient in the Family: An Ethics of Medicine and Families.* New York: Routledge.

Ho, P. Y. and Lisowski, F. P. (1997). *A Brief History of Chinese Medicine*, 2nd edition. Singapore: World Scientific.

Hogue, A. R. (1985). *Origins of the Common Law.* Indianapolis: Liberty Press.

Hoshino, K. (1996). "Bioethics in the light of Japanese Sentiments. " in Kazumasa Hoshino (Ed.). *Japanese and Western Bioethics.* Dordrecht: Kluwer Academic Publishers.

Hoshino, K. (Ed.). (1997). *Japanese and Western Bioethics.* Dordrecht: Kluwer.

Hottois, G. (2000), "Dignity of the Human Body—A Philosophical and Critical Approach," in P. Kemp, J. Rendtorff, and N. Johansen (Eds.).

Hsu, Francis L. K. (1971). "Psychosocial Homeostasis and Jen: Conceptual Tools for Advancing Psychological Anthropology." *American Anthropologist* 73. 23—44.

Hui, Edwin (2004). "Personhood and Bioethics: A Chinese perspective." in Qiu (Ed.). 31—46.

Huntington, S. (1996). *The Clash of Civilisations*, New York: Simon and Shuster.

Huntington, S. (2004). *Who Are We: The Challenges to America's National Identity* New York: Simon & Schuster.

Hurrell, A. and Woods, N. (Eds.) (1999). *Inequality, Globalization and World Politics*. Oxford: Oxford University Press.

Iltis, A. (2008). "Maintaining Institutional Moral Integrity in a Mixed Public/Private Market." in Tao(Ed.). 89—116.

Ip, P. (2004). "Confucian Personhood and Bioethics: A Critical Appraisal." in Qiu (Ed.). 53—61.

Ivanhoe, P. J. (1999). "The Concept of De('virtue') in the Laozi", in M. Csikszentmihalyi and P. J. Ivanhoe(Eds.). *Religious Philosophical Aspects of the Laozi*. Albany: State University of New York Press.

Ivanhoe, P. J. (2002). "Whose Confucius? Which Analects?" in Van Norden, B. (Ed.). 119—133.

Ivanhoe, P. J. (2007). "Heaven as a Source of Ethical Warrant in Early Confucianism." *Dao: A Journal of Comparative Philosophy* 6(3). 211—220.

Jiang, X. (2005). "Why Was Mengzi not a Vegetarianist?" *Journal of Chinese Philosophy* 32:1(March 2005).

Kant, I. (1965). *The Metaphysical Elements of Justice*. (Trans.). J. Ladd, New York: Macmillan Publishing Company.

Kant, I. (1980). "What is Enlightenment?" in L. W. Beck(Ed.), *On History*, Indianapolis: Bobbs-Merrill Educational Publishing. 3—10.

Kant, I. (1999). "On a Supposed Right to Lie from Altruistic Motives." In H. Kuhse and P. Singer(Eds.). *Bioethics: An anthology*. Oxford: Blackwell Publishers. 499—500.

Kavka, G. S. (1986). *Hobbesian Moral and Political Theory*, Princeton: Princeton University Press.

Kemp, P. Rendtorff, J. and Johansen, N. (Eds.) (2000), *Bioethics and Biolaw*, vol. 2, *Four Ethical Principles*, Copenhagen: Rhodos International Science and Art Publishers.

Khushf, G. (2002). "The Domain of Parental Discretion in Treatment of Neonates: Beyond the Impasse between a Sanctity-of-life and Quality-of-life Ethic." in Julia Tao and Lai

Po-wah (Ed.). *Cross-Cultural Perspectives on the (Im) Possibility of Global Bioethics*. Dordrecht: Kluwer Academic Publishers. 277—298.

Kinsley, D. R. (1995). *Ecology and Religion*. Englewood Cliffs: Prentice Hall.

Krause, E. A. (1996). *Death of the Guilds*, New Haven: Yale University Press.

Kuhse, H. (1987). *The Sanctity-of-Life Doctrine in Medicine: A Critique*. New York: Oxford University Press.

Kuhse, H. (1991). "Severely Disabled Infants: Sanctity of Life or Quality of Life?" *Baillieres Clinical Obstetrics and Genecology* 5(3): 743—759.

Küng, H. (1996). *Yes To a Global Ethic*. New York: Continuum Publishing Company.

Kymlicka, W. (2002). *Contemporary Political Philosophy: An Introduction*. 2nd edition. Oxford: Oxford University Press.

Lau, D. C. (Trans.) (1970). *Mencius*, New York: Penguin Books.

Lau, D. C. (1983). "Introduction", *The Analects*, Suffolk: Penguin Books.

Lea, H. C. (1973). *Torture*, Philadelphia: University of Pennsylvania Press.

Lee, S. and Kleinman, A. (1997). "Mental Illness and Social Change in China." *Harvard Rev Psychiatry* 5(1). 43—46.

Lee, S., and Kleinman, A. (2000). "Suicide as Resistance in Chinese Society." in Perry and Selden (Eds.). *Chinese Society: Change, Conflict and Resistance*. London: Routledge. 221—240.

Lee, S. (Ed.). (2006). *Asian Bioethics, the Family, Biotechnology, and Health Care*. Dordrecht: Springer.

Legge, J. (trans.) (1973). *I Ching: Book of Changes*, New York: Causeway Books.

Leopold, A. (1966). *A Sand County Almanac*. New York: Oxford University Press.

Levenson, J. R. (1960). "Ill Wind in the Well-field: The Erosion of the Confucian Ground of Controversy", in Wright (Ed.). *The Confucian Persuasion*. Standford: Stanford University Press. 268—287.

Li, C. (1999). *The Tao Encounters the West*. New York: State University of New York Press.

Li, C. (Ed.). (2000a). *The Sage and the Second Sex*. Chicago: Open Court.

Little, D. (1991). *Varieties of Social Explanation: an Introduction to the Philosophy of Social Science*, Westview Press, Boulder.

Liu, Q. (2007). "Confucianism and Corruption: An Analysis of Shun's Two Actions Described by Mencius." *Dao* 6(1). 1—19.

Liu, S. (1996). "Confucian Ideals and the Real World." in Tu Wei-ming (Ed.). *Con-

fucian Traditions in East Asian Modernity. Massachusetts: Harvard University Press. 92—111.

Liu, Yanchi. (1988). *The Essential Book of Traditional Chinese Medicine*: Volume I: Theory. (Trans.). Fang T. and Chen L.. New York: Columbia University Press.

Locke, J. (1980). *Second Treatise of Government*. Indianapolis: Hackett Publishing Company.

Louden, 2002, "'What Does Heaven Say?': Christian Wolff and Western Interpretations of Confucian Ethics," in Van Norden (Ed.), *Confucius and the Analects: New Essays*, New York: Oxford University Press, pp. 73—93.

Lukes, S. (1973). *Individualism*. New York: Harper & Row.

MacIntyre, A. (1984). *After Virtue*. 2nd edition. Notre Dame: University of Notre Dame Press.

MacIntyre, A. (1988). *Whose Justice? Which Rationality?* Notre Dame: University of Notre Dame Press.

MacIntyre, A. (1990). *Three Rival Versions of Moral Enquiry*. Notre Dame: University of Notre Dame Press.

MacIntyre, A. (1991), "Incommensurability, truth, and the Conversation between Confucians and Aristotelians about Virtues", in Deutsch (Ed.). *Culture and Modernity*. Hawaii: University of Hawaii Press.

MacIntyre, A. (2002). "Is Patriotism a Virtue?" in Primoratz (Ed.) *Patriotism*, New York: Humanity Books.

MacIntyre, A. (2004). "Once More on Confucian and Aristotelian Conceptions of the Virtues." in Wang (Ed.). *Chinese Philosophy in the Era of Globalization*. Albany: State of New York University Press. 151—162.

Malpas, J. (1999). *Place and Experience*. Cambridge: Cambridge University Press.

Meulen, R. Arts, W. and Muffels, R. (2001), *Solidarity in Health and Social Care in Europe*, Dordrecht: Kluwer.

Miller, D. (1999). "Justice and Global Equality," in Hurrell and Woods (Eds.). 193—197.

Moore, G. E. (1912). *Ethics*. London: Oxford University Press.

Moseley, A. (2006). "Philosophy of Love." *The Internet Encyclopedia of Philosophy*. accessible at http://www.iep.utm.edu/1/love.htm.

National Research Council (2002). *Stem Cells and the Future of Regenerative Medicine*. Washington, D. C.: National Academy Press.

Needham, J. (1980/1956). *Science and Technology in China: Volume II: History of Scientific Thought*. Cambridge: Cambridge University Press.

Ni, P. (1999). "Confucian Virtues and Personal Health." in R. Fan(Ed.). 27—44.

Ni, P. (2001). *On Confucius*. Australia: Wadsworth.

Nivision, D. (1996). *The Ways of Confucianism*. Chicago: Open Court.

Norden, V. (ed.), *Confucius and the Analects: New Essays*, New York: Oxford University Press.

Nozick, R. (1974). *Anarchy, State, and Utopia*, New York: Basic Books.

Oldenquist, A. (1982). "Loyalties." The Journal of Philosophy 79(4). 173—193.

On, A. (1999). *Flexible Citizenship: The Cultural Logics of Transnationality*. Durham, NC: Duke University Press.

Page, T. E. et al. (Eds.) (1962). *Hippocrates*, Vol. I Cambridge: Harvard University Press.

Peerenboom, R. P. (1990) "Confucian Jurisprudence: Beyond Natural Law." *Asian Culture Quarterly* 36:12—39.

Peerenboom, R. P. (1993). "What Is Wrong with Chinese Rights? Toward a Theory of Rights with Chinese Characteristics", *Harvard Human Rights Journal* 6. 29—57.

Pellegrino, E. and Thomasma, D. (1988). *For the Patient's Good: The Restoration of Beneficence in Health Care*. New York: Oxford University Press.

Pellegrino, E. (1992). "Is Truth Telling to the Patient a Cultural Artifact?" *JAMA*, 268, 1734—1735.

Pernick, M. S. (1982). "The Patient's Role in Medical Decisionmaking: A Social History of Informed Consent in Medical Therapy." in *Making Health Decisions: Ethical and Legal Implications of Informed Consent in the Patient-Practitioner Relationship*. Volume Ⅲ. President's Commission for the Study of Ethical Problems in Medicine and Biomedical and Behavioral Research, US Government Printing Office, 1983.

Petroni, A. M. (2006). "Perspective for Freedom of Choice in Bioethics and Health Care in Europe." in H. T. Engelhardt, Jr. (Ed.). 238—270.

Pettit, P. (1993). *The Common Mind*. New York: Oxford University Press.

Potter, V. (1971). *Bioethics, Bridge to the Future*, Englewood Cliffs, NJ: Prentice-Hall.

Phillips, M. et al. (2002a). "Suicide Rates in China 1995—1999." *The Lancet* 359. 835—840.

Phillips, M. et al. (2002b). "Risk factors for suicide in China: a National Case-control Psychological Autopsy Study." *The Lancet* 360. 1728—1736.

Plato(1961). *Laws*. in E. Hamilton and H. Cairns(Eds.). *The Completed Dialogues of Plato*. Princeton: Princeton University Press.

Plato(1991). *The Republic*. (Trans.). A. Bloom. New York: Basic Books.

President's Commission(1983). *Deciding to Forego Life-Sustaining Treatment*, U. S. Government Printing Office, Washington, D. C..

Qiu, R-Z. (Ed.) (2004). *Bioethics: Asian Perspectives, A Quest for Moral Diversity*. Dordrecht: Kluwer.

Quine, W. V. O. (1960). *Word and Object*. Cambridge: MIT Press.

Quine, W. V. O. (1969). *Ontological Relativity and Other Essays*. New York: Columbia University Press.

Quinn, P. (1996). "St. Thomas Aquinas and the Christian Understanding of Friendship", in O. Leaman, ed. Friendship East & West: Philosophical Perspectives, Surrey: Curzon Press.

Ramsey, P. (1970), *The Patient as Person*, New Haven: Yale University Press.

Ramsey, B. (1985). "Two Traditions on Lying and Deception in the Ancient Church." *Thomist*, 49. 504—533.

Ratzinger, J. and Pera, M. (2007). *Without Roots*, New York: Basic Books.

Rawls, J. (1971). *A Theory of Justice*. Cambridge: Harvard University Press.

Rawls, J. (1985). "Justice as Fairness: Political not Metaphysical." *Philosophy and Public Affairs* 14. 223—251.

Rawls, J. (1993). *Political Liberalism*. New York: Columbia University Press.

Redding, S. G. (1996). "Societal Transformation and the Contribution of Authority Relations and Cooperation Norms in Overseas Chinese Business," in Tu Wei-ming (Ed.). 310—328.

Reich, W. (1994), "The Word 'Bioethics': Its Birth and the Legacies of Those who Shaped its Meaning." *Kennedy Institute of Ethics Journal* 4. 319—336.

Rendtorff, J. (2000), "The Second International Conference about Bioethics and Biolaw: European Principles in Bioethics and Biolaw" in P. Kemp, J. Rendtorff, and N. Johansen Copenhagen(Eds.).

Robertson, J. A. (1999). "Ethics and Policy in Embryonic Stem Cell Research." *Kennedy Institute of Ethics Journal*. Vol. 9. Iss. 2. 109—136.

Rorty, R. (1999). *Philosophy and Social Hope*. London: Penguin.

Rosement, Jr., H. (1988). "Why Take Rights Seriously? A Confucian Critique", in Rouner(Ed.). 168—177.

Rosemont, H. (1991). *A Chinese Mirror: Moral Reflections on Political Economy and Society*. La Salle: Open Court.

Rouner, L. (Ed.). (1988). *Human Rights and the World's Religions*. Notre Dame: University of Notre Dame Press.

Rouner, L. and Langford, J. (1996). *Philosophy, Religion, and Contemporary Life: Essays on Perennial Problems*, Boston University Studies in Philosophy and Religion, Special Issue.

Royce, J. (1969). "The Philosophy of Loyalty." in J J. McDermott (ed.). *The Basic Writings of Josiah Royce*. V. 2. Chicago: the University of Chicago Press. 855—1013.

Sachße, C. and Englehardt, Jr., H. T. (1990). *Sicherheit und Freiheit: Zur Ethik des Wohlfahrtsstaates*. Frankfurt: Suhrkamp.

Sakamoto, H. (2004). "The Foundations of a Possible Asian Bioethics." in Qiu (Ed.). 47—51. (8).

Sass, H. M. (1981). "Mensch und Landschaft: der Anthropologische Ansatz einer Umweltphilosphie." In *Landschaft und Mensch*, ed. Humboldt-Gesellschaft (Mannheim: Humboldt-Gesellschaft), pp. 293—322.

Sass, H. M. Veatch, R. and Kimura, R. (Eds.) (1998). *Advance Directives and Surrogate Decision Making in Health Care*. Baltimore: The John Hopkins University Press.

Schollmeier, P. (1994). *Other Selves: Aristotle on Personal and Political Friendship*. Albany: State University of New York.

Sher, G. (1997). *Beyond Neutrality: Perfectionism and Politics*. Cambridge: Cambridge University Press.

Shun, K. (1997). *Mencius and Early Chinese Thought*. Stanford: Stanford University Press.

Shun, K. (2002). "Ren and Li in the Analects", in Van Norden (ed.), New York: Oxford University Press, pp. 53—72.

Shun, K. (2008). "Wholeness in Confucian Thought: Zhu Xi on Cheng, Zhong, Xin, and Jing" in On-cho Ng (ed.). *The Imperative of Understanding: Chinese Philosophy, Comparative Philosophy, and Onto-Hermeneutics*, New York: Global Scholarly Publications.

Singer, P. (1976). "Freedom and Utilities in the Distribution of Health Care." in R. M. Veatch and R. Branson (Eds.). *Ethics and Health Care Policy*, Cambridge: Ballinga Publishing Company. 175—193.

Singer, P. (1983). "Sanctity of life or quality of life." *Pediatrics* 72(1): 128—129.

Singer, P. (1993). *Practical Ethics*. 2nd edition. Cambridge: Cambridge University

Press.

Singer, P. (1995). *How Are We to Live?* New York: Prometheus Books.

Singer, P. (2002). *One World: The Ethics of Globalization*. Melbourne: Text Publishing.

Slote, W. H. and De Vos, G. A. (Eds.) (1998). *Confucianism and the Family*, New York: State University of New York Press.

Smith, R. J. (1983). *China's Cultural Heritage: The Ching Dynasty 1644—1912*, Boulder: Westview Press.

Smith, C. Cowan, C. and Sensenig, A. et al. (2005) "Health Spending Growth Slows in 2003. " *Health Affairs* 24 (January).

Soble, A. (1990). *The Structure of Love*. New Haven: Yale University Press.

Solomon, D. (2006). "Domestic Disarray and Imperial Ambition: Contemporary Applied Ethics and the Prospects for Global Bioethics. " in Engelhardt(Ed.). 335—361.

Stern-Gillet, S. (1995). *Aristotle's Philosophy of Friendship*, Albany: State University of New York Press.

Sumner, L. W. (1987). "The Criterion of Sentience. " in Brody and Engelhardt (Eds.). 141—143.

Tao, J. & Fung, A. (1998, November 19). "Between Particularistic Caring and the Law: The Ethic of Organ Transplantation in Hong Kong. " Hong Kong Economic Journal Daily.

Tao, J. (Ed.) (2002). *Cross-Cultural Perspectives on the (Im) Possibility of Global Bioethics*. Dordrecht: Kluwer.

Tao, J. and Brennan, A. (2003). "Confucian and Liberal Ethics for Public Policy: Holistic or Atomistic?" *Journal of Social Philosophy* 34. 572—589.

Tao, J. (2004). "Confucian and Western Notions of Human Need and Agency: Health Care and Biomedical Ethics in the Twenty-first Century, " in Qiu(Ed.). 13—29.

Tao, J. (Ed.) (2008). *China: Bioethics, Trust, and the Challenge of the Market*. New York: Spinger.

Takeo, D. (1973). *The Anatomy of Independence*, Tokyo: Kodansha International Ltd.

Taylor, R. L. (1986). *The Way of Heaven: An Introduction to the Confucian Religious Life*. Leiden, E. J. Brill, The Netherlands.

Teo, Kris(2006). "Confucian Health Care System in Singapore: A Family-oriented Approach to Financial Sustainability. " In Lee S. (Ed.).

Fang, T. (1967). "The World and the Individual in Chinese Metaphysics. " in Charles

A. Moore(Ed.). *The Chinese Mind: Essentials of Chinese Philosophy and Culture*. East-West Center Press.

Tooley, M. (1987). "The Criterion of Awareness of Self as a Continuing Entity." in Brody and Engelhardt(Eds.). 146—152.

Tse, C-Y. and Tao, J. (2004). "Strategic Ambiguities in the Process of Consent: Role of the Family in Decisions to Forgo Life-sustaining Treatment for Incompetent Elderly Patients." *Journal of Medicine and Philosophy* 29. 207—223.

Tu, W. (1979). *Humanity and Self-Cultivation: Essays in Confucian Thought*. Berkeley: Asian Humanities Press.

Tu, W. (1989). *Centrality and Commonality: An Essay on Confucian Religiousness*. Albany: State University of New York Press.

Tu, W. (Ed.). (1996). *Confucian Traditions in East Asian Modernity: Moral Educations and Economic Culture in Japan and the Four Mini-Dragons*. Cambridge: Harvard University Press.

Tu, W. (1998). "The Continuity of Being: Chinese Visions of Nature." in Tucker and Berthrong(Eds.). *Confucianism and Ecology: The Interrelation of Heaven, Earth, and Humans*. Cambridge: Harvard University Press. 105—121.

Unschuld, Paul U. (1985). *Medicine in China: A History of Ideas*. Berkeley: University of California Press.

Übelhör, M. (1993). "Some Ways of instilling Confucian Values at Village Level." In Huang, C. and Zürcher, E. (Eds.). *Norms and the State in China*. Leiden: Brill.

Veatch, R. M. (1981). *A Theory of Medical Ethics*. New York: Basic Books.

Veatch, R. M. (1986). *The Foundations of Medical Ethics*. New York: Oxford University Press.

Veatch, R. M. (1991). "Justice and the Right to Health Care: An Egalitarian Account." in T. J. Bole III and W. B. Bonderson(Eds.). *Rights to Health Care*. Dordrecht: Kluwer Academic Publishers. 83—102.

Veatch, R. M. (1996). "Autonomy and Communitarianism: The Ethics of Terminal Care in Cross-cultural Perspective," in Kazumasa Hoshino(Ed.). *Japanese and Western Bioethics*. Dordrecht: Kluwer Academic Publishers.

Waley, A. (Trans.) (1992). *Confucianism: The Analects of Confucius*. New York: Book of the Month Club.

Walter, J. and Klein, E. (2003). *The Story of Bioethics*, Washington DC: Georgetown University Press.

Walzer M. (1983). *Spheres of Justice*. Oxford: Basil Blackwell.

Wang, Q. (1999). "The Confucian Filial Obligation and Care for Aged Parents." in R. Fan (Ed.). 235—256.

Wildes, K., S. (2001). *Moral Acquaintances: Methodology in Bioethics*. Notre Dame: University of Notre Dame Press.

Wilson, J. (1986). "Common Religion in American Society." in *Civil Religion and Political Theology*, ed. L. Rouner. Notre Dame: Notre Dame Press.

Wittgenstein, L. (1963). *Philosophical Investigations*, (Trans.) G. E. M. Anscombe. Oxford: Basil Blackwell.

Wollheim, R. (1993). *The Mind and Its Depths*. Cambridge: Harvard University Press.

Wolterstorff, N. (1997). "Why We Should Reject What Liberalism Tells Us about Speaking and Acting in Public for Religious Reasons." in Paul J. Weithman (Ed.). *Religion and Contemporary Liberalism*. Notre Dame: University of Notre Dame Press. 162—181.

Wong, D. B. (1989). "Universalism versus Love with Distinctions: An Ancient Debate Revived." *Journal of Chinese Philosophy* (16): 251—272.

Wong, K. C. and Wu, L. T. (1973). *History of Chinese Medicine*. 2nd edition, New York: AMS Press, Inc.

Woodruff, P. (2001). *Reverence: Renewing a Forgotten Virtue*. Oxford: Oxford University Press.

Wyschogrod, M. (1996). *The Body of Faith*. Northvale, NJ: Jason Aronson Inc.